Kompendien
für Studium, Praxis und Fortbildung

Ulf Petersen-Thrö | Gritt Beger

Polizeirecht
Sachsen

Fälle und Lösungen

6. Auflage

Die Deutsche Nationalbibliothek verzeichnet diese Publikation in
der Deutschen Nationalbibliografie; detaillierte bibliografische
Daten sind im Internet über http://dnb.d-nb.de abrufbar.

ISBN 978-3-8487-7509-5 (Print)
ISBN 978-3-7489-3295-6 (ePDF)

6. Auflage 2024
© Nomos Verlagsgesellschaft, Baden-Baden 2024. Gesamtverantwortung für Druck und Herstellung bei der Nomos Verlagsgesellschaft mbH & Co. KG. Alle Rechte, auch die des Nachdrucks von Auszügen, der fotomechanischen Wiedergabe und der Übersetzung, vorbehalten. Gedruckt auf alterungsbeständigem Papier.

Vorwort

Die nachstehende Fallsammlung richtet sich in erster Linie an die Studenten der Hochschule der Sächsischen Polizei (FH) sowie die der sächsischen Universitäten. Aber auch Rechtsreferendare und die in der polizeilichen Praxis tätigen Beamten werden aus der Lektüre Nutzen ziehen können.

Der praxisnahe Inhalt der Sachverhalte beruht größtenteils auf aktuellen Gerichtsentscheidungen und Ereignissen in der polizeilichen Praxis in Sachsen. Die Lösungsvorschläge werden im Gutachtenstil formuliert und sind vornehmlich ausgerichtet an den Normen des SächsPVDG und des SächsVwVG. Es werden auch Hinweise auf die Rechtslage in anderen Bundesländern gegeben, wenn diese bezüglich der Intention des sächsischen Gesetzgebers relevant erscheinen. Der Prüfungsaufbau orientiert sich – mit Ausnahme der „Vorprüfung" – an den gängigen universitären Aufbauschemata für das Polizeirecht, wobei bewusst auf die Einkleidung in Rechtsschutzverfahren verzichtet wurde. Die Fallsammlung beinhaltet auch praktische Formulierungshilfen etwa für Bescheide und schriftliche Bestätigungen.

Die Fallsammlung wurde u. a. um das polizeirechtliche Vorgehen gegen Klimaaktivisten, polizeiliche Maßnahmen gegen Telegram-„Journalisten" der rechten Szene, weitere rechtliche Fragestellungen im Zusammenhang mit Datenübermittlungen und den verdeckten Einsatz technischer Mittel erweitert. Sie beschränkt sich auf die fallorientierte Darstellung der rechtlichen Grundlagen des Polizeivollzugsdienstes. Normen des SächsPBG kommen lediglich im Rahmen der Zuständigkeitsabgrenzung zur Anwendung.

Die sechste Auflage enthält 15 Fälle. Die Darstellung legt ihren Schwerpunkt auf die systematische Prüfung einiger Standardmaßnahmen der §§ 13 – 36 SächsPVDG, ausgewählter datenschutzrechtlicher Maßnahmen nach den §§ 53 ff. SächsPVDG sowie der zwangsweisen Durchsetzung nach den §§ 39 ff. SächsPVDG und dem SächsVwVG.

Die Lösungsvorschläge sind mit einem umfangreichen aktualisierten Fußnotenapparat versehen, um auch wissenschaftliches Arbeiten und Vertiefungen zu ermöglichen. Die in den Fußnoten angeführte Rechtsprechung und Literatur umfassen polizeirechtliche Entscheidungen bzw. Abhandlungen der Lehre bis zum August 2023, ohne den Anspruch auf Vollständigkeit im Sinne einer Kommentierung zu erheben. Insbesondere wurden zum Teil nicht veröffentlichte Judikate sächsischer Verwaltungsgerichte eingearbeitet.

Chemnitz und Berlin im August 2023 *Die Autoren*

Inhaltsverzeichnis

Abkürzungsverzeichnis	9
Literaturverzeichnis	13
Teil I.	15
A. Grundschema zur Rechtmäßigkeitsprüfung von polizeilichen Maßnahmen	15
B. Schema zur Rechtmäßigkeitsprüfung einer Vollstreckungsmaßnahme im gestreckten (mehraktigen) Verfahren	17
C. Schema zur Rechtmäßigkeitsprüfung von polizeilichen Zwangsmaßnahmen (im verkürzten Verfahren)	19
Teil II. Sachverhalte mit Lösungsvorschlägen	21
Fall 1: „Kommando Himmelblau" (Meldeauflage, schriftlicher Verwaltungsakt, Anforderungen nach VwVfG, Prognoseentscheidung bei gewalttätigem Fußballfan, Ermessensfehler)	21
Fall 2: „Die lauschende Nachbarin" (Unverletzlichkeit der Wohnung, Abgrenzung Betreten und Durchsuchen, Anscheinsgefahr, Gefahrenverdacht, Scheingefahr)	33
Fall 3: „Der explodierende Staatsanwalt a. D." (Anordnung Durchsuchung einer Wohnung, Eilzuständigkeit, Verfahrensvorschriften für das Durchsuchen von Wohnungen, Inzidentprüfung einer Sicherstellung, Platzverweis aus einer Wohnung, verfassungskonforme Auslegung des Tatbestandes, Grenzen der zulässigen Selbstgefährdung)	38
Fall 4: „Gefährliches Shoppen" (Schriftliche Vorladung zur erkennungsdienstlichen Behandlung nach StPO, Abgrenzung zur erkennungsdienstlichen Behandlung nach SächsPVDG, Rechtsgrundlage der Vorladung, Beschuldigtenbegriff, Wegfall der Beschuldigteneigenschaft im Widerspruchsverfahren, hinreichende Bestimmtheit der Anordnung, Notwendigkeit einer erkennungsdienstlichen Behandlung bei Betrugsdelikten, Determinierung des Entschließungsermessens)	51
Fall 5: „Kontrolle im Zwielicht" (Identitätsfeststellung an kriminalitätsbelasteten Orten, Datenabgleich, Verbringung zur Polizeidienststelle, Durchsuchung von Personen, körperliche Untersuchung wegen Infektionsgefahr)	62
Fall 6: „Wer schlägt muss gehen!" (Wohnungsverweisung, verfassungskonforme Auslegung wegen Kriminalvorbehalt nach Art. 11 Abs. 2 a. E., Entschließungsermessen – mangelnden Zustimmung des Opfers, Reichweite der Wohnungsverweisung, Rechtsfolgen von Verfahrensfehlern)	75
Fall 7: „Geklebter Widerstand" (Unterbindungsgewahrsam im Lichte der EMRK, Verfahrensvorschriften der §§ 23, 24 SächsPVDG, Mittäterschaftliche Nötigung, Ziviler Widerstand)	87

Fall 8:	„Alkoholprobleme" (Abgrenzung Freiheitsbeschränkung und -entziehung, Schutzgewahrsam, Richtervorbehalt beim Schutzgewahrsam, Ermächtigungsgrundlage für Verbringung zum Polizeirevier, Alkoholkonsum von Minderjährigen in der Öffentlichkeit als Gefahr für die öffentliche Sicherheit)	96
Fall 9:	„Ärger mit Fotografen" (Reichweite der Pressefreiheit, Polizeifestigkeit des Presserechts, Verhältnis zwischen DSGVO zum KunstUrhG und zum allgemeinen Persönlichkeitsrecht, Schutz privater Rechte, Abwägung nach abgestuftem Schutzkonzept im Rahmen des § 33 KunstUrhG)	107
Fall 10:	„Wenn's ums Geld geht ..." (Zwangsgeld, Zwangsgeldfestsetzungsbescheid, Rechtsnatur der Androhung, Androhung für jeden Fall der Zuwiderhandlung, Vollstreckung nach Zweckerreichung)	122
Fall 11:	„Rücksichtslos im Straßenverkehr" (Ersatzvornahme, Abgrenzung SächsPVDG zur StVO, Rechtsnatur der Durchführung einer Ersatzvornahme, Ausnahme vom Schriftformerfordernis der Androhung nach SächsVwVG, unmittelbare Ausführung, Rechtsnatur der unmittelbaren Ausführung, Hinweiszettel im Fahrzeug, Ermessensbetätigung beim Abschleppen von Fahrzeugen, Widerspruchsbescheid, Sicherstellung zum Eigentümerschutz, Rechtsnatur der Sicherstellung, Geringwertigkeit eines Fahrzeugs, Erforderlichkeit der Verwahrung, schriftliche Bestätigung der Sicherstellung eines Fahrzeugs wegen mehrfachem Fahrens ohne Fahrerlaubnis, Verwahrung, Verwertung, Herausgabeanspruch)	135
Fall 12:	„Die schlagfertigen Polizeibeamten" (Anwendung unmittelbaren Zwangs im gestreckten und verkürzten Verfahren, Verhältnis zwischen SächsPVDG und SächsVwVG, Rechtsnatur des unmittelbaren Zwangs, Bestimmtheit der Androhung von unmittelbarem Zwang, Fesselung, lückenfüllende Anwendung der unmittelbaren Ausführung im verkürzten Verfahren)	165
Fall 13:	„Hooliganrandale in Sachsenstadt" (Reizstoffeinsatz im verkürzten Verfahren, Inanspruchnahme einer Menschenmenge aus Störern und Unbeteiligten, Abgabe eines Warnschusses, Voraussetzungen für den Schusswaffengebrauch gegen Personen, konkludente Androhung des Schusswaffengebrauchs gegen Personen)	176
Fall 14:	„Die Daten der Fußballfans" (Anspruch auf Datenlöschung, Datenübermittlung, Stadionverbot, Abgrenzung zwischen SächsPVDG bzw. SächsDSUG und DSGVO bzw. SächsDSDG, Rechtsnatur der Datenübermittlung, Pflichten des Verantwortlichen bei Datenübermittlung an nichtöffentliche Stellen, intendiertes Ermessen)	187
Fall 15:	„Ohne Dich will ich nicht leben" (Befragung bei Dritten, Rechtsnatur der Befragung, Grundsätze der Datenerhebung, Standortermittlung von gefährdeten Personen, Auskunftsersuchen beim Anbieter von Telekommunikationsdienstleistungen, Einsatz eines IMSI-Catchers, verdeckter Einsatz technischer Mittel)	203

Stichwortverzeichnis 221

Abkürzungsverzeichnis

a. A.	andere Auffassung
a. a. O.	am angeführten Ort
a. E.	am Ende
Abs.	Absatz
AfP	Archiv für Presserecht
AG	Amtsgericht
Alt.	Alternative
Anm.	Anmerkung
Art.	Artikel
ASOG Bln.	Allgemeines Sicherheits- und Ordnungsgesetz Berlin
Aufl.	Auflage
Az.	Aktenzeichen
BayObLG	Bayerisches Oberstes Landesgericht
BayPAG	Polizeiaufgabengesetz des Freistaates Bayern
BayVerfGH	Bayerischer Verfassungsgerichtshof
BayVGH	Bayerischer Verwaltungsgerichtshof
BayVBl.	Bayerische Verwaltungsblätter
BB	Brandenburg
Beschl.	Beschluss
BGB	Bürgerliches Gesetzbuch
BGH	Bundesgerichtshof
BtMG	Gesetz über den Verkehr mit Betäubungsmitteln (Betäubungsmittelgesetz)
BVerfGE	Entscheidungen des Bundesverfassungsgerichts
BVerfG	Bundesverfassungsgericht
BVerwG	Bundesverwaltungsgericht
BVerwGE	Entscheidungen des Bundesverwaltungsgerichts
BW	Baden-Württemberg
bzgl.	bezüglich
ca.	cirka
d. h.	das heißt
DÖV	Die öffentliche Verwaltung. Zeitschrift für öffentliches Recht und Verwaltungswissenschaft
DPolBl	Deutsches Polizeiblatt
DVBl.	Deutsches Verwaltungsblatt
DSGVO	Verordnung (EU) 2016/679 des Europäischen Parlaments und des Rates vom 27.4.2016 zum Schutz natürlicher Personen bei der Verarbeitung personenbezogener Daten, zum freien Datenverkehr und zur Aufhebung der Richtlinie 95/46/EG
ED	Erkennungsdienst
ED-Behandlung	Erkennungsdienstliche Behandlung
EG	Europäische Gemeinschaft
EGMR	Europäischer Gerichtshof für Menschenrechte
EMRK	Europäische Menschenrechtskonvention
EU	Europäische Union
EuZW	Europäische Zeitschrift für Wirtschaftsrecht
Einls.	Einleitungssatz

evtl.	eventuell
FamFG	Gesetz über das Verfahren in Familiensachen und in Angelegenheiten der freiwilligen Gerichtsbarkeit
ff.	folgende
FLZ	Führungs- und Lagezentrum
Fn.	Fußnote
FPR	Familie-Partnerschaft-Recht (vereinigt mit NJWE-FER)
gem.	gemäß
GewSchG	Gesetz zum zivilrechtlichen Schutz vor Gewalt und Nachstellungen (Gewaltschutzgesetz)
GG	Grundgesetz
ggf.	gegebenenfalls
HessVGH	Hessischer Verwaltungsgerichtshof
HH	Hamburg
h. M.	herrschende Meinung
Hs.	Halbsatz
i. d. R.	in der Regel
INPOL	Informationssystem der Polizei
i. F.	in Form
i. S. d.	im Sinne des
i. S. v.	im Sinne von
i. V. m.	in Verbindung mit
IVO	Integrierte Vorgangsbearbeitung
JA	Juristische Arbeitsblätter
JbSächsOVG	Jahrbücher des Sächsischen Oberverwaltungsgerichts
JuSchG	Jugendschutzgesetz
Jura	Juristische Ausbildung
JuS	Juristische Schulung
JZ	Juristenzeitung
KG	Kammergericht Berlin
KpS-Richtlinie	Richtlinie des Sächsischen Staatsministeriums des Innern für die Führung kriminalpolizeilicher personenbezogener Sammlungen in den Polizeidienststellen des Freistaates Sachsen
KunstUrhG	Kunsturheberrechtsgesetz
LG	Landgericht
LKA	Landeskriminalamt
LKV	Landes- und Kommunalverwaltung
LSA	Land Sachsen-Anhalt
MEK	Mobiles Einsatzkommando
m. w. N.	mit weiteren Nachweis(en)
MV	Mecklenburg-Vorpommern
NdsOVG	Niedersächsisches Oberverwaltungsgericht
NdsSOG	Sicherheits- und Ordnungsgesetz Niedersachsen
NdsVBl.	Niedersächsische Verwaltungsblätter
NJW	Neue Juristische Wochenschrift
NordÖR	Zeitschrift für Öffentliches Recht in Norddeutschland
NRW	Nordrhein-Westfalen
NStZ-RR	Neue Zeitschrift für Strafrecht Rechtsprechungs-Report
NVwZ	Neue Zeitschrift für Verwaltungsrecht

NVwZ-RR	NVwZ – Rechtsprechungs-Report Verwaltungsrecht
NWVBl	Nordrhein-Westfälische Verwaltungsblätter
NZV	Neue Zeitschrift für Verkehrsrecht
o. Ä.	oder Ähnliches
o. g.	oben genannt
OLG	Oberlandesgericht
OVG	Oberverwaltungsgericht
OWiG	Ordnungswidrigkeitengesetz
PASS	Personen Auskunftssystem Sachsen
PD	Polizeidirektion
PHM	Polizeihauptmeister
PK	Polizeikommissar
Pkw	Personenkraftwagen
POK	Polizeioberkommissar
PolG	Polizeigesetz
POM	Polizeiobermeister
PVA	Polizeiverwaltungsamt
PVD	Polizeivollzugsdienst
Rn.	Randnummer
Rh-Pf	Rheinland-Pfalz
S.	Satz
SächsDSDG	Gesetz zur Durchführung der Verordnung (EU) 2016/679 des Europäischen Parlaments und des Rates zum Schutz natürlicher Personen bei der Verarbeitung personenbezogener Daten, zum freien Datenverkehr und zur Aufhebung der Richtlinie 95/46/EG
SächsDSUG	Sächsisches Gesetz zur Umsetzung der Richtlinie (EU) 2016/680
SächsKVZ	Sächsisches Kostenverzeichnis
SächsPBG	Gesetz über die Aufgaben, Organisation, Befugnisse und Datenverarbeitung der Polizeibehörden im Freistaat Sachsen
SächsPolG	Polizeigesetz des Freistaates Sachsen
SächsPolOrgVO	Verordnung des Sächsischen Staatsministeriums des Innern über die Gliederung und Aufgaben der Polizeidienststellen im Freistaat Sachsen
SächsPresseG	Pressegesetz des Freistaates Sachsen
SächsPVDG	Gesetz über die Aufgaben, Befugnisse, Datenverarbeitung und Organisation des Polizeivollzugsdienstes im Freistaat Sachsen
SächsVBl.	Sächsische Verwaltungsblätter
SächsVerf	Verfassung des Freistaates Sachsen
SächsVerfGH	Verfassungsgerichtshof des Freistaates Sachsen
SächsVersG	Gesetz über Versammlungen und Aufzüge im Freistaat Sachsen
SächsVwKG	Verwaltungskostengesetz des Freistaates Sachsen
SächsVwOrgG	Gesetz über die Verwaltungsorganisation des Freistaates Sachsen
SächsVwVfZG	Gesetz zur Regelung des Verwaltungsverfahrens- und des Verwaltungszustellungsrechts für den Freistaat Sachsen
SächsVwVG	Verwaltungsvollstreckungsgesetz des Freistaates Sachsen
SEK	Spezialeinsatzkommando
SGB	Sozialgesetzbuch
SH	Schleswig-Holstein
SMI	Sächsisches Staatsministerium des Innern
sog.	sogenannt

StGB	Strafgesetzbuch
StPO	Strafprozessordnung
str.	streitig
StVG	Straßenverkehrsgesetz
StVO	Straßenverkehrsordnung
ThürVBl.	Thüringer Verwaltungsblätter
u. a.	unter anderem
Urt.	Urteil
u. U.	unter Umständen
v.	vom
VA	Verwaltungsakt
VBlBW	Verwaltungsblätter für Baden-Württemberg
VG	Verwaltungsgericht
VGH	Verwaltungsgerichtshof
Vgl.	Vergleiche
Vorb.	Vorbemerkungen
VwGO	Verwaltungsgerichtsordnung
VwV	Verwaltungsvorschrift
VwVfG	Verwaltungsverfahrensgesetz
z. B.	zum Beispiel
zit.	zitiert

Literaturverzeichnis

Baller, Oesten/Eiffler, Sven /Tschisch, Andreas, ASOG Berlin, 1. Aufl. Stuttgart u. a. 2004
Bialon, Jörg/Springer, Uwe, Eingriffsrecht, 7. Aufl. München 2022
Braun, Stefan, Freizügigkeit und Platzverweis, Baden-Baden 2000
Breucker, Marius, Transnationale polizeiliche Gewaltprävention, Würzburg 2003
Dreier, Horst, Grundgesetz Kommentar, 3. Aufl., Tübingen 2018
Drewes, Michael/Malmberg, Karl Magnus/Wagner, Marc/Walter, Bernd, Bundespolizeigesetz, 6. Aufl. Stuttgart 2018
Dürig, Günter/Herzog, Roman/Scholz, Rupert Grundgesetz, 100 EL, München 2023 (zit.: Bearbeiter in Dürig/Herzog/Scholz)
Elzermann, Hartwig, Sächsisches Polizeibehördengesetz, Wiesbaden 2020
Epping, Volker/Hillgruber, Christian, Grundgesetz, 3. Aufl. München 2020
Fischer, Thomas, StGB und Nebengesetze, 70. Aufl. München 2023
Götz, Volkmar/Geis, Max-Emanuel, Allgemeines Polizei- und Ordnungsrecht, 17. Aufl. München 2022
Hartlaub, Iris, Theorie und Praxis der Freiheitsentziehungen nach Strafverfahrens- und Polizeirecht im Lichte des Habeas-Corpus-Artikels des Grundgesetzes, Art. 104 GG, Frankfurt a. M. u. a. 2000
Helmke, Andre, Der polizeiliche Platzverweis im Rechtstaat, Frankfurt a. M. u. a. 2002
Kingreen, Thorsten/Poscher, Ralf, Polizei- und Ordnungsrecht, 12. Aufl. München 2022
Knape, Michael/Schönrock, Sabrina, Allgemeines Polizei- und Ordnungsrecht für Berlin,11. Aufl. Hilden 2016
König, Josef/Gnant, Wolfgang, Eingriffsrecht Sachsen, Stuttgart u. a. 2004
Krahm, Sebastian, Polizeiliche Maßnahmen zur Eindämmung von Hooligangewalt, Stuttgart u. a. 2008
Lindner, Tilo, Verwaltungsvollstreckungsgesetz für den Freistaat Sachsen, Norderstedt 2011
Lisken, Hans/Denninger, Erhard, (Hrsg.), Handbuch des Polizeirechts, 7. Aufl. München 2021 (zit.: Bearbeiter in: Lisken/Denninger)
Möstl, Markus/Trurnit, Christoph, BeckOK, Polizeirecht Baden-Württemberg, 29. Edition, Stand 10.06.2023 (zit.: Bearbeiter in: Möstl/Trurnit)
Möstl, Markus/Kugelmann, Dieter, BeckOK Polizei- und Ordnungsrecht Nordrhein-Westfalen, 25. Edition, Stand: 15.04.2023 (zit.: Bearbeiter in: Möstl/Kugelmann)
Möstl, Markus/Schwabenbauer, Thomas, BeckOK Polizei- und Sicherheitsrecht Bayern, 22. Edition, Stand: 15.4.2023 (zit.: Bearbeiter in: Möstl/Schwabenbauer)
Möstl, Markus/Bäuerle, Michael, BeckOK Polizei- und Ordnungsrecht Hessen, 29. Edition, Stand: 15.4.2023 (zit.: Bearbeiter in: Möstl/Bäuerle)
Möstl, Markus/Weiner, Bernhard, BeckOK Polizei- und Ordnungsrecht Niedersachsen, 27. Edition, Stand: 1.5.2023 (zit.: Bearbeiter in: Möstl/Weiner)
Pewestorf, Adrian/Söllner, Sebastian/Tölle, Oliver, Praxishandbuch Polizei und Ordnungsrecht, Köln, 2012
Schenke, Wolf-Rüdiger, Polizei- und Ordnungsrecht, 12. Aufl. Heidelberg 2023
Schmidbauer, Wilhelm/Steiner, Udo, Polizeiaufgabengesetz, Polizeiorganisationsgesetz, 6. Aufl. München 2023
Schwier, Henning/Lohse, Frank, Polizeigesetz des Freistaates Sachsen, 6. Aufl. Stuttgart u. a. 2023
Stoermer, Christian, Der polizeirechtliche Gewahrsam, Berlin 1998
Stephan, Ulrich/Deger, Johannes, Polizeigesetz für Baden-Württemberg, 7. Aufl. Stuttgart u. a. 2014
Tegtmeyer, Henning/Vahle, Jürgen/Blum, Barbara, Polizeigesetz für Nordrhein-Westfalen, 13. Aufl. Stuttgart 2022
Trierweiler, Tobias, Wohnungsverweisung und Rückkehrverbot zum Schutz vor häuslicher Gewalt: eine Untersuchung am Beispiel von § 34a PolG NRW, Baden-Baden 2005
Würtenberger, Thomas/Heckmann, Dirk/Tanneberger, Steffen, Polizeirecht in Baden-Württemberg, 7. Aufl. Heidelberg 2017
Zeitler, Stefan/Trurnit, Christoph, Polizeirecht für Baden-Württemberg, 4. Aufl. Stuttgart 2022

Teil I.

A. Grundschema zur Rechtmäßigkeitsprüfung von polizeilichen Maßnahmen

I. Vorprüfung

1. Grundrechtseingriff

Grundrecht: Schutzbereich und Eingriff

2. Abgrenzung präventives/repressives Handeln

Zweck der polizeilichen Maßnahme(n), Schwergewicht der Maßnahme bei Mehrdeutigkeit, Indiz: die nach außen erkennbare Intention des handelnden Polizeibeamten

II. Ermächtigungsgrundlage

Bestimmen der Befugnisnorm, die vermutlich den Grundrechtseingriff rechtfertigt

III. Formelle Rechtmäßigkeit

1. Polizeiliche Aufgabe und Zuständigkeiten

a) Polizeiliche Aufgabe gemäß § 2 Abs. 1 SächsPVDG[1], ggf. Schutz privater Rechte nach § 2 Abs. 2 SächsPVDG oder Tätigwerden für andere Stellen nach § 3 SächsPVDG
b) Sachliche Zuständigkeit nach dem SächsPVDG
    aa) § 2 Abs. 3, 1. Halbsatz SächsPVG (Polizeivollzugsdienst originär)
    bb) Keine entsprechende Ermächtigung im SächsPBG (Polizeivollzugsdienst originär)
    cc) § 2 Abs. 3, 2. Halbsatz SächsPVDG (Polizeivollzugsdienst Eilfall)
    dd) § 3 SächsPVDG (Tätigwerden für andere Stellen)
    ee) § 39 Abs. 1 SächsPVDG (unmittelbarer Zwang §§ 39–46 SächsPVDG)
c) Örtliche Zuständigkeit § 103 iVm § 97 Abs. 1 SächsPVDG iVm SächsPolOrgVO

2. Verfahrens- und Formvorschriften

a) Ermächtigungsbezogene Verfahrens- und Formvorschriften gemäß SächsPVDG
b) Allgemeine Verfahrens- und Formvorschriften des VwVfG
    aa) Anhörung, § 1 S. 1 SächsVwVfZG iVm § 28 VwVfG
    bb) Begründung, § 1 S. 1 SächsVwVfZG iVm § 39 VwVfG
    cc) Bestimmtheit, § 1 S. 1 SächsVwVfZG iVm § 37 Abs. 1 VwVfG (kann wahlweise auch in der materiellen Rechtmäßigkeit geprüft werden, siehe unten Ziffer IV.3.)

---

1 § 2 SächsPVDG ersetzt die Zuständigkeitsregelung des § 60 SächsPolG, eine Parallelkompetenz (früher: § 60 Abs. 3 SächsPolG) gibt es nicht mehr. Zuständigkeitsabgrenzung erfolgt nunmehr nach Aufgaben, nicht mehr nach Ermächtigungsgrundlagen. §§ 2 und 3 SächsPVDG enthalten eine abschließende Aufzählung polizeivollzugsdienstlicher Aufgaben im Rahmen der Gefahrenabwehr. Der Gesetzgeber normiert in diesen Vorschriften eine deutliche Trennung zwischen den Aufgaben und Zuständigkeiten des PVD und Polizeibehörden. Infolgedessen hat er zwei Gesetze zur Gefahrenabwehr für die Polizeibehörden einerseits (SächsPBG) und den Polizeivollzugsdienst (SächsPVDG) andererseits geschaffen. Unbeschadet der originären Zuständigkeit des PVD zur vorbeugenden Bekämpfung von Straftaten sollen der Polizeivollzugsdienst und die Polizeibehörden gemäß § 4 Abs. 1 S. 2 SächsPBG im Rahmen der Gefahrenabwehr zusammenwirken und zur Vermeidung strafbarer Verhaltensweisen (Kriminalprävention) beitragen (vgl. instruktiv *Elzermann*, SächsVBl. 2019, 213 (214)).

dd) Rechtsbehelfsbelehrung, § 1 S. 1 SächsVwVfZG iVm § 37 Abs. 6 VwVfG
ee) Bekanntgabe, § 1 S. 1 SächsVwVfZG iVm § 41 VwVfG

IV. Materielle Rechtmäßigkeit

1. Tatbestandsvoraussetzungen der Ermächtigungsgrundlage

a) Wirksamkeit der Ermächtigungsgrundlage (verfassungskonform; nur bei Anhaltspunkten im Prüfungssachverhalt zu erörtern)
b) Bestimmen und Definition der Tatbestandsvoraussetzungen
c) Subsumtion des Sachverhaltes unter die bestimmten Tatbestandsvoraussetzungen

2. Adressat

a) Normadressaten
b) Adressaten nach §§ 6 oder 7 SächsPVDG
c) Inanspruchnahme Unbeteiligter, § 9 SächsPVDG

3. Bestimmtheit, § 37 Abs. 1 VwVfG

4. Pflichtmäßige Ermessensbetätigung, § 5 Abs. 2 SächsPVDG

a) Entschließungsermessen, ggf. Ermessensreduzierung auf Null
b) Auswahlermessen unter mehreren Mitteln und bei mehreren Störern, § 5 Abs. 2 SächsPVDG

5. Verhältnismäßigkeit, § 5 Abs. 2 und 3 SächsPVDG

a) Geeignetheit zur Gefahrenbeschränkung/-beseitigung, dh Zwecktauglichkeit
b) Erforderlichkeit, dh kein milderes Mittel
c) Angemessenheit (Verhältnismäßigkeit ieS), dh Zweck-Mittel Relation

V. Ergebnis: Rechtmäßigkeit bzw. Rechtswidrigkeit der Maßnahme

B. Schema zur Rechtmäßigkeitsprüfung einer Vollstreckungsmaßnahme im gestreckten (mehraktigen) Verfahren

I. Vorprüfung

Abhängig vom jeweiligen Zwangsmittel

II. Ermächtigungsgrundlagen

§ 2 iVm § 22 VwVG (Zwangsgeld), ggf. iVm § 20 SächsVwVG, wenn es nur um die Überprüfung einer Androhung geht, weil es nicht zur Zwangsgeldfestsetzung kam

§ 2 iVm § 24 Abs. 1 SächsVwVG (Ersatzvornahme), ggf. iVm § 20 SächsVwVG, wenn es nur um die Überprüfung einer Androhung geht und es nicht zur Durchführung der vertretbaren Handlung anstelle des Pflichtigen kam

§ 39 Abs. 2 SächsPVDG iVm § 2 SächsVwVG iVm §§ 39 ff. SächsPVDG (unmittelbarer Zwang), ggf. iVm § 41 Abs. 2 bis 5 SächsPVDG, wenn es sich nur um die Überprüfung einer Androhung handelt und es nicht zur Durchführung des unmittelbaren Zwangs gegenüber dem Pflichtigen kam

III. Formelle Rechtmäßigkeit

1. Polizeiliche Aufgabe
   diese richtet sich stets nach der polizeilichen Aufgabe des Grund-VA
2. Zuständigkeit
   a) Die Behörde, die den Grund-VA erlassen hat, ist auch für dessen Vollstreckung sachlich zuständig, vgl. § 4 Abs. 1 Satz 1 Nr. 3 SächsVwVG
   b) Sachliche Zuständigkeit bei unmittelbaren Zwang, § 39 Abs. 1 SächsPVDG
   c) Örtliche Zuständigkeit § 103 iVm § 97 Abs. 1 SächsPVDG iVm SächsPolOrgVO
3. Verfahrens- und Formvorschriften
   a) Zwangsgeldfestsetzung: da ein Zwangsgeldfestsetzungsbescheid (ZFB) gemäß § 22 Abs. 2 SächsVwVG zwingend **schriftlich** ergehen muss, sind die Voraussetzungen des VwVfG bzw. der VwGO für schriftliche Verwaltungsakte zu prüfen.
   b) Ersatzvornahme und unmittelbarer Zwang:
      – VwVfG: grundsätzlich nur §§ 35 und 28, da die Ersatzvornahme regelmäßig weder schriftlich angedroht oder festgesetzt wird. Eine Anhörung dürfte idR wg. § 28 Abs. 2 Nr. 5 entbehrlich sein

IV. Materielle Rechtmäßigkeit

1. Tatbestandsvoraussetzungen der Ermächtigungsgrundlage
   a) Vorliegen eines Grundverwaltungsakts gem. § 1 S. 1 SächsVwVfZGi.V. m. § 35 S. 1 oder S. 2 VwVfG (vgl. § 2, Einleitungssatz SächsVwVG)
   b) Vollstreckbarkeit des Grundverwaltungsakts
      aa) dieser muss **materiell vollstreckbar** sein, § 2 Einleitungssatz SächsVwVG, dh er muss zu einer Zahlung, einer sonstigen Handlung, einer Duldung oder Unterlassung verpflichten
      bb) dieser muss **formell vollstreckbar** sein, d. h.:
         (1) unanfechtbar (bestandkräftig), § 2, 2. Halbsatz Nr. 1 SächsVwVG. Dies ist insbesondere dann der Fall, wenn Widerspruchs- und Klagefristen abgelaufen sind (ein Monat oder ggf. ein Jahr)

oder
- (2) der Rechtsbehelf keine aufschiebende Wirkung entfaltet § 2, 2. Halbsatz Nr. 2 SächsVwVG. Dies ist insbesondere der Fall, wenn:
  - (a) eine unaufschiebbare Maßnahme eines Polizeivollzugsbeamten vollstreckt wird, **§ 80 Abs. 2 S. 1 Nr. 2** VwGO (idR bei mündlichem VA)
  - (b) in einem durch Landesgesetz vorgeschriebenen Fall, **§ 80 Abs. 2 S. 1 Nr. 3** VwGO (zB § 20 Abs. 2 S. 4, § 21 Abs. 4 S. 2 SächsPVDG) oder
  - (c) die sofortige Vollziehung angeordnet worden ist, **§ 80 Abs. 2 S. 1 Nr. 4** VwGO (idR bei schriftlichem VA)
 - c) Wirksamkeit des GrundVA. Ein VA ist wirksam, wenn er bekanntgegeben wurde, vgl. § 1 S. 1 SächsVwVfZG iVm §§ 41 Abs. 1, 43 Abs. 1 VwVfG
 - d) Rechtmäßigkeit des GrundVA (nur ausnahmsweise zu prüfen)
2. Ordnungsgemäße Art und Weise der Vollstreckung
 - a) Androhung
   - aa) §§ 20, 21 SächsVwVG (bei Zwangsgeld und Ersatzvornahme)
   - bb) § 41 Abs. 2–5 SächsPVDG, ggf. Bestimmtheit gem. § 1 SächsVwVfZG iVm § 37 Abs. 1 VwVfG zu prüfen (bei unmittelbarem Zwang)
 - b) Anwendung
   - aa) § 22 SächsVwVG (Zwangsgeld)
   - bb) § 24 Abs. 1 SächsVwVG (Ersatzvornahme)
   - cc) § 41 Abs. 1 (und ggf. §§ 42–46) SächsPVDG (unmittelbarer Zwang)
 - c) Keine Vollstreckungshindernisse (nur prüfen, wenn Anhaltspunkte im SV) Insbes. § 19 Abs. 5 oder § 2a SächsVwVG (bei Zwangsgeld)
3. Adressat
 - a) § 3 Abs. 1 Nr. 1 SächsVwVG (Vollstreckungsschuldner)
 - b) Alternativ: §§ 6 oder 8 SächsPVDG (bei unmittelbarem Zwang)
4. Ermessen
 - a) Entschließungsermessen
 - b) Auswahlermessen,
   - aa) § 19 Abs. 3 SächsVwVG (Zwangsgeld, Ersatzvornahme)
   - bb) § 5 Abs. 2 SächsPVDG (unmittelbarer Zwang)
5. Verhältnismäßigkeit
 - a) §§ 19 Abs. 3, 4 SächsVwVG (Zwangsgeld, Ersatzvornahme),
 - b) § 5 Abs. 2, Abs. 3 und § 41 Abs. 1 S. 3 SächsPVDG (unmittelbarer Zwang)

V. Ergebnis

C. Schema zur Rechtmäßigkeitsprüfung von polizeilichen Zwangsmaßnahmen (im verkürzten Verfahren)

I. Vorprüfung

1. **Grundrechtseingriff** (Grundrecht: Schutzbereich und Eingriff)
2. **Abgrenzung präventive/repressive Tätigkeit**

Zweck der polizeilichen Maßnahme(n), Schwergewicht der Maßnahme bei Mehrdeutigkeit, Indiz: die nach außen erkennbare Intention des handelnden Polizeibeamten

II. Ermächtigungsgrundlage

Bestimmen der Befugnisnorm bzw. das Zwangsmittel, welche(s.) vermutlich den Grundrechtseingriff rechtfertigt

§ 12 Abs. 1 iVm § 8 Abs. 1 SächsPVDG (unmittelbare Ausführung)

Bei unmittelbarem Zwang:

- § 12 Abs. 1 iVm § 8 Abs. 1 iVm §§ 39 ff. SächsPVDG oder
- § 42 (Fesselung) oder § 44 Abs. 1 SächsPVDG (Schusswaffengebrauch gegen Personen) jeweils iVm § 8 Abs. 1 SächsPVDG

III. Formelle Rechtmäßigkeit

1. **Zuständigkeiten**
   a) Sachliche Zuständigkeit bei unmittelbarer Ausführung:
      aa) § 2 Abs. 3, 1. Halbsatz SächsPVDG (Polizeivollzugsdienst originär)
      bb) § 2 Abs. 3, 2. Halbsatz SächsPVDG (Polizeivollzugsdienst Eilfall)
   b) Sachliche Zuständigkeit bei unmittelbarem Zwang
      – § 39 Abs. 2 SächsPVDG
   c) Örtliche Zuständigkeit § 103 iVm § 97 Abs. 1 SächsPVDG
2. **Verfahrens- und Formvorschriften**
   a) Bei unmittelbarer Ausführung: keine Verfahrens- und Formvorschriften, weil kein VA iSv § 1 S. 1 SächsVwVfZG iVm § 35 VwVfG
   b) Bei unmittelbarem Zwang: VwVfG gilt, weil VA iSv § 1 S. 1 SächsVwVfZG iVm § 35 VwVfG (Rspr., str.); Anhörung nach § 28 Abs. 1 VwVfG ist entbehrlich nach § 1 S. 1 SächsVwVfZG iVm § 28 Abs. 2 Nr. 1 oder Nr. 5 VwVfG

IV. Materielle Rechtmäßigkeit

1. **Tatbestandsvoraussetzungen des § 12 Abs. 1 SächsPVDG** (wenn erforderlich) **oder § 44 Abs. 1 SächsPVDG bei Schusswaffengebrauch gegen Personen**
2. **Ordnungsgemäße Art und Weise der Anwendung unmittelbaren Zwangs**
   a) Allgemeine Voraussetzungen des unmittelbaren Zwangs (§ 41 Abs. 1 SächsPVDG)
   b) evtl. allgemeine Bestimmungen zum Schusswaffengebrauch (§ 43 SächsPVDG)
   c) evtl. Voraussetzungen des § 42 oder §§ 44 bis 46 SächsPVDG
3. **Adressaten** (Anwendungsvoraussetzungen des § 8 Abs. 1 SächsPVDG)
   a) Personen nach § 6 und/oder 7 SächsPVDG
   b) polizeilicher Zweck kann bei Inanspruchnahme dieser Personen mit Grundverwaltungsakt nicht oder nicht rechtzeitig erreicht werden
   c) Rechtmäßigkeit eines fiktiven Grundverwaltungsakts (Ermächtigungsgrundlage nennen und Grundverwaltungsakt bezeichnen)

4. **Ermessen**
   a) Entschließungsermessen
   b) Auswahlermessen
5. **Verhältnismäßigkeit, § 5 Abs. 2 und 3 SächsPVDG**
   a) Geeignetheit, dh zwecktauglich
   b) Erforderlichkeit, dh kein milderes Mittel
   c) Angemessenheit (Verhältnismäßigkeit ieS), dh Zweck – Mittel – Relation

V. Ergebnis: Rechtmäßigkeit bzw. Rechtswidrigkeit der Maßnahme

Teil II.
Sachverhalte mit Lösungsvorschlägen

Fall 1: „Kommando Himmelblau"

Sachverhalt

Der arbeitslose Ronny Klein (K.) ist Fußballfan, Anhänger des FC Sachsenstadt und besucht zahlreiche Heim- und Auswärtsspiele dieses Vereins. Am frühen Morgen des 15.10.2022 (Sonnabend) wollte K. mit einer Gruppe Fußballfans in einem Fanbus nach Prag (ca. 220 km Entfernung, Reisezeit etwa 2 ¾ Stunde) reisen, um dort am selben Tag um 20.45 Uhr (Anpfiff) ein Europapokalspiel seines Vereins gegen Sparta Prag zu verfolgen. Die Eintrittskarte zum Preis von 40,00 EUR sowie die Karte für die Busfahrt zum Preis von 30,00 EUR hatte er schon einige Wochen zuvor erworben. Dies erfährt der PVD durch einen Informanten in den späten Nachmittagsstunden des 14.10.2022.

Als K. am Abend des 14.10.2022 gegen 19.30 Uhr gerade seine Wohnung verlassen wollte, wurde er von PK Fleißig (F.) und POM`in Emsig (E.) aufgehalten. Sie erklärten dem völlig überraschten K., er könne die am nächsten Morgen anstehende Fahrt nach Tschechien „vergessen". Außerdem teilten sie K. mit, er habe sich sowohl am 15.10. als auch am 16.10.2022 zu bestimmten Zeiten beim Polizeirevier Sachsenstadt-Mitte zu melden. Dem K. wurde folgender Bescheid gegen Empfangsbekenntnis ausgehändigt:

Polizeidirektion Sachsenstadt　　　　　　　　　　　Sachsenstadt, den 14.10.2022

Sachsenstraße 24
01234 Sachsenstadt

Herrn
Ronny Klein
Bitterfelder Straße 4
01234 Sachsenstadt

Maßnahmen zur Verhinderung von Störungen der öffentlichen Sicherheit im Zusammenhang mit dem Auswärtsspiel des Fußballclubs FC Sachsenstadt eV am 15.10.2022 in Prag

Sehr geehrter Herr Klein,

gegen Sie ergeht folgende

Verfügung:
1. Sie haben zu folgenden Zeiten bei der für Sie zuständigen Polizeidienststelle: Polizeirevier Sachsenstadt-Mitte, Hochstraße 12, 01234 Sachsenstadt, persönlich zu erscheinen und sich mit einem amtlichen Lichtbildausweis auszuweisen: am 15.10.2022 zwischen 11.30 und 12.00 Uhr sowie zwischen 18.00 und 18.30 Uhr sowie zwischen 23.30 und 24.00 Uhr, am 16.10.2022 zwischen 6.00 und 6.30 Uhr.

2. Für den Fall, dass Sie den Anordnungen unter Ziffer 1. dieser Verfügung nicht bzw. nicht fristgerecht Folge leisten, wird Ihnen ein Zwangsgeld in Höhe von 500,00 EUR angedroht. Es wird darauf hingewiesen, dass das Amtsgericht auf Antrag der zuständigen Behörde Zwangshaft anordnen kann, sofern ein festgesetztes Zwangsgeld uneinbringlich ist.

Begründung:

I.
Am 15.10.2022 findet das Europapokalspiel zwischen dem FC Sachsenstadt eV und Sparta Prag statt. Internationale Fußballspiele werden von gewalttätigen und gewaltbereiten Besuchern häufig dazu benutzt, im Umfeld bzw. in den Stadien schwere Straftaten zu begehen. ... *(Es werden zunächst mehrere Beispiele seit 2019 ohne Bezug zum FC Sachsenstadt aufgeführt)*.
Nach polizeilichen Erkenntnissen gehören Sie zu dem Kreis der gewaltbereiten Szene, die sich im Umfeld von Fußballveranstaltungen gebildet hat. Als führendes Mitglied der Gruppierung „Kommando Himmelblau" sind Sie aufgrund einer Gesamtwürdigung aller Umstände, insbesondere Ihrer Persönlichkeit und Ihres bisherigen Auftretens, als gefährlicher Gewalttäter anzusehen, so dass zu erwarten ist, dass Sie anlässlich des oben genannten Europapokalspiels des FC Sachsenstadt gegen Sparta Prag Straftaten von erheblicher Bedeutung begehen oder sich an solchen beteiligen werden.
Durch Ihr Verhalten haben Sie hochrangige Schutzgüter der öffentlichen Sicherheit verletzt. Gegen Sie sind im Zusammenhang mit Sportveranstaltungen diverse Strafverfahren eingeleitet worden. Im Einzelnen handelt es sich um folgende Delikte:

- Landfriedensbruch anlässlich Stadtfest durch Anhänger des FC Sachsenstadt, Tatzeit: 5.5.2020, 3.45 bis 4.30 Uhr, Tatort: Sachsenstadt, Rathausplatz, Vorgangsnummer: 403/20/335701, Einstellung nach § 153a StPO ... *(Sachverhalt wird ausgeführt)*.
- Widerstand gegen Vollstreckungsbeamte, Tatzeit: 10.9.2020, 17.07 Uhr, Tatort: Aue, Bismarckstraße (Aue-ARENA), Vorgangsnummer: 300/20/2102868, Az.: StA Sachsenstadt 295 Js 10715/20. Verurteilung AG Sachsenstadt am 18.12.2021 zu Geldstrafe 90 TS zu je 10 EUR ... *(Sachverhalt wird ausgeführt)*.
- Körperverletzung/Beleidigung anlässlich Bundesligaspiels des 1. FC Nürnberg gegen FC Sachsenstadt, Tatzeit: 10.12.2020, 18:15 Uhr, Tatort: Nürnberg Hbf., Vorgangsnummer: 6015/20/13036584 – Polizeidirektion Nürnberg, Az.: StA Nürnberg 673 Js 123/20. Einstellung nach § 170 Abs. 2 StPO, da sich K. zwar in einer Gruppe befand, deren Mitglieder auf Nürnberger Fans einschlugen, kein Zeuge indes konkrete Gewalttaten und ein billigendes Verhalten von K. gesehen hatte.
- Darüber hinaus besuchten Sie am 9.3.2021 das Fußballspiel FC Sachsenstadt gegen den FC Liverpool (Champions League) in Sachsenstadt. Während der Halbzeitpause verließen Sie gemeinsam mit anderen Personen das Stadion. Dabei wurden Sie von Polizeibeamten in vorbeugenden Gewahrsam genommen, um gewalttätige Auseinandersetzungen rivalisierender Hooligans zu verhindern. Den unmittelbaren Anlass zu dieser Festnahme bildete die von szenekundigen Polizeibeamten beobachtete Unterredung mehrerer Personen, zu denen Sie gehörten, mit einem polizeibekannten englischen Hooligan, bei der eine gewalttätige Auseinandersetzung zwischen Sachsenstädter und Liverpooler Fans verabredet wurde. Vorher hatte die Polizei bereits über das Internet erfahren, dass eine solche Auseinandersetzung verabredet und geplant war.
- Zudem waren Sie an den oben genannten Ausschreitungen in der Dortmunder Innenstadt am 14.6.2021 anlässlich des WM-Gruppenspiels Deutschland gegen Polen beteiligt. Im Vorfeld dieser Spielbegegnung hielt sich in der Dortmunder Innenstadt eine größere Gruppe gewaltbereiter „Fans" auf. Zur Verhinderung anstehender Straftaten wurde diese

Personengruppe festgesetzt. Durch umstehende Personen kam es zu massiven Angriffen gegen die eingesetzten Polizeibeamten bzw. zu Behinderungen der polizeilichen Maßnahmen. Hierbei wurden Sie als Störer in Gewahrsam genommen. Ein Strafverfahren wegen Verstoßes gegen §§ 224, 303, 125 StGB läuft derzeit noch.

Eine von mir vorzunehmende Gefahrenprognose führt zu der Einschätzung, dass durch Ihre Gewaltbereitschaft eine Gefährdung der öffentlichen Sicherheit und Ordnung gegeben ist.
Nach aktuellen polizeilichen Erkenntnissen plant die Gruppe „Kommando Himmelblau", zu der Sie gehören, eine Fahrt zum Europapokalspiel des Vereins gegen Sparta Prag in Prag am 15.10.2022. Dabei handelt es sich ausnahmslos um Personen, die – wie Sie – bereits im Zusammenhang mit anderen Fußballspielen des Vereins als gewaltbereit aufgefallen sind. Es bestehen auch hinreichende Anhaltspunkte dafür, dass bei dem oben genannten Fußballspiel Ausschreitungen zu befürchten sind. Auf einschlägigen Internet-Seiten wird das bevorstehende Spiel seit dem heutigen Tage ausdrücklich genannt und „action" in Aussicht gestellt. Die bereits in der Vergangenheit durch die Polizei aus dem Internet gewonnenen Informationen waren bisher stets ein Zeichen dafür, dass es tatsächlich zu Ausschreitungen kommen würde. Aus den zu Ihrer Person vorhandenen strafrechtlichen bzw. ordnungsrechtlich relevanten Ermittlungsergebnissen ergibt sich mit hinreichender Wahrscheinlichkeit die Annahme, dass Sie zu dem Fußballspiel FC Sachsenstadt gegen Sparta Prag am 15.10.2022 reisen werden mit dem Ziel, die öffentliche Sicherheit und Ordnung zu stören, dh, dass Sie sich an gewalttätigen Ausschreitungen beteiligen werden und mit der Begehung von Straftaten Ihrerseits zu rechnen ist. Schließlich ist zu berücksichtigen, dass Sie in der Datei „Gewalttäter Sport" eingetragen sind.
Angesichts der Gefahr, dass Sie im Zusammenhang mit dem Fußballspiel des FC Sachsenstadt gegen Sparta Prag Rechtsbrüche beabsichtigen, ist es zulässig eine Meldeauflage nach § 20 Abs. 1 SächsPVDG zu erlassen. Ihnen ist – auch unter Abwägung Ihrer Individualinteressen – zumutbar, dass Sie den zeitlich begrenzten Meldeverpflichtungen nachkommen. Die mit der Meldeauflage verbundenen Einschränkungen sind nicht so hoch zu bewerten wie das angestrebte Ziel, hier die Verhinderung von Straftaten sowie Gefahren für Leib, Leben und Gesundheit von unbeteiligten Dritten.
Sollten Sie aus privaten Gründen die Meldung bei einer anderen Polizeidienststelle begehren, so wird die Polizei auf Ihren formlosen Antrag die Umsetzbarkeit Ihres Begehrens prüfen.
II.
Die Androhung des Zwangsgeldes wird ordnungsgemäß begründet.

Rechtsbehelfsbelehrung
Gegen den Bescheid der Polizeidirektion Sachsenstadt vom 14.10.2022 kann innerhalb eines Monats nach Bekanntgabe dieses Bescheides schriftlich bei der Polizeidirektion Sachsenstadt, Sachsenstraße 24, 01234 Sachsenstadt Widerspruch erhoben werden.

Mit freundlichen Grüßen

gez. Heinen
Polizeidirektor ◄

Aufgabe:
Prüfen Sie die Rechtmäßigkeit der Verfügung zu Ziffer 1.

Lösungsvorschlag zum Fall 1: „Kommando Himmelblau"

I. Vorprüfung

1. Grundrechtseingriff

a) Art. 11 Abs. 1 GG

1 Fraglich ist, ob durch die Meldeauflage in das Grundrecht des K. auf Freizügigkeit nach Art. 11 Abs. 1 GG eingegriffen wird, der das Recht beinhaltet, an jedem Ort innerhalb des Bundesgebietes Aufenthalt und Wohnsitz zu nehmen und zu diesem Zwecke in das Bundesgebiet einzureisen.[1] Im Gegensatz zum Wohnen, bedeutet der Begriff Aufenthalt „das lediglich vorübergehende Verweilen an einem Ort."[2] Umstritten ist, welche weiteren Anforderungen an das vorübergehende Verweilen in Abgrenzung zum Wohnen zu stellen sind. Maßgebend für den Eingriff in die Freizügigkeit ist, ob die erstrebte Ortsveränderung für den Lebensbereich des Betroffenen bedeutend ist.[3] Keinen Aufenthalt im Sinne des Freizügigkeitsbegriffs nimmt nach Auffassung des SächsVerfGH[4] wer zum Zwecke des Kaufens oder Verkaufens oder der Beobachtung oder der Mitwirkung an Ereignissen oder Versammlungen zB Straßen, öffentliche Einrichtungen oder Verkehrsmittel betritt und dort vorübergehend verweilt. Ein hinreichender Aufenthalt wird bejaht, wenn sich der Betroffene über einen längeren Zeitraum mehrmals melden muss und der Meldeort vorgeschrieben wird.[5] Auch wenn der Betroffene sich nur einmalig melden muss, ihm aber die Wahl des Ortes nicht vorbehalten bleibt, soll ein Eingriff in Art. 11 GG vorliegen.[6] Indes wird die Freizügigkeit grundsätzlich nicht beeinträchtigt, wenn die Möglichkeit offengehalten wird, bei einer einmaligen Meldung eine andere Dienststelle aufzusuchen.[7] Zwar fordert § 20 Abs. 1 S. 1 SächsPVDG für den Erlass einer Meldeauflage die Angabe „näher zu bezeichnende(r) Dienststellen". Allerdings normiert § 20 Abs. 1 S. 2 SächsPVDG, dass grundsätzlich die schutzwürdigen Belange Dritter und der betroffenen Person bei der Anordnung der Meldeauflage zu berücksichtigen sind. Der Gesetzgeber geht mithin davon aus, dass dem Betroffenen auf Nachfrage auch die Meldung bei anderen Polizeidienststellen im gesamten Bundesgebiet ermöglicht werden muss, wenn nicht die Erfüllung der polizeilichen Aufgabe durch eine solche Gewährung erheblich erschwert oder gefährdet wird. Diese Möglichkeit wird K. im Bescheid vom 14.10.2022 ausdrücklich aufgezeigt. Wenngleich also eine Meldepflicht iSv § 20 Abs. 1 SächsPVDG mit einem kurzfristigen Verweilen auf einer Polizeidienststelle einhergeht, liegt mangels der Erheblichkeit kein Eingriff in den Schutzbereich des Art. 11 Abs. 1 GG vor. Ein Betroffener kann sich zwar in dieser Zeitspanne nicht an jeden anderen Ort begeben, allerdings liegt darin eine unabänderliche und nicht intendierte Nebenfolge wie in zahlreichen anderen staatlichen Verpflichtungen.

2 K. muss sich zwar viermal innerhalb von 24 Stunden im Polizeirevier Sachsenstadt Mitte melden. Indes ist diese Zeitdauer nicht als derart erheblich anzusehen, dass ein Eingriff in

---

[1] BVerfG Beschl. v. 7.5.1953 – Az.: 1 BvL 104/52, Rn. 23 – juris; Beschl. v. 6.6.1989, Az.: 1 BvR 921/85, Rn. 51 – juris.
[2] *Schoch*, Jura 2005, 34 (35).
[3] Vgl. BVerfG Beschl. v. 25.3.2008 – Az.: 1 BvR 1548/02, Rn. 25 – juris.
[4] SächsVerfGH Urt. v. 10.7.2003, Az.: Vf. 43-II-00, Rn. 310, 311 – juris; Eingriff grds. ablehnend: VG Frankfurt Beschl. v. 2.6.2017 – Az.: 5 L 3997/17.F, Rn. 7 – juris.
[5] VG Leipzig Beschl. v. 2.1.2023 – 3 L 723/22, Rn. 16 – juris: bei mindestens zweimalige Meldeverpflichtung; ebenso *Elzermann*, NJ 2022, 397 (400); VG Berlin Urt. v. 17.12.2003 – Az.: 1 A 309.01, Rn. 25 – juris; *Schwier/Lohse*, § 20 Rn. 10 „mehrmalige" Meldeverpflichtung; tendenziell auch BVerwGE 129, 142 (149 ff.); VGH BW, DVBl. 2000, 1630 (1633); *Breucker*, S. 232; *Krahm*, S. 332–333.
[6] VG Dresden Urt. v. 11.5.2011 – Az.: 6 K 1919/07, Umdruck S. 7 f.; *Arzt*, Die Polizei 2006, 156 (159); *Breucker*, S. 231; *Krahm*, S. 333; *Petersen-Thrö/Elzermann*, KommJur 2006, 289 (293).
[7] *Winkler/Schadtle*, JuS 2015, 435 (437); *Breucker*, aaO, S. 231; *Franz/Günther*, NWVBl. 2006, 201 (206); *Krahm*, aaO, S. 332; aA *Arzt*, Die Polizei 2006, 156 (158—159).

Art. 11 Abs. 1 GG bejaht werden müsste. Die Meldeverpflichtungen stehen im Zusammenhang mit einer einzelnen Veranstaltung, an deren Teilnahme K. gehindert werden soll. Dies ist für seinen Lebensbereich – ungeachtet seiner Leidenschaft für den FC Sachsenstadt – nicht so bedeutsam, dass ein „Aufenthalt" iSd Freizügigkeit angenommen werden muss. Schließlich kann K. bei der Polizeidienststelle eine Änderung der örtlichen Meldeverpflichtung bei verändertem Reiseziel beantragen.[8]

b) Art. 2 Abs. 2 S. 2 GG

Es könnte zudem ein Eingriff in das Grundrecht auf Freiheit der Person nach Art. 2 Abs. 2 S. 2 GG in Form einer Freiheitsbeschränkung iSv Art. 104 Abs. 1 GG, Art. 17 Abs. 1 SächsVerf vorliegen. Art. 2 Abs. 2 S. 2 GG schützt die körperliche Bewegungsfreiheit, also die Freiheit, einen beliebigen Ort aufzusuchen, der den Betroffenen (tatsächlich und rechtlich) zugänglich ist, und sich dort aufzuhalten, ebenso wie die Freiheit, den gegenwärtigen Aufenthaltsort zu verlassen. Eine Freiheitsbeschränkung ist die partielle Behinderung der körperlichen Bewegungsfreiheit durch staatliche Gewalt.[9] Die Rechtsprechung hat einen Eingriff in Art. 2 Abs. 2 S. 2 GG durch Meldeauflagen bisher überwiegend abgelehnt.[10] Sie liege nur vor, wenn jemand durch die öffentliche Gewalt an einem Ort festgehalten wird. Demnach umfasst Art. 2 Abs. 2 S. 2 GG von vornherein nicht eine Befugnis, sich unbegrenzt überall aufzuhalten und überallhin zu bewegen. In diesem Zusammenhang wird auf eine Entscheidung des BVerfG verwiesen, wonach ein Eingriff in die Freiheit der Person für die räumliche Aufenthaltsbeschränkung von Asylbewerbern ausscheidet.[11]

c) Art. 2 Abs. 1 GG

Demnach greift die Meldeauflage vom 14.10.2022 lediglich in die allgemeine Handlungsfreiheit des K. nach Art. 2 Abs. 1 GG, Art. 15 SächsVerf ein. Diese Norm schützt jede Form menschlichen Handelns ohne Rücksicht darauf, welches Gewicht der Betätigung für die Persönlichkeitsentfaltung zukommt und damit vor jeder staatlichen Belastung, die nicht in den Schutzbereich eines spezielleren Freiheitsrechts fällt (sog. Auffanggrundrecht). Die Ausreisefreiheit wird ebenfalls durch Art. 2 Abs. 1 GG geschützt.[12]

2. Abgrenzung präventives/repressives Handeln

Der PVD wird mit dem Erlass der Meldeauflage zur Gefahrenabwehr gegenüber K. tätig, weil zum einen sein Handeln auf die vorbeugende Bekämpfung weiterer Straftaten und nicht auf die Aufklärung bereits begangener Straftaten durch K. gerichtet ist. Zudem existiert die Maßnahme der Meldeauflage im Instrumentarium der StPO nicht, so dass ein strafverfolgendes Tätigwerden des PVD hier ausscheidet.[13]

---

8 Vgl. auch BVerwG Urt. v. 25.7.2007 – Az.: 6 C 39/06, Rn. 45 – juris.
9 BVerfG, NJW 2002, 3161 (3161); SächsVerfGH, JbSächsOVG 11, 55 (122) mwN.
10 VG Kassel Beschl. v. 14.7.2015 – Az.: 5 L 653/15.KS, Rn. 22 – juris; VG Ansbach Beschl. v. 8.6.2004 – Az.: AN 5 S 04.01067, Rn. 21; Beschl. v. 9.6.2006, Az.: AN 5 S 06.02003, Rn. 14; VG München Beschl. v. 7.6.2006 – Az.: M 22 S 06.2172, Rn. 32—33 – alle juris; BayVGH, BayVBl. 2006, 671 ff.; aA *Brenneisen*, Kriminalistik 1999, 483 (485); VG Frankfurt Beschl. v. 2.6.2017 – Az.: 5 L 3997/17.F, Rn. 7 – juris.
11 BVerfGE 94, 166 (198).
12 BVerfGE 6, 32 (35); 72, 200 (245); VGH BW, DVBl. 1995, 360; *Arzt*, Die Polizei 2006, 156 (159); *Fehn*, DPolBl. 2001, 23.
13 Die Abgrenzung erfolgt hier lediglich aus didaktischen Gründen. Sie wäre in einem Klausurfall aufgrund der eindeutig präventiven Ausrichtung des polizeilichen Handelns überflüssig.

II. Ermächtigungsgrundlage

6   Als Ermächtigungsgrundlage für die Meldeauflage kommt § 20 Abs. 1 SächsPVDG in Betracht.

III. Formelle Rechtmäßigkeit

1. Polizeiliche Aufgabe und sachliche sowie örtliche Zuständigkeit

7   Die Meldeauflage dient dazu, zu verhindern, dass Straftaten wie etwa Landfriedensbruch, Sachbeschädigung, Körperverletzung und Widerstand gegen Vollstreckungsbeamte, die K. anlässlich des Fußballspiels FC Sachsenstadt gegen Sparta Prag verüben könnte, begangen werden, sodass sich die polizeiliche Aufgabe nach § 2 Abs. 1 S. 3 SächsPVDG iVm §§ 113, 125, 223 ff., 303 StGB richtet. Daraus folgt eine originäre sachliche Zuständigkeit des PVD aus § 2 Abs. 3, Einleitungssatz SächsPVDG.[14] Die örtliche Zuständigkeit folgt aus § 103, 2. Halbsatz SächsPVDG, wonach die Polizeidienststellen regelmäßig in ihrem Dienstbezirk tätig werden. Hier agiert die PD Sachsenstadt bezüglich eines in ihrem Schutzbereich wohnenden Adressaten.

2. Verfahrens- und Formvorschriften

8   Mangels spezieller ermächtigungsbezogener Verfahrens- und Formvorschriften, sind gem. § 1 S. 1 SächsVwVfZG die Vorgaben des VwVfG zu prüfen.

a) Verwaltungsakt

9   Bei der Meldeauflage (Ziffer 1 des Bescheides vom 14.10.2022) handelt es sich um einen VA nach § 35 S. 1 VwVfG.[15]

b) Anhörung

10 Die Meldeauflage greift in ein Grundrecht des K. ein und stellt daher einen belastenden VA dar, der grundsätzlich eine vorherige Anhörung des K. gem. § 28 Abs. 1 VwVfG erfordert. Der PVD hätte K. eine Gelegenheit zur Äußerung zum beabsichtigten Erlass der Meldeauflage geben müssen. F. und E. erklärten K., dass ihm die Ausreise nach Tschechien nicht gestattet sei, skizzierten ihm den Tenor der Meldeauflage und händigten sodann den Bescheid vom 14.10.2020 gegen Empfangsbekenntnis aus. Eine Stellungnahme konnte K. zu keinem Zeitpunkt abgeben.

11 Eine vorherige Anhörung des K. könnte gem. § 28 Abs. 2 Nr. 1 VwVfG entbehrlich gewesen sein. Danach kann von der Anhörung abgesehen werden, wenn sie nach den Umständen des Einzelfalls nicht geboten ist, insbesondere wenn eine sofortige Entscheidung wegen Gefahr im Verzug oder im öffentlichen Interesse notwendig erscheint. Gefahr im Verzug liegt vor, wenn durch die Vornahme der Anhörung auch bei Gewährung kürzester Anhörungsfristen ein Zeitverlust eintreten würde, der mit hoher Wahrscheinlichkeit zur Folge hätte, dass der Zweck der Maßnahme nicht erreicht oder gefährdet würde.[16] Die Ausreise des K. am frühen Morgen des 15.10.2022 stand unmittelbar bevor und eine ordnungsgemäße Anhörung zum (geplanten) Bescheid hätte vorausgesetzt, dass K. sich den umfänglichen, in amtlich-juristischer Sprache verfassten Bescheid durchlesen und detailliert dazu Stellung nehmen kann. Selbst wenn dies

---

14 Die Verhütung von Straftaten und Gefahrenvorsorge obliegt auch den Polizeibehörden (siehe § 30 und 33 SächsPBG, dazu *Elzermann*, SächsVBl. 2019, 213 (217 ff.)).
15 Da hier kein Merkmal des Verwaltungsaktes problematisch ist, kann von einer Prüfung der Voraussetzungen für das Vorliegen eines Verwaltungsaktes abgesehen werden.
16 Vgl. etwa BVerwG Urt. v. 22.3.2012 – Az.: 3 C 16/11, Rn. 14 – juris.

noch erfolgt wäre, so hätte der PVD mögliche Einwände des K. in die Entscheidung über den Erlass des Bescheides einfließen lassen müssen. Die schlichte Übergabe des bereits – ungeachtet des Ergebnisses der Anhörung – vorgefertigten Bescheides, würde eine erfolgte Anhörung ad absurdum führen. Mithin konnte aufgrund der besonderen Eilbedürftigkeit der Maßnahme von einer Anhörung abgesehen werden. Eine vorherige Anhörung des K. hätte außerdem den Erfolg der Maßnahme vereiteln können, da K. möglicherweise vor Erlass der Meldeauflage nach Tschechien ausgereist wäre.[17]

Hinweis:

Sollte eine Entbehrlichkeit der Anhörung abgelehnt werden, stellt sich die Frage der Möglichkeit einer Heilung eines solchen Verfahrensfehlers durch Nachholung der Anhörung nach § 45 Abs. 1 Nr. 3 VwVfG. Nach hM führt eine fehlende Anhörung nach Erledigung des polizeilichen Verwaltungsaktes zu dessen formeller Rechtswidrigkeit, sodass eine Heilung nach § 45 Abs. 1 Nr. 3, Abs. 2 VwVfG ausscheidet. Die Anhörung ist nach hM bei Ermessensentscheidungen auch nicht nach dem Rechtsgedanken des § 46 VwVfG unbeachtlich.

c) Begründung

Gem. § 39 Abs. 1 S. 1 VwVfG muss u. a. ein schriftlicher VA begründet werden. In der Begründung sind die wesentlichen tatsächlichen und rechtlichen Gründe darzustellen, welche die Entscheidung getragen haben, § 39 Abs. 1 S. 2 und 3 VwVfG. Die Anforderungen sind abgestuft und richten sich nach dem Einzelfall. Die Tiefe des Grundrechtseingriffs und der Begründungsumfang müssen korrespondieren. Umfasst sind jedenfalls die Nennung und Darstellung der Ermächtigungsgrundlage sowie Ausführungen zur Verhältnismäßigkeit. Bei Ermessensentscheidungen sind zusätzlich die leitenden Gesichtspunkte der Abwägung erkennbar zu machen.

Die Bezeichnung der Ermächtigungsgrundlage für die Meldeauflage in Ziffer 1 des Bescheides vom 14.10.2022 ist vorhanden. Es fehlt lediglich an der abstrakten Darstellung der Tatbestandsvoraussetzungen des § 20 Abs. 1 S. 1 SächsPVDG. Innerhalb der Würdigung werden jedoch zumindest die Begriffe „Gefahr", „Straftaten" und „öffentliche Sicherheit" in die ausreichende Subsumtion eingeflochten, sodass dem Begründungserfordernis des § 39 Abs. 1 VwVfG ausreichend Rechnung getragen wurde. Die mangelnde Erwähnung des Merkmals „Tatsachen die Annahme rechtfertigen" ist unschädlich, da an eine „Gefahr" strengere Anforderungen gestellt werden.

Bekanntgabe

Der Bescheid vom 14.10.2022 wurde K. gegen Empfangsbekenntnis gem. § 41 Abs. 5 VwVfG iVm §§ 4 SächsVwVfZG, 5 Abs. 1 VwZG zugestellt.

Rechtsbehelfsbelehrung

Weiterhin ist eine ordnungsgemäße Rechtsbehelfsbelehrung über die Möglichkeit der Widerspruchseinlegung erforderlich (vgl. §§ 70 Abs. 2, 58 VwGO). Unrichtig ist eine Rechtsbehelfsbelehrung dann, wenn sie die in § 58 Abs. 1 VwGO zwingend geforderten Mindestangaben nicht enthält oder wenn diesen Angaben ein unzutreffender oder irreführender Zusatz beigefügt

---

[17] Vgl. zur Möglichkeit des „Abtauchens" des Betroffenen auch VG Berlin Urt. v. 17.12.2003 – Az.: 1 A 309.01, Rn. 17 – juris; Beschl. v. 7.6.2000, Az.: VG 1 A 177.00, Umdruck S. 4; VG Frankfurt Urt. v. 7.3.2002 – Az.: 5 E 3789/00, Rn. 51 – juris; *Breucker*, S. 203.

ist, der sich generell eignet, die Einlegung des Rechtsbehelfs zu erschweren.[18] Hier fehlt es an der Belehrung, dass der Widerspruch nach § 70 Abs. 1 VwGO auch „zur Niederschrift" und ggf. elektronisch eingelegt werden kann. Dieser Fehler führt indes nicht zur formellen Rechtswidrigkeit der Meldeauflage, sondern gem. § 58 Abs. 2 VwGO zu einer Verlängerung der Widerspruchsfrist auf ein Jahr.

Zwischenergebnis: Die Meldeauflage ist formell rechtmäßig.

IV. Materielle Rechtmäßigkeit

16 Es müssten die materiellen Rechtmäßigkeitsvoraussetzungen vorliegen.

Tatbestandsvoraussetzungen

17 Nach § 20 Abs. 1 S. 1 SächsPVDG müssen Tatsachen die Annahme rechtfertigen, dass der Betroffene im Zusammenhang mit einem zeitlich oder örtlich begrenzten Geschehen innerhalb absehbarer Zeit eine ihrer Art nach konkretisierte Straftat begehen wird.

18 Anknüpfungspunkt müssen beweiskräftige Tatsachen sein, aus denen ohne weitere Bewertung und unmittelbar auf das Vorliegen eines Sachverhaltes geschlossen werden kann, der ein polizeiliches Einschreiten erfordert. Es handelt sich um gegenwärtige oder vergangene Zustände, Geschehnisse oder Ereignisse, die wahrnehmbar in Erscheinung getreten und deshalb dem Beweis zugänglich sind. Erforderlich sind also konkret belegbare Ereignisse.[19] Die hM erblickt in der Formulierung „die Annahme rechtfertigen" einen gegenüber der (konkreten) Gefahr herabgesetzten Wahrscheinlichkeitsmaßstab.[20] Bei der auf einer Tatsachenbasis gegründeten Prognose, wird ein größerer Grad an Ungewissheit toleriert. Die sich aus der Indizwirkung bestimmter Tatsachen ergebenden Schlussfolgerungen müssen sich nicht zur Gewissheit verfestigt haben, es reicht, wenn das Vorliegen bzw. der Eintritt eines bestimmten Sachverhalts nach der polizeilichen Erfahrung möglich erscheint. Es ist für ein Einschreiten nicht gefordert, dass eine Gefahr oder Störung bereits erwiesen ist; es reicht vielmehr aus, dass ein Sachverhalt vorliegt, bei dem die Polizei bei verständiger Würdigung eine Gefahr oder Störung annehmen darf.[21] Überdies muss ein hinreichender Zusammenhang mit einem zeitlich oder örtlich begrenzten Geschehen bestehen.[22] Bei der Formulierung „eine ihrer Art nach konkretisierte Straftat" handelt es sich nicht um eine Absenkung der Eingriffsvoraussetzungen im Vergleich zum reinen Tatbestandsmerkmal „Straftat", sondern um eine Präzisierung im Hinblick auf den Deliktsbereich und damit auch auf das hinter dem Straftatbestand stehende zu schützende Rechtsgut.[23] Ferner muss die

---

18 Vgl. BVerwG Urt. v. 27.4.1990 – Az.: 8 C 70/88, NJW 1991, 508; NdsOVG Beschl. v. 3.11.2009 – Az.: 4 LB 181/09, Rn. 28 – juris.

19 OVG Bremen Beschl. v. 16.2.2023 – 1 B 30/23, Rn. 18; VG Leipzig Beschl. v. 2.1.2023 – 3 L 723/22, Rn. 16; VGH BW Urt. v. 18.5.2017 – Az.: 1 S 160/17, Rn. 37 – alle juris mwN.

20 BVerfG, Beschl. v. 9.12.2022 – 1 BvR 1345/21, Rn. 94; Urt. v. 20.4.2016 – 1 BvR 966/09, Rn. 164 f.; SächsOVG, Beschl. v. 21.6.2023 – 6 A 38/22, Rn. 5 – alle juris.

21 VG Hamburg Urt. v. 2.10.2012 – Az.: 5 K 1236/11, Rn. 180 f.; VG Stuttgart Beschl. v. 22.3.2013 – Az.: 5 K 191/13, Rn. 5; SächsOVG Urt. v. 30.3.2017 – Az.: 3 C 19/16, Rn. 28; enger VG Frankfurt Beschl. v. 25.5.2022 – 5 L 1307/22.F, Rn. 20 – alle juris: hinreichende Wahrscheinlichkeit erforderlich. Das Gericht verweist dabei auf die Rechtsprechung des BVerwG, das in seiner Entscheidung (Urt. v. 25.7.2007 – 6 C 39/06, Rn. 43 – juris) eine Meldeauflage nach der polizeilichen Generalklausel zu beurteilen hatte, die eine konkrete Gefahr erforderte.

22 VG Leipzig Beschl. v. 2.1.2023 – 3 L 723/22, Rn. 17; ebenso LG Hamburg, Beschl. v. 29.3.2023 – 301 T 103/23, Rn. 11 bzgl. Unterbindungsgewahrsam – beide juris.

23 Eine extensivere Tatbestandsfassung enthält zum Beispiel die Durchsuchung von Sachen nach § 28 Nr. 5 SächsPVDG („Tatsachen die Annahme rechtfertigen, dass in oder an Objekten dieser Art Straftaten begangen werden").

Prognose eine hinreichende Aktualität aufweisen.[24] Eine Tatsache kann die Zugehörigkeit des Betroffenen zu einer bestimmten Gruppe sein.[25]

Es existierten hinreichende Tatsachen, dass K. nach Prag zu reisen und dass er am Rande des Fußballspiels Sparta Prag gegen FC Sachsenstadt Rechtsbrüche beabsichtigte. Dafür, dass er nach Tschechien einreisen würde, spricht auch, dass K. bereits die Karten für das Spiel und die Busfahrt in Höhe von insgesamt 70,00 EUR – eine erhebliche Summe für einen Arbeitslosen – gekauft hatte. K. gehört zum „Kommando Himmelblau" also zu einem Personenkreis, von dem bei einem Aufenthalt in Tschechien vor, während und nach dem Europapokalspiel Ausschreitungen ernsthaft zu befürchten waren. Auf einschlägigen Internet-Seiten, u. a. auf der Internet-Seite des Fanclubs „Kommando Himmelblau", wurden nach polizeilichen Erkenntnissen gewalttätige Ausschreitungen bei dem Fußballspiel gegen Sparta Prag am 15.10.2022 in Aussicht gestellt. Dabei gehört K. zu den Führungspersönlichkeiten des „Kommando Himmelblau" und ist nach der Einschätzung der Sicherheitsbehörden Teil der Gruppierung innerhalb des Clubs, die der Hooliganszene zuzurechnen ist. Insbesondere die Auffassung von szenekundigen Beamten hat erhebliche Indizwirkung. Zwar ist dem Sachverhalt nicht zu entnehmen, dass K. in der Vergangenheit bereits unmittelbar vor oder nach einem Fußballspiel des FC Sachsenstadt bei Auseinandersetzungen rivalisierender Fangruppen bzw. Hooligans Körperverletzungen nach §§ 223 ff. StGB begangen hat. Dafür, dass von K. ein Gefahrenpotenzial ausgeht und er sich an den geplanten gewalttätigen Auseinandersetzungen bei dem Fußballspiel des FC Sachsenstadt gegen Sparta Prag beteiligen würde, dürfte sprechen, dass gegen ihn im Zusammenhang mit Sportveranstaltungen schon einige Strafverfahren wegen Sachbeschädigung/Körperverletzung eingeleitet worden waren und er darüber hinaus auch schon bei Ausschreitungen nach Fußballspielen auffällig geworden war.

Gegen K. wurde im Mai 2020 ein Strafverfahren wegen Landfriedensbruchs eingeleitet. Dieses Verfahren durfte die Polizei auch bei ihrer Einschätzung zugrunde legen, obwohl es gem. § 153 a Abs. 2 StPO im gerichtlichen Verfahren eingestellt wurde. Denn eine Einstellung nach § 153 a Abs. 2 StPO setzt voraus, dass das Gericht den hinreichenden Tatverdacht bejaht hatte. Diese Tat hat auch insoweit einen Bezug zu Sportveranstaltungen, als es sich bei den Verursachern der Auseinandersetzung, zu denen auch K. zählte, um Anhänger des Fußballvereins FC Sachsenstadt handelte.

Darüber hinaus stand K. im Verdacht im Dezember 2020 nach polizeilichen Erkenntnissen nach einem Bundesligaspiel des FC Sachsenstadt in Nürnberg eine andere Person geschlagen zu haben. Es erfolgte eine Einstellung nach § 170 Abs. 2 StPO, da sich K. zwar in einer Gruppe befand, deren Mitglieder auf Nürnberger Fans einschlugen, kein Zeuge indes Gewalttaten und billigendes Verhalten des K. gesehen hatte.

Bei der Beurteilung der deliktischen Vergangenheit des K. ist es grundsätzlich irrelevant, ob das Ermittlungsverfahren nach §§ 153 ff. StPO oder § 170 Abs. 2 StPO eingestellt oder der Beschuldigte rechtskräftig verurteilt oder aus Mangel an Beweisen freigesprochen wurde, da die Feststellung des Tatverdachtes substantiell etwas anderes ist als eine Schuldfeststellung.[26] Diese Sichtweise verstößt nicht gegen die in Art. 6 Abs. 2 EMRK verbürgte Unschuldsvermutung.[27] So bringt die Einstellung des Verfahrens nicht zum Ausdruck, dass der Tatverdacht gegen den Beschuldigten ausgeräumt wäre. Vielmehr wird darauf abgestellt, ob die Schuld des Täters als gering anzusehen ist (§ 153 Abs. 1 S. 1 StPO), ob von der Anklage unter Auflagen und Weisungen abgesehen werden kann, weil die Schwere der Schuld nicht entgegensteht (§ 153a Abs. 1 Satz 1

---

24 VG Dresden, Beschl. v. 4.6.2007 – 14 K 1018/07; *Schwier/Lohse*, § 20 Rn. 7.
25 NdsOVG, Urt. v. 26.4.2018 – 11 LC 288/16, Rn. 34 – juris mwN.
26 BVerfG, NJW 2002, 3231 (3232). Das ergibt sich auch aus § 80 Abs. 4 SächsPVDG.
27 Vgl. SächsOVG Beschl. v. 9.2.2022 – 6 A 485/20, Rn. 4 – juris.

StPO), ob es sich um eine nur unwesentliche Nebenstraftat handelt (§ 154 Abs. 1 StPO) bzw. ob die Ermittlungen genügenden Anlass zur Erhebung der öffentlichen Klage bieten (§ 170 Abs. 1 StPO), weil der Tatvorwurf wahrscheinlich bewiesen werden kann und die Überführung des Beschuldigten zu erwarten ist. Derartige Einschätzungen der Strafverfolgungsbehörden stehen einer Bewertung des zugrunde liegenden „Anfangsverdachts" sowie des Ermittlungsergebnisses nach den Maßstäben kriminalistischer Erfahrung nicht entgegen.[28]

23 Bezüglich der Einstellung nach § 170 Abs. 2 StPO ist indes die Feststellung eines „Restverdachts" erforderlich. Bei den Auseinandersetzungen in Nürnberg stand fest, dass sich K. in einer Gruppe von Fans befand, aus der heraus zumindest eine Person in ihrer körperlichen Unversehrtheit beeinträchtigt wurde, sodass ein Tatverdacht bezüglich K. bestand. Für seine individuelle Täterschaft fehlten indes, wie häufig bei Delikten, die aus Menschengruppen heraus begangen werden, entsprechende Zeugen, die eine beweissichere Täterfeststellung ermöglichten. Gefahrenabwehrrechtlich reicht die Anwesenheit des K. am Tatort innerhalb der Gruppe, aus der die Taten begangen wurden aus, um einen „Restverdacht" zu begründen.

24 Weiterhin wurde K. erst im Dezember 2021 wegen Widerstand gegen Vollstreckungsbeamte in der Aue-Arena, also auch im Zusammenhang mit einem Fußballspiel, nach § 113 StGB zu einer Geldstrafe von 90 Tagessätzen zu je 10,00 EUR verurteilt. Allein die Anzahl der Tagessätze indiziert, dass es die Widerstandshandlung erheblicher Natur gewesen sein dürfte.

25 Außerdem ist K. auch im Zusammenhang mit internationalen Fußballbegegnungen als potenzieller Gewalttäter aufgefallen. So wurde er im März 2021 beim „Champions League" Spiel des FC Sachsenstadt gegen Liverpool in Gewahrsam genommen, um seine Beteiligung an einer Auseinandersetzung rivalisierender Hooligangruppen zu verhindern. Der Annahme, dass K. sich in Prag an gewaltsamen Ausschreitungen beteiligen würde, dürfte auch nicht entgegenstehen, dass gegen K. wegen dieses Vorfalls kein Strafverfahren eingeleitet worden war. Darauf, dass die Verletzung der körperlichen Unversehrtheit oder des Eigentums im Ausland einzutreten droht, dürfte es nicht ankommen. Das deutsche Strafrecht gilt gem. § 7 Abs. 2 Nr. 1 StGB für Taten, die im Ausland begangen werden, wenn die Tat am Tatort mit Strafe bedroht ist (hiervon dürfte in Tschechien auszugehen sein) und wenn der Täter zur Zeit der Tat Deutscher war.

26 Dass er nach wie vor an gewalttätigen Auseinandersetzungen im Zusammenhang mit Fußballspielen beteiligt ist, dürfte sich daraus ergeben, dass er im Juni 2021 bei den gewalttätigen Ausschreitungen in der Dortmunder Innenstadt nach dem WM-Gruppenspiel Deutschland gegen Polen zugegen war. Diesbezüglich sah die Staatsanwaltschaft offenbar zumindest einen Anfangsverdacht nach § 152 StPO, weil gegen ihn ein Strafverfahren eingeleitet wurde.

27 Nach hM ist als Tatsachenbasis ein Eintrag in der Datei „Gewalttäter Sport" allein indes nicht ausreichend.[29] Vielmehr sind konkrete personenbezogene Erkenntnisse erforderlich, die allerdings auch von szenekundigen Beamten stammen können.[30] Hier weist die Polizei im Bescheid vom 14.10.2022 lediglich auf die Eintragung hin, ohne konkrete weitere Erkenntnisse darzulegen, die eine juristische Bewertung zulassen. Mithin vermag dieser Hinweis die Prognose gegenüber K. nicht zu stützen.

28 Angesichts der vorbezeichneten Erkenntnisse durfte die Polizei davon ausgehen, dass K. bei dem Spiel des FC Sachsenstadt gegen Sparta Prag zusammen mit anderen gewaltbereiten

---

[28] Vgl. SächsOVG Urt. v. 19.4.2018 – Az.: 3 A 215/17, Rn. 22 – juris mwN; VG Chemnitz Beschl. v. 26.10.2009 – Az.: 3 L 307/09, Umdruck S. 13.

[29] OVG Bremen, NordÖR 2009, 42 (45); *Elzermann*, NJ 2022, 397 (399); *Arzt*, Die Polizei 2006, 156 (159); *Franz/Günther*, NWVBl. 2006, 201 (206); *Weber*, KommPraxis spezial 2009, 180 (184).

[30] Vgl. VG Meiningen Urt. v. 8.2.2011 – Az.: 2 K 453/09 Me, Rn. 24; VG München Urt. v. 25.2.2010 – Az.: M 22 K 08.203, Rn. 82; VG Minden Urt. v. 29.6.2005 – Az.: 11 K 2952/04, Rn. 35; VG Braunschweig Beschl. v. 8.6.2006 – Az.: 5 B 173/06, Rn. 30 – alle juris.

Fußballanhängern gewalttätig werden und Straftatbestände erfüllen sowie elementare Individualrechtsgüter anderer Personen gefährden bzw. schädigen würde.

Adressat

K. war als derjenige, von dem ein strafbares Handeln in der Zukunft zu erwarten ist Normadressat.[31]

3. Ermessen

a) Entschließungsermessen

Im Rahmen ihres Entschließungsermessens muss die Behörde darüber befinden, ob sie überhaupt tätig werden will, sog. Opportunitätsprinzip. Im Einzelfall kann das Entschließungsermessen einer Ermessensreduzierung auf Null unterliegen. Dies ist anhand von drei Kriterien zu bestimmen. Den wesentlichen Aspekt stellt die Hochwertigkeit des zu schützenden Rechtsguts dar. Zudem ist die Intensität der Rechtsgutsgefährdung einzubeziehen und schließlich sind die mit dem Einschreiten verbundenen Risiken zu bewerten. Einigkeit besteht darüber, dass einer Bedrohung von den Rechtsgütern Leben oder körperliche Unversehrtheit regelmäßig von einer Reduktion auszugehen ist. Ob bei jeder Straftat eine Ermessensreduzierung subsumierbar ist, wird uneinheitlich beantwortet. Jedenfalls dürfte der drohende Verstoß gegen eine Strafnorm ein wichtiges Indiz für die Einschreitverpflichtung sein.

K. hat insbesondere in der jüngeren Vergangenheit häufig die körperliche Unversehrtheit als elementares Rechtsgut i. S. v. Art. 2 Abs. 2 S. 1 GG und die persönliche Ehre gegnerischer Fans im Zusammenhang mit Fußballspielen oder anderer Personen im Zusammenwirken mit anderen Anhängern des FC Sachsenstadt geschädigt. Hinzu kommt, dass diese Verhaltensweisen regelmäßig Straftatbestände wie etwa §§ 113, 125, 223 ff., 303 StGB verwirklichten. Diese Tatsachen verpflichten die Polizei nach kurzfristiger Kenntniserlangung von der Reise nach Tschechien zur Ergreifung von polizeilichen Maßnahmen gegenüber K. im Sinne einer Ermessensreduzierung auf Null.

b) Auswahlermessen

Der Gesetzgeber beschreibt das Auswahlermessen, indem er darauf hinweist, dass die Polizei von mehreren geeigneten Maßnahmen diejenige zu treffen hat, die ihr nach pflichtgemäßem Ermessen erforderlich erscheint, § 5 Abs. 2 SächsPVDG. Über den Wortlaut hinaus beinhaltet das Auswahlermessen aber zusätzlich eine mögliche Auswahl zwischen verschiedenen Störern. Die Meldezeit zwischen 11.30 und 12.00 Uhr erscheint bereits zweifelhaft, weil das Spiel erst um 20.45 Uhr beginnt und mit einer derart frühen Anreise der Gästefans grundsätzlich nicht zu rechnen sein dürfte. Zumindest müsste bezüglich dieser Uhrzeit das Auswahlermessen entsprechend begründet werden. Die Meldezeiten zwischen 18.00 Uhr und 18.30 Uhr sowie zwischen 23.30 Uhr und 0.00 Uhr betreffen das Vorfeld und die Abreisephase, in denen üblicherweise mit Krawallen und Auseinandersetzungen rivalisierender Fanlager zu rechnen ist. Hinsichtlich der späten Meldezeit zwischen 22.00 und 22.30 Uhr bestehen keine Bedenken bezüglich eines etwaigen Ruhebedürfnisses des Antragstellers, da er als eindeutiger Verhaltensstörer die Ursache für wirkungsvolle Meldezeiten selbst gesetzt hat. Jedenfalls die Auflage an den Antragsteller, sich am Tag nach dem Fußballspiel, am 16.10.2022 zwischen 6.00 Uhr und 6.30 Uhr beim Polizeirevier Sachsenstadt-Mitte zu melden, dürfte nicht erforderlich sein, um die zu diesem Zeitpunkt

---

31 A.A. *Elzermann*, NJ 2022, 397 (400) der auf § 6 SächsPVDG abstellt.

bereits abgelaufene Ausreisebeschränkung zu überwachen. Mit Auseinandersetzungen zwischen rivalisierenden Fangruppen ist dann nicht mehr zu rechnen. Jedenfalls fehlt es auch hier an einem entsprechenden substanziellen Vortrag der Antragsgegnerin. Es entspricht nicht den allgemeinen Erfahrungen mit gewaltsamen Ausschreitungen im Anschluss an Fußballspiele, dass diese auch noch 7 Stunden nach dem Abpfiff stattfinden, zumindest bedürfte eine solche These der näheren Untermauerung mit entsprechenden Beispielen aus der Vergangenheit. Das ist dem Vortrag der PD Sachsenstadt im Bescheid allerdings nicht zu entnehmen. Sollte K. die Meldezeit zwischen 23.30 und 24 Uhr einhalten, ist, unter Zugrundelegung der üblichen Reisezeit mit dem Zug abzüglich einer Dreiviertelstunde, ein Erscheinen in Prag vor 1.30 Uhr unwahrscheinlich. Dann dürften indes die Sachsenstädter Fans bereits wieder abgereist sein. Gegenteilige Erkenntnisse lassen sich aus der Begründung des Bescheides vom 14.10.2022 nicht ableiten.

33 Mithin leidet die Meldeauflage insoweit unter einem Ermessensfehler, als sie die Aufforderung gegenüber K. beinhaltet, am 16.10.2022 zwischen 6.00 Uhr und 6.30 Uhr beim Polizeirevier Sachsenstadt-Mitte zu erscheinen.

Verhältnismäßigkeit

34 Bezüglich der anderen Meldezeiten ist die Verhältnismäßigkeit der Meldeauflage zu prüfen.

Geeignetheit, § 5 Abs. 1 SächsPVDG

35 Die zu treffende Maßnahme muss gemäß § 5 Abs. 1 S. 1 SächsPVDG geeignet sein. Nach Satz 2 der Norm ist dafür notwendig, dass die Maßnahme tauglich ist, um den erstreben Erfolg herbeizuführen oder zumindest zu fördern. Dabei muss es sich um einen legitimen polizeilichen Zweck handeln.[32] Mitunter wird als ausreichend erachtet, dass der „erste Schritt in die richtige Richtung" gemacht wird.[33] Keinesfalls ist zu verlangen, dass die Gefahr oder Störung vollständig beseitigt wird.

36 Freilich kann der Erlass der Meldeauflage gegenüber K. nicht absolut sicherstellen, dass er nicht dennoch den Weg nach Prag antritt, um dort gemeinsam mit den anderen Mitgliedern des „Kommando Himmelblau" an gewaltsamen Ausschreitungen teilzunehmen oder diese sogar selbst primär zu verursachen. Allerdings kann nicht ausgeschlossen werden, dass er sich an diese Meldevorgaben hält, da die Polizei bisher keine gegenteiligen Erfahrungen mit K. dargelegt hat. Damit stellt die Meldeauflage zumindest den (ausreichenden) Schritt in die richtige Richtung dar, sodass die Geeignetheit zu bejahen ist.

Erforderlichkeit, § 5 Abs. 2 SächsPVDG

37 Die Erforderlichkeit einer polizeilichen Maßnahme ist nach § 5 Abs. 2 SächsPVDG dann gegeben, wenn es kein milderes, gleich geeignetes Mittel zur Wahrung der unter IV. 1. Bezeichneten Rechtsgüter gegeben hätte. Die Beschränkung des Geltungsbereichs des Personalausweises und/oder Reisepasses allein ist kein milderes gleich geeignetes Mittel, da K. damit lediglich rechtlich daran gehindert ist, nach Tschechien auszureisen. Da davon auszugehen war, dass K. beabsichtigte, sich in Prag an gewalttätigen Auseinandersetzungen zu beteiligen, war eine andere Maßnahme geboten.

38 Einzige Alternative zur Meldeauflage, die eine Abwesenheit des K. von Prag hätte garantieren können, wäre ein Unterbindungsgewahrsam nach § 22 Abs. 1 Nr. 2 SächsPVDG gewesen, der in-

---

32 OLG Karlsruhe Beschl. v. 23.8.2016 – Az.: 11 W 79/16 (Wx), Rn. 31 – juris; BayVGH Beschl. v. 8.3.2012 – Az.: 10 C 12.141, Rn. 18 – juris; *Schoch*, JuS 1994, 754 (756).
33 VG Hamburg Urt. v. 4.7.1995 – Az.: 14 VG 3235/92.

des als besonders schwerwiegender Grundrechtseingriff die ultima ratio darstellt und demgemäß hier nicht in Betracht kam.

Angemessenheit, § 5 Abs. 3 SächsPVDG

Die beim Grundrechtsträger eintretenden Nachteile müssen schließlich in einem angemessenen Verhältnis zum mit der Anordnung bezweckten Vorteil stehen. Zumindest darf der Nachteil zum Vorteil nicht erkennbar außer Verhältnis stehen. Hinsichtlich möglicher von K. in Prag zu verwirklichender Straftatbestände nach §§ 113, 125, 223 ff., 303 StGB und angesichts des erstrebten Rechtsgüterschutzes bezüglich der Individualrechtsgüter körperliche Unversehrtheit und Gesundheit anderer Fußballveranstaltungsbesucher aus Art. 2 Abs. 2 S. 1 GG steht selbst der nicht unerhebliche Eingriff in seine allgemeine Handlungsfreiheit nach Art. 2 Abs. 1 GG nicht außer Verhältnis, zumal die Grundrechtsbeeinträchtigung lediglich einen halben Tag betrifft und er die Zulässigkeit der Meldung bei anderen Polizeidienststellen zur Auflagenerfüllung beantragen kann.

V. Ergebnis

Die Meldeauflage ist insoweit rechtswidrig, als sie die Aufforderung gegenüber K. beinhaltet, am 16.10.2022 zwischen 6.00 Uhr und 6.30 Uhr beim Polizeirevier Sachsenstadt-Mitte zu erscheinen, im Übrigen jedoch rechtmäßig.

Fall 2: „Die lauschende Nachbarin"[34]

Sachverhalt

Im FLZ der PD Sachsenstadt geht am Einsatztag, einem Tag im November 2022 um 20.30 Uhr ein Anruf der 71jährigen Emma Wichtig (W.) ein. Diese berichtet, dass in der Nachbarwohnung des verheirateten Rudi Rüpel (R.) in der Sachsenstraße 1, im Erdgeschoss, ein Streit im Gange ist. Sie habe eine männliche Stimme Beleidigungen wie „Schlampe, Hure" schreien gehört, es seien zerbrechliche Gegenstände an die Wand geworfen worden und sie habe ein „Wimmern" aus der Wohnung vernommen. Dieses „Wimmern" stamme bestimmt von der Ehefrau des R. Bisher – so ermittelt der Dienstgruppenführer – gab es keine Einsätze des PVD wegen häuslicher Gewalt in der Wohnung des R.

Als PK Fleißig (F.) und POM'in Emsig (E.) vom Polizeirevier Sachsenstadt gegen 21.30 Uhr in der Sachsenstraße 1 eintreffen, bestätigt W. ihre Wahrnehmungen, es ist aber aktuell nichts zu hören. Auf mehrmaliges Läuten und Rufen der Beamten „Polizei, bitte öffnen Sie. Wir müssen uns in Ihrer Wohnung umsehen." Reagiert niemand. Die Beamten versuchen danach den R. über ein gekipptes Fenster anzusprechen, worauf R. das Fenster zudrückt. F. droht daraufhin an, die Wohnungstür gewaltsam zu öffnen. Als auch danach niemand reagiert, prüft der herbeigerufene Schlüsseldienst mit einem deutlich vernehmbaren Surren die Funktionsfähigkeit seiner Bohrmaschine. Gerade als er zum Aufbohren des Schlosses ansetzen will, öffnet R. die Wohnungstür. F. sagt mit Nachdruck: „Treten Sie bitte beiseite!" R. befolgt die Weisung. Die Nachschau in der Wohnung ergibt, dass R. allein in der Wohnung ist und dass nichts auf einen Kampf oder umhergeworfene Gegenstände hindeutet. E. und F. waren aus der Wohnung als Polizeibeamte zu erkennen.

---

34 Fall nach BayVGH Urt. v. 17.4.2008 – Az.: 10 B 07.219.

Aufgabe:
Prüfen Sie die Rechtmäßigkeit der Aufforderung, die Tür zu öffnen, beiseite zu treten sowie das Eindringen in die und die Umschau in der Wohnung aus gefahrenabwehrrechtlicher Sicht.

Lösungsvorschlag zum Fall 2: „Die lauschende Nachbarin"

I. Vorprüfung

Grundrechtseingriff

41   Die Aufforderungen zu öffnen und beiseite zu treten sowie das Eindringen in die und die Nachschau in der Wohnung des R. könnten einen Eingriff in Art. 13 Abs. 1 GG, Art. 30 Abs. 1 SächsVerf, darstellen. Wohnung ist jede tatsächlich zum Aufenthalt von Menschen benutzte und bestimmte Räumlichkeit. Art. 13 Abs. 1 GG soll dem Einzelnen einen elementaren Lebensraum sichern, und damit auch sein Recht, in Ruhe gelassen zu werden.[35] Die Aufforderung gegenüber R., die Tür zu öffnen, beinhaltet nach der Intention der Beamten auch das Begehren, in die Wohnung gelassen zu werden. Sie haben von vornherein nicht die Absicht, nach dem Öffnen der Wohnungstür an der Schwelle stehen zu bleiben und etwa lediglich eine Befragung durchzuführen. Das Öffnen ist nur Mittel zum Zweck, um den Zutritt zur Wohnung zu ermöglichen.[36] Bereits durch diese Aufforderung liegt ein Eingriff in Art. 13 Abs. 1 GG vor. Dieses Begehren der Beamten wird klargestellt durch die Aufforderung beiseite zu treten und mündet im tatsächlichen Eindringen in die Wohnung. Unabhängig davon, ob es sich bei dem Eindringen einschließlich der zuvor notwendigen Zwischenschritte um ein Betreten oder bereits um eine Durchsuchung der Wohnung handelt, liegt jedenfalls ein Eingriff in das Grundrecht des R. aus Art. 13 Abs. 1 GG vor.

II. Ermächtigungsgrundlage

42   Als Befugnisnorm für die Aufforderungen, die Tür zu öffnen und beiseite zu treten sowie das Eindringen in die Wohnung des R. kommt § 29 Abs. 1 S. 1 Nr. 2 SächsPVDG in Betracht. Zwar verpflichtet § 29 Abs. 1 S. 1 Nr. 2 SächsPVDG den Wohnungsinhaber nur dazu, das Betreten durch die Polizei zu dulden. Allerdings ergibt sich aus dem Sachzusammenhang und dem Hinweis, dass sich die Beamten in der Wohnung umschauen wollen, dass sie offenkundig nicht beabsichtigen, nach dem Öffnen der Wohnungstür an der Schwelle stehen zu bleiben. Das Öffnen ist vielmehr nur Mittel zum Zweck, nämlich das Umschauen in der Wohnung nach einem potentiellen Opfer des R. zu ermöglichen.

III. Formelle Rechtmäßigkeit

1. Polizeiliche Aufgabe und sachliche Zuständigkeit

43   Die Beamten beabsichtigen aus ihrer Sicht vorrangig, die Grundrechte eines vermeintlichen Opfers des R. auf Gesundheit und körperliche Unversehrtheit nach Art. 2 Abs. 2 S. 1 GG zu schützen, so dass sich die polizeiliche Aufgabe aus § 2 Abs. 1 S. 2 SächsPVDG ergibt.[37]

---

35   BVerfG Beschl. v. 12.3.2019 – Az.: 2 BvR 675/14, Rn. 52 – juris.
36   *Seidel/Bartsch*, Jura 2011, 297 (302); *Muckel/Ogorek*, JuS 2010, 57 (61) in Fn. 27; *Braun/Kay*, Kriminalistik 2011, 653 [654]; iErg auch BayVGH Urt. v. 17.4.2008 – Az.: 10 B 07.219, Rn. 18 – juris, der die Generalklausel nicht erwähnt; ähnlich *Thye*, JuS 2011, 618 (622 f.); OVG NRW Urt. v. 6.10.2020 – Az.: 5 A 3821/18, Rn. 36 – juris.
37   Die Tatsache, dass der PVD sicherlich auch drohende Straftaten gem. §§ 185, 223, 303 StGB abwehren bzw. die Begehung von Dauerdelikten unterbrechen wollte, stellt einen Begleiteffekt dar.

Damit ist die sachliche Zuständigkeit im Eilfall nach § 2 Abs. 3, 2. Halbsatz SächsPVDG[38] zu prüfen. Dann müsste die Gefahrenabwehr durch die Polizeibehörde nicht oder nicht rechtzeitig möglich erscheinen. Das ist der Fall, wenn durch die Herbeiführung einer Entscheidung der an sich zuständigen Polizeibehörde eine Verzögerung bei der Wahrnehmung der Aufgabe eintreten würde, die den Erfolg der Maßnahme gefährden oder vereiteln würde oder wenn die Polizeibehörde gar nicht erreichbar ist. Dabei kommt es nicht auf eine objektive Unerreichbarkeit der sachlich zuständigen Polizeibehörde an; es genügt vielmehr, dass es für den PVD den Anschein hat, die an sich zuständige Polizeibehörde sei nicht erreichbar. Etwas anderes gilt nur dann, wenn der PVD offensichtlich von unzutreffenden Voraussetzungen ausgeht, die sich bereits im Zeitpunkt der Entscheidung erkennen ließen.[39] Um 20.30 Uhr sind die Polizeibehörden nicht mehr erreichbar, so dass ein Einschreiten durch den PVD geboten ist.

2. Verfahrens- und Formvorschriften

a) Ermächtigungsbezogene Verfahrensvorschriften

Fraglich ist, ob in Bezug auf die Aufforderungen gegenüber R., die Tür zu öffnen und beiseite zu treten sowie das Eindringen in die und die Nachschau in der Wohnung des R. die Verfahrensbestimmungen des § 30 SächsPVDG zu prüfen sind. Dann müsste es sich bei dem Eindringen und der Nachschau in der Wohnung um eine Durchsuchung und nicht um ein Betreten handeln. Ein Betreten ist anzunehmen, wenn in die Wohnung eingedrungen, dort verweilt wird und Feststellungen durch einfache Nach- bzw. Umschau getroffen werden, ohne Behältnisse zu öffnen oder Veränderungen in der Wohnung vorzunehmen.[40] Im Gegensatz dazu ist das Durchsuchen das ziel- und zweckgerichtete Suchen staatlicher Organe nach Personen oder Sachen oder zur Ermittlung eines Sachverhalts, um etwas aufzuspüren, was der Inhaber der Wohnung nicht von sich aus offen legen oder herausgeben will.[41] Da lediglich eine einfache Nachschau in der Wohnung vorgenommen wird, liegt ein bloßes Betreten vor. Die unvermeidliche Kenntnisnahme von Personen, Sachen und Zuständen führt nicht zur Annahme einer Durchsuchung. Mithin ist § 30 SächsPVDG nicht anwendbar. Vom Betreten werden im rechtlichen Sinne alle Handlungsschritte von F. und E., dh, sowohl die Aufforderungen gegenüber R., die Tür zu öffnen und beiseite zu treten als auch das Eindringen in die und die Nachschau in der Wohnung des R. umfasst.

b) Verfahrensanforderungen nach VwVfG

Sollte es sich beim Betreten der Wohnung des R. um einen VA nach § 1 S. 1 SächsVwVfZG i. V. m. § 35 S. 1 VwVfG handeln, müssten die Verfahrens- und Formvorschriften des VwVfG geprüft werden. Problematisch ist, ob durch das Betreten der Wohnung und der Nachschau in der Wohnung des R. auch eine „Regelung" getroffen wurde. Eine Maßnahme hat dann Regelungscharakter, wenn sie auf die unmittelbare Herbeiführung von Rechtsfolgen gerichtet ist. Dies ist der Fall, wenn Rechte des Betroffenen unmittelbar begründet, geändert, aufgehoben, mit bindender Wirkung festgestellt oder verneint werden.[42] Es ist nicht ausreichend, wenn

---

[38] Vgl. dazu SächsOVG Beschl. v. 25.7.2022 – Az.. 6 B 16/22, Rn. 25 – juris.
[39] VGH BW Urt. v. 17.6.2003 – Az.: 1 S 2025/01, Rn. 28 – juris mwN; Der Wortlaut des § 2 Abs. 3, 2. Halbsatz SächsPVDG („Gefahrenabwehr") ist noch weiter als in § 60 Abs. 2 SächsPolG („sofortiges Tätigwerden"), so dass dem PVD ein noch größerer Beurteilungsspielraum bezüglich der Annahme eines Eilfalls einzuräumen ist.
[40] BVerwGE 47, 31 (37); Urt. v. 25.8.2004 – Az.: 6 C 26/03, Rn. 24 – juris; *Shirvani/Hirzebruch*, Jura 2016, 194 (197).
[41] BVerfGE 75, 318 (327); BVerwGE 47, 31 (36); SächsOVG Beschl. v. 31.7.2009 – Az.: 3 D 91/09, Rn. 3 – juris; umfassend zur Abgrenzung: VGH BW Urt. V. 28.3.2022 – Az.: 1 S 1265/21, Rn. 95 ff – juris.
[42] BVerwG Beschl. v. 19.6.2000 – Az.: 1 DB 13/00, Rn. 24 – juris.

die Rechtsfolge bloßer Reflex der Maßnahme ist, vielmehr muss der Eintritt der Rechtsfolge auch beabsichtigt sein, sog. Finaler Aspekt.[43] Zwar mögen das Eindringen in die und die Nachschau in der Wohnung isoliert betrachtet tatsächliche Handlungen darstellen, so dass sie als öffentlich-rechtliche Realakte eingestuft werden könnten. Die Aufforderungen, die Tür zu öffnen und beiseite zu treten, verlangen indes als Regelungsinhalt jeweils ein Handeln von R., so dass ihnen Regelungscharakter zukommt. Dem Eindringen in die und der Nachschau in der Wohnung könnte ein Dulden als Regelungselement innewohnen. Für die Annahme einer Duldung spricht in diesem Fall, dass F. und E. bereits betont haben, sich in der Wohnung des R. umsehen zu wollen. Zum anderen impliziert zumindest die Aufforderung gegenüber R. beiseite zu treten, das Begehren von F. und E., die Wohnung auch betreten zu wollen.[44] R. hätte vor dem belastenden Verwaltungsakt gem. § 28 Abs. 1 VwVfG angehört werden müssen. Zwar haben F. und E. mehrfach an der Tür des R. geläutet sowie gerufen „Polizei, bitte öffnen Sie". Eine Möglichkeit zur Stellungnahme wurde R. damit indes nicht eingeräumt. Von der Anhörung des R. könnte gem. § 28 Abs. 2, Einleitungssatz VwVfG abgesehen werden, wenn sie nach den Umständen des Einzelfalls nicht geboten ist. R. hat die Beamten offensichtlich bemerkt. Dies ergibt sich insbesondere durch das Zudrücken des gekippten Fensters, als die Beamten versuchten, ihn anzusprechen. R. wollte keinen Kontakt mit den Beamten. Somit war die Gewährung einer Möglichkeit zur Stellungnahme vor dem Betreten seiner Wohnung faktisch unmöglich. Damit wurden die Vorschriften des VwVfG eingehalten.[45]

IV. Materielle Rechtmäßigkeit

1. Tatbestandsvoraussetzungen

46 Wie bereits unter I. und II. dargestellt, müssen sich rechtlich betrachtet die Aufforderungen gegenüber R., die Tür zu öffnen und beiseite zu treten sowie das Eindringen in die und die Nachschau in der Wohnung des R., an die für das Betreten von Wohnungen maßgebliche Vorschrift des § 29 Abs. 1 S. 1 Nr. 2 SächsPVDG messen lassen. Danach müsste eine gegenwärtige Gefahr für Leib, Leben oder Freiheit einer Person oder für bedeutende Sach- oder Vermögenswerte vorgelegen haben.

47 Eine gegenwärtige Gefahr liegt nach § 4 Nr. 3 b) SächsPVDG vor, wenn die Einwirkung eines schädigenden Ereignisses bereits begonnen hat oder unmittelbar oder in allernächster Zeit mit einer an Sicherheit grenzenden Wahrscheinlichkeit bevorsteht. Das Rechtsgut „Leib" ist nach § 4 Nr. 3 f.) SächsPVDG dann betroffen, wenn die Gefahr einer nicht nur leichten Körperverletzung besteht.[46] Eine Lebensgefahr liegt vor, wenn der Tod droht.

48 Die Nachschau in der Wohnung des R. ergab, dass R. allein in der Wohnung war und dass nichts auf einen Kampf oder umhergeworfene Gegenstände hindeutete. Die Beamten gingen beim Eintreffen vor der Wohnungstür des R. und in der Folge aber davon aus, dass sich eine Störung der öffentlichen Sicherheit, in Form häuslicher Gewalt, ereignete und in diesem Zuge zumindest nicht nur leichte Körperverletzungen gegenüber einem Opfer begangen wurden oder zumindest jederzeit vorgenommen werden könnten. Letztlich stellt sich im Nachhinein (ex post) heraus, dass das, was sich F. und E. im Zeitpunkt ihres polizeilichen Einschreitens (ex ante) vorgestellt haben, nicht eingetreten ist. In diesen Fällen ist das Vorliegen einer ungeschriebenen Gefahrenart (Anscheinsgefahr, Gefahrenverdacht oder Anscheinsgefahr) zu prüfen.

---

43 BVerwG Urt. v. 12.6.1992 – Az.: 7 C 5/92, Rn. 13 – juris.
44 Möstl, Jura 2011, 840 (848); Enders, SächsVBl. 2010, 195 (198); Shirvani/Hirzebruch, Jura 2016, 194 (197).
45 Auf § 39 VwVfG ist bei mündlichen VAen nicht einzugehen. Da R. die Aufforderungen der Beamten offenbar akustisch vernommen hat, ist eine Bekanntgabe nach § 41 VwVfG ebenfalls erfolgt. Es besteht daher kein Anlass auf das Vorliegen dieser Anforderungen einzugehen.
46 Vgl. auch VG Münster Urt. v. 11.11.2009 – Az.: 1 K 2338/08, Rn. 36 – juris mwN.

Anscheinsgefahr und Gefahrenverdacht

Unter Anscheinsgefahr wird ein Sachverhalt verstanden der, ohne eine wirkliche Gefahr zu sein, zum Zeitpunkt des Einschreitens – also ex-ante – aus der Sicht eines besonnenen und sachkundigen Amtswalters die Annahme einer Gefahr rechtfertigt. Diese Annahme muss sich auf ausreichende objektive Anhaltspunkte stützen.[47] Trotz dieser Anhaltspunkte stellt sich rückblickend nachträglich – also ex-post – heraus, dass eine Gefahr tatsächlich nicht vorlag. Die Behörde ist hierbei zum Einschreiten berechtigt. Ansonsten wäre eine effektive Gefahrenabwehr nicht gewährleistet, da die handelnde Behörde auf tatenloses Zusehen verpflichtet wäre, bis es für die Vermeidung des Schadens zu spät sein könnte.[48] Die Anscheinsgefahr wird einer „echten" Gefahr gleichgestellt.[49] Von der Anscheinsgefahr abzugrenzen ist der sog. Gefahrenverdacht. Ein solcher liegt vor, wenn die Behörde Anhaltspunkte dafür hat, dass eine Gefahr besteht, aber objektiv zum Zeitpunkt des Einschreitens Erkenntnislücken entweder im Hinblick auf die Diagnose des Sachverhalts oder die Prognose des Kausalverlaufs Unsicherheiten bestehen.[50] Die Behörde hält das Vorliegen einer Gefahr lediglich für möglich, ist sich aber nicht hinreichend sicher. Es sind sog. Gefahrenerforschungseingriffe zulässig, die grundsätzlich nur zur weiteren Aufklärung der Situation dienen, aber insbesondere bei einer möglichen unmittelbaren Gefahr für Leib und Leben den Charakter endgültiger Gefahrenabwehr annehmen können. Der beiden Rechtsfiguren zugrunde liegende Gedanke ist grundsätzlich nicht auf den „gewöhnlichen" Gefahrenbegriff beschränkt, sondern er kann auch bei qualifizierten Gefahrenbegriffen Anwendung finden.[51]

Im vorliegenden Fall lagen objektiv betrachtet keine ausreichenden Anhaltspunkte dafür vor, dass sich in der Wohnung des R. eine verletzte Person befindet. Zwar hatten F. und E. keinen Anlass, die Glaubwürdigkeit der W. generell in Zweifel zu ziehen. Die Aussagen der W. ließen jedoch objektiv nur den Schluss zu, dass in der Wohnung des R. ein heftiger Streit zwischen einem Mann und einer Frau stattfand. Nach den Informationen der W. kam es zu Beleidigungen, Gegenstände wurden an die Wand geworfen und das Weinen einer Frau war zu hören. Diese Schilderung gibt keinen ausreichenden Anlass für die Vermutung, dass es zu erheblichen körperlichen Verletzungen einer Person gekommen ist oder noch kommen wird. Von Hilferufen oder Schmerzensschreien war nicht die Rede. Vielmehr trägt die Schilderung der W. nur die Annahme, dass eine intensive private Streitigkeit ohne Gewalteinwirkung gegen Personen stattgefunden hat.

Hinzu kommt, dass die Wahrnehmungen der W. von F. und E. selbst nicht bestätigt werden konnten. Bei ihrem Eintreffen, kurze Zeit nach dem Anruf der W. im FLZ, war von dem angegebenen Konflikt nichts mehr zu hören. Auch nach dem Läuten und Rufen der Beamten gab es keine Hilferufe. Aus dem Umstand, dass R. nicht mit der Polizei sprechen und der Polizei erkennbar den Zutritt zu seiner Wohnung verweigern wollte, kann ebenfalls nicht auf das Vorliegen einer gegenwärtigen Gefahr für Leib oder Leben geschlossen werden. Denn der R. war zu einer Kooperation mit der Polizei nicht verpflichtet. Bisher gab es auch keine Einsätze des PVD wegen häuslicher Gewalt in der Wohnung des R. Bei dieser Sachlage lagen objektiv betrachtet keinerlei Anhaltspunkte für die Annahme vor, dass vor Eintreffen von F. und E. Körperverletzungen begangen wurden bzw. begangen werden sollten und dass diese

---

47 VGH BW Urt. v. 16.8.2018 – Az.: 1 S 625/18, Rn. 53 – juris mwN.
48 VG Aachen Beschl. v. 26.10.2018 – Az.: 6 L 1601/18, Rn. 17 – juris; Schoch, JuS 1994, 667 (668).
49 Vgl. etwa BayVGH Urt. v. 20.3.2015 – Az.: 10 B 12.2280, Rn. 49 – juris; VG Augsburg Beschl. v. 30.8.2018 – Az.: Au 8 S 18.1436, Rn. 27 – juris.
50 VGH BW Urt. v. 16.8.2018 – Az.: 1 S 625/18, Rn. 53 – juris; VG Aachen Urt. v. 24.8.2016 – Az.: 6 K 79/16, Rn. 73 zit. nach www.justiz.nrw.de.
51 Bezüglich gegenwärtiger Gefahr: BVerwG Urt. v. 26.2.1974 – Az.: I C 31.72, Rn. 32 – juris.

Gefahr zum Zeitpunkt des Eintreffens von F. und E. noch gegenwärtig war.[52] Mangels objektiver Anhaltspunkte im Zeitpunkt des polizeilichen Einschreitens lagen weder eine Anscheinsgefahr noch ein Gefahrenverdacht vor.

Putativ- oder Scheingefahr

52 Eine Putativ- oder Scheingefahr liegt vor, wenn irrtümlich das Vorliegen einer Gefahr angenommen wird, obwohl bei vernünftiger, „objektivierender" Betrachtung hierzu keinerlei Anlass besteht, also weder der Anschein noch auch nur der Verdacht einer Gefahr gerechtfertigt erscheint. Dass der handelnde Beamte von einer Gefahr ausgeht, widerspricht hier der Sorgfalt, Klugheit und Besonnenheit eines typischen Beamten und ist nicht vertretbar. Das Handeln bei einer Putativ- oder Scheingefahr ist rechtswidrig.[53]

53 Es trifft zwar zu, dass nach der Schilderung der W. die Möglichkeit, dass sich eine verletzte Person in der Wohnung des R. befand, nicht völlig ausgeschlossen werden konnte. Für die Annahme einer solchen Gefahr genügt es jedoch nicht, dass die Möglichkeit eines Schadenseintritts besteht. Die Möglichkeit eines Schadens ist theoretisch so gut wie nie auszuschließen. Vielmehr muss nach den objektiv erkennbaren Umständen eine an Sicherheit grenzende Wahrscheinlichkeit dafür bestehen, dass Leben oder Leib einer Person bei ungehindertem Geschehensablauf zu Schaden kommen. Nach den objektiv erkennbaren Umständen war eine solche Gefahr jedoch eher unwahrscheinlich, weil mehr Indizien gegen als für eine solche Gefahr sprachen. Insoweit lag eine Putativ- oder Scheingefahr vor, die nicht einer Gefahrenart des SächsPVDG gleichgestellt wird.[54]

V. Ergebnis

54 Das Betreten der Wohnung nach § 29 Abs. 1 S. 1 Nr. 2 SächsPVDG, dass rechtlich betrachtet die Aufforderungen gegenüber R., die Tür zu öffnen und beiseite zu treten sowie das Eindringen in die und die Nachschau in der Wohnung des R. einschließt, war rechtswidrig.

Fall 3: „Der explodierende Staatsanwalt a. D."

Sachverhalt

Am Einsatztag, einem Wochentag, geht um 15.00 Uhr im FLZ der PD Sachsenstadt ein Anruf des Staatsanwaltes a. D. Rudolf Rüstig (R.) aus Sachsenstadt ein. Dieser berichtet sichtlich aufgeregt, dass sein 10-jähriger Enkel E., der z.Zt. bei ihm im Urlaub weilt, vom Spielen mit seinem 11-jährigen Freund Gustav (G.) eine verrostete Handgranate mitgebracht habe, welche die Kinder offenbar zuvor ausgegraben hätten. Den Aufschriften auf der Seite der Granate sei zu entnehmen, dass sie „sowjetischen" Ursprungs sei und offensichtlich aus der Zeit des Zweiten Weltkrieges stamme. Nunmehr beschreibt der R. auf Nachfrage des Beamten weitere Details der Handgranate. Darüber hinaus teilt er mit, dass der E. ihm berichtet habe, dass auch G. eine Granate gefunden habe und diese zu Hause verstecken wolle. Die Polizei müsse sofort in die Wohnung des Vaters von G., dem Anton (A.) in der Elisabethstraße fahren und die Granate suchen.

---

52 BayVGH Urt. v. 17.4.2008 – Az.: 10 B 07.219, Rn. 20-22 – juris.
53 BayVGH Urt. v. 17.4.2008 – Az.: 10 B 07.219, Rn. 19; OVG Saarland, Urt. v. 2.7.2009, Az.: 3 A 217/08, Rn. 84 – beide juris.
54 BayVGH Urt. v. 17.4.2008 – Az.: 10 B 07.219, Rn. 22 – juris.

Fall 3: „Der explodierende Staatsanwalt a. D."

POK Fleißig (F.), der den Anruf entgegengenommen hat, erklärt dem R., er solle sofort mit seinem Enkel seine Wohnung verlassen, die Polizei werde sich um alles kümmern. Sofort informiert F. die örtlichen zuständigen PK Muskel (M.) und PM'in Kundig (K.), die in der unmittelbaren Nähe der Wohnung von A. am Postplatz unterwegs sind. Darüber hinaus versucht er A. fernmündlich zu informieren, was jedoch misslingt, da dieser seinerseits telefoniert. Ferner veranlasst er Maßnahmen im Haus von R.

M. und K. treffen zwei bis drei Minuten später in der Elisabethstraße ein, laufen an einigen Wohnungen vorbei in den dritten Stock und klingeln bei A. Diesem erklären sie den Sachverhalt. A. ist empört und sagt: „G. ist nicht da, er geht gerade noch etwas einholen. Außerdem macht mein G. so etwas nicht. Hauen Sie ab und kümmern sie sich besser um die Autodiebe aus Polen und Tschechien!"

Um nicht gleich „die Vögel scheu zu machen" und sicher zu sein, dass G. die Granate beim Einkauf nicht noch bei sich trägt, entschließen sich die Beamten vorerst nicht, den Kampfmittelbeseitigungsdienst anzufordern, sondern zunächst selbst mal einen Blick in die angemietete Wohnung des A. zu werfen, um zu prüfen, ob die Granate überhaupt in der Wohnung liegt. Sie schieben daher A. zur Seite und begeben sich in die Wohnung. A. werden dabei der Grund der Maßnahme, allerdings nicht die etwaigen Rechtsbehelfsmöglichkeiten genannt bzw. erläutert. Sodann erklärt M. gegenüber A.: „Verlassen Sie sofort die Wohnung und gehen Sie vor das Haus. Wenn wir fertig sind, rufen wir Sie wieder rein." A. wendet ein, dass es ihm nichts ausmache, wenn etwas passiere, er sei „taff" und liebe das Risiko. Er gehe nicht aus seiner Wohnung. Erst als die Beamten A. mit der Anwendung von unmittelbarem Zwang drohen, verlässt er unter Protest das Haus.

M. und K. setzten nunmehr die „Inspektion" der Wohnung fort. Ein Zeuge wird nicht herbeigezogen. K. ist der Auffassung, dass der mittlerweile eingetroffene Bürgerpolizist PHM Stressig (S.) als Zeuge fungieren könne. Im Anschluss treten sie in das Kinderzimmer des G. und inspizieren die Schränke und die Schubladen des Schreibtisches. Danach schauen die Beamten noch in die Spielkiste des G. und finden dort tatsächlich die verrostete Handgranate.

Nunmehr veranlassen die Beamten sofort eine Räumung des Hauses und zur Sicherheit auch der umliegenden Häuser. Sie fordern schließlich über das PVA den Kampfmittelbeseitigungsdienst[55] an. Nach Abschluss der Maßnahmen und der Mitnahme der Granate durch diesen wird A. wieder hereingerufen. Sein außerhäuslicher Aufenthalt hat etwa 5 Stunden angedauert. Eine Abschrift des zuvor gefertigten Protokolls wird A. nicht überreicht.

Aufgabe:
Prüfen Sie die „Inspektion" der Wohnung des A. und den Verweis an ihn. Spezielle Vorschriften des Nebenstrafrechts bleiben außer Betracht.

Lösungsvorschlag zum Fall 3: „Der explodierende Staatsanwalt a. D." Aufgabe 1

A. „Inspektion" der Wohnung des A.

I. Vorprüfung

Grundrechtseingriff

Durch die „Inspektion" der Wohnung könnten M. und K. in Art. 13 Abs. 1 GG, Art. 30 Abs. 1 SächsVerf eingreifen, da sie in die Wohnung des A. eindringen und Schränke, Schubladen und

---

[55] Sollte es sich hingegen um eine sog. unkonventionelle Spreng- oder Brandvorrichtung handeln, wäre das Dezernat Tatortgruppe/USBV des LKA anzufordern, vgl. näher Erlass zur Durchführung polizeilicher Maßnahmen bei anonymen Bombendrohungen im Freistaat Sachsen v. 12.1.1996 unter 4.2.2.

eine Kiste öffnen und versuchen, die Granate zu finden. Die Wohnung ist zwar von A. „nur" gemietet, Eigentum ist aber keine notwendige Voraussetzung für die Eröffnung des persönlichen Schutzbereiches. Die Wohnung des A. fällt auch unter den sachlichen Schutzbereich des Art. 13 Abs. 1 GG (vgl. zur Definition des Wohnungsbegriffs Fall 2, Ziffer I.).

II. Ermächtigungsgrundlage

56 Die Befugnis zum Eindringen sowie zum Öffnen und Durchstöbern von Schränken, Schubladen und Kisten könnte sich aus § 29 Abs. 1 S. 1 Nr. 4 SächsPVDG ergeben.[56]

III. Formelle Rechtmäßigkeit

1. Polizeiliche Aufgabe und sachliche Zuständigkeit

57 Die polizeiliche Aufgabe ist § 2 Abs. 1 S. 2 SächsPVDG iVm Art. 2 Abs. 2 S. 1 GG zu entnehmen, da die Rechtsgüter Leben und körperliche Unversehrtheit des A., G. und der anderen Hausbewohner geschützt werden sollen. Damit ist eine subsidiäre sachliche Zuständigkeit von M. und K. im Eilfall nach § 2 Abs. 3, 2. Halbsatz SächsPVDG zu prüfen (vgl. zu den Definitionen Fall 2, Ziffer III.). M. und K. müssen die Handgranate, die sich wahrscheinlich in der Wohnung des A. befindet, sofort suchen und ggf. durch den Kampfmittelbeseitigungsdienst entschärfen lassen. Zuständige Amtswalter der Polizeibehörde müssten erst einmal erreicht und informiert werden und sich dann zur Wohnung des A. begeben. In dieser Zeit könnte die Granate eventuell explodieren. Zudem wären sie nicht in der Lage, die Wohnung des A. schneller und gründlicher zu durchsuchen. Mithin sind M. und K. im Rahmen ihrer Eilkompetenz in die Wohnung des A. eingedrungen und haben sie nach der Granate durchstöbert.

2. Verfahrens- und Formvorschriften

a) Ermächtigungsbezogene Verfahrens- und Formvorschriften

58 Zu klären ist, ob die Wohnung des A. von M. und K. betreten oder durchsucht wurde (vgl. zu den Definitionen Fall 2, Ziffer III.), um festzustellen, ob die besonderen Verfahrensbestimmungen des § 30 SächsPVDG zu prüfen sind. Hier dringen die Beamten in die Wohnung ein und öffnen Behältnisse wie Schränke, Schubladen eine Spielkiste und nehmen damit charakteristische Handlungen einer ziel- und zweckgerichteten Durchsuchung der Räume nach der Granate vor.

aa) Anordnungskompetenz

(1) Richterliche Anordnung

59 Zuständig für die Anordnung einer gefahrenabwehrrechtlichen Durchsuchung ist nach § 30 Abs. 1 S. 1 SächsPVDG grundsätzlich das AG, wobei für das Verfahren im Einzelnen die Vorschriften des Buches 1 FamFG „entsprechend" gelten. Die Entscheidung des Gerichts kann ohne vorherige Anhörung ergehen und bedarf zur Wirksamkeit keiner Bekanntgabe, § 30 Abs. 1 S. 3 SächsPVDG. Die Anordnung der Durchsuchung ist nicht an eine bestimmte Form gebunden. Sie kann schriftlich, mündlich (zB telefonisch) oder auf elektronischem Wege ergehen.[57] Die Anordnung muss zumindest so bestimmt sein, dass Missverständnisse ausgeschlossen werden.

---

56 In Betracht kommt überdies ein Handeln der Beamten nach § 29 Abs. 1 S. 1 Nr. 2 SächsPVDG.
57 In Eilfällen dürfte eine schriftliche Anordnung nicht immer möglich sein, vgl. *Elzermann*, Die Polizei 2023, 126 (132); für das Strafverfahrensrecht BVerfGE 103, 142 (144).

Fall 3: „Der explodierende Staatsanwalt a. D." 41

Insbesondere der Durchsuchungszweck sollte möglichst konkret bezeichnet werden. Eine solche Anordnung – in welcher Form auch immer – ist dem Sachverhalt nicht zu entnehmen.

(2) „Gefahr im Verzug"

Bei „Gefahr im Verzug" kann der PVD gem. § 30 Abs. 1 S. 1 SächsPVDG die Durchsuchung anordnen. Die Anordnung kann in diesem Falle jeder Polizeibeamte treffen. „Gefahr im Verzug"[58] liegt vor, wenn bei einer ex-ante Betrachtung ohne sofortiges Eingreifen ein Zeitverlust eingetreten wäre, der zur Folge gehabt hätte, dass der Zweck der Maßnahme beeinträchtigt oder gar vereitelt würde.[59] In diesen Fällen kann die Anordnung auch stillschweigend mit der Ausführung einhergehen. 60

Infolge der Möglichkeit, dass die Granate jederzeit hätte explodieren können und damit hochwertige Rechtsgüter wie zumindest die körperliche Unversehrtheit und Gesundheit der Hausbewohner gefährdet waren, mussten die Beamten sofort, also ohne jede Verzögerung, welche sich aus tatsächlichen oder rechtlichen Gründen rechtfertigen ließe, zur Wohnung des A. fahren und diese durchsuchen. Andernfalls hätte darüber hinaus die Gefahr bestanden, dass die Granate von F. an einen anderen Ort verbracht wird. Überdies waren die Beamten unmittelbar in der Nähe der Wohnung und konnten diese in wenigen Minuten erreichen. Der Versuch – durch Vermittlung des Dienstgruppenführers – vom zuständigen Richter eine (telefonische) Anordnung zur Durchsuchung zu erhalten, hätte zu einem Verweilen der Beamten vor der Wohnung geführt und auf diese Weise die notwendigen Durchsuchungsmaßnahmen zum Auffinden der Granate gefahrenerhöhend verzögert. Somit war die Anordnung durch die Polizei formell nicht zu beanstanden.[60] 61

bb) Anwesenheitsrecht

Die Durchsuchung hebt das Hausrecht des Inhabers nicht auf, er hat demzufolge ein Anwesenheitsrecht, § 30 Abs. 2 S. 1 SächsPVDG. Diese Anwesenheit umfasst ein „Beobachtungsrecht", dh die Durchsuchung muss so gestaltet werden, dass der Inhaber die Durchsuchung „kontrollieren" kann. Dies schließt eine sog. Dezentrale Durchsuchung[61] aus. Damit korreliert keine Anwesenheits*pflicht*, der Inhaber kann sich jederzeit entfernen. Wohnungsinhaber ist derjenige, der die tatsächliche Gewalt über die Räumlichkeit ausübt[62], vorliegend also A., der zuvor der Wohnung verwiesen wurde. Damit konnte A. sein Recht zur Anwesenheit nicht mehr ausüben, so dass ein Verstoß gegen Satz 1 vorliegen könnte. Dies gilt indes nicht, wenn dieser wie hier (dazu unter B.)[63] rechtmäßig ausgeschlossen wurde. Somit liegt kein Verstoß gegen die Vorschrift des § 30 Abs. 2 S. 1 SächsPVDG vor.[64] 62

---

58 Die Grundsätze des Urteils des BVerfG zum Merkmal „Gefahr im Verzug" aus den Jahre 2001 (vgl. BVerfGE 103, 142 (144)) sind prinzipiell auch im Bereich der Gefahrenabwehr anzuwenden (*Robrecht*, apf 7/2006, 199 (200) mwN in Fn. 11; aus der Rspr. etwa OLG Köln, Urt. v. 14.4.2022 – 7 U 146/20, Rn. 35; OLG München, Beschl. v. 20.3.2015 – 34 Wx 173/13, Rn. 10 ff. – beide juris).
59 Vgl. BVerfGE 52, 97 (111); BVerwGE 28, 285 (291); OLG Köln, Urt. v. 14.4.2022 – Az.: 7 U 146/20, Rn. 35 – juris.
60 Die Frage, ob zu einem späteren Zeitpunkt der Richter noch hätte involviert werden müssen, bedarf keiner Erörterung, weil der Sachverhalt mit Abschluss der Maßnahmen vor Ort endet.
61 Es stellt mithin einen Verfahrensverstoß dar, wenn eine Vielzahl von Beamten parallel mehrere Räume durchsucht; vgl. *Elzermann*, Die Polizei 2023, 126 (133).
62 *Robrecht*, aaO, S. 200 mit Fn. 13; ausführlich auch *Elzermann*, Die Polizei 2023, 126 (127).
63 Aus diesem Grunde wäre es hier durchaus möglich, nicht chronologisch zu prüfen, sondern mit der Maßnahme B. zu beginnen.
64 Wird gegen S. 1 verstoßen, so folgt daraus die formelle Rechtswidrigkeit, denn der Wohnungsinhaber hat das Recht anwesend zu sein.

cc) Hinzuziehung eines Vertreters oder Zeugen

63 Bei Abwesenheit, auch wenn der Inhaber ausgeschlossen wurde, soll gem. § 30 Abs. 2 S. 2 SächsPVDG – soweit möglich – ein Vertreter oder Zeuge herbeigezogen werden. Der Zeuge ist allerdings – wie erwähnt – nur „soweit möglich" hinzuziehen. Zwar handelt es sich um ein Mehrfamilienhaus, so dass wohl andere Bewohner im Haus sind, jedoch ist deren Hinzuziehung hier nicht möglich, da der Zeuge durch die Gefahr der Explosion seinerseits gefährdet gewesen wäre. In diesem Falle ist die Hinzuziehung nicht nur nicht möglich, sondern sie wäre rechtswidrig. Es ist also in vergleichbaren Situationen der Polizei nicht möglich, einen Zeugen quasi als „Notstandszeugen" gem. § 12 Abs. 1 iVm § 9 Abs. 1 Nr. 1 SächsPVDG zu verpflichten.[65] Mithin liegt kein Verstoß gegen § 30 Abs. 2 S. 2 SächsPVDG vor.[66]

64 Unabhängig davon beruft sich K. darauf, dass S. als Zeuge fungiert habe. Ein Polizeibeamter kann jedoch nach ganz hM kein Zeuge iSd Vorschrift sein. Nach *Wolf/Stephan/Deger*[67] soll auch der bei der Durchsuchung „zusätzlich" anwesende Polizeibeamte Zeuge sein können. Offenbar ziehen diese Autoren den Umkehrschluss zu § 105 Abs. 2 S. 2 StPO, wonach der hinzugezogene Zeuge ausdrücklich kein Polizeibeamter sein darf. Dieser Auffassung kann dennoch nicht gefolgt werden, da ansonsten diese Variante im Regelfall gewählt werden könnte. Die Ratio der Norm würde konterkariert. Auch die Tatsache, dass die Landesgesetzgeber die genannte Option nicht explizit ausgeschlossen haben, steht dieser Auslegung nach Sinn und Zweck nicht entgegen. Im Gegenteil, wenn die Landespolizeigesetze diese Variante hätten zulassen wollen, so hätte es ausdrücklich erwähnt werden müssen. Ferner ist zumindest nicht auszuschließen, dass der „neutrale" Beamte später doch in die laufende Durchsuchung involviert wird und sich damit gleichsam selbst bezeugt. Insoweit sollte im Zweifel schon dem „bösen" Anschein begegnet und auf diese Option verzichtet werden. Ein Bediensteter der allgemeinen Polizeibehörde kann hingegen als Zeuge fungieren. Im Wege der Amtshilfe kann er dazu sogar verpflichtet werden.[68]

dd) Belehrung über den Grund und mögliche Rechtsbehelfe

65 Nach § 30 Abs. 3 SächsPVDG sind dem Wohnungsinhaber der Grund der Durchsuchung und die zulässigen Rechtsbehelfe[69] unverzüglich bekannt zu geben. Unverzüglichkeit ist dann gegeben, wenn die Nichteinhaltung oder die verzögerte Einhaltung der Verfahrensvorschrift durch einen tatsächlichen oder rechtlichen Grund gerechtfertigt ist.[70]

66 Die Bekanntgabe des Grundes erfolgt regelmäßig mündlich, ist jedoch die Durchsuchung richterlich angeordnet, so erscheint es zweckmäßig, den Beschluss vorzuzeigen und zu übergeben.[71] Bei einer mündlichen Bekanntgabe des Grundes umfasst dieser die maßgeblichen tatsächlichen und rechtlichen Gesichtspunkte, die für die Beurteilung der Situation des Betroffenen von Bedeutung sind, hier also die Mitteilung des Verdachts, dass G. eine Handgranate gefunden

---

65 *Robrecht*, aaO, S. 201 mit Fn. 26.
66 Nach hiesiger Rechtsansicht (vgl. *Robrecht*, aaO, S. 202 mit Fn. 40) würde aus einem Verstoß nicht die formelle Rechtswidrigkeit der Durchsuchung resultieren, da bereits der Gesetzgeber durch die Formulierung „soweit möglich" Ausnahmen zulässt, die in § 30 Abs. 2 S. 1 SächsPVDG nicht vorgesehen sind. Eine andere Ansicht dürfte mit dem Argument, dass die Hinzuziehung des S. 2 das Surrogat des Anwesenheitsrechts des S. 1 darstellt und daher eine identische Rechtsfolge zu wählen ist, vertretbar sein.
67 § 31 Rn. 32.
68 *Robrecht*, aaO, S. 201; *Elzermann*, § 24 SächsPBG Rn. 6.
69 Diese richten sich danach, ob der Richter oder die Polizei die Durchsuchung angeordnet hat. Gegen die amtsrichterliche Anordnung der Durchsuchung ist innerhalb von zwei Wochen die Beschwerde gem. § 30 Abs. 1 S. 4 und 5 SächsPVDG möglich.
70 Vgl. BVerfG, NJW 2002, 3161 (3162) für den Richtervorbehalt beim Gewahrsam.
71 *Robrecht*, aaO, S. 202.

und in die Wohnung des A. verbracht hat.[72] Laut Sachverhalt ist die Bekanntgabe des Grundes unverzüglich erfolgt.[73]

Nicht erfolgt ist allerdings die Bekanntgabe der zulässigen Rechtsbehelfe. Selbst wenn diese aus Zeitgründen nicht sofort und unverzüglich möglich gewesen sein sollte, hätte sie später – ggf. nach der Durchsuchung – durchgeführt werden müssen. Fraglich ist, ob die unterlassene Belehrung über die möglichen Rechtsbehelfe zur formellen Rechtswidrigkeit führt. Der Wortlaut des § 30 Abs. 3 SächsPVDG („dem Wohnungsinhaber oder seinem Vertreter *sind* der Grund der...") spricht für eine zwingende gesetzliche Vorgabe. Andererseits soll diese Vorgabe den Rechtsschutz erleichtern, welcher im Regelfall erst nach vorgenommener Durchsuchung erfolgen wird.[74] Dieser Rechtsschutz wird aber durch die unterlassene Belehrung nicht in Frage gestellt. Vielmehr muss dem Betroffenen prinzipiell ohnehin klar sein, dass in einem Rechtsstaat Rechtsschutz gegen polizeiliche Maßnahmen möglich ist. Daher ist das Belehrungspostulat als bloße Ordnungsvorschrift anzusehen, dh ein Verstoß hat nicht die formelle Rechtswidrigkeit zur Folge.[75] Für dieses Ergebnis streitet auch die Tatsache, dass selbst das Unterlassen einer förmlichen Rechtbehelfsbelehrung nach § 58 Abs. 1 VwGO nicht zur formellen Rechtswidrigkeit des zugrunde liegenden VA führt.   67

ee) Niederschrift und Übergabe der Abschrift

Nach § 30 Abs. 4 S. 1 SächsPVDG ist über die Durchsuchung eine Niederschrift (Protokoll) zu fertigen und deren Abschrift dem Wohnungsinhaber oder dessen Vertreter auf Verlangen auszuhändigen. Mindestinhalt einer Niederschrift ist nach dem Gesetz die Dienststelle, Grund, Ort, Zeit und Ergebnis, vgl. § 30 Abs. 4 S. 2 SächsPVDG. Auf die Fertigung bzw. die Übergabe der Abschrift kann gemäß § 30 Abs. 5 SächsPVDG verzichtet werden, wenn sie nach den besonderen Umständen nicht möglich wäre, oder sie den Zweck der Maßnahme gefährden würde. Laut Sachverhalt ist eine solche Niederschrift gefertigt worden, diese ist allerdings dem Wohnungsinhaber nicht als Abschrift übergeben worden. Wird eine Niederschrift nicht gefertigt, ohne dass die geschilderten Voraussetzungen des § 30 Abs. 5 SächsPVDG zu subsumieren sind, folgt daraus die formelle Rechtswidrigkeit, denn die Niederschrift dient als Beleg für das ordnungsgemäße Handeln der Beamten. Wird das Protokoll bzw. deren Abschrift gefertigt, aber dem Betroffenen lediglich nicht ausgehändigt, folgt daraus keine Rechtswidrigkeit. Das Übergabepostulat stellt eine bloße Ordnungsvorschrift dar.[76] Unabhängig davon ist nach dem Normtext die Abschrift dem Wohnungsinhaber nur auf Verlangen auszuhändigen. Ein solches Verlangen ist dem Sachverhalt nicht zu entnehmen, so dass „formal"[77] kein Verstoß vorliegt.   68

---

72 *Nachbaur* in: Möstl/Trurnit, § 31 PolG BW Rn. 67; *Robrecht*, aaO, S. 203 mit Fn. 51.
73 Bezogen auf die Belehrung über den Grund ist nach hiesiger Rechtsansicht von einer bloßen Ordnungsvorschrift auszugehen, da keine Begründung iSd § 39 VwVfG gefordert ist, so dass auch die dort vorgesehene Rechtsfolge der formellen Rechtswidrigkeit nicht zwingend zu übertragen ist (*Robrecht*, aaO, S. 204 mit Fn. 67 und 70; *Elzermann*, § 24 SächsPBG Rn. 7; aA *Nachbaur* in: Möstl/Trurnit, § 31 PolG BW Rn. 67.1).
74 Im Falle einer richterlich angeordneten Durchsuchung entfaltet die Beschwerde nach § 30 Abs. 1 S. 5, 2. Halbsatz SächsPVDG keine aufschiebende Wirkung. Gleiches gilt für einen Widerspruch gegen eine polizeilich angeordnete Durchsuchung wegen Gefahr im Verzug, weil insoweit eine unaufschiebbare Anordnung des PVD iSv § 80 Abs. 2 S. 1 Nr. 2 VwGO vorliegt.
75 *Nachbaur* in: Möstl/Trurnit, § 36 PolG BW Rn. 71.1.; *Elzermann*, § 24 SächsPBG Rn. 7.
76 So *Robrecht*, aaO, S. 203, aE, 204; *Elzermann*, § 24 SächsPBG Rn. 8.
77 Oft wird der Betroffene allerdings keinerlei Kenntnis davon haben, dass ihm auf Verlangen eine Abschrift auszuhändigen ist. Infolgedessen sollte die Übergabe in der Praxis auch ohne ein solches Verlangen erfolgen, der Betroffene zumindest über das Übergabeverlangen informiert werden.

b) Verhältnis der Normen des VwVfG zu den Vorgaben des § 30 SächsPVDG

69 Fraglich ist, ob der Gesetzgeber durch detaillierte Sonderregelungen in § 30 SächsPVDG klarstellen wollte, dass diese Verfahrens- und Formvorschriften den allgemeinen Vorgaben des VwVfG – insbesondere § 28 Abs. 1 VwVfG (Anhörung) – als lex specialis vorgehen.[78] Es erscheint schon zweifelhaft, ob der vorliegenden Durchsuchung überhaupt Verwaltungsaktcharakter (§ 1 S. 1 SächsVwVfZG iVm § 35 S. 1 VwVfG) beizumessen ist. Da es an einer Begleitverfügung (vgl. Fall 2, Ziffer III.) fehlt, könnte sich die Regelungswirkung allenfalls aus einer möglichen Duldung durch A. ergeben. Letztlich muss diese streitige Frage nicht näher erörtert werden, weil die Durchführung einer Anhörung ohnehin nach § 28 Abs. 2 Nr. 1 VwVfG wegen Gefahr im Verzug entbehrlich wäre. Insoweit ist auf die Erwägungen im Rahmen der Prüfung des § 30 Abs. 1 S. 1 SächsPVDG zu verweisen, die die hohe Eilbedürftigkeit der Durchsuchungsmaßnahme auch in Bezug auf die Einräumung einer Möglichkeit zur Stellungnahme gegenüber A. tragen.

IV. Materielle Rechtmäßigkeit

1. Tatbestandsvoraussetzungen

70 Nach den Vorgaben des § 29 Abs. 1 S. 1 Nr. 4 SächsPVDG müssten „Tatsachen die Annahme rechtfertigen" (vgl. Definitionen im Fall 1 IV. 1.), dass sich in der Wohnung eine Sache befindet, die nach § 31 SächsPVDG sichergestellt[79] werden darf. Infolgedessen ist es unerheblich, ob tatsächlich Gegenstände gefunden werden bzw. ob die Sicherstellung durchgeführt wird.

Tatsachen die Annahme rechtfertigen

71 Eine solche Tatsache ist die fernmündliche Information des ehemaligen Staatsanwaltes R. Fraglich ist, ob diese Tatsache die Annahme rechtfertigt, dass sich in der Wohnung des A. eine Handgranate befindet. Zunächst ist dabei zu betrachten, dass es sich um einen seriösen Informanten handelt. Der R. ist als ehemaliger Staatsanwalt und Organ der Rechtspflege ein glaubwürdiger Zeuge, dessen Informationen ernst zu nehmen sind. Daneben sind seine Angaben detailliert, indem R. sehr genau die Umstände und die äußerlichen Merkmalen der Granate beschreibt. Daher ist mit einer hohen Wahrscheinlichkeit davon auszugehen, dass die Granate existiert und von G. gefunden wurde. Ferner erscheint es zumindest auch hinreichend wahrscheinlich, jedenfalls möglich, dass der G. seine Absicht wahr gemacht hat und die Handgranate in der elterlichen Wohnung verborgen hält. Damit wäre der Hinweis des R. ausreichend, um die Granaten in der Wohnung zu „vermuten".

b) Inzidente Prüfung des § 31 Abs. 1 Nr. 1 SächsPVDG

72 Zu klären bleibt, ob die Granate gem. § 31 Abs. 1 Nr. 1 SächsPVDG sichergestellt werden dürfte.[80] Dazu müsste eine gegenwärtige Gefahr vorliegen, die in § 4 Nr. 3 b) SächsPVDG legaldefiniert ist (vgl. Fall 2, IV.). Granaten, welche seit über 75 Jahren der Witterung ausgesetzt waren, können

---

78 *Robrecht*, aaO, S. 201 mit Fn. 7.
79 Das SächsPVDG unterscheidet – anders als das SächsPolG – nicht mehr zwischen Beschlagnahme und Sicherstellung, sondern bezeichnet auch alle früher unter § 27 Abs. 1 SächsPolG subsumierten Fälle als „Sicherstellung". § 31 Abs. 1 Nr. 1 SächsPVDG entspricht dabei inhaltlich der früheren Beschlagnahme nach § 27 Abs. 1 Nr. 1 SächsPolG.
80 Im Rahmen einer solchen Inzidentprüfung ist grundsätzlich die Maßnahme vollständig zu prüfen. Hier reicht es aus, den Tatbestand zu erörtern. Weitere Gesichtspunkte müssen nur dann thematisiert werden, wenn der Sachverhalt Anlass dazu bietet, insbesondere wenn sich daraus die Rechtswidrigkeit der Maßnahmen ableiten lässt.

jederzeit explodieren. Insbesondere ist nach so langer Zeit nicht mehr gewährleistet, dass die vorgesehenen Sicherheitseinrichtungen der Granate funktionieren. Ferner sind die Granaten durch den Transport und das Spielen der Kinder zusätzlichen Erschütterungen ausgesetzt gewesen, die die Empfindlichkeit für eine Detonation erhöht haben könnten. Schließlich ist unklar, wie die Granaten nach dem Ausgraben und dem damit verbundenen Kontakt mit der Außenluft reagieren werden. Anderseits kann zwar die Granate im nächsten Moment explodieren, sie könnte aber auch – wie in den letzten über 75 Jahren – nicht detonieren. Eine solche Situation, bei der der Schaden jederzeit eintreten kann, aber nicht exakt prognostizierbar ist wann, wird als sog. Konkrete „Dauergefahr" bezeichnet. Es ist umstritten, ob eine solche Dauergefahr auch unter den Begriff der gegenwärtigen Gefahr subsumierbar ist.[81] Jedenfalls lässt sich die sog. „je-desto-Formel"[82] heranziehen, dass an die Wahrscheinlichkeit des Schadenseintritts um so geringere Anforderungen zu stellen sind, je größer und folgenschwerer der möglicherweise eintretende Schaden ist. Im Falle der Explosion sind die Rechtsgüter des A. und der anderen Hausbewohner aus Art. 2 Abs. 2 S. 1 GG (Leben und körperliche Unversehrtheit) gefährdet. Bei schweren und höchstwahrscheinlich zumindest teilweise irreparablen Körperschäden und ggf. sogar dem Tod des A. sowie eventuell der anderen sich noch im Haus befindlichen Bewohner oder Gäste sind keine allzu hohen Anforderungen an die Prognose zu stellen, wann und mit welcher Intensität die alte Granate wohl explodieren könnte. Eine entfernte Schadenseintrittswahrscheinlichkeit reicht hier aus. Es existieren keine gesicherten wissenschaftlichen Erkenntnisse, nach denen alten Sprengkörpern eine Detonationsfähigkeit mit der früheren Intensität abzusprechen wäre. Nach alledem liegen die Tatbestandsvoraussetzungen vor.[83] Am Vorliegen der übrigen Voraussetzungen einer Sicherstellung (insbesondere Ermessen und Verhältnismäßigkeit) bestehen keine Bedenken.

2. Adressat

Bei der Wohnungsdurchsuchung wird überwiegend von einem sog. Normadressaten ausgegangen, dh der A. ist als Wohnungsinhaber der richtige Adressat.

3. Ermessen[84]

a) Entschließungsermessen

Hier lag eine hohe Intensität der Gefährdung für bedeutsame Rechtsgüter vor. Zwar bestanden für die Beamten erhebliche Risiken beim Einschreiten, jedoch ist diese Tatsache an dieser Stelle insoweit irrelevant, da hier nur der Frage nachzugehen ist, „ob" und nicht „wie" zu handeln war. Bzgl. Der Frage „ob" zu handeln war, kann nicht in Frage gestellt werden, dass die Beamten „etwas tun mussten".

---

81 Bejahend: BVerfG, NJW 2006, 1939 (1947)]; OLG Düsseldorf, NVwZ 2002, 629; wN bei *Robrecht*, SächsVBl. 2006, 80 (81) in Fn. 14 bzgl. präventiver Rasterfahndung; aA VG Köln Urt. v. 17.5.2018 – Az.: 13 K 3600/16, Rn. 45 – juris.
82 BVerwGE 45, 51 (61); BVerwG Urt. v. 22.3.2012 – Az.: 3 C 16/11, Rn. 32; BGH Beschl. v. 19.12.2018 – Az.: XII ZB 505/18, Rn. 19 – beide juris mwN.
83 Die Tatbestandsvoraussetzungen des § 29 Abs. 1 S. 1 Nr. 2 SächsPVDG wären aus den vorbezeichneten Gründen ebenfalls erfüllt.
84 Definitionen vgl. Fall 1 IV. 3.

b) Auswahlermessen, § 5 Abs. 2 SächsPVDG

75 Die Beamten M. und K. haben mit der Durchsuchung[85] zumindest eine mögliche und zulässige Maßnahmen ausgewählt und dies ermessensfehlerfrei.

4. Verhältnismäßigkeit[86]

a) Geeignetheit, § 5 Abs. 1 SächsPVDG

76 Die Durchsuchung müsste geeignet gewesen sein. Eine Durchsuchung ist geeignet, Gegenstände in der Wohnung aufzufinden.

b) Erforderlichkeit, § 5 Abs. 2 SächsPVDG

77 Die Maßnahmen müsste auch erforderlich gewesen sein. Eine Befragung des A. gem. § 13 Abs. 1 SächsPVDG wäre nicht gleich geeignet, da A. offenbar nichts von der Handgranate im Kinderzimmer wusste. Auch ein ausschließliches Betreten des Kinderzimmers hätte nicht sicher zum Auffinden der Handgranate geführt. Eine für den A. mildere Alternativmaßnahme ist somit nicht ersichtlich.

c) Angemessenheit, § 5 Abs. 3 SächsPVDG

78 An dieser Stelle sind die im Rahmen der Vorprüfung erwähnten Grundrechte des A. mit den im Tatbestand aufgeführten Rechtsgütern abzuwägen, die es zu schützen galt. Zwar stellt die Durchsuchung einer Wohnung einen erheblichen Grundrechtseingriff in das sensible Grundrecht aus Art. 13 Abs. 1 GG dar. Demgegenüber ist der Schutz der elementaren Rechtsgüter Leben und körperliche Unversehrtheit aller Hausbewohner als vorrangig anzusehen. Zumindest steht der Eingriff in die Unverletzlichkeit der Wohnung nicht außer Verhältnis zum Schutz der Rechtsgüter aller Hausbewohner aus Art. 2 Abs. 2 S. 1 GG.

V. Ergebnis

79 Die Durchsuchung war somit gemäß § 29 Abs. 1 S. 1 Nr. 4 SächsPVDG rechtmäßig.[87]

B. Verweis an den A.

I. Vorprüfung

1. Freiheit der Person, Art. 2 Abs. 2 S. 2 GG iVm Art. 104 GG, Art. 16 Abs. 1 S. 2 iVm Art. 17 SächsVerf

80 Es könnte ein freiheitsbeschränkender Eingriff in Art. 2 Abs. 2 S. 2 GG iVm Art. 104 Abs. 1 GG vorliegen.[88] Eine Beschränkung der Bewegungsfreiheit (vgl. Definition Fall 1, Ziffer I.) ist vorliegend anzunehmen, sollte diese als ausreichend angesehen werden, wäre der Schutzbereich eröffnet. Sollte dem Ansatz angehaftet werden, wonach nur die – wenn auch kurzfristige – umfassende Beschränkung der Freiheit eine Beschränkung i. S. d. Grundrechts darstellt, wäre der Schutzbereich nicht eröffnet, da der A. sich überall hin bewegen kann, außer in seine Wohnung.

---

85 Zu diesem Merkmal vgl. näher oben unter A.II.
86 Definitionen vgl. Fall 1 IV. 4.
87 Gleiches gilt für eine Durchsuchung nach § 29 Abs. 1 S. 1 Nr. 2 SächsPVDG.
88 Vgl. etwa VG Magdeburg Urt. v. 22.3.2016 – Az.: 1 A 1025/14, Rn. 26 – juris.

Dann wäre alternativ Art. 2 Abs. 1 GG (vgl. Definition Fall 1, Ziffer I.) anzunehmen. Beide Rechtsansichten sind vertretbar.[89]

2. Wohnungsgrundrecht, Art. 13 Abs. 1 GG, Art. 30 Abs. 1 SächsVerf

Zusätzlich könnte Art. 13 Abs. 1 GG (vgl. Definition Fall 2, Ziffer I.) betroffen sein, da der Verweis die Wohnung des A. betrifft. Die Beantwortung dieser Frage hängt davon ab, ob die mehrstündige Verweisung des A. – und der damit einhergehende Wohnungsnutzungsentzug – ausreichend ist.[90] Die Frage, ob Wohnungsverweisungen – welcher Art auch immer – in den Schutzbereich des Art. 13 Abs. 1 GG eingreifen, wird unterschiedlich beantwortet. 81

Eine restriktive Ansicht nimmt einen Eingriff nicht an, wenn „lediglich" die räumliche Privatsphäre der eigenen Verfügung entzogen wird.[91] Ein Besitzrecht werde demnach nicht geschützt. Substanzielle Eingriffe, bei denen die Wohnung der Verfügung und Benutzung des Inhabers ganz oder teilweise entzogen werde, berühren nur dann den Schutzbereich des Art. 13 Abs. 1 GG, wenn durch sie die „Privatheit der Wohnung" ganz oder teilweise aufgehoben werde.[92] Dies sei bei den relativ kurzfristigen Verweisen aus der Wohnung nach den Polizeigesetzen nicht der Fall.[93] Vorzugswürdig erscheint die wohl hM[94], nach der grundsätzlich auch Wohnungsverweisungen in den Schutzbereich des Art. 13 Abs. 1 GG eingreifen können. Nicht eindeutig wird allerdings die Frage beantwortet, welche Dauer der Verweis haben muss. Teilweise wird die Grenze bei einem Tag gesehen.[95] Da hier die zeitliche Schwelle von einem Tag nicht erreicht wird, wäre auch nach diesem Ansatz ein Eingriff zu verneinen. Sollten auch mehrstündige Verweisungen als Eingriff subsumiert werden, wäre Art. 13 Abs. 1 GG als Grundrecht zu berücksichtigen. Letztlich dürften beide Ansätze vertretbar sein. 82

II. Ermächtigungsgrundlage

Die Verweisung aus der Wohnung könnte einen Platzverweis gem. § 18 S. 1 SächsPVDG darstellen, da auch eine Wohnung ein „Ort"[96] iSd Vorschrift ist. Zudem handelt es sich auch um eine „vorübergehende"[97] Maßnahme. Ein Rückgriff auf § 164 StPO erscheint hingegen zweifelhaft. Einerseits wird zT[98] bestritten, ob diese Norm auch Platzverweise deckt, anderseits ist Voraussetzung der Norm, dass eine Amtshandlung gestört wird. Zwar verzögert der A. 83

---

89 SächsVerfGH, JbSächsOVG 11, 55 (123), der selbst für den Fall eines Aufenthaltsverbots lediglich einen Eingriff in Art. 2 Abs. 1 GG annimmt. IErg ebenso: VG Dresden Urt. v. 1.2.2006 – Az.: 14 K 1972/03, S. 19; VG Frankfurt (Oder) Urt. v. 7.12.2011 – Az.: 6 K 1433/08, Rn. 17 – juris; OVG LSA Beschl. v. 23.4.2018 – Az.: 3 L 85/16, Rn. 39 – juris; OVG Bremen Urt. v. 8.1.2019 – Az.: 1 LB 252/18, Rn. 29 – juris.
90 Vgl. Fall 6 unter I.1.
91 *Lang*, NWVBl. 2005, 154 (156); *Schoch*, Jura 2010, 22 (25); *Braun/Wohlfarth*, Kriminalistik 2011, 653 (654); *Möstl*, Jura 2011, 840 (850); *Trierweiler*, S. 122; wN bei *Petersen-Thrö*, SächsVBl. 2004, 173 in Fn. 6 und 8.
92 BVerfGE 89, 1 (12).
93 *Ruder*, VBlBW 2002, 11 (14).
94 VG Dresden. Beschl. v. 16.9.2004, Az.: 14 K 2277/04, S. 9; OVG Greifswald Beschl. v. 24.2.2006 – Az.: 3 O 4/06, Rn. 8; VG Stuttgart Beschl. v. 5.3.2009 – Az.: 5 K 756/09, Rn. 6; VG Osnabrück Urt. v. 19.8.2011 – Az.: 6 A 244/10, Rn. 22 – alle juris; *Elzermann*, VR 2023, 88 (91); *Trurnit*, VBlBW 2009, 205 (208); *Walter*, Die Polizei 2009, 257 (258); wN bei *Petersen-Thrö*, SächsVBl. 2004, 173 (174) in Fn. 9 und 10.
95 VG Karlsruhe Beschl. v. 2.2.2001 – Az.: 12 K 205/01.
96 Ausführlich zum Ortsbegriff: *Robrecht/Petersen-Thrö*, SächsVBl. 2006, 29 (30 f.); OVG LSA Beschl. v. 23.4.2018 – Az.: 3 L 85/16, Rn. 53—62 – juris; OVG NRW Urt. v. 27.9.2021 – Az.: 5 A 2807/19, dazu *Waldhoff*, JuS 2022, 695, 696.
97 Vgl. zum Merkmal „vorübergehend" *Robrecht/Petersen-Thrö*, aaO, SächsVBl. 2006, 29 (32 f.); OVG LSA, aaO, Rn. 63 ff.
98 Der Gesetzgeber sieht als explizite Rechtsfolge eine mögliche Festnahme vor. Im Rahmen einer Verhältnismäßigkeitsabwägung kann jedoch als mildere Maßnahme im Rahmen eines erst–recht–Schlusses ein Ortsverbot möglich und vorrangig sein (str.).

durch seine Verweigerung auch die Amtshandlung von M. und K., der Schutz des A. vor Gesundheitsgefahren dürfte aber die eigentliche Intention der Verfügung sein. Schließlich darf bezweifelt werden, ob der Bund bei Störungen präventiver Amtshandlungen überhaupt eine Gesetzgebungskompetenz für § 164 StPO beanspruchen darf. Letztlich handelt es sich bei einer Störung der Amtshandlung um eine gefahrenabwehrrechtliche Maßnahme, mit dem Schutzgut Funktionsfähigkeit staatlicher Einrichtungen. Eine Kompetenz des Bundes dürfte daher allenfalls bei der Störung repressiver Maßnahmen mit dem Institut der sog. Annexkompetenz zu rechtfertigen sein.[99] Die Anwendung des § 19 Abs. 1 SächsPVDG scheidet hier aus, da es sich nicht um einen Fall „häuslicher Gewalt" handelt. Nach alledem ist auf § 18 S. 1 SächsPVDG zu rekurrieren.[100]

III. Formelle Rechtmäßigkeit

1. Polizeiliche Aufgabe und sachliche Zuständigkeit

84   Die polizeiliche Aufgabe resultiert aus § 2 Abs. 1 S. 2 SächsPVDG, da das Individualgrundrecht des A. auf körperliche Unversehrtheit geschützt werden soll. Fraglich ist, ob der Einwand des A., er möchte in der Wohnung verbleiben und sich damit freiwillig selbst gefährden, das Einschreiten der Beamten hindert. Die Gefährdung eigener Individualgüter im Zustand freier Willensentschließung betrifft nicht die Schutzgüter der „öffentlichen" Sicherheit.[101] Für derartige Verhaltensweisen kann grundsätzlich eine Einschränkung beim Einschreiten zum Schutz von Individualrechtsgütern bestehen, wenn am Einschreiten kein öffentliches Interesse besteht.[102] Das allgemeine Persönlichkeitsrecht aus Art. 2 Abs. 1 iVm 1 Abs. 1 GG gewährleistet als Ausdruck persönlicher Autonomie das Recht auf selbstbestimmtes Sterben.[103] Entgegen der früheren Rechtsprechung gehört es deshalb nicht einschränkungslos zu den Aufgaben der Polizei, die Tötung eines Menschen unabhängig davon zu verhindern, ob sie Folge einer Straftat oder eines Unglücksfalls wäre oder ob sie sich als straflose Selbsttötung darstellt. Die Polizei hat vielmehr angesichts des aus dem allgemeinen Persönlichkeitsrecht folgenden Rechts auf selbstbestimmtes Sterben die in einem Suizid zum Ausdruck kommende persönliche Grenzentscheidung eines Menschen zu respektieren, der bei klarem Bewusstsein unbedingt entschlossen ist, sich das Leben zu nehmen.[104] Nicht tolerabel ist allerdings eine Selbstgefährdung in den Fällen, in denen die Entscheidung des Betroffenen mangels Einsichtsfähigkeit (Volltrunkener, Drogenkonsument, erkennbar Minderjähriger etc) nicht als frei verantwortlich einzustufen ist, Dritte gefährdet werden oder die Selbstgefährdung in Anstoß erregender Form in der Öffentlichkeit stattfindet. Maßgebend ist die Einschätzung des handelnden Beamten zum Zeitpunkt des polizeilichen Einschreitens.

---

99   Die Beschränkung auf den Schutz repressiver Amtshandlungen entspricht der hM, vgl. zB NdsOVG Beschl. v. 11.1.2012 – Az.: 11 OB 408/11, Rn. 2 – juris; VG Dresden Urt. v. 17.3.2004 – Az.: 14 K 1486/01, Rn. 11 – juris.
100 Vgl. *Elzermann*, VR 2023, 88 (90).
101 Vgl. OLG Frankfurt Beschl. v. 22.3.2010 – Az.: 20 W 264/09, Rn. 13 – juris bzgl. Schutzgewahrsam gegenüber Fassadenkletterin.
102 Bestehen Unsicherheiten, ob sich der Betroffene in einem die freie Willensbestimmung ausschließenden Zustand befindet, so ist etwa die Anordnung eines Schutzgewahrsams möglich (vgl. SächsVerfGH, JbSächs OVG 11, 55 (136); instruktiv: *Linke*, JuS 2015, 247 (250) mwN in Fn. 18 und 20; *Gampp/Hebeler*, BayVBl. 2004, 257 (260); *Walter*, Die Polizei 2009, 257 (260)). Die unfreiwillige Obdachlosigkeit stellt eine Gefahr bzw. Störung der öffentlichen Sicherheit dar. Derjenige der auf Dauer ohne festen Wohnsitz lebt und somit ungeschützt der Witterung ausgesetzt ist, läuft Gefahr Schaden an seiner Gesundheit zu nehmen (vgl. SächsOVG Beschl. v. 26.1.2016 – Az.: 3 B 358/15, Rn. 3; Beschl. v. 30.7.2013, Az.: 3 B 380/13, Rn. 10 – beide juris jeweils mwN).
103 Vgl. BVerfG, Urt. v. 26.2.2020 – 2 BvR 2347/15, Rn. 208-211 – juris.
104 VG Hamburg Beschl. V. 6.2.2009 – 8 E 3301/08, Rn. 60 – juris; vgl. auch BVerfG, aaO, Rn. 232.

Vorliegend würde – zumindest könnte – das Verbleiben des A. in der Wohnung zu seinem Tode oder mindestens zu einer schweren Verletzung führen. A. will auch nicht geplant und freiverantwortlich aus dem Leben scheiden, sondern ignoriert schlicht die bestehende Gefahrenlage. Somit greift der Einwand der zulässigen Selbstgefährdung nicht. Eine polizeiliche Aufgabe ist daher zu bejahen.

Die sachliche Zuständigkeit ergibt sich erneut aus § 2 Abs. 3, 2. Halbsatz SächsPVDG, wobei es in Bezug auf die Platzverweisung gegenüber A. ausschließlich um den Schutz seiner Rechtsgüter aus Art. 2 Abs. 2 S. 1 GG geht.

2. Verfahrens- und Formvorschriften

a) Grundnennung, Art. 17 Abs. 1 S. 2 SächsVerf

Gem. Art. 17 Abs. 1 S. 2 SächsVerf muss die betroffene Person, wenn eine Freiheitsbeschränkung bejaht wird, unverzüglich über die Gründe der Freiheitsbeschränkung informiert werden. Da dem A. der Grund für die Durchsuchung genannt wurde, ist davon auszugehen, dass ihm auch der Grund für den Platzverweis genannt wurde. Beide Gründe sind im Hinblick auf die Beschreibung der Gefahrenlage im Wesentlichen identisch.

b) VwVfG

Da der Verweis einen belastenden VA iSd § 1 S. 1 SächsVwVfZG iVm § 35 S. 1 VwVfG darstellt, hätte der A. gemäß § 28 Abs. 1 VwVfG angehört werden müssen, was nicht geschehen ist. Hier ist die Anhörung jedoch aus den gleichen Gründen nach § 28 Abs. 2 Nr. 1, 1. Alt. VwVfG entbehrlich wie vor dem Durchsuchen der Wohnung des A. Überdies war ein sofortiger Verweis notwendig, um den A. aus der Gefahrenzone zu bekommen. Die Anhörung hätte diesen Verweis zwar nicht prinzipiell verhindert, aber verzögert, dies hätte den Zweck der Maßnahme (die rechtzeitige Verweisung) ex ante betrachtet vereitelt. Eine Anhörung war somit entbehrlich.

IV. Materielle Rechtmäßigkeit

1. Tatbestandsvoraussetzungen

Der Wortlaut des § 18 S. 1 SächsPVDG verlangt eine (konkrete) Gefahr oder Störung für die öffentliche Sicherheit.

a) Verfassungskonforme Auslegung

Sollte der Auffassung gefolgt werden, wonach auch mehrstündige Verweise aus der eigenen Wohnung dem Schutzbereich des Art. 13 Abs. 1 GG zuzuweisen sind, wäre der qualifizierte Gesetzesvorbehalt des Art. 13 Abs. 7 GG zu beachten.[105] Insoweit ist der Wortlaut des § 18 S. 1 SächsPVDG verfassungskonform auszulegen. Gem. Art. 13 Abs. 7 GG sind Eingriffe „im Übrigen" – also außerhalb des Durchsuchens, welches speziell in Art. 13 Abs. 2 GG erfasst ist und der sog. Technischen Überwachungsmaßnahmen, vgl. Art. 13 Abs. 4 und 5 GG – nur legitimiert, wenn sie der Verhütung einer gemeinen Gefahr, einer Lebensgefahr oder einer sog. Dringenden Gefahr für die öffentliche Sicherheit oder Ordnung dienen. Keines dieser Merkmale findet sich in § 18 S. 1 SächsPVDG, dort reicht die „konkrete" Gefahr für die öffentliche Sicherheit aus.[106]

---

105 Andernfalls wäre nur der „normale" Tatbestand des § 18 S. 1 SächsPVDG zu prüfen.
106 *Robrecht*, aaO, S. 201.

aa) Begriff der dringenden Gefahr

91 Nach höchstrichterlicher Rechtsprechung[107] ist bei einer dringenden Gefahr der Eintritt eines Schadens für ein wichtiges Rechtsgut oder ein besonders großes Schadensausmaß mit hinreichender Wahrscheinlichkeit in absehbarer (zT findet sich in Rahmen der hM auch die Begrifflichkeit baldiger) Zukunft zu erwarten. Der sächsische Gesetzgeber definiert in Kenntnis der vorbezeichneten Judikatur in § 4 Nr. 3 d) SächsPVDG, dass mit „dringender Gefahr" eine im Hinblick auf das Ausmaß des zu erwartenden Schadens und die Wahrscheinlichkeit des Schadenseintritts erhöhte Gefahr gemeint ist. Es ist somit sowohl bezüglich der zeitlichen Dimension als auch rechtsgutbezogen zu qualifizieren. Es muss mehr als eine hinreichende, dh eine mehr als nur geringfügige[108] Wahrscheinlichkeit vorliegen, die aber nicht die Schwelle „mit an Sicherheit grenzend" (wie in § 4 Nr. 3 b) SächsPVDG) erreichen muss. Bezüglich des „Rechtsguts" kommt mangels abweichender Regelung (wie etwa in § 4 Nr. 3 c) SächsPVDG) jedes Rechtsgut der öffentlichen Sicherheit in Betracht. Allerdings muss das Schadensausmaß gegenüber dem „Schaden" in § 4 Nr. 3 a) SächsPVDG erweitert sein.

bb) Begriff der gemeinen Gefahr

92 Eine gemeine Gefahr ist nach verbreiteter Ansicht zu bejahen, wenn die Gefährdung in ihrer Ausdehnung unbestimmt ist und deshalb ein nicht übersehbarer Kreis von Personen oder Sachen in Mitleidenschaft gezogen werden.[109]

cc) Subsumtion

93 Zwar könnte auf den ersten Blick hier die gemeine Gefahr in Frage kommen, allerdings würde dieser Ansatz übersehen, dass es vorliegend lediglich um den Schutz der Rechtsgüter des vom Platzverweis betroffenen A. geht. Für diese als einzelne Person kann aber per definitionem keine gemeine Gefahr bestehen. Daher erscheint es sinnvoll, auf die dringende Gefahr abzustellen. Für A. drohen, sollte es zu einer Explosion kommen, erhebliche, höchstwahrscheinlich sogar schwere Körperverletzungen, so dass ein bedeutsames Rechtsgut und überdies mit einem voraussichtlich hohen Schadensausmaß gefährdet ist. In Bezug auf die Schadenseintrittswahrscheinlichkeit lässt sich mit der oben A. IV. 1. Statuierten Begründung auch eine mehr als hinreichende Wahrscheinlichkeit subsumieren. Hilfsweise lässt sich die sog. „je-desto-Formel" heranziehen. Wie bereits dargestellt drohen dem A. zumindest teilweise irreparable schwerwiegende Körperschäden und ggf. sogar der Tod, so dass keine allzu hohen Anforderungen an die Prognose zu stellen sind, wann und mit welcher Intensität die alte Granate wohl explodieren könnte. Auch eine dringende Gefahr ist mit den unter A. IV. 1. Genannten Erwägungen begründbar. Somit liegt dem Platzverweis eine dringende Gefahr zugrunde.

b) Tatbestandsvoraussetzungen des § 18 S. 1 SächsPVDG

94 Damit sind auch die geringeren Anforderungen an eine (konkrete) Gefahr nach § 4 Nr. 3 a) SächsPVDG für die in § 4 Nr. 1 SächsPVDG bezeichneten Rechtsgüter der öffentlichen Sicherheit gegeben. Somit sind die Tatbestandsvoraussetzungen des § 18 S. 1 SächsPVDG erfüllt.

---

107 Vgl. BVerwGE 47, 31 (40/41); BVerfGE 17, 232 (251); SächsVerfGH, SächsVBl. 1996, 160 185 f.); BayVGH Beschl. v. 25.2.2009 – Az.: 9 C 08.2244, Rn. 2 – juris; BGH Urt. v. 14.8.2009 – Az.: 3 StR 552/08, Rn. 38 – juris.
108 BVerwG, Urt. v. 25.7.2007 – 6 C 39/06, Rn. 43 – juris.
109 *Robrecht*, LKV 2006, 395 (398) mwN; VG Cottbus Urt. v. 9.10.2014 – Az.: 6 K 478/12, Rn. 19; VerfGH Rh.-Pf., Urt. v. 29.1.2007, Az.: VGH B 1/06, Rn. 109 – beide juris.

2. Adressat

Mit der herrschenden Rechtsauffassung ist beim klassischen Platzverweis auf die Vorschriften der §§ 6 ff. SächsPVDG zu rekurrieren.[110] Hier könnte A. Verhaltensverantwortlicher nach § 6 Abs. 1 SächsPVDG sein. A. verursacht durch den Aufenthalt in der Wohnung seine eigene Selbstgefährdung. Er kann daher als Verhaltensverantwortlicher in Anspruch genommen werden.[111]

3. Ermessen[112]

a) Entschließungsermessen

Das Entschließungsermessen ist auf Null reduziert, da höchste Rechtsgüter des A. gefährdet und keine besonderen Risiken mit dem Einschreiten verbunden sind.

b) Auswahlermessen, § 5 Abs. 2 SächsPVDG

Die Polizeibeamten haben von einer zulässigen Handlungsalternative Gebrauch gemacht. Ermessensfehler sind nicht erkennbar.

4. Verhältnismäßigkeit, § 5 SächsPVDG[113]

Der Verweis war tauglich, um den Zweck der polizeilichen Maßnahme, den A. aus der „Gefahrenzone" der Wohnung zu entfernen, zu erreichen. Eine mildere Maßnahme ist nicht ersichtlich; lediglich ein Platzverweis aus dem jeweiligen Zimmer, das die Beamten gerade durchsuchen, hätte die Gefahr für A. nicht abgewehrt. Unter Bezugnahme auf die gefährdeten Rechtsgüter war die Maßnahme auch nicht unangemessen. Selbst wenn ein Eingriff in das Wohnungsgrundrecht angenommen würde, ist dieser kurzzeitig und damit wenig intensiv. Zudem überwiegt der Zweck der Verfügung die körperliche Unversehrtheit bzw. das Leben des A. zu schützen gegenüber dem Eingriff in seine räumliche Privatsphäre iSv Art. 13 Abs. 1 GG.

V. Ergebnis

Der Verweis des A. aus der eigenen Wohnung war rechtmäßig.

Fall 4: „Gefährliches Shoppen"

Sachverhalt

Thea Täuscher (T.) ist wegen 34 in den Jahren 2020 bis 2021 begangener Betrugsstraftaten am 13.12.2022 zu einer Gesamtfreiheitsstrafe von einem Jahr und sechs Monaten, deren Vollstreckung zur Bewährung ausgesetzt wurde, verurteilt worden. Sie verkaufte über die Internet-Plattform eBay unter Vortäuschung ihrer Erfüllungsbereitschaft Waren der gemeinen Lebensführung.

---

110 Vgl. VG Augsburg Urt. v. 26.3.2019 – Az.: Au 8 K 18.1922, Rn. 26 – juris; wN zur hM und zur m. M.m.M. *Robrecht/Petersen-Thrö*, SächsVBl. 2006, 28 (30).
111 Eine Inanspruchnahme des A. als Nichtverantwortlicher nach § 9 Abs. 1 SächsPVDG ist aufgrund der Tatsache, dass mit dem Platzverweis A. als Verantwortlicher für seine unzulässige Selbstgefährdung in Anspruch genommen wird, mangels Vorliegen der Voraussetzungen des § 9 Abs. 1 Nr. 2 SächsPVDG nicht möglich.
112 Definitionen vgl. Fall 1 IV. 3.
113 Definitionen vgl. Fall 1 IV. 4.

Nach Bezahlung durch den Käufer wurde die Ware jedoch nicht geliefert. Stattdessen versandte sie in einer Vielzahl von Fällen Prospekte und alte Telefonbücher, um den Eindruck zu erwecken, die Waren seien auf dem Versandwege entwendet worden. Zudem bestellte T. in diesem Zeitraum im Internet, nahm die gelieferten Waren entgegen, ohne zu bezahlen und reagierte auch auf spätere Mahnungen nicht. Insgesamt entstand ein Schaden von 11.000,00 EUR.

Als am 17.12.2022 erneut eine Anzeige gegen T. wegen mangelnder Versendung von zuvor angebotenen und am 2.5.2022 verkauften Spielwaren trotz überwiesenen Kaufpreises erstattet wurde, ordnet PK Fleißig (F.) mit ausreichend begründeter Verfügung vom 23.12.2022 unter Ziffer 1 an, dass T. sich *„am 13.2.2023 um 8.00 Uhr in der PD Sachsenstadt, Polizeirevier Sachsenstadt-Mitte, Zur letzten Instanz 18, 01234 Sachsenstadt, Zimmer 206 unter Vorlage dieser Ladung einzufinden hat"*. Weiterhin wird in dieser Verfügung unter Angabe von § 81b Abs. 1, 2. Alt. StPO unter Ziffer 1 angeordnet, sie *„zum Zwecke des Erkennungsdienstes zu behandeln und hierzu von ihr Zehnfingerabdrücke, Handflächenabdrücke, Lichtbilder, Dreiseitenbild, Ganzkörperbild und Personenbeschreibung anzufertigen"*. Für den Fall, dass T. den Termin am 13.2.2023 unentschuldigt nicht wahrnehmen sollte, wird in Ziffer 2 der Verfügung ein Zwangsgeld in Höhe von 500,00 EUR angedroht. Am 20.1.2023 legt Rechtsanwalt Wichtig (W.) namens der T. Widerspruch gegen die Anordnung ein. Bisher habe T. – was zutrifft – ohne die Heranziehung von erkennungsdienstlichen Unterlagen als Täterin ermittelt werden können. Überdies spielen bei der Aufklärung von Betrugsstraftaten dieser Art Lichtbilder und Fingerabdrücke ohnehin keine Rolle, so dass die zu erhebenden Daten für eine künftige Strafverfolgung gar nicht notwendig seien. Im Übrigen sei die Strafaussetzung zur Bewährung zugunsten eines künftigen straffreien Lebenswandels von T. zu beachten. Bei der Anlasstat ging es um geringwertige Sachen, so dass eine reine Bagatelle vorlag, die nicht zum Erlass der Verfügung vom 23.12.2022 hätte führen dürfen.

Am 15.3.2023 wird das Ermittlungsverfahren gemäß § 170 Abs. 2 StPO (fehlender Strafantrag und Geringwertigkeit) eingestellt. W. verlangt daraufhin die Aufhebung der Anordnung vom 23.12.2022, weil diese mangels Beschuldigteneigenschaft der T. nunmehr rechtswidrig sei. F. fragt Rechtsreferent R., ob die Ansicht von W. zutrifft.

Aufgabe:
Prüfen Sie die Rechtmäßigkeit der Ziffer 1 der Anordnung vom 23.12.2022.

Lösungsvorschlag zum Fall 4: „Gefährliches Shoppen"

Rechtmäßigkeit der Anordnung vom 23.12.2022

I. Vorprüfung

1. Grundrechtseingriff

Die Anordnung zur erkennungsdienstlichen Behandlung (ED-Behandlung) beinhaltet unter Ziffer 1 zum einen die Erscheinenspflicht der T. zum Termin am 13.2.2023 im Polizeirevier Sachsenstadt Mitte, die begrifflich eine Vorladung darstellt. Hinsichtlich der Grundrechtsrelevanz einer Vorladung werden unterschiedliche Rechtsauffassungen vertreten. Nach hM[114] wird durch die Vorladung nur die allgemeine Handlungsfreiheit (vgl. Art. 2 Abs. 1 GG, Art. 15 SächsVerf, vgl. Definition Fall 1, Ziffer I.) betroffen, während die spätere Vorführung als zwangsweise Durchsetzung der Vorladung die Freiheit der Person berührt.[115] Die Anordnung, an der erken-

---

[114] BVerfGE 6, 354 (355); E 22, 21 (26) bzgl. Vorladung zur Verkehrserziehung; OVG Berlin, DÖV 1956, 153; *Hauser* in: Möstl/Trurnit, § 28 PolGBW Rn. 5.
[115] SächsOVG Urt. v. 24.11.2011 – Az.: 3 A 130/11, Rn. 33 – juris.

nungsdienstlichen Behandlung mitzuwirken bzw. diese zu dulden greift in das Grundrecht auf informationelle Selbstbestimmung (Art. 2 Abs. 1 iVm Art. 1 Abs. 1 GG, Art. 33 SächsVerf) ein. Danach genießt der einzelne Bürger Schutz vor jeglicher Verarbeitung seiner personenbezogenen Daten (vgl. § 2 Nr. 3 SächsDSUG). Der Einzelne hat grundsätzlich selbst zu bestimmen, wann und innerhalb welcher Grenzen persönliche Lebenssachverhalte offenbart werden.[116] Es dient dem Schutz vor unbegrenzter Verarbeitung, etwa durch Erhebung, Speicherung und Verwendung und Weitergabe der eigenen personenbezogenen Daten. Mit der beabsichtigten ED-Behandlung sollen personenbezogene Daten der T. iSv § 2 Nr. 2 SächsDSUG erhoben und gespeichert werden, über deren Verarbeitung sie grundsätzlich selbst zu bestimmen hat.

2. Abgrenzung präventives/repressives Handeln

Die Anordnung erfolgt „zum Zwecke des Erkennungsdienstes" und nicht „für die Zwecke der Durchführung des Strafverfahrens". Sie dient damit der künftigen Aufklärung von Straftaten, also präventiven Zwecken.[117]

101

II. Ermächtigungsgrundlage

1. Abgrenzung zwischen § 81b Abs. 1, 2. Alt. StPO und § 16 Abs. 2 Nr. 2 SächsPVDG

Fraglich ist, ob für die beabsichtigte ED-Behandlung § 81b Abs. 1, 2. Alt. StPO oder § 16 Abs. 2 Nr. 2 SächsPVDG[118] als Ermächtigungsbefugnis heranzuziehen ist. § 81b Abs. 1, 2. Alt. StPO, der als bundesrechtliche Vorschrift nach Art. 31 GG vorrangig zu prüfen ist, kann zur Anwendung kommen, wenn ein Beschuldigter erkennungsdienstlich behandelt werden soll. Maßgebend dafür ist, ob der Vorgeladene Beschuldigter ist oder nicht. Beschuldigter in diesem Sinne ist der Verdächtige, gegen den aufgrund zureichender tatsächlicher Anhaltspunkte ein Ermittlungs- bzw. Strafverfahren betrieben wird.[119] Die Beschuldigteneigenschaft wird durch die erste Ermittlungshandlung begründet, die sich gegen eine bestimmte Person richtet.[120] Ein Verdächtiger erlangt danach die Stellung eines Beschuldigten, wenn die zuständige Strafverfolgungsbehörde Maßnahmen gegen ihn ergreift, die erkennbar darauf abzielen, gegen ihn wegen einer Straftat vorzugehen.[121] Nicht notwendig für die Beschuldigteneigenschaft ist eine Anzeige durch die Polizei bei der Staatsanwaltschaft.[122] Für die Beschuldigteneigenschaft genügt es, dass zum Zeitpunkt des Erlasses der Anordnung der erkennungsdienstlichen Maßnahme der Adressat formell betrachtet Beschuldigter eines strafrechtlichen Ermittlungsverfahrens war.[123] In der Rechtsprechung des BVerwG zu § 81b Abs. 1, Alt. 2 StPO wird der weite Beschuldigtenbegriff als Oberbegriff zugrunde gelegt, der – die verschiedenen Phasen des Ermittlungs- und Strafverfahrens übergreifend – auch den Angeschuldigten und Angeklagten umfasst.

102

Gegen T. wurde ein Strafverfahren wegen Betruges am 2.5.2022 geführt, das am 15.3.2023 eingestellt wurde. Mithin war T. Beschuldigte in einem Strafverfahren.

103

---

116 BVerfGE 65, 1 (42).
117 Vgl. BVerwG, NJW 2006, 1225 (1226); NVwZ-RR 2011, 710 (710); NJW 2018, 3194 (3194).
118 Für § 16 Abs. 2 Nr. 2 SächsPVDG verbleiben daher drei Anwendungsbereiche: **1.** Personen nach Verurteilung, Freispruch oder Einstellung des Verfahrens. **2.** Kinder, da diese nach ganz hM (vgl. VG München, Urt. v. 27.3.2019 – Az.: M 7 K 17.4047, Rn. 23 – juris auch zu älteren Gegenauffassungen) keine Straftaten begehen und somit keine Beschuldigte sein können. **3.** Schuldunfähige Personen.
119 OVG Rh-Pf, Urt. v. 24.9.2018, Az.: 7 A 10256/18, Rn. 32; OVG Hamburg Urt. v. 11.4.2013 – Az.: 4 Bf 141/11, Rn. 33 – beide juris.
120 BayVGH Beschl. v. 2.4.2015 – Az.: 10 C 15.304, Rn. 5 – juris.
121 BVerfG Beschl. v. 21.8.2000 – Az.: 2 BvR 1372/00, Rn. 16 – juris.
122 VG Würzburg Urt. v. 18.5.2018 – Az.: W 9 K 16.636, Rn. 22 – juris.
123 SächsOVG Urt. v. 19.4.2018 – Az.: 3 A 215/17, Rn. 20; Urt. v. 20.4.2016, Az.: 3 A 187/15, Rn. 17- beide juris.

104 Fraglich ist, ob die Einstellung des Anlassstrafverfahrens wegen Betruges während des Widerspruchsverfahrens eine Umstellung der Ermächtigungsgrundlage auf § 16 Abs. 2 Nr. 2 SächsPVDG gebietet, weil T. zu diesem Zeitpunkt nicht mehr Beschuldigte im Strafverfahren ist. Nach Auffassung des BVerwG muss die Beschuldigteneigenschaft zum Zeitpunkt der Anordnung nicht jedoch während des Widerspruchsverfahrens subsumierbar sein, dh der zwischenzeitliche Abschluss des Anlassstrafverfahrens am 15.3.2023 macht die Anordnung vom 23.12.2022 nicht rechtswidrig und nötigt nicht zur Auswechselung der Ermächtigungsgrundlage.[124]

2. Eigenständige Ermächtigungsgrundlage für die Vorladung?

105 Überdies ist zu prüfen, ob die Erscheinenspflicht der T. auf die separate Ermächtigungsgrundlage der Vorladung nach § 14 Abs. 1 S. 1 Nr. 2 SächsPVDG zu stützen ist. Nach hM in der Rechtsprechung kommt für Maßnahmen zu erkennungsdienstlichen Zwecken allein § 81b StPO in Betracht.[125] Dazu gehören die Vorladung, ggf. die Vorführung sowie die Durchführung der ED-Behandlung und ggf. deren zwangsweise Durchsetzung. Die Vorführung sowie die zwangsweise Durchsetzung der ED-Behandlung als solcher werden aus dem Wortlaut des § 81b StPO („gegen den Willen") abgeleitet. § 81b StPO als bundesrechtliche Norm verdränge insoweit die Vorschriften des allgemeinen Polizeirechts. Für die Anwendung des § 14 Abs. 1 S. 1 Nr. 2 SächsPVDG[126] spricht indes, dass § 81b Abs. 1, 2. Alt. StPO Gefahrenabwehrrecht darstellt und die Vorladung nicht ausdrücklich als Rechtsfolge vorsieht. Damit ist das allgemeine Polizeirecht anwendbar. Zudem ist nach § 14 Abs. 1 S. 2 SächsPVDG bei der Vorladung deren Grund anzugeben. Diese spezielle Anforderung würde bei einer ausschließlichen Anwendung des § 81b StPO umgangen. Im vorliegenden Fall kann eine Streitentscheidung dahinstehen, da eine schriftliche Vorladung zur ED-Behandlung ohnehin nach § 39 Abs. 1 VwVfG zu begründen ist und § 14 Abs. 1 Nr. 2 SächsPVDG an die Vorladung keine über § 81b Abs. 1, 2. Alt. StPO hinausgehenden formellen oder materiellen Anforderungen, wie etwa einen Richtervorbehalt, stellt.

106 Nach alledem stellt § 14 Abs. 1 Nr. 2 SächsPVDG iVm § 81b Abs. 1, 2. Alt StPO die Ermächtigungsbefugnis für die Vorladung dar.

III. Formelle Rechtmäßigkeit

1. Polizeiliche Aufgabe

107 Die polizeiliche Aufgabe könnte sich aus § 2 Abs. 1 S. 3 SächsPVDG ergeben. Die dort zugewiesene vorbeugende Bekämpfung von Straftaten umfasst auch die Strafverfolgungsvorsorge.[127] Dann müsste die ED-Behandlung gem. § 81b Abs. 1, 2. Alt. StPO eine präventiv intendierte Maßnahme sein, die Straftaten verhindern bzw. vorbeugend bekämpfen soll bzw. Straftatenvorsorge

---

124 BVerwG, NJW 2018, 3194 (3194).
125 VG Berlin, Beschl. v. 28.3.2023 – Az.: 1 L 43/23, Rn. 19; OLG Hamm Beschl. v. 12.9.2018 – Az.: I-15 W 229/18, Rn. 6; Beschl. v. 13.4.2012, Az.: I-15 W 131/12, Rn. 8 – alle juris; OLG LSA, NStZ-RR 2006, 179 (179); *Ogorek* in: Möstl/Kugelmann, § 10 PolG NRW Rn. 8; wohl auch *Grünewald* in: Möstl/Schwabenbauer, Art. 15 BayPAG Rn. 21; *Leggereit* in: Möstl/Bäuerle, § 30 HSOG Rn. 13.
126 HessVGH Beschl. v. 1.2.2017 – Az.: 8 B 1411/16, Rn. 33; VGH BW Urt. v. 13.7.2011 – Az.: 1 S 350/11, Rn. 34 – beide juris; *Hauser* in: Möstl/Trurnit, § 28 PolGBW Rn. 15; *Waechter* in: Möstl/Weiner, § 16 NPOG Rn. 16; offengelassen von VG München, Urt. v. 27.3.2019 – Az.: M 7 K 17.4047, Rn. 19 – juris.
127 BVerwG, NJW 2018, 3194 (3194). Eine Auswechselung der Ermächtigungsgrundlage kommt überdies schon deshalb nicht in Betracht, weil § 16 Abs. 2 Nr. 2 SächsPVDG – anders als § 20 Abs. 1 Nr. 2 SächsPolG aF – eine von § 81b Abs. 1, 2. Alt. StPO divergierende Prognose verlangt. § 16 Abs. 2 Nr. 2 SächsPVDG knüpft ausschließlich an „eine Tat" (nämlich die Anlasstat) an und klammert zudem die Persönlichkeit des Betroffenen aus der Prognoseentscheidung aus. Die Voraussetzungen sind damit deutlich enger als bei § 20 Abs. 1 Nr. 2 SächsPolG aF.

ermöglicht. Nach Auffassung des BVerwG stellt auch die erkennungsdienstliche Behandlung nach § 81b Abs. 1, 2. Alt StPO – trotz ihrer systematischen Einordnung in die StPO – einen gefahrenabwehrrechtlichen VA dar.[128] Neben der Strafverfolgungsvorsorge kann der Norm als Nebeneffekt auch ein gewisser abschreckender Charakter beigemessen werden, da der potentielle Rechtsbrecher aus Furcht vor Entdeckung von weiteren Taten Abstand nehmen könnte.[129] Insoweit besteht für potentielle Straftäter ein erhöhtes Entdeckungsrisiko, welches im Hinblick auf weitere Straftaten verhütend wirken kann.

2. Sachliche Zuständigkeit

Die sachliche Zuständigkeit für die Vorladung nach § 14 Abs. 1 S. 1 Nr. 2 SächsPVDG folgt aus § 2 Abs. 3, 1. Halbsatz SächsPVDG. Hinsichtlich der Anordnung der ED-Maßnahme im engeren Sinne nach § 81b Abs. 1, 2. Alt. StPO ist auf § 163 Abs. 1 S. 2 StPO abzustellen.[130]

3. Verfahrens- und Formvorschriften

a) Ermächtigungsbezogene Verfahrens- und Formvorschriften

Gem. § 14 Abs. 1 S. 2 SächsPVDG ist bei einer Vorladung deren Grund anzugeben. In der schriftlichen Anordnung vom 23.12.2022, die auch die Vorladung beinhaltet, wird T. mitgeteilt, dass sie auf dem Polizeirevier erscheinen soll, um sich einer näher beschriebenen ED-Behandlung zu unterziehen.[131]

b) Anhörung, § 28 VwVfG

Die genannte Vorschrift wäre anwendbar, wenn die Vorladung einen VA iSd § 1 S. 1 SächsVwVfZG iVm § 35 S. 1 VwVfG darstellen würde, der belastend wirkt. Für diese Sichtweise spricht insbesondere die Tatsache, dass die Vorladung in bestimmten Fällen in Anwendung des § 14 Abs. 2 Nr. 2 SächsPVDG zwangsweise durchgesetzt werden kann. Gem. § 2 SächsVwVG ist aber nur die Vollstreckung eines VA zulässig.[132] Aber auch bei gegenteiliger Betrachtung müssten die Voraussetzungen des § 28 Abs. 1 VwVfG geprüft werden. Wie mehrfach erwähnt, geht mit der Vorladung bereits die Anordnung der ED-Behandlung einher. Diese stellt indes unstreitig einen belastenden VA dar.[133] Da die Maßnahmen gegenüber T. nicht zur Bekämpfung einer akuten Gefahrenlage dienen, dürfte § 28 Abs. 2 Nr. 1 VwVfG nicht weiterhelfen. In aller Regel wird dem Betroffenen erst vor Ort auf der Dienststelle die Gelegenheit eingeräumt, sich zu äußern. Indes kann die fehlende und nicht entbehrliche Anhörung im Rahmen des Widerspruchsverfahrens durch Nachholung gemäß § 45 Abs. 1 Nr. 3 VwVfG geheilt werden.[134] Dies ist der Fall, wenn aus

---

128 BVerwG, NJW 2006, 1225 (1226); NVwZ-RR 2011, 710 (710); NJW 2018, 3194 (3194); Urt. v. 25.1.2012, Az.: 6 C 9/11, Rn. 33 – juris; vgl. zur Gegenansicht HessVGH, StV 2011, 395 mwN.
129 Stichwort: „Zipperleineffekt" (vgl. VG Ansbach Beschl. v. 7.7.2009 – Az.: AN 5 S 09.00497, Rn. 19 – juris unter Hinweis auf BayVGH Beschl. v. 12.7.2004 – Az.: 24 S 04.1016; noch weiter VGH München, NJW 1984, 2235: „Hauptzweck").
130 VG Düsseldorf Urt. v. 30.8.2018 – Az.: 18 K 15809/17, Rn. 25 – juris.
131 Im vorliegenden Fall wird § 14 Abs. 1 S. 2 SächsPVDG ohnehin von § 39 Abs. 1 VwVfG überlagert, weil an die dort normierte Begründungspflicht höhere Anforderungen zu stellen sind, als an die Bekanntgabe des Grundes nach § 14 Abs. 1 S. 2 SächsPVDG.
132 IErg auch für VA: *Hauser* in: Möstl/Trurnit, PolGBW § 28 Rn. 4; *Waechter* in: Möstl/Weiner, § 16 NPOG Rn. 9; *Graulich* in: Lisken/Denninger, E Rn. 899; Bzgl. § 81b Abs. 1, 2. Alt. StPO als Rechtsgrundlage (auch) für die Vorladung ebenso etwa BayVGH Urt. v. 12.11.2013 – Az.: 10 B 12.2078, Rn. 17 – juris; aA BVerwG, NJW 1984, 2541 bzgl. Vorladung zu einer Musterung.
133 BVerwG, NJW 1982, 772 (773); SächsOVG Beschl. v. 7.3.2017 – Az.: 3 A 853/16, Rn. 8 – juris.
134 BVerwG, NVwZ 1984, 578 (579); NVwZ-RR 1991, 337 (337).

der Begründung des angefochtenen Bescheids alle für die Entscheidung erheblichen Tatsachen erkennbar sind, so dass der Betroffene Stellung nehmen kann, und wenn die im Widerspruchsverfahren vorgebrachten (erheblichen) Tatsachen von der Erstbehörde oder der zu einer Überprüfung der Rechtmäßigkeit und Zweckmäßigkeit des VA befugten Widerspruchsbehörde berücksichtigt worden sind.[135] Die Verfügung vom 23.12.2022 wurde hinreichend begründet und die anwaltlich vertretene T. hatte im Widerspruch Gelegenheit, sich zur Vorladung und zur beabsichtigten ED-Behandlung zu äußern, so dass nunmehr die Widerspruchsbehörde durch einen den vorbezeichneten Anforderungen genügenden Widerspruchsbescheid eine Nachholung der fehlenden Anhörung bewirken kann.

c) Begründung, § 39 Abs. 1 VwVfG

111   Ferner ist – auch im Falle der Vorladung zur ED-Behandlung nach § 81b Abs. 1, 2. Alt. StPO – zumindest, wenn die Anordnung schriftlich erfolgt, § 39 VwVfG zu beachten. Dem Betroffenen sind nach § 39 Abs. 1 VwVfG die wesentlichen rechtlichen und tatsächlichen Gründe für die beabsichtigte ED-Behandlung mitzuteilen.[136] Laut Sachverhalt ist T. eine ausreichende Begründung gegeben worden.

d) Bestimmtheit, § 37 Abs. 1 VwVfG

112   Schließlich muss die Vorladung und die damit verbundene Anordnung zur ED-Behandlung bestimmt iSd § 37 Abs. 1 VwVfG sein. Nach allgemeiner Ansicht[137] muss genau bezeichnet werden, was die Polizei an konkreten Behandlungsmaßnahmen beabsichtigt. Dieses Erfordernis beschränkt sich nicht nur auf „ähnliche Maßnahmen".[138] Vorliegend ist T. genau mitgeteilt worden, welche ED-Maßnahmen vorgenommen werden sollen. Somit ist dem Bestimmtheitsgrundsatz Genüge getan worden.

IV. Materielle Rechtmäßigkeit

1. Tatbestandsvoraussetzungen

a) § 14 Abs. 1 S. 1 Nr. 2 SächsPVDG[139]

113   Gemäß der genannten Norm ist eine Vorladung nur rechtmäßig, wenn sie „erforderlich" ist, um eine ED-Behandlung durchzuführen, dh, sie setzt voraus, dass die ED-Maßnahmen zu diesem Zeitpunkt rechtlich zulässig und angeordnet sind.[140]

---

135   OVG NRW Beschl. v. 27.8.2018 – Az.: 1 B 1078/18, Rn. 28 – juris.
136   Instruktiv OVG Saarland, Urt. v. 5.10.2012, Az.: 3 A 72/12, Rn. 49—52 – juris. § 39 Abs. 2 Nr. 3 VwVfG ist nicht anwendbar, da – ungeachtet der standardisierten Vorgaben im Vorgangsbearbeitungssystem – die Begründung im Einzelfall immer geboten ist.
137   BVerwG, NJW 1982, 772; VG Hamburg Urt. v. 27.3.2007 – Az.: 10 K 1162/06; VG Dresden Beschl. v. 11.11.2004 – Az.: 14 K 2060/04; NdsOVG, NVwZ-RR 2004, 346; Beschl. v. 23.1.2007, Az.: 2 LA 692/06, Rn. 5 ff.; VG Osnabrück Beschl. v. 14.3.2011 – Az.: 6 B 87/10, Rn. 3 – beide juris.
138   Ist zum Zeitpunkt der Anordnung der Umfang der ED-Behandlung noch nicht abschließend absehbar, ist eine ergänzende mündliche Anordnung vor Durchführung zu erlassen (NdsOVG, NVwZ-RR 2004, 346 (346)). Bei einer Unbestimmtheit wird überwiegend eine nachträgliche Heilung im Widerspruchs- oder Klageverfahren zugelassen, vgl. VG Hamburg Urt. v. 27.3.2007 – Az.: 10 K 1162/06; st. Rspr. des VG Dresden, vgl. Beschl. v. 11.11.2004, Az.: 14 K 2060/04; Urt. v. 7.7.2004; Az.: 14 K 933/04; Beschl. v. 27.5.2004, Az.: 14 K 342/04.
139   Die Prüfung dieser Vorschrift stellt sich als entbehrlich dar, wenn in § 81b Abs. 1, 2. Alt. StPO auch die Ermächtigung für die Vorladung gesehen wird.
140   *Hauser* in: Möstl/Trurnit, § 28 PolGBW Rn. 16; *Ogorek* in: Möstl/Kugelmann, § 10 PolGNRW Rn. 20; differenzierend *Graulich* in: Lisken/Denninger, E Rn. 371.

b) § 81b Abs. 1, 2. Alt. StPO

Mithin sind die Voraussetzungen des § 81b Abs. 1, 2. Alt. StPO zu prüfen.

aa) Beschuldigtenstatus der T.

Gegen T. war zum Zeitpunkt der Anordnung vom 23.12.2022 ein Ermittlungsverfahren wegen Betruges anhängig. Sie war daher damals Beschuldigte (s. o.).

bb) Notwendigkeit

(1) Wiederholungsgefahr

Die Durchführung der ED-Behandlung ist notwendig, wenn aufgrund der wiederholten Ermittlungen wegen des Verdachts der Begehung von Straftaten eine kriminalistische Notwendigkeit hierfür besteht. Die Notwendigkeit erkennungsdienstlicher Maßnahmen bemisst sich danach, ob der anlässlich des gegen den Betroffenen gerichteten Strafverfahrens festgestellte Sachverhalt nach kriminalistischer Erfahrung angesichts aller Umstände des Einzelfalls – insbesondere angesichts der Art, Schwere und Begehungsweise der dem Betroffenen im strafrechtlichen Anlassverfahren zur Last gelegten Straftaten, seiner Persönlichkeit sowie unter Berücksichtigung des Zeitraums, während dessen er strafrechtlich nicht (mehr) in Erscheinung getreten ist – Anhaltspunkte für die Annahme bietet, dass der Betroffene künftig oder anderwärts mit guten Gründen als Verdächtiger in den Kreis potenzieller Beteiligter an einer noch aufzuklärenden strafbaren Handlung einbezogen werden könnte und dass die erkennungsdienstlichen Unterlagen die dann zu führenden Ermittlungen – den Betroffenen schließlich überführend oder entlastend – fördern könnten.[141] Die Anforderungen, die an die Wiederholungsgefahr, dh an die Wahrscheinlichkeit eines erneuten Schadenseintritts gestellt werden müssen, sind dabei umso geringer, je höherwertiger das gefährdete Rechtsgut ist. Von Belang ist ferner, ob deliktstypische Verhaltensweisen festgestellt werden können, die darauf schließen lassen, der Betroffene werde auch künftig als Verdächtiger eines bestimmten Deliktstypus in Betracht kommen.[142]

T. hat insgesamt 34 Betrugsstraftaten in Tatmehrheit begangen. Allein diese Anzahl lässt ein kontinuierliches deliktisches Handeln erkennen, das eine künftige Begehung von Straftaten durch T. prognostizieren lässt. In den Jahren 2020 und 2021 wurden gegen T. immer wieder strafrechtliche Ermittlungsverfahren eingeleitet, die indes keine erzieherische Wirkung bei T. erzielten und sie demgemäß auch nicht zu einem künftigen straffreien Lebenswandel motivierten. Vielmehr ist aufgrund der Vielzahl der durch T. begangenen Betrugshandlungen in einem relativ kurzen Zeitraum von nur zwei Jahren davon auszugehen, dass der Erwerb von Vermögen durch deliktstypischen Missbrauch des Internets in der Lebensführung von T. verankert ist und fester Bestandteil ihres Konsumverhaltens und der Aufstockung ihres privaten Budgets geworden ist. Ohne derartige Betrügereien müsste sich T. in ihrem Lebenswandel erheblich einschränken, womit mangels entsprechender Anhaltspunkte nicht zu rechnen ist. Damit ist von einer gewohnheitsmäßigen Tatbegehung durch T. auszugehen. Diese Prognose wird durch den Verdacht einer erneuten Betrugshandlung am 2.5.2022 bestätigt. Die Tatsache, dass zwischen den letzten bekannten Taten aus dem Jahre 2021 und der Tatbegehung am 2.5.2022 sowie bis zur Verfügung vom 23.12.2022 mehrere Monate ohne Strafverfahrenseingang bezüglich T. lagen, hindert die Annahme, dass T. auch weiterhin Betrugsstraftaten begehen wird, nicht. Zum einen werden gelegentlich, wie etwa auch im Anlassverfahren bezüglich der Tat vom 2.5.2022, Straftaten erst

---
141 St. Rspr. BVerwG, NJW 2018, 3194 (3196) mwN.
142 SächsOVG Beschl. v. 16.12.2013 – Az.: 3 D 77/13, Rn. 6 – juris.

einige Monate nach Tatbegehung angezeigt, so dass nicht unbedingt von einer straffreien Zeit der T. ausgegangen werden kann. Zum anderen handelt es sich bei nur einigen Monaten vor und nach dem 2.5.2022 um einen im Vergleich zu den Jahren 2020 und 2021 geringen Zeitraum bisheriger strafrechtlicher Unauffälligkeit, so dass zumindest eine nachhaltige erzieherische Wirkung der 34 gegen T. eingeleiteten Ermittlungsverfahren nicht angenommen werden kann. Denn es ist nicht erkennbar, dass dem vorübergehenden straffreien Verhalten der T. eine nachhaltige Änderung der Lebensverhältnisse oder ein sichtbarer und glaubhafter Bewusstseinswechsel zu Grunde liegt, so dass künftig nicht mehr von der Begehung von Straftaten auszugehen ist. Hinzu kommt, dass durch die am 13.12.2022 abgeurteilten Betrugshandlungen bereits ein hoher Schaden von 11.000,00 EUR entstanden ist. Damit sind an die Wahrscheinlichkeit eines erneuten Schadenseintritts durch deliktisches Verhalten von T. keine überzogenen Anforderungen zu stellen. Dies gilt zunächst schon deshalb, weil die Prognose der Wiederholungsgefahr nicht verlangt, dass T. „in naher Zukunft" oder in einem „überschaubaren Zeitraum" in den Kreis der Verdächtigen einer noch aufzuklärenden strafbaren Handlung einzubeziehen sein könnte.[143] Selbst wenn sich der mehrmonatige Zeitraum bis zum bzw. ab dem 2.5.2022 als straffrei herausstellen sollte, hindert ein solcher Umstand die aktuelle Negativprognose nicht. Vielmehr ist festzustellen, dass seit 2020 kriminelle Aktivitäten gerade bezüglich dieses Deliktsbereichs die Lebensbiographie der T. bis zum aktuellen Zeitpunkt kennzeichnen. Die somit insgesamt erkennbare geringe Hemmschwelle der T. lässt nach kriminalistischer Einschätzung keine Zweifel daran, dass T. ein offensichtlich grundlegend verkehrtes Rechtsverständnis und mangelndes Unrechtsbewusstsein gerade in Bezug auf Vermögensdelikte aufweist. Entsprechend offenbart die kriminelle Historie der T. eine innere Einstellung bzw. charakterliche Veranlagung, sich fortwährend zum Nachteil anderer über strafbewehrte Rechtsvorschriften, insbesondere des § 263 StGB, hinwegzusetzen. Angesichts dieser Persönlichkeit der T., muss prognostiziert werden, dass auch die rechtskräftige Verurteilung am 13.12.2022 keine Gewähr für eine nachhaltige positive Beeinflussung ihres unzureichenden Rechtsverständnisses bietet. Fraglich ist, ob die Tatsache, dass das Anlassverfahren nach § 170 Abs. 2 StPO durch die Staatsanwaltschaft eingestellt wurde, der Annahme einer von T. ausgehenden Wiederholungsgefahr hinsichtlich künftiger Betrugstaten entgegensteht. Die Einstellung des Verfahrens bringt nicht zum Ausdruck, dass der Tatverdacht gegen den Betroffenen ausgeräumt wäre. Vielmehr wird darauf abgestellt, ob die Ermittlungen genügenden Anlass zur Erhebung der öffentlichen Klage bieten. Derartige Einschätzungen der Strafverfolgungsbehörde stehen einer Bewertung des zugrunde liegenden Anfangsverdachts sowie des Ermittlungsergebnisses nach den Maßstäben kriminalistischer Erfahrung nicht entgegen.[144] Maßgeblich ist in diesem Fall lediglich, ob mit der Einstellung des Strafverfahrens der Tatverdacht gegen den Beteiligten vollständig entfallen ist oder ob ein „Restverdacht" gegeben ist, der begründete Anhaltspunkte bietet, dass auch zukünftig Anlass zu polizeilichen Ermittlungen gegeben ist.[145] Im vorliegenden Fall wurde das Anlassverfahren nicht wegen erwiesener Unschuld eingestellt, sondern weil es sich um geringwertige Sachen handelte, ein Strafantrag fehlte und die Staatsanwaltschaft ein öffentliches Interesse an der Strafverfolgung trotz der Bewährungsstrafe verneinte. Dies räumt jedoch nicht sämtliche Verdachtsmomente gegen T. aus. Vielmehr bestand weiterhin ein für die Anordnung von ED-Maßnahmen ausreichender Restverdacht bezüglich des eingestellten Verfahrens. Vor dem Hintergrund der Vielzahl von Ermittlungsverfahren, bei welchen der Vorwurf eines Vermögensdelikts im Raum stand, eine rechtskräftige Verurteilung erfolgte und die gegenständliche Tathandlung im Anlassverfahren, Bestellung im Internet ohne Kaufpreiszah-

---

[143] VG Chemnitz Urt. v. 23.10.2014 – Az.: 3 K 1250/11, Umdruck S. 14.
[144] SächsOVG Beschl. v. 18.10.2016 – Az.: 3 A 325/15, Rn. 9—11; Beschl. v. 6.2.2017, Az.: 3 A 862/16, Rn. 9 – juris.
[145] BVerfG, NJW 2002, 3231 (3232); SächsOVG Urt. v. 19.4.2018 – Az.: 3 A 215/17, Rn. 22 – juris; OVG MV Urt. v. 17.10.2017 – Az.: 1 LB 137/11, Rn. 29 – juris.

lungsbereitschaft, auch überwiegend dem der T. üblicherweise vorzuwerfenden modus operandi entsprachen, bleibt das Anlassverfahren wichtiger Bestandteil der Negativprognose.

Schließlich ist darauf hinzuweisen, dass – entgegen der Auffassung von W. – der angestellten Gefahrenprognose auch nicht entgegensteht, dass auf das Urteil vom 13.12.2022 die Vollstreckung einer Freiheitsstrafe zur Bewährung ausgesetzt wurde. Gemäß § 56 Abs. 1 S. 1 StGB setzt diese strafrichterliche Entscheidung zwar voraus, dass der Verurteilte sich schon die Verurteilung zur Warnung dienen lassen und künftig auch ohne die Einwirkung des Strafvollzugs keine Straftaten mehr begehen wird und dass nach § 56 Abs. 2 S. 2 StGB bei der Entscheidung hierüber namentlich die Persönlichkeit des Verurteilten, sein Vorleben, die Umstände seiner Tat, sein Verhalten nach der Tat, seine Lebensverhältnisse und die Wirkungen zu berücksichtigen sind, die von der Aussetzung für ihn zu erwarten sind. Allerdings darf nicht übersehen werden, dass die Strafaussetzung zur Bewährung nach den §§ 56 ff. StGB einerseits, die Anordnung einer ED-Behandlung andererseits unterschiedlichen Zwecken dienen und dementsprechend verschiedenen Rechtmäßigkeitsmaßstäben unterliegen. Die Erwartung, dass der Verurteilte künftig auch ohne die Einwirkung des Strafvollzugs keine Straftaten mehr begehen werde, bedeutet gerade nicht, dass sichere Gewähr für künftiges straffreies Leben besteht.[146]

(2) Erforderlichkeit

Die Notwendigkeit einer ED-Behandlung besteht überdies nur dann, wenn die ED-Unterlagen gerade für die Aufklärung solcher Straftaten geeignet oder erforderlich sind, für die eine Wiederholungsgefahr prognostiziert werden kann.

Dagegen könnte im vorliegenden sprechen, dass T. – mangels Identitätstäuschung – bisher ohne die Heranziehung von erkennungsdienstlichen Unterlagen als Täterin ermittelt werden konnte und dass – nach Meinung von W. – bei der Aufklärung von Betrugsstraftaten dieser Art Lichtbilder und Fingerabdrücke ohnehin keine Rolle spielen, so dass die zu erhebenden Daten für eine künftige Strafverfolgung gar nicht notwendig seien.

Nach der Rechtsprechung des SächsOVG[147] ist es im Falle von Betrugsstraftaten nicht erforderlich, dass der Betroffene vor Erlass der Anordnung zur ED-Behandlung bereits über seine Identität getäuscht habe und damit Lichtbilder und Fingerabdrücke zur Aufklärung der Straftat notwendig gewesen wären. Die Begehung künftiger Straftaten auch unter Identitätstäuschung kann deshalb nicht ausgeschlossen werden. Bei der Neigung der T., Betrugsstraftaten zu begehen, ist es unter Einbeziehung kriminalistischen Erfahrungswissens sachgerecht und vertretbar, dass die so gewonnenen ED-Unterlagen künftig zu führende Ermittlungen fördern können; denn es ist auch angesichts der seit 2020 bis zum aktuellen Zeitpunkt eingeleiteten Ermittlungsverfahren nicht auszuschließen, dass sie auch Vermögensdelikte unter Verschleierung ihrer Identität begehen wird. Die Gewissheit, dass T. in der Zukunft nur von Ermittlungsverfahren wegen Eingehungsbetrugs überzogen werde, bei der ihre Identität nicht verschleiert werde, besteht nicht und sei auch nicht aus entsprechenden Erfahrungssätzen ableitbar. Bei gleichartiger Begehungsweise via Internet kann eine Täterschaft der T. durch Lichtbildvergleich und eine Personenbeschreibung zwar nicht durch die Opfer bestätigt oder entkräftet werden können, wohl aber durch Bedienstete von Post- und Transportunternehmen. Wegen etwaiger am Verpackungsmaterial oder an versandten Telefonbüchern oder Prospekten anhaftender Finger- oder Handabdrücke der T. könnten Ermittlungen ebenfalls gefördert werden.[148] Insgesamt kann im Hinblick auf die zu erwartenden Vermögens- und Eigentumsdelikte zudem nicht davon die

---

146 BVerwG, NJW 1983, 772 (774).
147 SächsOVG Beschl. v. 3.12.2010 – Az.: 3 A 601/10, Rn. 6 – juris.
148 SächsOVG Beschl. v. 9.2.2011 – Az.: 3 D 15/10, Umdruck S. 4 ff.; vgl. ferner Beschl. v. 9.2.2022 – Az.: 6 A 485/20, Rn. 6 – juris.

Rede sein, dass schon nach der Deliktsart die Täterschaft zwangsläufig feststehen würde und folglich die mit der Anordnung erlangten Daten zu späteren Ermittlungen nicht als erforderlich einzustufen wären. Denn es reicht gerade nicht aus, dass der zunächst unbekannte Täter etwa aufgrund einer zufälligen polizeilichen Verkehrskontrolle, wegen polizeilicher Aufklärungsmaßnahmen oder nach einem Geständnis ermittelt werden kann.[149] Unter Berücksichtigung der vorstehenden Erwägungen ist auch eine Personenbeschreibung der T. zulässig. Im Rahmen der Personenbeschreibung ist indes darauf zu achten, dass sie sich auf äußerlich ohne Weiteres erkennbare personenbezogene Merkmale (etwa Körpergröße, Körpergestalt, Haarfarbe, Haarbeschaffenheit) beschränkt. Das Erheben von Daten zu äußerlich nicht ohne Weiteres erkennbaren, unveränderlichen besonderen körperlichen Merkmalen durch Leibesvisitation wäre zur Aufklärung von Betrugsstraftaten unabhängig von der konkreten Begehungsweise nicht notwendig.[150]

122 Damit ist bei den in Rede stehenden Delikten auch der angekündigte Umfang notwendig.

2. Adressat

123 T. ist Normadressat sowohl der Vorladung als auch der angeordneten ED-Behandlung.

3. Ermessen[151]

a) Entschließungsermessen

124 Das Entschließungsermessen des PVD ist angesichts des bereits bejahten Tatbestandsmerkmals der Notwendigkeit weitgehend in Richtung auf den Erlass einer Anordnung determiniert[152], dh es ist bezüglich Vorladung und Anordnung der ED-Behandlung im engeren Sinne auf Null reduziert. Die Bedeutung des bedrohten Rechtsguts Eigentum Dritter ist aufgrund der zahlreichen Delikte mit einer erheblichen Gesamtschadenssumme als hoch einzustufen. Aufgrund der Tatsache, dass T. innerhalb von nur zwei Jahren 34 Betrugstaten beging, ist in absehbarer Zeit damit zu rechnen, dass sie erneut Vermögensdelikte via Internet begeht, so dass eine hohe Intensität für die Rechtsgutsgefährdung besteht. Einschreitrisiken sind nicht ersichtlich.

b) Auswahlermessen, § 5 Abs. 2 SächsPVDG

125 Die Auswahl der zu erhebenden ED-Daten erfolgte unter Berücksichtigung der im Rahmen der „Notwendigkeit" angestellten Erwägungen ermessensfehlerfrei.

4. Verhältnismäßigkeit[153]

a) Geeignetheit, § 5 Abs. 1 SächsPVDG

126 Die Vorladung ist zwecktauglich, die ED-Behandlung durchführen zu können. Letztere und die mit ihr verbundene Speicherung wiederum können dazu beitragen, von T. in der Zukunft

---

149 Vgl. SächsOVG Beschl. v. 21.6.2012 – Az.: 3 A 846/10, Rn. 7 – juris.
150 VGH BW, NVwZ-RR 2004, 572 (573 f.).
151 Definitionen vgl. Fall 1 IV. 3.
152 BVerwG, NJW 2018, 3194 (3195). Das kann aber zB dann anders sein, wenn die Polizei auf bereits vorhandene erkennungsdienstliche Unterlagen des Beschuldigten zurückgreifen kann, die noch hinreichend aussagekräftig sind, so dass kein Anlass für eine erneute Anordnung besteht.
153 Definitionen vgl. Fall 1 IV. 4.

ausgehende Taten besser aufklären zu können und um eine psychologische Hemmschwelle bei ihr zu erzeugen.[154]

b) Erforderlichkeit, § 5 Abs. 2 SächsPVDG

Ein milderes Mittel als die Vorladung der T. ist nicht erkennbar.

127

c) Angemessenheit, § 5 Abs. 3 SächsPVDG

Der PVD hat im Rahmen der Angemessenheit eine Abwägung des öffentlichen Interesses an einer effektiven Verhinderung und Aufklärung von Straftaten gegenüber dem Interesse der T. entsprechend dem Menschenbild des Grundgesetzes nicht bereits deshalb als potenzielle Straftäterin behandelt zu werden, weil sie sich irgendwie verdächtig gemacht hat oder angezeigt worden ist, vorgenommen, wie dies der Schutz des allgemeinen Persönlichkeitsrechtes durch Art. 2 Abs. 1 iVm Art. 1 Abs. 1 GG, der verfassungsrechtliche Verhältnismäßigkeitsgrundsatz und der präventive Charakter der erkennungsdienstlichen Behandlung verlangen.

128

Je schwerer das Delikt, je höher der Schaden und je größer die Schwierigkeiten bei der Aufklärung, desto mehr Gewicht erlangt das öffentliche Interesse.[155] Zu berücksichtigen ist in diesem Rahmen die oben dargestellte erhöhte Wiederholungsgefahr sowie die kriminelle Historie der T., welche keinen Grund zu der Annahme geben, dass es künftig nicht mehr zu strafrechtlich relevanten Verfehlungen kommen wird. Die von T. in bestimmten Lebensbereichen ausgehende Gefahr ist im Rahmen der Abwägung daher entsprechend zu gewichten. Angesichts der bereits erfolgten Verurteilung am 13.12.2022 sowie der nicht unerheblichen Gesamtschadenssumme kann den von T. begangenen Straftaten auch ohnehin nicht überwiegend Bagatellcharakter zugesprochen werden.

129

In Anbetracht des Gewichtes der für die Vorladung und für die ED-Behandlung sprechenden Gründe muss das Interesse der T. nicht in ihrem Persönlichkeitsrecht durch die Abnahme von Zehnfinger- und Handflächenabdrücken, der Fertigung eines Dreiseiten- und Ganzkörperbildes, einer Personenbeschreibung sowie der anschließenden Speicherung der gewonnen Daten beeinträchtigt zu werden, zurückstehen. Der verlangte Eingriff ist unter Berücksichtigung der bestehenden Negativprognose als relativ gering zu bewerten. Außerdem ist hierbei zu beachten, dass T. für den Fall, dass die Speicherung der aus der erkennungsdienstlichen Behandlung gewonnenen Daten nicht mehr notwendig sein sollte, deren Löschung beantragen kann. Demgegenüber ist der für die Allgemeinheit oder für andere Opfer möglicherweise eintretende, unter Umständen sogar erhebliche Schaden nur schwer oder gar nicht rückgängig zu machen. Schließlich kann T. die angeordneten Maßnahmen wegen der abschreckenden Wirkung, dass diese erkennungsdienstlichen Daten bei der Polizei gespeichert sind, zudem als Hilfe verstehen, nicht (wieder) dem Anreiz zu verfallen, sich so zu verhalten, dass sie zum Objekt strafrechtlicher Ermittlungsverfahren wird.[156]

130

Bei der Beurteilung der Angemessenheit ist ferner zu berücksichtigen, dass mit der beabsichtigten Speicherung der erkennungsdienstlichen Daten in einer Polizeidatei keine öffentliche Vorverurteilung verbunden ist. Es handelt sich hierbei nicht um eine externen Stellen zugängliche

131

---

154 BayVGH Beschl. v. 3.4.2013 – Az.: 10 C 11.1967, Rn. 20 – juris.
155 VG Minden Urt. v. 20.2.2008 – Az.: 11 K 40/08, Rn. 17; VG Meiningen Urt. v. 28.10.2008 – Az.: 2 K 280/07 Me, Rn. 29 – beide juris.
156 VG Ansbach Beschl. v. 7.7.2009 – AN 5 S 09.00497, Rn. 19; BayVGH Beschl. v. 12.7.2004 – 24 S 04.1016, Rn. 25 – beide juris.

"Verbrecherdatei", sondern lediglich um eine für interne polizeidienstliche Zwecke genutzte Datensammlung, in der ein Kreis von Personen aus rein präventiven Gründen gespeichert ist.[157]

V. Ergebnis

132 Die Vorladung und die Anordnung der ED-Behandlung sind rechtmäßig.

Fall 5: „Kontrolle im Zwielicht"

Sachverhalt

Der Stadtteil Mitte in Sachsenstadt ist bekannt für seine lebendige Kneipen- und Theaterszene, in dem sich ab den frühen Abendstunden viele junge Menschen aber auch Touristen aufhalten. In dem in diesem Stadtteil zentral gelegenen Bischofspark hat sich eine offene Drogenszene etabliert. Hier können Drogen aller Art erworben werden. In der Regel werden sie gleich vor Ort konsumiert. Gerade in den Sommermonaten ist der Park auch ein beliebter Treffpunkt für junge Leute, die dort auf dem Rasen sitzen, alkoholische Getränke zu sich nehmen und sich noch mit diversen Drogen versorgen, bevor sie zu späterer Stunde in die Clubs in der Nähe weiterziehen. Der Polizei ist die Situation im Park aus zahlreichen vergangenen Einsätzen, durch zahlreiche Strafanzeigen, Zeugenaussagen usw bekannt. Sie reagiert darauf sowohl mit verstärkter Präsenz als auch vermehrt durchgeführten Razzien. Eine spürbare Verbesserung haben diese Maßnahmen bisher nicht gebracht.

Am Einsatztag, einem Hochsommersamstag gegen 21:00 Uhr fordern PK Emsig (E.) und POM Fleißig (F.), die sich auf einer Fußstreife durch den Park befinden, den etwa 20-jährigen D., der mit einer geöffneten Flasche Bier in der Hand auf einer Parkbank sitzt – nach erfolgter Anhörung und unter Hinweis auf eine verdachtsunabhängige Kontrolle zur Bekämpfung der Drogenkriminalität im Bischofspark – auf, seinen Personalausweis zu zeigen. Ein nach dieser Identitätsfeststellung über Funk durchgeführter Datenabgleich mit dem polizeilichen Auskunftssystem Sachsen (PASS) ergibt, dass die Polizei bezüglich D. Erkenntnisse im Zusammenhang mit Betäubungsmitteln hat. So laufen mehrere Ermittlungsverfahren gegen den D wegen des Erwerbs und Konsums von Heroin. Die Eintragungen enthalten daher den personengebundenen Hinweis: BTM_Konsument, Konsument harter Drogen.

Die Beamten beschließen daraufhin, den D. nach Drogen zu durchsuchen (Taschen o. Ä. führt D. nicht mit sich). Zahlreiche Personen, die sich im Park befinden, werden bereits auf die polizeiliche Maßnahme aufmerksam und beginnen sich, gegen die Beamten zu solidarisieren. Aus diesem Grunde fordern die Beamten den D. auf, sie zur Durchführung der Durchsuchung in die ca. 100 m entfernt am Rande des Parks liegende mobile Wache des Polizeireviers Sachsenstadt-Mitte zu begleiten. D. lehnt es unter Hinweis auf „in der Vergangenheit bei Durchsuchungen gemachte schlechte Erfahrungen" ab, sich woanders durchsuchen zu lassen. Er bietet aber an, dass die gegen seinen Willen vorzunehmende Durchsuchung seiner Person vor Ort durchgeführt werden könnte. Die beiden Beamten verweisen auf den starken Publikumsverkehr, die sich durch ständig dazukommende Sympathisanten aufbauende Drohkulisse sowie die Privatsphäre des D. und fordern ihn erneut auf, sie zur Wache zu begleiten, woraufhin D. sich schließlich fügt.

Im Schutz der mobilen Wache wird D. körperlich durchsucht. Bei der Durchsuchung von D. verletzt sich E. an einer gebrauchten Spritze, die D. in der Innentasche seiner Jacke bei sich trug.

---

157 Vgl. BayVGH Beschl. v. 2.9.2008 – Az.: 10 C 08.2087, Rn. 7 – juris.

Fall 5: „Kontrolle im Zwielicht" 63

D. gibt von sich aus an, dass er eine Infektion mit HIV oder Hepatitis nicht ausschließen könne. Eine Einwilligung in eine Blutentnahme zur Feststellung des Serostatus lehnt D. allerdings ab. Der Leiter der Polizeidirektion Sachsenstadt ordnet daher nach vorheriger Anhörung die Entnahme einer Blutprobe bei D. an, um zu testen, ob D. mit dem HI-Virus oder Hepatitis infiziert ist, um im Bedarfsfall schnellstmöglich eine Postexpositionsprophylaxe bei E. einleiten zu können.

Aufgabe:
Prüfen Sie die Rechtmäßigkeit der polizeilichen Maßnahmen gegenüber D.

Lösungsvorschlag zum Fall 5: „Kontrolle im Zwielicht"

A. Feststellung der Identität des D.

I. Vorprüfung

1. Grundrechtseingriff

Vorliegend ist durch die Kenntnisnahme der im Personalausweis festgehaltenen Daten des D. ein Eingriff in dessen Allgemeines Persönlichkeitsrecht (Art. 2 Abs. 1 iVm Art. 1 Abs. 1 GG) in der Ausformung des Rechts auf informationelle Selbstbestimmung (Definition siehe Fall 4, Ziffer I. 1.) gegeben. Weiterhin könnte durch das Anhalten des D. zur Kontrolle in das Grundrecht auf Freiheit der Person in Form der Freiheitsbeschränkung gem. Art. 2 Abs. 2 S. 2 GG, Art. 104 Abs. 1 GG, Art. 16 Abs. 1 S. 2, Art. 17 Abs. 1 SächsVerf eingegriffen worden sein (vgl. Definitionen Fall 1, Ziffer I.). Auch wenn man hier mit der Rechtsprechung davon ausgeht, dass nur die körperliche Bewegungsfreiheit geschützt ist, kann sich D. für die Dauer des Zur-Kenntnis-Nehmens der personenbezogenen Daten im Ausweis nicht frei bewegen, sondern muss bis zum Ende der Maßnahme vor Ort bleiben.[158]

2. Abgrenzung zwischen präventivem und repressivem Handeln

Die Maßnahme dient der Verhütung von Straftaten. Zwar befindet sich D. an einem Ort, der bekannt ist als Drogenumschlagplatz, dies allein und sein geschätztes Alter reichen jedoch für die Annahme des Bestehens eines Anfangsverdachts der Begehung einer Straftat nach dem BtMG nicht aus.

II. Ermächtigungsgrundlage

D. wurde aufgefordert seinen Personalausweis vorzuzeigen. Die Beamten haben die Personalien des D. zur Kenntnis genommen und damit dessen Identität festgestellt. Diese Befugnis ist in § 15 SächsPVDG geregelt. Abs. 2 dieser Norm stellt ausdrücklich klar, dass die Polizei die dazu erforderlichen Maßnahmen treffen darf. Beispielhaft werden ua auch das Anhalten (Abs. 2 S. 2 Nr. 1) und das Verlangen, mitgeführte Ausweispapiere auszuhändigen (Abs. 2 S. 2 Nr. 3)[159], genannt. Als Ermächtigungsgrundlage kommt vorliegend § 15 Abs. 1 Nr. 2 SächsPVDG in Betracht.

---

158 So auch *Baller/Eiffler/Tschisch*, § 21 Rn. 1; anderer Ansicht mit Verweis auf Geringfügigkeit bzw. Kurzfristigkeit der Beeinträchtigung aber NdsOVG Beschl. v. 3.4.2010 – Az.: 11 PA 191/09 sowie *Lang*, in: Epping/Hillgruber, Art. 2 GG Rn. 300.
159 Die in § 1 Abs. 1 PAuswG enthaltende Pflicht einen Personalausweis zu besitzen, beinhaltet nicht die Plicht, diesen auch stets mitzuführen.

III. Formelle Rechtmäßigkeit

1. Polizeiliche Aufgabe und sachliche Zuständigkeit

136 Die Polizei will mit ihrer verdachtsunabhängigen Personenkontrolle des D. Straftaten verhindern und vorbeugend bekämpfen (§ 2 Abs. 1 S. 3 SächsPVDG). Die sachliche Zuständigkeit ergibt sich aus § 2 Abs. 3, 1. Halbsatz SächsPVDG.

2. Verfahrens- und Formvorschriften

a) Grundnennung, Art. 17 Abs. 1 S. 2 SächsVerf

137 Gem. Art. 17 Abs. 1 S. 2 SächsVerf muss D. als betroffene Person, mit Blick auf die oben bejahte Freiheitsbeschränkung, unverzüglich über deren Gründe informiert werden. Das ist vorliegend geschehen, indem D. darauf hingewiesen wurde, dass es sich um eine verdachtsunabhängige Kontrolle zur Bekämpfung der Drogenkriminalität im Bischofspark handelt.

b) VwVfG

138 Die Feststellung der Identität selbst ist ein öffentlich-rechtlicher Realakt. Allerdings ergeht mit der Aufforderung, den Personalausweis vorzuzeigen, eine Begleitverfügung, welche ein Verwaltungsakt iSv § 1 S. 1 SächsVwVfZG iVm § 35 S. 1 VwVfG ist. Eine Anhörung nach § 28 Abs. 1 VwVfG ist laut Sachverhalt erfolgt. An einer Bekanntgabe (§ 41 VwVfG) sowie der Bestimmtheit (§ 37 Abs. 1 VwVfG) bestehen keine Zweifel.

IV. Materielle Rechtmäßigkeit

1. Tatbestandvoraussetzungen

139 Die kontrollierte Person muss sich an einem Ort aufhalten, von dem aufgrund von Tatsachen anzunehmen ist, dass dort regelmäßig Personen Straftaten verabreden, vorbereiten oder verüben. Die Regelung knüpft dabei nicht an eine bloß abstrakte Gefährlichkeit bestimmter Orte an.[160] Die Annahme, dass es sich um einen solchen kriminalitätsbelasteten Ort[161] handelt, muss durch Tatsachen (vgl. Definition Fall 1, Ziffer IV. 1.) belegt sein. Als Tatsachen kommen in Betracht eigene Erkenntnisse der Polizei aufgrund von Einsätzen, Hinweise anderer Behörden, Hinweise von Bürgern, Strafanzeigen[162], besondere Lage des Ortes, statistische Häufigkeit von Straftaten etc, die sich auf einen längeren Zeitraum beziehen.[163] Das gilt auch für die nähere Bestimmung der jeweils tatsächlichen Durchführung einer Kontrolle. Diese ist nicht etwa beliebig im weiteren Umfeld dieser Orte erlaubt, sondern nur dort, wo die gesetzlich bestimmten Voraussetzungen tatsächlich unmittelbar erfüllt sind.[164] Hingegen ist das Vorliegen einer konkreten Gefahr in

---

[160] VG Freiburg Urt. v. 4.4.2019 – 10 K 3092/18, Rn. 42 – juris; BVerfG Beschl. v. 18.12.2018 – Az.: 1 BvR 142/15, Rn. 120 – juris).

[161] Früher auch „verrufener" Ort oder „gefährlicher" Ort genannt.

[162] Auch anonyme Anzeigen können nicht per se als unglaubwürdig eingestuft werden. Vielmehr muss im Einzelfall versucht werden, durch Rückfragen und Klärung der Plausibilität zu erforschen, ob der Hinweis ernst zu nehmen ist. Der Anruf eines bekannt querulatorisch veranlagten Informanten kann allerdings nicht ausreichen, um – ohne weitere Hinweise – das Merkmal „erfahrungsgemäß" zu erfüllen (vgl. VG München, NVwZ-RR 2000, 154 [155]).

[163] OVG BB, Beschl. v. 28.6.2018, Az.: OVG 1 N 98.17, Rn. 6 – juris; VG Köln Urt. v. 10.12.2015 – Az – 20 K 7847/13, Rn. 53 ff. ff. zit. nach www.justiz.nrw.de; OVG Hamburg; Urt. v. 31.1.2022, Az.: 4 Bf 10/21 RN 78 - juris.

[164] VG Freiburg Urt. v. 4.4.2019 – 10 K 3092/18, Rn. 42 – juris: Die Identitätsfeststellung an einem Montagvormittag ist nicht von § 15 Abs. 1 Nr. 2 SächsPVDG gedeckt, wenn die Einstufung als gefährlicher Ort

dem Sinne, dass die kontrollierte Person zum Zeitpunkt der Kontrolle Straftaten verabreden, vorbereiten oder verüben wollte, nicht erforderlich. Mit Blick auf die große Streubreite der Maßnahme, die gerade nicht auf einen Störer abzielt, sondern eine Ortshaftung enthält, wird zum Teil verlangt, dass es sich bei den Straftaten, die dem gefährlichen Ort ihr Gepräge geben, um Straftaten von erheblicher Bedeutung handelt.[165] Die besondere Kriminalitätsbelastung muss sich auf einen flächenmäßig begrenzten Raum beziehen, wie der Begriff „Ort" zeigt.[166]

Vorliegend ist der Bischofspark ein Ort, an dem regelmäßig Betäubungsmitteldelikte begangen werden. Die Polizei hat diesbezüglich gestützt auf ihre eigenen Einsätze, die Häufigkeit von Strafanzeigen sowie Zeugenaussagen ein umfassendes Lagebild erstellt und den Bischofspark als kriminalitätsbelasteten Ort eingestuft.[167] Straftaten des unerlaubten Betäubungsmittelverkehrs sind gemäß § 4 Nr. 4 b) bb) SächsPVDG solche von erheblicher Bedeutung.[168]

2. Adressat

Die kontrollierte Person muss sich an diesem Ort aufhalten. § 15 Abs. 1 Nr. 2 SächsPVDG regelt somit den Adressaten selbst. Dabei sind an ein „sich aufhalten" höhere Anforderungen zu stellen, als an ein Antreffen oder ein sich Befinden. Das OVG Hamburg[169] vertritt die Auffassung, ein „Sich Aufhalten" verlange zumindest einen „zögerlichen Bewegungsablauf" oder ein Verweilen, welches nicht gegeben sei, wenn der Betroffene den Kontrollbereich lediglich passiere. Es sei dann kein nach außen dokumentiertes verharrendes Element sichtbar. Laut Sachverhalt sitzt D. auf einer Bank im Park, weshalb von einem Aufenthalt ausgegangen werden kann. Zwar enthält § 15 Abs. 1 Nr. 2 SächsPVDG mit dieser Regelung eine Ortshaftung, so dass grundsätzlich jede Person, die sich an diesem Ort aufhält, kontrolliert werden darf. Jedoch ist eine Identitätsfeststellung nicht bei Jedermann zulässig. Unzulässig wäre sie bei Personen, die den äußeren Umständen nach von vornherein als Täter der jeweiligen Deliktsgruppe ausscheiden. D. entsprach vom Alter her der typischen Tätergruppe und es waren keine zwingenden Ausschlussgründe ersichtlich. D. durfte daher kontrolliert werden.[170]

3. Ermessen[171]

Die Entscheidung, die Identitätsfeststellung des D. vorzunehmen, beruhte auf der sachgemäßen Erwägung, dass D. aufgrund seines Alters in die Deliktsgruppe passte, die Zielgruppe der Kontrollen im Bischofspark ist. Auch im Übrigen erging diese Entscheidung ermessensfehlerfrei, so dass das Ermessen ordnungsgemäß ausgeübt wurde.

---

durch die Polizei maßgeblich mit der Kriminalitätsbelastung in den Nächten von Freitag auf Samstag und Samstag auf Sonntag begründet wird.
165 In einigen Bundesländern ist dies ausdrücklich im Gesetz geregelt, siehe § 21 Abs. 2 Nr. 1 a) ASOG Bln., § 12 Abs. 1 Nr. 2a PolG BB, § 13 Abs. 1 Nr. 2 a) NPOG; § 12 Abs. 1 Nr. 2 a) PolG NRW. Der sächsische Gesetzgeber hat die Anknüpfung der Straftaten an § 4 Nr. 4 SächsPVDG in Kenntnis der vorbezeichneten Normen nicht vorgenommen.
166 In Abgrenzung zum sog. Kontrollbereich siehe § 15 Abs. 1 Nr. 6 SächsPVDG bzw. die mittlerweile gestrichene Regelung von Gefahrengebieten wie in § 4 Abs. 2 S. 1 PolDVG Hmb aF.
167 „Begründeter Gefahrenverdacht" *Götz/Geis*, § 12 Rn. 39; „abstrakte Gefahr *Kingreen/Poscher*, § 13 Rn. 39.
168 Damit kommt es vorliegend nicht auf die Beantwortung der Frage an, ob – entgegen dem Wortlaut des § 15 Abs. 1 Nr. 2 SächsPVDG – aus Gründen der Verhältnismäßigkeit auf erhebliche Straftaten abzustellen ist.
169 OVG HH, NVwZ-RR 2003, 276, ebenso *Ogorek* in Möstl/Kugelmann § 12 PolGNRW Rn. 19; *Knape/Schönrock*, § 21 Rn. 50; anders offenbar *Kingreen/Poscher*, § 13 Rn. 50.
170 NdsOVG Beschl. v. 4.3.2010 – Az.: 11 PA 191/09, Rn. 10 – juris; zu den Problemen, welche sich jedoch aus einer an bloßen Äußerlichkeiten orientierten Auswahl der zu Kontrollierenden ergibt, siehe OVG Hamburg Urt. v. 13.5.2015 – 4 Bf 226/12 Rn. 87 ff. – juris; *Ernst*, DÖV 2015, 300 (304); ders. NVwZ 2014, 633 (636); *Tomerius*, DVBl. 2017, 1399 (1403).
171 Definitionen vgl. Fall 1 IV. 3.

4. Verhältnismäßigkeit[172]

a) Geeignetheit, § 5 Abs. 1 SächsPVDG

143 Die verdachtsunabhängige Kontrolle an kriminalitätsbelasteten Orten dient dem Ziel, Straftaten vorbeugend zu bekämpfen. Da hier eine besonders hohe Wahrscheinlichkeit dafür besteht, Gefahrenverursacher anzutreffen, kann die Gefährlichkeit des Ortes weiter erforscht werden, um Klarheit über die dort verkehrenden Personen zu erlangen. Zwar kann die Identitätsfeststellung an kriminalitätsbelasteten Orten allein Straftaten nicht verhindern, sondern sie dient regelmäßig dazu, ggf. weitere Maßnahmen zu veranlassen. In diesem Zusammenhang ist die Identitätsfeststellung nur eine „initiale" Maßnahme, der in der Regel ein Datenabgleich und unter Umständen eine Durchsuchung folgt.[173] Sie stellt somit oft eine Vorbereitungsmaßnahme im Gefahrenverdachtsstadium dar.[174] Die Aufhebung der Anonymität des Kontrollierten ist zudem verbunden mit der Annahme, dieser werde vor der Begehung von Straftaten zurückschrecken, da seine Person nun polizeibekannt ist.[175] Letzen Endes geht es darum, die Drogenszene zu verunsichern und die Begehung von Straftaten zu erschweren.[176]

b) Erforderlichkeit, § 5 Abs. 2 SächsPVDG

144 Die Personalienfeststellung des D. müsste erforderlich gewesen sein. Zwar ist die Identitätsfeststellung am kriminalitätsbelasteten Ort mit Blick darauf, dass der Betroffene gerade kein Störer sein muss, kein unerheblicher Eingriff.[177] Allerdings ist zu berücksichtigen, dass es sich bei den Daten, zu deren Preisgabe der Adressat im Rahmen dieser Maßnahme verpflichtet ist, nur um seine Personalien handelt.[178] Überdies ist der oben angegebene Zweck der Maßnahme, eine Art Abschreckungseffekt zu erzielen, nur dann zu erreichen, wenn ein weiter Adressatenkreis erfasst ist.[179] Eine andere, mildere Möglichkeit die personenbezogenen Daten für einen späteren Datenabgleich zu erheben, existiert nicht.

c) Angemessenheit, § 5 Abs. 3 SächsPVDG

145 Im Rahmen der Angemessenheit ist zu beachten, dass die Maßnahme eine Vielzahl von Nichtstörern betreffen wird. Die Polizei muss daher zumindest einen Störertypus definieren. Wer nicht diesem Typus entspricht, darf auch nicht kontrolliert werden.[180] D. ist etwa 20 Jahre alt und sitzt am Samstagabend auf einer Parkbank im Bischofspark. Damit entspricht er zumindest dem äußeren Anschein nach dem typischen Drogenkonsumenten, der seinen Bedarf an Betäubungsmitteln im Bischofspark deckt. Die Erhebung der im Personalausweis gespeicherten personenbezogenen Daten ist ein Eingriff in die informationelle Selbstbestimmung. Allerdings ist der Grad der Persönlichkeitsrelevanz der im Rahmen einer Ausweiskontrolle erlangten Informationen, wo lediglich Name, Anschrift, Geburtstag und -ort erhoben werden, gering.[181] In Abwägung zum erstrebten Ziel, die Begehung von Straftaten gegen das Betäubungsmittelgesetz zu erschweren und zu verhindern, war die Maßnahme daher nicht unangemessen. Der präventiven

---

172 Definitionen vgl. Fall 1 IV. 4.
173 *Graulich* in: Lisken/Denninger, E Rn. 318; *Ogorek* in Möstl/Kugelmann § 12 PolGNRW RN 1.
174 Vgl. OVG NRW Urt. v. 7.8.2018 – Az.: 5 A 294/16, Rn. 35, 37 – juris.
175 SächsVerfGH, JbSächsOVG 11, 55 (98); OVG BB, Beschl. v. 6.6.2012, Az.: OVG 1 N 28.11, Rn. 5; VGH BW Urt. v. 14.12.2010 – Az.: 1 S 338/10, Rn. 28 – beide juris; *Götz/Geis*, § 17 Rn. 11.
176 OVG Hamburg; Urt. v. 31.1.2022, Az.: 4 Bf 10/21 RN 77 – juris.
177 *Tomerius*, DVBl. 2017, 1399, 1403; *Ernst* NVwZ 2014, 633 (635); ders. In NordÖR 2015, 300 (305).
178 VGH BW Urt. v. 14.12.2010 – Az.: 1 S 338/10, Rn. 31.
179 SächsVerfGH JbSächsOVG 11, 55 (101).
180 *Kingreen/Poscher*, § 13 Rn. 55; *Baller/Eiffler/Tschisch*, § 21 Rn. 13; *Knape/Schönrock*, § 21 Rn. 56.
181 OVG Hamburg, Urt. v. 31.1.2022, Az.: 4 Bf 10/21 RN 61 – juris.

Fall 5: „Kontrolle im Zwielicht" 67

Arbeit der Polizei kommt gerade bei der Bekämpfung der Drogenkriminalität eine besondere Bedeutung zu. Im Bereich von Verstößen gegen das BtMG können personenbezogene Daten, die durch eine Personalienfeststellung gewonnen werden, die präventive Arbeit der Polizei, etwa bei der Identifizierung von und Differenzierung zwischen Dealern und Rauschmittelabnehmern, fördern und damit zur Eindämmung und Aufklärung entsprechender Straftaten beitragen.[182] Die Identitätsfeststellung war damit auch verhältnismäßig im engeren Sinne.

V. Ergebnis

Die Personalienfeststellung bei D. war rechtmäßig. 146

B. Abfrage im PASS

I. Vorprüfung

1. Grundrechte

Durch den Datenabgleich wird erneut in das Grundrecht auf informationelle Selbstbestimmung (Art. 2 Abs. 1 iVm Art. 1 Abs. 1 GG) eingegriffen. Auch wenn die Polizei die Daten bereits mit in polizeilichen Auskunftssystemen, also bereits bei der Polizei gespeicherten Daten abgleicht, stellt dies einen erneuten Eingriff dar. Denn das Recht auf informationelle Selbstbestimmung schützt nicht nur vor der erstmaligen Erhebung von Daten, sondern auch deren weiterer Verarbeitung. Die mit dem Datenabgleich erfolgte Nutzung von Daten stellt einen solchen Verarbeitungsschritt dar.[183] Für die wenn auch kurze Dauer des Datenabgleiches ist D. durch das Anhalten während des Datenabgleichs (vgl. § 87 Abs. 1 S. 4 SächsPVDG) auch (weiterhin) in seiner Freiheit beschränkt (Art. 2 Abs. 2 S. 2 iVm Art. 104 Abs. 1 GG). 147

Abgrenzung zwischen präventivem und repressivem Handeln

Das Ziel des Datenabgleichs war identisch mit dem der Identitätsfeststellung und somit präventiv. 148

II. Ermächtigungsgrundlage

Den Abgleich personenbezogener Daten mit dem Inhalt polizeilicher Dateien regelt § 87 Abs. 1 SächsPVDG. Dabei normiert Satz 1 dieser Norm den Abgleich personenbezogener Daten eines Handlungs- oder Zustandsstörers. Wie oben unter A. IV. 2. Bereits festgestellt, war D. weder Handlungs- noch Zustandsstörer, sondern wurde nur wegen seines Aufenthalts an einem gefährlichen Ort kontrolliert. Ermächtigungsgrundlage ist daher § 87 Abs. 1 S. 2 SächsPVDG, der den Datenabgleich personenbezogener Daten anderer Personen mit polizeilichen Dateien zulässt. Die Vorschrift enthält die Befugnis die zuvor bei der Identitätsfeststellung gewonnenen Daten mit der polizeilichen Datenbank abzugleichen und zu sehen, ob und mit welchen Erkenntnissen D. bereits „polizeibekannt" ist.[184] Die Berechtigung erfasst nur den Abgleich von personenbe- 149

---

182 Vgl. VG Chemnitz Beschl. v. 3.7.2009 – Az.: 3 L 151/09, Umdruck S. 13; NdsOVG Beschl. v. 10.8.2009 – Az.: 11 LA 401/08, Rn. 9 – juris; BayVGH Beschl. v. 2.6.2003 – Az.: 24 ZB 03.682, Rn. 5 – juris; Beschl. v. 21.10.2002, Az.: 24 C 02.2268, Rn. 9 – juris jeweils zu § 81b, 2. Alt. StPO.
183 So schon BVerfG Urt. v. 15.12.1983 – Az.: 1 BvR 209/83, Rn. 152 f. – juris; vgl. § 2 Nr. 3 SächsDSUG; *Knape/Schönrock*, § 28 Rn. 6.
184 *Arzt* in: Möstl/Kugelmann, § 25 PolG NRW Rn. 2.

zogenen Daten in polizeilichen Dateien. Der Datenabgleich wurde im Auskunftssystem der Sächsischen Polizei (PASS) vorgenommen. Dabei handelt es sich um eine polizeiliche Datei.[185]

III. Formelle Rechtmäßigkeit

1. Polizeiliche Aufgabe und sachliche Zuständigkeit

150 Die polizeiliche Aufgabe ergibt sich auch hier aus § 2 Abs. 1 S. 3 SächsPVDG, die sachliche Zuständigkeit somit aus § 2 Abs. 3, 1. Halbsatz SächsPVDG.

2. Verfahrens- und Formvorschriften

a) Grundnennung, Art. 17 Abs. 1 S. 2 SächsVerf

151 Wie bereits unter A. geprüft, wurde D. der Grund für die gesamte Kontrolle, die auch den Datenabgleich umfasst, genannt.

b) VwVfG

152 Der Datenabgleich stellt eine rein tatsächliche Handlung, mithin einen öffentlich-rechtlichen Realakt der Polizei dar.[186] Ein Gebot oder Verbot gegenüber dem Betroffenen wird nicht erlassen. Es fehlt somit am Regelungscharakter. Damit liegt kein Verwaltungsakt vor, auf den die Verfahrens- und Formvorschriften des VwVfG keine Anwendung finden.

IV. Materielle Rechtmäßigkeit

1. Tatbestandvoraussetzungen

153 Materiell müssen Tatsachen die Annahme rechtfertigen (vgl. Definition Fall 1 Ziffer IV. 1.), dass die Abfrage für die Erfüllung einer polizeilichen Aufgabe erforderlich ist. Der Datenabgleich darf jedenfalls nicht routinemäßig erfolgen. Eine Aufgabe könnte sich hier aus § 2 Abs. 1 S. 3 SächsPVDG ergeben. Dann müsste die Kontrolle zur Verhinderung oder zur vorbeugenden Bekämpfung von Straftaten erfolgen. Die Verhinderung zu erwartender Straftaten erfasst konkrete Gefahrenabwehrfälle, die zum Erlass von polizeilichen Maßnahmen wie etwa Aufenthaltsanordnungen, Kontaktverboten, Meldeauflagen, etc führen. Darunter ist auch die Unterbindung bereits andauernder Straftaten zu subsumieren. Die vorbeugende Bekämpfung von Straftaten umfasst die Verpflichtung für die Verfolgung von Straftaten vorzusorgen und so Straftaten zu verhüten (Straftatenverfolgungsvorsorge). Zudem wird die Straftatenverhinderungsvorsorge durch die Verarbeitung relevanter Daten (zB Speicherung potenzieller Opfer von Straftaten) erfasst. Hier soll an einem besonders kriminalitätsbelasteten Ort eine Kontrolle durchgeführt werden. D., der zuvor von den Polizisten beobachtet wurde, hielt sich an einem kriminalitätsbelasteten Ort – dem Bischofspark – auf und war nicht von vornherein aus dem „Klientel" der an diesem Ort Drogenerwerbenden und Drogenkonsumierenden auszuschließen. Die Beamten gingen davon aus, dass D. zur Drogenszene gehören könnte und wollten mit dem Datenabgleich weitere Hinweise erhalten, ob diese Annahme richtig war und welche weiteren polizeilichen Maßnahmen – wie etwa die Durchsuchung von Personen und mitgeführten Sachen – ggf.

---

185 Unter den Begriff der „polizeilichen Datei" sind nur die vom PVD geführten Dateien zu verstehen. Darunter fallen nicht die Dateien anderer öffentlicher Stellen, mit denen der PVD aufgrund einer entsprechenden Berechtigung seine zuvor erhobenen Daten abgleichen kann. Zum „Fahndungsbestand" iSv § 87 Abs. 1 S. 3 SächsPVDG gehören insbesondere INPOL- Personenfahndung und -Sachfahndung.
186 VG München Urt. v. 27.7.2016 – Az.: M 7 K 14.1468, Rn. 19 – juris; OVG Rh-Pf., Urt. v. 21.4.2016, Az.: 7 A 11108/14, Rn. 25 – beide juris jeweils mwN.

notwendig wären. Damit erfüllten sie die Aufgabe der Verhinderung zu erwartender Straftaten bzw. ggf. die Unterbrechung bereits andauernder Straftaten des D. nach dem BtMG.

§ 87 Abs. 1 SächsPVDG enthält weder eine Ermächtigungsgrundlage für die Beschaffung der abgefragten Daten noch für deren Speicherung oder Übermittlung. Diese müssen aus einer Maßnahme stammen, die sich auf eine Befugnis, welche die Erhebung personenbezogener Daten erlaubt, stützt. Das ist hier mit § 15 Abs. 1 Nr. 2 SächsPVDG als spezielle Datenerhebungsvorschrift der Fall.

Der Datenabgleich kann zudem nur rechtmäßig sein, wenn die vorangegangene Gewinnung der Daten rechtmäßig war.[187] Wie oben unter A. V. dargestellt, war die Personalienfeststellung bei D. rechtmäßig.

2. Adressat

Gemäß § 87 Abs. 1 S. 2 SächsPVDG muss Adressat der Maßnahme kein Handlungs- oder Zustandsstörer im Sinne der §§ 6 und 7 SächsPVDG sein. Da der Abgleich Folgemaßnahme der Identitätsfeststellung ist, besteht Adressatenidentität.

3. Ermessen[188]

Entschließungs- und Auswahlermessen wurden ordnungsgemäß ausgeübt. Ermessensfehler sind nicht ersichtlich.

4. Verhältnismäßigkeit[189]

a) Geeignetheit

Die Maßnahme war geeignet herauszufinden, ob D. bereits im Zusammenhang mit einem Verstoß gegen das Betäubungsmittelgesetz in Erscheinung getreten ist. Nur dann konnte entschieden werden, ob gegen D. weitere Maßnahmen zu ergreifen waren.

b) Erforderlichkeit, § 5 Abs. 2 SächsPVDG

Ein milderes Mittel als einen Abgleich mit dem datenbankbasierten polizeilichen Auskunftssystem PASS um an die benötigten personenbezogenen, polizeilich relevanten Informationen zu gelangen, war nicht ersichtlich.

c) Angemessenheit, § 5 Abs. 3 SächsPVDG

Der relativ geringfügige Grundrechtseingriff in das Allgemeine Persönlichkeitsrecht durch den Datenabgleich stand nicht außer Verhältnis zum Ziel, Straftaten gegen das BtMG an einem kriminalitätsbelasteten Ort zu verhindern.

V. Ergebnis

Der Abgleich der Personalien des D. mit dem PASS war rechtmäßig.

---

187 Vgl. OVG Rh-Pf., Urt. v. 21.4.2016, Az.: 7 A 11108/14, Rn. 134 – juris.
188 Definitionen vgl. Fall 1 IV. 3.
189 Definitionen vgl. Fall 1 IV. 4.

C. Aufforderung mit zur mobilen Wache zu kommen und dortige Durchsuchung des D.

I. Vorprüfung

162 Das Abtasten des bekleideten und ggf. das Betrachten des unbekleideten Körpers stellt einen Eingriff in das Allgemeine Persönlichkeitsrecht, hier in den Ausformungen Privatsphäre und Recht auf informationelle Selbstbestimmung dar. Überdies dürfte vor allem mit Blick auf die Mitnahme zur Dienststelle ein Eingriff in die Freiheit der Person in Form einer Freiheitsbeschränkung, Art. 2 Abs. 2 S. 2 iVm Art. 104 Abs. 1 GG, vorliegen. Eine Freiheitsentziehung lag zum Zeitpunkt der Anordnung der Durchsuchung nicht vor, denn das Ziel der Maßnahme war die ungestörte Durchführung der Durchsuchung, nicht die Entziehung der Freiheit, zudem sollte die Maßnahme nur von kurzer Dauer sein.

II. Ermächtigungsgrundlage

163 Durchsuchung ist die zielgerichtete Suche nach Sachen, die der Betroffene nicht herausgeben will. Dazu ist es zulässig, den bekleideten Körper abzutasten und den unbekleideten Körper zu betrachten. Zulässig ist auch die Nachschau in den ohne Weiteres zugänglichen Körperöffnungen (Mund, Nase, Ohren).[190] Die Aufforderung, mit zur mobilen Wache zu kommen, ist allein auf die Durchführung der Durchsuchung gerichtet, die auf offener Straße nicht stattfinden kann und wird daher als Begleiteingriff von der Befugnis zur Durchsuchung mit erfasst.[191] Anlass für die Durchsuchung war der Aufenthalt des D. an einem kriminalitätsbelasteten Ort. Ermächtigungsgrundlage ist somit § 27 Abs. 1 Nr. 4 SächsPVDG.

III. Formelle Rechtmäßigkeit

1. Polizeiliche Aufgabe und sachliche Zuständigkeit

164 Die polizeiliche Aufgabe und die sachliche Zuständigkeit ergeben sich erneut aus § 1 Abs. 1 S. 3 iVm § 2 Abs. 3, 1. Halbsatz SächsPVDG.

2. Verfahrens- und Formvorschriften

165 Bei der körperlichen Durchsuchung ist als ermächtigungsbezogene Verfahrensvorschrift gemäß § 27 Abs. 3 ASOG der Gleichgeschlechtlichkeitsgrundsatz, dessen Einhaltung hier angenommen werden kann, zu beachten. Zudem sind die Vorschriften des VwVfG zu prüfen. Zwar ist die Durchsuchung von Personen eine rein tatsächliche Handlung und somit ein Realakt.[192] Anders beurteilt sich die Rechtslage jedoch, wenn – wie in der Praxis üblich – der tatsächlichen Vornahme der Durchsuchung eine sog. Begleitverfügung vorausgeht.[193] Hier wird D. aufgefordert, die Beamten zur mobilen Wache zu begleiten. Darin liegt ein Gebot, mithin ein VA iSv § 1 S. 1 SächsVwVfZG iVm § 35 S. 1 VwVfG. Eine Anhörung nach § 28 Abs. 1 VwVfG dürfte hier mit Blick auf die sich aufbauende Drohkulisse durch ständig dazukommende Sympathisanten gemäß § 28 Abs. 2 Nr. 1, 1. Alt. VwVfG entbehrlich gewesen sein. Auch die weiteren Verfahrens- und Formvorschriften, die Bekanntgabe nach § 41 VwVfG und die Bestimmtheit nach § 37 Abs. 1 VwVfG sind hier unproblematisch gegeben.

---

190 VG Köln Urt. v. 25.11.2015 – Az.: 20 K 2624/14, Rn. 106; VGH BW Urt. v. 13.2.2018 – Az.: 1 S 1468/17, Rn. 146 – beide juris und jeweils mwN.
191 *Knape/Schönrock*, § 34 Rn. 8.
192 VGH BW Urt. v. 13.2.2018 – Az.: 1 S 1468/17, Rn. 146; VG Würzburg Urt. v. 12.1.2017 – Az.: W 5 K 15.523, Rn. 28 – beide juris.
193 So auch VG Würzburg, aaO, Rn. 28.

IV. Materielle Rechtmäßigkeit

1. Tatbestandsvoraussetzungen

Der Tatbestand knüpft an das Vorliegen eines kriminalitätsbelasteten Ortes an, der wie oben unter A.IV. 1. festgestellt, gegeben ist. Damit wäre eine Durchsuchung ohne weitere Voraussetzungen zulässig. Dabei ist jedoch zu berücksichtigen, dass die Durchsuchung einer Person im Vergleich zur Identitätsfeststellung einen wesentlich intensiveren Grundrechtseingriff darstellt. Mit Blick auf die im Gesetz vorgesehene Ortshaftung kann es nicht mehr ausreichen, nur Personen, welche von vornherein als Täter ausscheiden, aus dem Anwendungsbereich auszunehmen, sondern es muss vielmehr eine „innere Beziehung" der zu durchsuchenden Person zu den typischen Straftaten, die den kriminalitätsbelasteten Ort ausmachen, bestehen.[194] Vorliegend hat die Datenabfrage der Personaldaten des D. ergeben, dass gegen ihn bereits mehrfach einschlägig ermittelt wurde. Somit konnte nunmehr davon ausgegangen werden, dass D. der Drogenszene zuzurechnen ist und sich im Bischofspark aufhielt, um Straftaten gegen das BtMG zu begehen.

166

2. Adressat

D. ist als eine Person, die sich am kriminalitätsbelasteten Ort aufhält, zulässiger Adressat der Durchsuchung.

167

3. Ermessen[195]

Entschließungs- und Auswahlermessen wurden ordnungsgemäß ausgeübt. Ermessensfehler sind nicht ersichtlich.

168

4. Verhältnismäßigkeit[196]

a) Geeignetheit

Die Durchsuchung ist geeignet, Drogen bei D. aufzufinden, mildere Maßnahmen, die diesen Zweck ebenso wirksam erfüllen können, sind nicht ersichtlich.

169

b) Erforderlichkeit, § 5 Abs. 2 SächsPVDG

Ein milderes Mittel als die Durchsuchung des D., um festzustellen, ob er Drogen bei sich führt, war nicht erkennbar. Fraglich ist allerdings, ob die Mitnahme zur mobilen Wache, um ihn dort ungestört durchsuchen zu können, zulässig war. D. wollte ausdrücklich vor Ort durchsucht werden. Die Rechtsprechung gesteht dem Betroffenen keinen Anspruch darauf zu, an Ort und Stelle durchsucht zu werden. Der Grundsatz der Erforderlichkeit gebiete es vielmehr, die Durchsuchung so durchzuführen, dass diskriminierende Begleitumstände vermieden werden. Dies wäre aber bei einer Durchsuchung vor Ort, also in der Öffentlichkeit, der Fall gewesen. Der ausdrückliche Wunsch des D., vor Ort durchsucht zu werden, ändert daran nichts. Das durch eine Durchsuchung beeinträchtigte Allgemeine Persönlichkeitsrecht trägt auch den Schutz der Menschenwürde in sich, auf deren Schutz der Einzelne nicht verzichten kann. Eine Durchsuchung im Park wäre zudem im Vergleich mit einer Durchsuchung im Schutz der Wache nicht gleich geeignet, denn auch mit Blick auf die sich gegen die Polizei gerichtete aufbauende

170

---

[194] BayVGH, B. v. 8.3.2012, Az.: 10 C 12.141, Rn. 15 f.; VG Berlin, U. v. 15.9.2017, Az.: 1 K 229/16, Rn. 32 – beide juris; ähnlich *Tegtmeyer/Vahle*, § 39 Rn. 11; *Thiel* in Möstl/Kugelmann § 39 PolGNRW Rn. 40.
[195] Definitionen vgl. Fall 1 IV. 3.
[196] Definitionen vgl. Fall 1 IV. 4.

Drohkulisse hätten an die Gründlichkeit der Durchsuchung erhebliche Zugeständnisse gemacht werden müssen.[197] Damit durfte D. nicht nur durchsucht, sondern zur Durchsuchung auch an einen nahegelegenen Ort, an dem diese ungestört durchgeführt werden konnte, gebracht werden.

c) Angemessenheit, § 5 Abs. 3 SächsPVDG

171 Auch wenn die Eingriffe in das Allgemeine Persönlichkeitsrecht durch die Durchsuchung und die Einschränkung der Bewegungsfreiheit durch Verbringung zur Dienststelle im Vergleich zur zuvor erfolgten Identitätsfeststellung erheblich gravierender sind, erweisen sie sich doch in Abwägung mit dem erstrebten Ziel der Bekämpfung der Betäubungsmittelkriminalität nicht unangemessen.

V. Ergebnis

172 Die Durchsuchung des D. war nach alledem rechtmäßig.

D. Anordnung der Blutentnahme

I. Vorprüfung

173 Die Entnahme einer Blutprobe stellt als Eindringen in das haut- und muskelumschlossene Gewebe einen körperlichen Eingriff und daher eine Verletzung des durch Art. 2 Abs. 2 S. 1 GG gewährleisteten Rechts auf körperliche Unversehrtheit dar, welches die Gesundheit im biologisch-physiologischen wie auch geistig-seelischen Bereich schützt. Die anschließend durchgeführte Untersuchung der Blutprobe greift in das Recht auf informationelle Selbstbestimmung aus Art. 2 Abs. 1 iVm Art. 1 Abs. 1 GG (vgl. Definition Fall 4, Ziffer I. 1.) ein. Das Vorhandensein von Antikörpern als Zeichen einer Infektion bzw. deren Fehlen ist ein personenbezogenes Datum, welches durch die Polizei erhoben wird.

174 Ziel der Blutentnahme ist es festzustellen, ob D. HIV-positiv ist, damit bei E. medizinische Maßnahmen zur Verhinderung einer Ansteckung durchgeführt werden können. Folglich ist die Maßnahme präventiver Natur.

II. Ermächtigungsgrundlage

175 Anders als bei der Durchsuchung, wo es um das Auffinden körperfremder Gegenstände geht, ist Ziel der körperlichen Untersuchung, die vom Willen des Betroffenen unabhängige Beschaffenheit des Körpers festzustellen.[198] Die Feststellung, ob das Blut des D. HI- oder Hepatitisantikörper enthält, fällt darunter. § 27 Abs. 4 S. 2 SächsPVDG nennt ausdrücklich die Entnahme von Blutproben. Rechtsgrundlage für eine Blutentnahme beim Verursacher einer Infektionsgefahr ist daher § 27 Abs. 4 SächsPVDG.

---

197 BayVGH, aaO Rn. 18.
198 Über den Maßnahmezweck hinaus handelt es sich auch bei der Nachschau nach Gegenständen im Körperinnern und zwar auch in nicht ohne Weiteres zugänglichen Körperöffnungen (After, Scheide) um von § 27 Abs. 1 SächsPVDG nicht mehr erfasste körperliche Untersuchungen. Vgl. BayVGH Beschl. v. 16.7.1998 – NVwZ-RR 1999, 310; *Robrecht*, LKV 2001, 391 [392]; extensiver VG Dresden Urt. v. 14.10.2015 – Az.: 6 K 3162/14, Rn. 21 – juris: Eine Durchsuchung liegt auch dann noch vor, wenn die Beamten sich zu der Durchsuchung des Genitalbereichs durch Herunterlassen der Hosen, Vorbeugen des Klägers und kurze Inaugenscheinnahme des Analbereichs als letzte Durchsuchungsmaßnahme veranlasst sehen.

Fall 5: „Kontrolle im Zwielicht"

III. Formelle Rechtmäßigkeit

1. Polizeiliche Aufgabe und sachliche Zuständigkeit

Da es um die Abwehr einer Gesundheitsgefahr für E. geht, erfüllt die Polizei mit der Gewährleistung der ungehinderten Ausübung des Grundrechts des E. aus Art. 2 Abs. 2 S. 1 GG die polizeiliche Aufgabe nach § 2 Abs. 1 S. 2 SächsPVDG. Die sachliche Zuständigkeit könnte sich somit aus § 2 Abs. 3, 2. Halbsatz SächsPVDG ergeben. Auf das Vorliegen eines Eilfalles kommt es hier jedoch nicht an, denn der Polizeibehörde steht eine derartige Ermächtigung im SächsPBG nicht zur Verfügung. In solchen Fällen ist § 2 Abs. 3 SächsPVDG nicht anwendbar. [176]

2. Verfahrens- und Formvorschriften

a) Ermächtigungsbezogene Verfahrensvorschriften

Die körperliche Untersuchung steht nach § 27 Abs. 5 S. 1 SächsPVDG unter einem Richtervorbehalt. Bei Gefahr im Verzug (vgl. Definition Fall 3, A. III. 2.)) darf die Maßnahme auch durch den Leiter des LKA oder einer Polizeidirektion oder durch einen von diesen beauftragten Bediensteten getroffen werden. In einem solchen Fall ist jedoch unverzüglich eine richterliche Bestätigung dieser Anordnung einzuholen. Eine sog. Postexpositionsprophylaxe sollte idealerweise innerhalb von 2 Stunden nach dem Kontakt mit möglicherweise infektiösem Blut durchgeführt werden.[199] Auch wenn man davon ausgeht, dass es in Sachsenstadt einen rund um die Uhr besetzten richterlichen Bereitschaftsdienst gibt, dürfte hier Gefahr im Verzug zu bejahen sein. [177]

Der spätere Vollzug der Maßnahme ist dem Arzt vorbehalten, der nach den Regeln der ärztlichen Kunst handeln muss. Sofern ein approbierter Arzt die Blutentnahme vornimmt, wäre diese Maßnahme formell rechtmäßig. Im weiteren Verlauf der Maßnahme ist überdies auf die Einhaltung des Zweckbindungsgebotes (§ 27 Abs. 5 SächsPVDG) und die unverzügliche Löschung der Daten (§ 27 Abs. 5 S. 5 SächsPVDG) zu achten. [178]

b) VwVfG

Die Blutentnahme ist eine rein tatsächliche Handlung, die dem Betroffenen keine Mitwirkung abverlangt. Ein Regelungscharakter und somit eine VA-Qualität iSv § 1 S. 1 SächsVwVfZG iVm § 35 S. 1 VwVfG kann sich allein aus einer Duldungspflicht des Betroffenen, dem die Maßnahme bekanntgegeben wird, ergeben. Von dieser Einschätzung geht offenbar auch das Gesetz aus, da es in § 27 Abs. 5 S. 2 SächsPVDG ausdrücklich die sofortige Vollziehbarkeit der Anordnung festlegt. Eine Anhörung nach § 28 Abs. 1 VwVfG, die an keine Form gebunden ist, wurde durchgeführt. Bekanntgabe (§ 41 Abs. 1 VwVfG) und Bestimmtheit (§ 37 Abs. 1 VwVfG) sind ebenfalls gegeben. [179]

IV. Materielle Rechtmäßigkeit

1. Tatbestandsvoraussetzungen

a) Tatsachen die Annahme rechtfertigen

Vorausgesetzt werden nach § 27 Abs. 4 S. 1 SächsPVDG Tatsachen, die die Annahme rechtfertigen (vgl. Definition Fall 1, Ziffer IV. 1.), dass es zu einer Übertragung von besonders gefährlichen Krankheitserregern auf eine andere Person gekommen sein kann. HI- oder Hepatitisantikörper sind besonders gefährliche Krankheitserreger i. S. v. § 27 Abs. 4 S. 3 SächsPVDG. Indizwirkung [180]

---

[199] Deutsch-Österreichische Leitlinie zur medikamentösen Postexpositionsprophylaxe nach HIV-Exposition (Version 2022); abrufbar unter https://register.awmf.org/assets/guidelines/055-004l_S2k_Medikamentoese-Postexpositionsprophylaxe-PEP-nach-HIV-Exposition_2022-06.pdf.

für eine Übertragung von Krankheitserregern haben beispielsweise die Zugehörigkeit zu einer sog. Risikogruppe wie zB Drogenabhängige, äußere Anzeichen einer Erkrankung, Angaben des Betroffenen sowie die Art des Kontaktes mit der ansteckungsverdächtigen Person. Vorliegend war D. der Polizei als Konsument harter Drogen bekannt. Gegen ihn laufen mehrere Ermittlungsverfahren wegen des Erwerbs und Konsums von Heroin.

b) Gefahr für Leib oder Leben

181 Es müsste eine Gefahr für Leben oder Leben, also nach § 4 Nr. 3 f.) SächsPVDG eine Sachlage, bei der eine nicht nur leichte Körperverletzung oder der Tod einzutreten droht, vorliegen. Der Eintritt eines Schadens an den vorbezeichneten Rechtsgütern muss sich mit hinreichender Wahrscheinlichkeit in absehbarer Zeit darstellen. Es ist anhand der Umstände des Falles eine Gefahrenprognose zu erstellen. Diese müsste zu dem Ergebnis kommen, dass aufgrund der o. g. Tatsachen der Eintritt einer Schädigung von Leib oder Leben als hinreichend wahrscheinlich erscheint. Dabei ist überdies die sog. Je-desto-Formel (vgl. Fall 3, A. IV. 1.)) zu berücksichtigen. Sticht sich – wie hier E. – ein Polizeibeamter in Ausübung seines Dienstes an einer Spritze, ist aufzuklären, ob die Spritze bereits benutzt wurde, was laut Sachverhalt der Fall ist. Weiterhin ist zu ermitteln, ob dem D. selbst eine Infektion mit HIV oder Hepatitis bekannt ist. D. hat von sich aus bekundet, dass er eine Infektion nicht ausschließen könne. Obwohl D. diesbezüglich keine Auskunft geben kann, dürfte allein seine Zugehörigkeit zu einer Risikogruppe, D. ist laut Sachverhalt heroinsüchtig, die Gefahrenprognose tragen. Zudem ist zumindest das Rechtsgut „Leib" des E. im Falle einer Infektion mit HIV oder Hepatitis in erheblicher Weise gefährdet.

c) Kenntnis des Infektionsstatus zur Abwehr einer Gefahr erforderlich

182 Schließlich muss die Kenntnis des Infektionsstatus zur Abwehr einer Gefahr erforderlich sein. Wie bereits oben festgestellt, können im Falle einer Virusübertragung bei einigen schwerwiegenden Erkrankungen Gegenmaßnahmen eingeleitet werden, um das Infektionsrisiko zu vermindern. Gibt es eine solche Möglichkeit ist davon auszugehen, dass die Kenntnis des Infektionsstatus zur Abwehr der Gefahr erforderlich ist.

d) Kein Nachteil für die Gesundheit des Betroffenen zu befürchten

183 Bei der Entnahme einer Blutprobe handelt es sich um einen – im Vergleich zu anderen körperlichen Untersuchungsmöglichkeiten – geringfügigen, kurzzeitigen und vor allem alltäglichen, routinemäßigen Eingriff in die körperliche Unversehrtheit des D., der keine daraus resultierenden Nachteile für die Gesundheit des D. iSv § 27 Abs. 4 S. 2 SächsPVDG befürchten lässt.

2. Adressat

184 § 27 Abs. 4 SächsPVDG beschreibt die Person, die Adressat der Maßnahme sein darf, selbst. Es muss sich um die Person handeln, von der eine Gefahr für Leib oder Leben einer anderen Person ausgegangen ist. Dies trifft vorliegend auf D. zu.

3. Ermessen[200]

185 Aufgrund der erheblichen Bedeutung der durch eine mögliche Infektion bedrohten Rechtsgüter des E. aus Art. 2 Abs. 2 S. 1 GG sowie der hohen Intensität der Rechtsgutsgefährdung

---

200 Definitionen vgl. Fall 1 IV. 3.

(Durchführung der Postexpositionsprophylaxe idealerweise innerhalb von 2 Stunden) und keiner ersichtlichen Einschreitrisiken ist das Entschließungsermessen auf Null reduziert. Das Auswahlermessen wurde ordnungsgemäß ausgeübt. Ermessensfehler sind nicht ersichtlich.

4. Verhältnismäßigkeit[201]

Die Blutentnahme war geeignet, festzustellen, ob D. HIV-positiv ist oder Hepatitis hat und somit entscheiden zu können, ob bei E. eine Postexpositionsprophylaxe notwendig ist. Es war die mildeste Maßnahme, die ein eindeutiges Ergebnis bringen konnte. Die Entnahme einer Blutprobe stellt einen relativ geringfügigen Eingriff dar, der den D. nur wenig belastet. Dieser Eingriff diente jedoch dem Schutz der Gesundheit des E. vor schwerwiegenden Beeinträchtigungen im Falle einer Infektion mit besonders gefährlichen Krankheitserregern der HI- oder Hepatitisantikörper.

186

V. Ergebnis

Die Anordnung der Blutentnahme gegenüber D. war rechtmäßig.

187

Fall 6: „Wer schlägt muss gehen!"

Sachverhalt

Am Einsatztag, einem Freitag, gegen 18.00 Uhr, erhält der DGF des örtlich zuständigen PRev. Sachsenstadt Mitte PK Fleißig (F.) vom FLZ der PD Sachsenstadt den Auftrag, in die Neißestraße 124 in Sachsenstadt in die Mietwohnung der durch viele vergangene Polizeieinsätze dieser Art im IVO-System und im PASS-System eingetragenen Eheleute Schläger zu fahren. Die Nachbarn (N.) haben sich über den Lärm in der Wohnung beschwert. Es höre sich so an, als würde Frau Jessica Schläger (J.) von ihrem Mann Paul Schläger (P.) geschlagen, ihre Schreie „Nein! Bitte nicht!" und ihr Weinen seien deutlich vernehmbar. Weiterhin hören sie das Splittern von Geschirr oder anderen zerbrechlichen Gegenständen und ein ständiges Türschlagen. Als J. laut „Hilfe!" geschrien habe, hätten sie um 17.57 Uhr die Polizei alarmiert.

Um 18.05 Uhr treffen zwei Funkstreifenbesatzungen unter der Führung von F. vor dem Wohnhaus ein. Sie werden von den N. hereingelassen. F. klopft laut an die Wohnungstür der Familie Schläger und ruft: „Sofort aufmachen! Polizei!". Die schmächtige J., die ein geschwollenes Auge und Hämatome im Gesicht und an den Armen hat, bittet die Beamten in die Wohnung. Es liegen im Flur zahlreiche Scherben unterschiedlichen Glases auf dem durch ausgelaufenes Bier verklebten Boden, die Wohnzimmerglastür ist beschädigt und P. sitzt unverletzt und ruhig mit einer Flasche Bier in der Hand vor dem Fernseher im Wohnzimmer.

Im Rahmen ihrer strafprozessualen Zeugenvernehmung J. schildert den Verlauf des Abends mit einigen Demütigungen, Nötigungen und Körperverletzungen, die durch eine unabsichtliche Beschädigung der Wohnzimmertür durch J. ausgelöst wurden und erst mit dem Eintreffen der Polizeibeamten endeten. Ihr Ehemann P. sei freischaffender Versicherungsmakler und seine Geschäfte gingen in der letzten Zeit sehr schlecht. Deshalb versuche er seinen Kummer im Alkohol zu ertränken, verhalte sich danach ihr gegenüber sehr aggressiv und schlage sie sehr häufig. Dies geschehe nicht nur in der eigenen Wohnung. Auch auf ihrer Arbeitsstelle (einer Rechtsanwaltskanzlei, wo sie als Schreibkraft arbeite, etwa 3 km von der Wohnung entfernt)

---
201 Definitionen vgl. Fall 1 IV. 4.

sei ihr Mann schon zweimal aufgetaucht und habe sie vor den Augen von Mandanten und Mitarbeitern erst beleidigt und dann ins Gesicht geschlagen. Der große breitschultrige P. bestreitet ruhig und sachlich das Vorbringen der J. Sie habe ihn von hinten angesprungen und ihm eine leere Flasche über den Kopf geschlagen. Dabei sei es dann zu einem leichten Gerangel gekommen. J. habe sich wie eine „Furie" verhalten. J. schüttelt daraufhin energisch den Kopf und sagt, heute sei eigentlich nur passiert, was sonst auch regelmäßig passieren würde. Als F. daraufhin ankündigt, eine Wohnungsverweisung von 10 Tagen gegenüber P. erlassen zu wollen, spricht J. sich energisch dagegen aus. Es werde dann alles nur noch schlimmer, wenn er zurückkomme. Eigentlich habe sie gar keine Schmerzen mehr. Die Beamten könnten jetzt ruhig gehen. Die Situation sei unter Kontrolle. J. verweigert die Stellung eines Strafantrages und Erstattung einer Strafanzeige. F. belehrt dennoch P. im Wohnzimmer über seine Rechte als Beschuldigter einer Körperverletzung zum Nachteil seiner Ehefrau und fragt ihn, ob er dazu äußern möchte. Als P. gleichgültig den Kopf schüttelt, fertigt F. in der Küche eine formularmäßige Verfügung, die er P. im Anschluss übergibt. Danach habe P. die Wohnung sofort zu verlassen und dürfe bis zum Ablauf von 10 Tagen (Daten und Uhrzeiten werden genau bezeichnet) die Wohnung und das Grundstück Neißestraße 124 in Sachsenstadt sowie die Arbeitsstelle der J. nicht betreten. Sofern er noch Gegenstände aus der Wohnung benötige, könne er Dritte damit beauftragen diese in Anwesenheit der Polizei aus der Wohnung zu holen. P. wendet nach Übergabe der fertigen Verfügung durch F. ein, dass er Alleinmieter der Wohnung sei, so dass – wenn überhaupt – J. gehen müsse. Zudem werde er durch die Maßnahme aus seinem sozialen Umfeld herausgerissen. Schließlich seien 10 Tage viel zu lang, denn er sei in wenigen Stunden wieder nüchtern. Am nächsten Tag beschwert sich P. beim Polizeirevier Sachsenstadt Mitte über das Verhalten des F. und den völlig absurden „Rausschmiss" aus seinen „vier Wänden". Die Beschwerde des P. wird aufgenommen, dem Wohnungsverweisungsvorgang beigefügt und an die Stabsstelle Kommunikation der PD Sachsenstadt weitergeleitet.

Aufgabe:
Prüfen Sie die Rechtmäßigkeit der Wohnungsverweisung aus gefahrenabwehrrechtlicher Sicht.

Lösungsvorschlag zum Fall 6: „Wer schlägt muss gehen!" Die Verweisung des P. aus seiner Wohnung mit Rückkehrverbot für 10 Tage

I. Vorprüfung

1. Art. 13 Abs. 1 GG, Art. 30 Abs. 1 SächsVerf

Die Wohnungsverweisung könnte in das Grundrecht des P. aus Art. 13 Abs. 1 GG eingreifen (vgl. Definition Fall 2, Ziffer I.). Fraglich ist, ob der Schutzbereich auch das Nutzungsrecht der eigenen Wohnung, welches P. hier für die Dauer von 10 Tagen abgesprochen wird, umfasst. Nach hM[202] ist nicht maßgebend, dass bzw. ob Polizeibeamte die Wohnung körperlich betreten, wenngleich das häufig der Fall sein wird, sondern dass der besondere Rückzugsraum der Wohnung durch Staatsbehörden regelmäßig in besonders intensiver Weise zumindest zeitweise geschlossen wird. Art. 13 Abs. 7 GG lässt einen Eingriff in das Grundrecht zur Behebung der Raumnot zu und gibt damit zu erkennen, dass das Nutzungsverbot für die eigene Wohnung, unter Art. 13 Abs. 1 GG zu subsumieren ist.[203] Die vom Bundesverfassungsgericht postulierte „teilweise Aufhebung der Privatheit der Wohnung"[204] kann bei einem Verweis aus der Wohnung bejaht werden.[205]

---

[202] Vgl. die Nachweise in Fall 3, B. I. 2; jüngst OVG NRW Urt. v. 17.10.2023 – Az.: 5 A 3548/20, Rn. 21 – juris.
[203] *Storr*, ThürVBl. 2005, 97 (99).
[204] BVerfGE 89, 1 (12).
[205] *Kay*, NVwZ 2003, 521 (522); iErg wohl auch VG Gelsenkirchen, NWVBl. 2002, 361 (362).

Schließlich wird ein Eingriff in Art. 13 Abs. 1 GG auch unter dem Aspekt des Hausrechts bejaht.[206] Als „Hausrecht" bezeichnet man das rechtlich geschützte Interesse an einer ungestörten Entfaltung des Einzelnen in einer räumlich streng abgegrenzten und vor der Einblicknahme durch Unbefugte abgeschirmten Sphäre, welches durch die Wohnungsverweisung berührt werde.

Mithin liegt ein Eingriff in Art. 13 Abs. 1 GG vo   189

2. Art. 11 Abs. 1 GG

Weiterhin könnte ein Eingriff in Art. 11 Abs. 1 GG vorliegen (vgl. Definition Fall 1, Ziffer I.). Die   190
hM[207] bejaht einen Eingriff in Art. 11 Abs. 1 GG. Zumindest ein Zeitraum von mehr als einem Tag ist als „erheblich" im Sinne des Art. 11 Abs. 1 GG einzustufen. Im Übrigen schützt Art. 11 Abs. 1 GG nicht nur den Wohnsitzwechsel, sondern auch das effektive Innehaben dieses frei gewählten Wohnsitzes im Sinne eines Aufenthalts. Dementsprechend stellt die Wohnungsverweisung für den Betroffenen ein identitätsstiftendes Ereignis dar. Zutreffend hat daher der sächsische Gesetzgeber Art. 11 Abs. 1 GG in § 10 Nr. 4 SächsPVDG (Zitiergebot) aufgeführ

3. Art. 14 Abs. 1 GG, Art. 31 Abs. 1 SächsVerf

Ferner ist zu prüfen, ob ein Eingriff in die Bestandsgarantie des Eigentums nach Art. 14 Abs. 1   191
GG vorliegt. Fraglich ist, ob der persönliche Schutzbereich eröffnet ist, da P. nur Mieter und nicht Eigentümer der Wohnung in der Betonstraße 24 ist. Die Eigentumsgarantie soll dem Grundrechtsträger einen Freiraum im vermögensrechtlichen Bereich erhalten und dem Einzelnen damit die Entfaltung und eigenverantwortliche Gestaltung seines Lebens ermöglichen. Unter den Schutz der Eigentumsgarantie im Bereich des Privatrechts fallen nach dem BVerfG deshalb grundsätzlich alle vermögenswerten Rechte, die ihrem Inhaber von der Rechtsordnung in der Weise zugeordnet sind, dass er die damit verbundenen Befugnisse nach eigenverantwortlicher Entscheidung zu seinem privaten Nutzen ausüben darf.[208] Dies gilt insbesondere für das Mietrecht. Durch die Wohnungsverweisung kann P. seine Wohnung nicht mehr betreten und damit auch nicht mehr nutzen. Die Tatsache, dass die Polizei kein Verwahrungsverhältnis an der Wohnung begründet (etwa durch Versiegelung) ist für die rechtliche Beurteilung unerheblich. Damit ist nach hM[209] auch der sachliche Schutzbereich des Art. 14 Abs. 1 GG betroffe

4. Art. 6 Abs. 1 GG, Art. 22 Abs. 1 SächsVerf

Nunmehr kommt ein Eingriff in Art. 6 Abs. 1 GG in Betracht.[210] Art. 6 Abs. 1 GG schützt   192
zunächst die „Ehe", dh eine auf die Herstellung der vollen Lebensgemeinschaft gerichtete Verbindung eines Mannes mit einer Frau.[211] Geschützt ist nicht nur die formale Verbindung,

---

206 Vgl. VG Karlsruhe Beschl. v. 2.2.2001 – Az.: 12 K 205/01.
207 Vgl. neben den Nachweisen bei *Petersen-Thrö*, SächsVBl. 2004, 173 (174) in Fn. 18 und 19: VGH BW, NJW 2005, 88 (89); OVG NRW Urt. v. 12.12.2017 – Az.: 5 A 2428/15, Rn. 22 – juris; VG Dresden Beschl. v. 16.9.2004 – Az.: 14 K 2277/04, S. 9; VG Leipzig Beschl. v. 6.7.2006 – Az.: 3 K 793/06, S. 3; OVG MV Beschl. v. 24.2.2006 – Az.: 3 O 4/06, Rn. 8 – juris; *Elzermann*, VR 2023, 88 (91); *Trurnit*, VBlBW 2009, 205 (208); *Krugmann*, NVwZ 2006, 152 (154); *Storr*, ThürVBl. 2005, 97 (98).
208 BVerfG, NJW 1993, 2035 (2036).
209 Vgl. neben den Nachweisen bei *Petersen-Thrö*, SächsVBl. 2004, 173 (174) in Fn. 22: VGH BW, NJW 2005, 88 (89); OVG MV Beschl. v. 24.2.2006 – Az.: 3 O 4/06, Rn. 8 – juris; VG Dresden Beschl. v. 16.9.2004 – Az.: 14 K 2277/04, S. 9; *Trierweiler*, S. 126.
210 Vgl. die Nachweise bei *Petersen-Thrö*, SächsVBl. 2004, 173 (174) in Fn. 23.
211 BVerfG, NJW 1993, 3058; BVerwG, DVBl. 1996, 1253 (1254 f.).

sondern auch deren Verwirklichung. Das Grundrecht umfasst auch die Freiheit der Eheführung. Grundrechtsrelevant ist etwa der (staatliche) Versuch der Rückführung der Ehefrau ins Haus[212] und auch die auf das Gegenteil zielenden Einwirkungen.[213] Daher stellt staatlicher Zwang, der das räumliche Zusammenleben der Ehegatten erschwert, verhindert oder verbieten würde einen Eingriff in Art. 6 Abs. 1 GG dar. Die Freiheit der Eheführung der Eheleute Schläger wird durch die erzwungene Trennung aufgrund der Wohnungsverweisung beschränkt.

II. Ermächtigungsgrundlage

193   Die Befugnis zur Wohnungsverweisung könnte sich aus § 19 Abs. 1 SächsPVDG ergeben.

III. Formelle Rechtmäßigkeit

194   Die Wohnungsverweisung müsste formell rechtmäßig sein.

1. Polizeiliche Aufgabe und sachliche Zuständigkeit

195   Die polizeiliche Aufgabe ergibt sich aus der Verhinderung weiterer Straftaten des P. gegenüber J. (§ 2 Abs. 1 S. 3 SächsPVDG iVm §§ 223 ff. StGB) und der entsprechenden Gewährleistung ihrer Grundrechtsausübung gemäß § 2 Abs. 1 S. 2 SächsPVDG iVm Art. 2 Abs. 2 S. 1 GG. Die sachliche Zuständigkeit folgt aus § 2 Abs. 3, 1. Halbsatz SächsPVDG.

2. Verfahrens- und Formvorschriften

196   Bei Wohnungsverweisung handelt es sich um einen mündlichen Verwaltungsakt gemäß § 1 SächsVwVfZG i.V.m. §§ 35 S. 1, 37 Abs. 2 S. 1 VwVfG. Grundsätzlich sollte der Betroffene vor dem Erlass der Wohnungsverweisung gemäß § 28 Abs. 1 VwVfG angehört werden, d.h., das Recht zur Stellungnahme erhalten. Nur auf diese Weise erhält der handelnde Beamte Kenntnis von eventuell der Wohnungsverweisung entgegenstehenden berechtigten Interessen des Betroffenen i.S.v. § 19 Abs. 1 SächsPVDG, die die Verhältnismäßigkeit der Maßnahme beeinflussen können. In diesem Zuge sollte die Polizei auch die neue ladungsfähige Adresse des Betroffenen erfragen und ggf. festhalten. Die Frage des F., ob P. als Beschuldigter im Strafverfahren wegen des Verdachts der Körperverletzung Angaben machen möchte, ersetzt aufgrund der unterschiedlichen Zielrichtung nicht die Einräumung der Möglichkeit der Stellungnahme zu einer beabsichtigten Wohnungsverweisung.[214] Daran ändert auch die Tatsache nichts, dass der in einer Beschuldigtenvernehmung durch P. geschilderte Sachverhalt mit hoher Wahrscheinlichkeit auch eine Relevanz für die Gefahrenprognose besitzt. P. wendet zwar ein, dass er Alleinmieter der Wohnung sei, durch die Maßnahme aus seinem sozialen Umfeld herausgerissen werde und 10 Tage viel zu lang seien, weil er in wenigen Stunden wieder nüchtern sei. Diese Einwände erhebt P. zum einen erst nach Übergabe der Verfügung. Zum anderen wurde ihm dadurch nicht die Möglichkeit eingeräumt, zu allen materiell-rechtlichen Aspekten der Wohnungsverweisung Stellung zu nehmen. Die Verfügung wird durch F. überdies in der Küche, also gerade nicht im Beisein des P. mit Erläuterung jedes Punktes im Formular gefertigt. Damit wurde keine Anhörung durchgeführt.

197   Fraglich ist, ob die Anhörung wegen Gefahr im Verzug (Definition siehe Fall 1, Ziffer III. 2.) gemäß § 28 Abs. 2 Nr. 1, 1. Alt. VwVfG entbehrlich war. Mithin kann ein Vollzugsbeamter

---

212   BVerfGE 21, 329 (353).
213   Vgl. OVG NRW Beschl. v. 7.11.2011 – Az.: 5 A 1352/10, Rn. 19 – juris bzgl. im Haushalt lebender Kinder.
214   Vgl. VG Chemnitz, Urt. v. 23.5.2022, Az. 7 K 83/19, S. 7 f.

bei Eilmaßnahmen „vor Ort" von der Anhörung absehen. Diese gilt aber nicht per se bei mündlichen Verwaltungsakten. Vielmehr muss eine akute Gefahrenlage bestehen oder eine sofortige Störungsunterbrechung notwendig sein. P. saß ruhig im Wohnzimmer, während die Beamten mit J. eine Zeugenvernehmung durchführten. Im Anschluss daran nahm sich F. die Zeit, P. eine Gelegenheit zur Äußerung als Beschuldigter im Strafverfahren zu bitten. Sodann wäre es ihm möglich gewesen, P. die Absicht des Erlasses einer Wohnungsverweisung zu erläutern und ihn um eine freiwillige Stellungnahme zu bitten. Mithin lag keine akute Gefahrensituation und damit keine Gefahr im Verzug vor.

198 Es könnte darüber hinaus an die Variante des „öffentlichen Interesses" geprüft werden (2. Alt.). Das öffentliche Interesse umfasst jene Fälle, in denen die Durchführung der Anhörung und die dadurch bedingte Verzögerung der Entscheidung zwar keine Gefahrensituation auslösen, aber doch einen Zustand schaffen bzw. aufrechterhalten würde, der aus Gründen des Gemeinwohls nicht hinzunehmen ist. Aufgrund der Tatsache, dass sich P. nicht in unmittelbarer Reichweite seines Opfers J. zur Zeit des Erlasses der Wohnungsverweisung aufhielt, kann nicht von einem Zustand die Rede sein, der sofort hätte unterbunden werden müssen. Eine Entbehrlichkeit der Anhörung kommt schließlich nach § 28 Abs. 2, Einleitungssatz VwVfG in Betracht, wonach von einer Anhörung abgesehen werden kann, wenn sie nach den Umständen des Einzelfalles nicht geboten ist. Es sind bereits keine Anhaltspunkte für eine entsprechende Abwägung im Rahmen der gemäß § 28 Abs. 2 VwVfG zu treffenden Ermessensentscheidung ersichtlich. Da alle weiteren Entbehrlichkeitsgründe des § 28 Abs. 2 VwVfG ersichtlich ausscheiden, hätte die Anhörung des P. stattfinden müssen.

199 Es könnte eine Heilung der unterbliebenen Anhörung nach § 45 Abs. 1 Nr. 3 VwVfG in Betracht kommen. In der Rechtsprechung ist anerkannt, dass eine unterbliebene Anhörung regelmäßig auch dadurch geheilt werden kann, dass der Betroffene auf Grundlage der dem Verwaltungsakt beigefügten Begründung die Möglichkeit hat, im Rahmen eines Widerspruchsverfahrens zu den in der Ausgangsverfügung verwerteten Tatsachen Stellung zu nehmen und weitere ihm bedeutsam erscheinende Tatsachen vorzutragen.[215] Die „Beschwerde" des P. zur Niederschrift bei der PD Sachsenstadt könnte als Widerspruch iSv § 68 Abs. 1 VwGO auszulegen sein. Die VwGO enthält keine näheren Bestimmungen über den Mindestinhalt eines Widerspruchs, insbesondere auch nicht die Forderung, dass der Widerspruch als „Widerspruch" bezeichnet werden muss. Es genügt insoweit, dass für die Behörde aus dem Widerspruchsschreiben und den näheren Umständen des Falles hinreichend erkennbar ist, dass der Betroffene mit einem bestimmten Verwaltungsakt nicht einverstanden ist und eine Überprüfung begehrt. Insoweit muss aus dem Widerspruch zumindest im Wege der Auslegung erkennbar sein, gegen welchen Akt er sich richtet. Die Beschwerde des P. richtet sich gegen „das Verhalten des F. und seine absurde Wohnungsverweisung. Sie ist mithin als Widerspruch gegen Letztere auszulegen. Eine Heilung durch Nachholung der Anhörung innerhalb des Widerspruchsverfahrens ist allerdings dann nicht mehr möglich, wenn sich der Verwaltungsakt erledigt hat. Eine Erledigung bedeutet der Wegfall der aus der polizeilichen Maßnahme resultierenden Beschwer. Denn eine Heilung ist nur in einem Verwaltungsverfahren möglich, das geeignet ist, zu einer Änderung des betroffenen Verwaltungsaktes zu führen.[216] Nach Ablauf des Verweisungszeitraums von 10 Tagen erledigt sich nach derzeitigem Erkenntnisstand die Wohnungsverweisung. P. müssten die entscheidungserheblichen Tatsachen für die Wohnungsverweisung mitgeteilt und ihm eine sehr kurze Frist zur Kommentierung, Korrektur und Ergänzung dieser Tatsachen als Begründung seines Widerspruchs gesetzt werden. Nur die Erhebung eines Widerspruchs durch P. führt nicht zu einer Heilung nach § 45 Abs. 1 Nr. 3 VwVfG. Sodann müsste umgehend unter wertender

---

215 Vgl. dazu BVerwG, Urt. v. 17.8.1982, Az.: 1 C 22/81, NVwZ 1983, 284.
216 Vgl. statt vieler zuletzt NdsOVG, Beschl. v. 12.12.2022, Az.: 11 PA 384/21, Rn. 21 – juris m.w.N.

Einbeziehung des Vortrags des P. zumindest ein Aktenvermerk gefertigt, vorzugsweise aber ein Widerspruchsbescheid erlassen werden. Dabei ist zunächst umstritten, welche Anforderungen an eine Heilung nach § 45 Abs. 1 Nr. 3 VwVfG zu stellen sind. Nach vorzugswürdiger Sichtweise tritt eine Heilung nicht bereits aufgrund schlichter isolierter Nachholung der fehlerhaften oder versäumten Verfahrenshandlung ein.[217] Läge in dem Widerspruch bereits die Heilung der von der Erstbehörde unterlassenen Anhörung, liefe § 45 Abs. 1 Nr. 3 VwVfG weitgehend leer, denn eine Überprüfung dieses Verfahrensfehlers erfolgt in aller Regel nur aufgrund eines Widerspruchs, der seinerseits grundsätzlich die Heilung bewirkte, ohne dass die Behörde ihrerseits zu irgendeinem Zeitpunkt die Ausführungen des Betroffenen zur Kenntnis nehmen müsste. Vielmehr bedarf es hierfür insbesondere im Falle einer zunächst unterbliebenen Anhörung im Anschluss an deren Nachholung einer nochmaligen neuen und unvoreingenommenen Überprüfung des ursprünglichen Verwaltungsaktes durch die Behörde anhand etwaigen Vorbringens des Betroffenen sowie aller seit dem Erlass des Verwaltungsaktes zwischenzeitlich eingetretenen Veränderungen der Rechts- oder Sachlage und des Weiteren einer sich daran anschließenden Entscheidung über die Aufrechterhaltung des Verwaltungsaktes.[218] Ob das Ergebnis der erneuten Überprüfung dem Betroffenen in einem separaten Schreiben mitgeteilt werden muss oder ob es ausreicht, dass aus den Akten bzw. im Rahmen eines Abhilfe- oder Widerspruchsbescheids aus dem Bescheid deutlich wird, dass die Behörde ihre Ausgangsentscheidung kritisch überprüft hat, lässt diese Auffassung offen.

200 Fraglich ist, ob das Fehlen der Anhörung nach § 46 VwVfG unbeachtlich sein könnte. Zunächst ist festzustellen, dass nach dem Wortlaut des § 46 VwVfG nach der Erledigung des Verwaltungsaktes die Rechtsfolge „Aufhebung" nicht mehr erreicht werden kann. Aus prozessualer Sicht stellt indes die Fortsetzungsfeststellungsklage die Fortsetzung einer erledigten Anfechtungsklage dar. Es wäre wenig konsequent, wenn eine derartige Klage, die im Ergebnis wegen § 46 VwVfG erfolglos bleiben müsste, nach Eintritt eines erledigenden Ereignisses als Fortsetzungsfeststellungsklage sollte erfolgreich werden können.[219] Eine Stellungnahme zu dieser Auffassung kann dahinstehen, wenn die Voraussetzungen des § 46 VwVfG hier nicht erfüllt wären. Das wäre dann der Fall, wenn die Anhörung nicht zu einer anderen Entscheidung in der Sache führen könnte, dh, wenn jede Möglichkeit ausgeschlossen wäre, dass auch bei der Anhörung des P. die Entscheidung aus rechtlichen oder tatsächlichen Gründen anders hätte ausfallen können. Zudem müsste es offensichtlich sein, dass auch eine Anhörung des Täters die Entscheidung in der Sache nicht beeinflusst hätte. Es müsste mithin jeder vernünftige Zweifel ausgeschlossen sein, dass es bei Vermeidung des Fehlers zur selben Entscheidung in der Sache gekommen wäre.[220] Ein derartiger Ausschluss der Möglichkeit einer anderen Entscheidung kommt vor allem bei gebundenen Entscheidungen in Betracht, bei denen die Behörde beim Vorliegen der Tatbestandsvoraussetzungen eine bestimmte Rechtsfolge zu wählen hat. Demgegenüber ist die Möglichkeit einer anderen Entscheidung insbesondere bei Ermessensentscheidungen im Regelfall nicht auszuschließen.[221] Zwar mag Manches dafürsprechen, dass F. trotz Anhörung des P. aufgrund der sichtbaren Verletzungen der J., ihrer Schilderungen des Ereignisses sowie der Auseinandersetzungen in der Vergangenheit als auch des Zustands der Wohnung keine andere Entscheidung in der Sache getroffen hätte. Gleichwohl ist die Möglichkeit einer anderen Entscheidung nicht auszuschließen. Es handelt sich beim Erlass einer Wohnungsverweisung um eine Ermessensentscheidung. Im Rahmen des

---

217 Vgl. nur VG Freiburg, Urt. v. 25.9.2015, Az.: 4 K 35/15, Rn. 48 – juris m.w.N.
218 Vgl. nur BVerwG, Urt. v. 17.12.2015 – Az.: 7 C 5/14, Rn. 17; VG München, Beschl. v. 22.12.2022 – M 22 S 22.6321, Rn. 18; VG Freiburg, Urt. v. 25.9.2015 – Az.: 4 K 35/15, Rn. 48 – alle juris.
219 VG Meiningen, Urt. v. 8.2.2011, Az.: 2 K 453/09 Me, Rn. 31 – juris; iErg ebenso BVerwG, Urt. v. 23.11.1999 – 1 C 12/98, Rn. 15 aE – juris.
220 VG Köln, Urt. v. 07.10.2010, Az.: 20 K 620/10, Rn. 15 ff. – juris.
221 NdsOVG, Beschl. v. 12.12.2022, Az.: 11 PA 384/21, Rn. 22 – juris.

Fall 6: „Wer schlägt muss gehen!" 81

Untersuchungsgrundsatzes nach 24 Abs. 2 VwVfG sind alle für den Einzelfall bedeutsamen, auch für die Beteiligten günstigen Aspekte zu berücksichtigen.[222] Das wäre nur dann möglich gewesen, wenn F. dem P. die Möglichkeit zur Schilderung der für die Wohnungsverweisung maßgebenden Umstände eingeräumt hätte. Die Durchführung einer Anhörung in der oben beschriebenen Form ist mithin auch nicht gemäß § 46 VwVfG unbeachtlich.

Zwischenergebnis: Derzeit ist die Wohnungsverweisung formell rechtwidrig. Eine Heilungsmöglichkeit besteht bis zum Ablauf der Zehn-Tages-Frist.[223]

Hilfsgutachten

IV. Materielle Rechtmäßigkeit

1. Tatbestandsvoraussetzungen

a) Rechtsgut

Es müsste eines der in § 19 Abs. 1 SächsPVDG genannten Rechtsgüter tangiert sein. Aufgrund des oben beschriebenen Grundrechtseingriffs in Art. 11 Abs. 1 GG ist eine verfassungskonforme Auslegung der Tatbestandsvoraussetzungen erforderlich. Im Hinblick auf den Kriminalvorbehalt in Art. 11 Abs. 2 GG aE müssen die (künftigen) Rechtsgutsbeeinträchtigungen die Qualität bzw. Intensität von strafbaren Handlungen aufweisen. Im vorliegenden Fall könnte das Rechtsgut „Gesundheit" betroffen sein.[224] Dieses Rechtsgut wird gemäß § 4 Nr. 3 e) SächsPVDG bei einer Sachlage gefährdet, bei der die Herbeiführung bzw. die Steigerung eines pathologischen Zustands droht.

201

J. hat ein geschwollenes Auge und Hämatome im Gesicht und an den Armen. Durch diese Beeinträchtigungen der körperlichen Integrität wurde ein pathologischer Zustand herbeigeführt. Damit wurde durch S. in das Rechtsgut „Gesundheit" der J. eingegriffen.

202

b) Prognoseentscheidung

Der Tatbestand des § 19 Abs. 1 SächsPVDG setzt eine gegenwärtige Gefahr voraus, die in § 4 Nr. 3 b) SächsPVDG legaldefiniert ist. Für den Erlass einer Wohnungsverweisung bzw. eines Rückkehrverbots reicht es nicht aus, eine bereits eingetretene Störung der og Rechtsgüter festzustellen. Die in § 19 Abs. 1 SächsPVDG genannten Rechtgüter müssen nicht nur bei Erlass der Maßnahme, sondern bis zu deren zeitlicher Beendigung gefährdet sein.[225]

203

Die J. schildert laut Sachverhalt den Verlauf des Abends mit Demütigungen, Nötigungen und Körperverletzungen, die durch eine unabsichtliche Beschädigung der Wohnzimmertür durch E. ausgelöst wurden. Weiterhin ist zumindest eine frische Schwellung im Gesicht erkennbar. Damit ist das geschriebene Recht in Form der §§ 223, 240, 185 StGB bereits gestört worden. Gleiches gilt für die korrespondierenden Rechtsgüter der körperlichen Unversehrtheit aus Art. 2 Abs. 2 S. 1 GG, Art. 16 Abs. 1 S. 1 SächsVerf und Art. 2 Abs. 1 iVm Abs. 1 GG, Art. 15 iVm 14 Abs. 1

204

---

222 Vgl. dazu VG Osnabrück, Beschl. v. 10.12.2010, Az.: 6 B 83/10, Rn. 5; ferner HessVGH, Beschl. v. 23.9.2011, Az.: 6 B 1701/11, Rn. 32 – beide juris.
223 Die Anforderungen nach § 19 Abs. 2 SächsPVDG stellen keine formellen Rechtmäßigkeitsvoraussetzungen für die Verfügung einer Wohnungsverweisung dar. Eine gerichtliche Entscheidung nach dem GewSchG führt dagegen zur Unwirksamkeit der Wohnungsverweisung.
224 In § 21 Abs. 3 SächsPolG beschränkte sich der Gesetzgeber auf das Rechtsgut „Leib", das nach der Legaldefinition § 4 Nr. 3 f.) SächsPVDG nur dann betroffen ist, wenn die Gefahr einer nicht nur leichten Körperverletzung besteht. Das Merkmal „Gesundheit" ist demgegenüber weiter gefasst.
225 Vgl. OVG MV Beschl. v. 24.2.2006 – Az.: 3 O 4/06, Rn. 15; OVG NRW Beschl. v. 23.12.2014 – Az.: 5 E 1202/14, Rn. 5 – beide juris.

SächsVerf (persönliche Ehre). J. gibt an, dass diese Rechtsgutverletzungen erst zum Zeitpunkt des Eintreffens der Polizei ein Ende fanden. Damit besteht die hinreichende Wahrscheinlichkeit, dass ohne ein Einschreiten der Beamten die oben genannten Rechtsgutverletzungen auch in der Zukunft weiterhin stattfinden. Diese Angaben der J. werden durch die Aussagen der N. erhärtet, auch wenn nicht jedes Detail der Auseinandersetzungen mangels direkter Anwesenheit in der Wohnung der Familie Schläger bestätigt werden kann. Ferner sind auch die Informationen aus dem Datenabgleich hinsichtlich vergangener Einsätze in der Wohnung der Familie Schläger zugunsten des Vorbringens der J. zu berücksichtigen. Schließlich spielt auch das Erscheinungsbild der Wohnung für die Wahrscheinlichkeitsprognose eine erhebliche Rolle. Die Scherben auf dem Boden sprechen für die von J. behauptete und durch die Nachbarn bestätigte heftige Auseinandersetzung am heutigen Abend. Die Beamten konnten demnach eine Gewaltspirale feststellen. Bei dem aktuellen Vorfall handelt es sich um die „Zuspitzung" einer längeren Entwicklung mit wiederkehrenden Gewalttätigkeiten, bei der jederzeit mit neuen gewalttätigen Angriffen zu rechnen ist.[226]

205   Fraglich ist, ob dieser Prognose das Bestreiten der Vorwürfe durch P. entgegensteht. Die Bekundung des P. als solche, seine Angaben an Eides statt versichern zu wollen, machen seine Ausführungen nicht glaubhafter.[227] Weiterhin bestreitet er zumindest nicht völlig die körperliche Auseinandersetzung zwischen ihm und J. Dies erhärtet wiederum die Aussage von J. Ferner ist P. selbst unverletzt geblieben, so dass ihm wahrscheinlich keine Flasche über den Kopf geschlagen wurde. Insbesondere in Zweifelsfällen ist die Frage der körperlichen Unterlegenheit entscheidend. Eine körperliche Unterlegenheit des schmächtigen Opfers J. gegenüber dem großen breitschultrigen P. spricht für die Richtigkeit der von ihr gemachten Angaben.[228]

206   Schließlich lässt auch das ruhige und sachliche Verhalten des P. während des Gesprächs mit den Polizeibeamten nicht den Schluss darauf zu, dass etwa die Gefährlichkeit der Situation entfallen ist und eine Wiederholungsgefahr nicht mehr besteht.[229] Hier ist erneut die Schilderung der E. von Bedeutung, dass in dem Zeitpunkt, in dem die Beamten die Wohnung wieder verlassen, die gewalttätige Auseinandersetzung fortgesetzt würd

c) Bewohner derselben Wohnung

207   J. ist eine in derselben Wohnung wie P. lebende Person.[230]

Mithin ist der Tatbestand des § 19 Abs. 1 SächsPVDG erfüllt.

---

226 Vgl. VG Lüneburg Beschl. v. 13.6.2003 – Az.: 3 B 47/03, Rn. 6, 7 – juris; ausführlich zu den Prognosefaktoren: *Petersen-Thrö*, SächsVBl. 2004, 173 (178).
227 VG Oldenburg Beschl. v. 7.6.2002 – Az.: 2 B 2457/02; VG Gelsenkirchen NWVBl. 2002, 361 (362).
228 VG Oldenburg Beschl. v. 7.6.2002 – Az.: 2 B 2457/02; VG Gelsenkirchen NWVBl. 2002, 361 (362).
229 VG Gelsenkirchen NWVBl. 2002, 361 (363). Bei aggressivem und uneinsichtigem Verhalten, das eventuell sogar zur Fesselung führt, ist jedoch der umgekehrte Schluss zulässig (VG Düsseldorf Beschl. v. 24.9.2002 – Az.: 18 L 3785/02).
230 Dafür reicht es aus, wenn es in einem Mehrfamilienhaus mit zwei Einliegerwohnungen Bereiche gibt, die für sämtliche Bewohner zugänglich sind, wie etwa ein gemeinsamer Sanitärtrakt (VG Chemnitz Beschl. v. 8.10.2010 – Az.: 3 L 376/10, S. 5). Nicht erfasst werden indes Personen, die sich nur gelegentlich in der Wohnung aufhalten und den Bewohner bedrohen, schlagen, etc., weil die Wohnung für solche Gäste keinen auch nur zeitweiligen Lebensmittelpunkt bildet (vgl. *Knape*, Die Polizei 2008, 157 (169 f.); VG Göttingen Beschl. v. 11.10.2023 – Az.: 1 B 290/23, Rn. 6 – juris).

2. Adressat

P. verursacht durch sein Verhalten, die og Störungen und Gefahren für die Rechtsgüter von J. und das geschriebene Recht und ist somit als Handlungsstörer gemäß § 6 Abs. 1 SächsPVDG[231] zu bezeichnen.

208

3. Ermessen[232]

a) Entschließungsermessen

aa) Drei Ermessenskriterien

In Betracht kommt eine Ermessensreduzierung auf Null. Da hier andauernde Straftaten gemäß §§ 223, 240, 185 StGB unterbrochen und der Schutz der Rechtsgüter aus Art. 2 Abs. 2 S. 1 GG gewährleistet werden mussten, trifft F. seine Entscheidung unter Berücksichtigung hochwertiger Rechtsgüter. Die Intensität der Rechtsgutsgefährdung ist aufgrund der bereits eingetretenen Störung als entsprechend hoch zu bezeichnen. Dabei ist zu berücksichtigen, dass die Verletzungen im häuslichen Bereich stattfinden. J. hat keine Möglichkeit der körperlichen Gewalt und der psychischen Einschüchterung durch P. zu entgehen. Die mit dem Einschreiten verbundenen Risiken sind für die Beamten überschaubar und weitgehend kalkulierbar. Dass es im Falle von Familienstreitigkeiten eventuell zu körperlichen Auseinandersetzungen zwischen Störer und Polizeibeamten kommt, ist bei Einsätzen dieser Art nicht ungewöhnlich und überraschend. Damit sind die Beamten zum Einschreiten verpflichtet.[233]

209

bb) Zustimmungserfordernis des Opfers?

Sehr umstritten ist in diesem Zusammenhang allerdings die Frage, ob und inwieweit das Einverständnis des Gewaltopfers J. mit einem weiteren Aufenthalt des Gewalttäters in der Wohnung das Ermessen der Polizeibeamten beeinflusst. Dafür ist maßgebend, ob im Einzelfall dem Selbstbestimmungsrecht des Opfers aus Art. 2 Abs. 1 GG oder den staatlichen Schutzpflichten des Polizeivollzugsdienstes für die Erhaltung der elementaren Rechtsgüter des Opfers aus Art. 2 Abs. 2 S. 1 GG und Art. 6 Abs. 1, Abs. 2 GG der Vorrang einzuräumen ist.

210

(1) Teile der Literatur

Zum Teil wird in der Literatur[234] vertreten, dass die Rücknahme einer Strafanzeige oder ein Einverständnis des Opfers mit dem Wiedereinzug des Täters für die Ermessensausübung des Polizeibeamten eine entscheidende Rolle spielen. Das Opfer übe in dieser Situation sein Selbstbestimmungsrecht aus Art. 2 Abs. 1 GG dahin gehend aus, dass es auf polizeirechtlichen und zivilrechtlichen Schutz verzichte. Es komme zu einer Selbstgefährdung des Opfers.[235] Das betroffene Individualrechtsgut ist in einer solchen Situation die körperliche Unversehrtheit. Die Gefährdung eigener Individualgüter im Zustand freier Willensentschließung (also nicht bei Kindern oder Personen in einer hilflosen Lage), betrifft nach ganz hM[236] nicht die Schutzgüter der „öffentlichen" Sicherheit. Für derartige Verhaltensweisen (zB Ausübung gefährlicher

211

---

231 Vgl. *Elzermann*, VR 2023, 88 (91).
232 Definitionen und allgemeine Grundsätze vgl. Fall 1 IV. 3.
233 Vgl. auch VG Dresden Beschl. v. 16.9.2004 – Az.: 14 K 2277/04, S. 10; ferner *Trierweiler*, S. 84 f. Eine unzulässige Ermessenserwägung wäre das „Verpassen eines Denkzettels".
234 *Collin*, Die Polizei 2004, 9 (13); *Storr*, ThürVBl. 2005, 97 (101); *Trierweiler*, S. 144 ff., 158 ff.; *Krugmann*, NVwZ 2006, 152 (155), die zT diese Frage auch als Tatbestandsproblem erörtern.
235 Vgl. bereits Fall 3.
236 *Schoch*, JuS 1994, 570 (574); vgl. näher Fall 3.

Sportarten, übermäßiges Trinken, usw.), die sich in der Privatsphäre abspielen, besteht kein „öffentliches" Interesse am Einschreiten der Behörden. Das Privatleben der Bürger soll möglichst staatsfrei gestaltbar sein. Eine Ausnahme besteht im Falle der Gefährdung von Rechtsgütern unbeteiligter Personen. Die Ausübung des Selbstbestimmungsrechts überwiegt nach dieser Sichtweise gegenüber der staatlichen Schutzpflicht aus Art. 2 Abs. 2 S. 1 GG. Das Opfer häuslicher Gewalt übe seine grundrechtliche Freiheit durch einen Verzicht auf Schutz aus,[237] so dass die Wohnungsverweisung entweder aufgegeben werden müsse oder gar nicht erst ausgesprochen werden dürfe. Ferner wird argumentiert, dass der Schutz privater Rechte, zu dem auch die Rechte nach dem GewSchG gehören, der Polizei nur subsidiär zustehen. Schließlich könne das Opfer in die Körperverletzung gemäß § 228 StGB einwilligen, so dass eine Strafbarkeit nach § 223 StGB entfalle. Eine dennoch ausgesprochene Wohnungsverweisung verstoße mithin gegen den Kriminalvorbehalt des Art. 11 Abs. 2 GG a. E.[238]

(2) Herrschende Meinung

212   Dem tritt insbesondere die Rechtsprechung[239] zu Recht entgegen. Eine tragende Voraussetzung für die Wirksamkeit der Entscheidung zum selbstgefährdenden Freiheitsgebrauch ist, dass sie der Selbstgefährdende im vollen Besitz seiner intellektuellen und voluntativen Fähigkeiten treffen muss, weil sonst die Bildung eines freien Willens ausgeschlossen ist.[240]

213   In der Regel lässt sich angesichts der Kürze der zur Verfügung stehenden Zeit aus der ex-ante-Perspektive nicht mit der erforderlichen Sicherheit verlässlich beurteilen, ob der vom Opfer geäußerte und in seinem Antrag zum Ausdruck kommende Wunsch nach Rückkehr oder Verbleib des Täters tatsächlich auf einer unbeeinflussten und freien Willensentscheidung beruht oder vielmehr von einem häufig vorliegenden wirtschaftlichen und/oder sozialen Abhängigkeitsverhältnis zum Täter geprägt ist. Auf Kinder und Jugendliche als Opfer häuslicher Gewalt können die Grundsätze des Selbstbestimmungsrechts ohnehin nur mit äußerster Vorsicht übertragen werden, selbst wenn man nicht auf die Geschäftsfähigkeit, sondern auf die persönliche Reife abstellt. Der handelnde Beamte vor Ort kann die persönliche Reife in der aktuellen Konfliktsituation kaum verlässlich beurteilen.[241] Auch die Weigerung vor Ort einen Strafantrag oder eine Strafanzeige sowie einen Antrag nach dem GewSchG in Betracht zu ziehen, spricht nicht zwingend für eine unbeeinflusste und freie Willensentscheidung,[242] zumal hier schon die erheblichen Verletzungen für die Bejahung eines öffentlichen Interesses an einer Strafverfolgung sprechen.

214   Auch eine etwaige spätere Eilentscheidung des Verwaltungsgerichts nach § 80 Abs. 5 S. 1 VwGO muss in den Fällen der Wohnungsverweisung häufig auf einer unsicheren Tatsachengrundlage getroffen werden und wird demnach grundsätzlich den Schutzpflichten des Staates vor dem Selbstbestimmungsrecht des Opfers den Vorrang einräumen. Eine Einwilligung des Opfers in weitere Körperverletzungen durch den Täter ist gemäß § 228 StGB nur dann möglich, wenn die Tat nicht gegen die guten Sitten verstößt. Soweit als neben Art und Umfang der Körperverletzung

---

237 *Seiler*, VBlBW 2004, 93 (95).
238 Vgl. *Storr*, ThürVBl. 2005, 97 (101); *Krugmann*, NVwZ 2006, 152 (155).
239 Vgl. neben den Nachweisen bei *Petersen-Thrö*, SächsVBl. 2004, 173 (180) in Fn. 117, 118: OVG Greifswald Beschl. v. 24.2.2006 – Az.: 3 O 4/06, Rn. 15; Beschl. v. 11.2.2004, Az.: 3 M 33/04, Rn. 9; VG Köln Beschl. v. 30.1.2004 – Az.: 20 L 261/04, Rn. 10; VG Aachen Beschl. v. 19.4.2018 – 6 L 673/18, Rn. 24; Beschl. v. 2.10.2017 – Az.: 6 L 1619/17, Rn. 23 f. – alle juris.
240 BVerwGE 82, 45 (48 f.); *Walter*, Die Polizei 2009, 257 (258); *Gampp/Hebeler*, BayVBl. 2004, 257 (262) mwN.
241 Vgl. *Trierweiler*, S. 162.
242 VG Saarlouis Beschl. v. 15.12.2004 – Az.: 6 F 125/04, Rn. 9 – juris.

zudem noch eine Heranziehung des Tatzwecks gefordert wird,²⁴³ dürfte sich der primäre Zweck der häuslichen Gewalt stets als sittenwidrig darstellen.

Ferner ist zu berücksichtigen, dass sich die polizeiliche Aufgabe gerade nicht aus § 2 Abs. 2 SächsPVDG (Schutz privater Rechte) ergibt, der für ein polizeiliches Einschreiten einen Antrag des Bürgers verlangt. Bei den Gewalttätigkeiten im häuslichen Bereich handelt es sich in der Regel um strafbare Körperverletzungen, die vom PVD nicht nur zu unterbinden, sondern gemäß § 2 Abs. 1 S. 3 SächsPVDG auch zu verhindern sind.²⁴⁴ Mithin überwiegt grundsätzlich der staatliche Schutzauftrag aus Art. 2 Abs. 2 S. 1 GG und Art. 6 Abs. 1 und 2 GG²⁴⁵ gegenüber dem Selbstbestimmungsrecht des Opfers aus Art. 2 Abs. 1 GG. Ausnahmefälle sind nach dieser Betrachtungsweise nicht ausgeschlossen.²⁴⁶ Damit bleibt es bei der oben ausgeführten Ermessenreduzierung auf Null, die die Beamten zum Einschreiten verpflichtet.

b) Auswahlermessen

Das Auswahlermessen müsste gemäß § 5 Abs. 2 SächsPVDG bezüglich der Rechtsfolge und der Störerauswahl ordnungsgemäß ausgeübt worden sein. Im Rahmen der Rechtsfolge sind vom räumlichen Geltungsbereich einer Wohnungsverweisung die Wohnung, das Wohnhaus und das dazugehörige Grundstück erfasst. Soll sich der Täter, wie hier P., auch von der Arbeitsstelle des Opfers (J.) fernhalten, so ist diesbezüglich entweder ein Platzverweis nach § 18 S. 1 SächsPVDG oder – bei angestrebter Dauer von mehr als 2–3 Tagen und einem größeren Verbotsbereich – ein Aufenthaltsverbot nach § 21 Abs. 1 SächsPVDG zu erlassen.²⁴⁷ Gleiches gilt auch für den *Weg* zur Arbeitsstätte. Unter Umständen wäre auch der Erlass eines in § 19 Abs. 1 SächsPVDG ebenfalls vorgesehenen, umfassenden Kontaktverbots zu J. als gefährdeter Person zweckmäßig. Das Auswahlermessen wurde also bezüglich § 19 Abs. 1 SächsPVDG nicht ordnungsgemäß ausgeübt, sondern leidet an einer Ermessensüberschreitung.²⁴⁸ Mithin wurde das Auswahlermessen im Hinblick auf diesen räumlichen Teil der Rechtsfolge rechtswidrig, im Übrigen indes ordnungsgemäß ausgeübt.²⁴⁹

In Bezug auf den zeitlichen Umfang der Wohnungsverweisung liegt kein Ermessensfehler vor. § 19 Abs. 1 SächsPVDG ermöglicht eine erste kurzfristige Krisenintervention mit dem

---

243 Vgl. BGH, NJW 2004, 1054 (1055); BayObLG, NJW 1999, 372 (373), str.
244 *Trurnit*, VBlBW 2009, 205 (209); *Walter*, Die Polizei 2009, 257 (258); *Lernhart*, Sonderbeilage VBlBW 4/2003, S. 26). Allerdings liegen in Fällen der vorliegenden Art auch generell die strengen Voraussetzungen des § 2 Abs. 2 SächsPVDG vor.
245 BVerfG, NJW 2002, 2225 (2226).
246 Sie können aber etwa nicht mit einem bevorstehenden Weihnachtsfest begründet werden (vgl. VG Aachen Beschl. v. 22.12.2011 – Az.: 6 L 545/11, Rn. 14 – juris).
247 Vgl. VG Dresden Beschl. v. 16.9.2004 – Az.: 14 K 2277/04, S. 10 f., wobei das Gericht zu Unrecht die Möglichkeit eines siebentägigen Platzverweises bejaht.
248 Eine Umdeutung in einen Platzverweis oder ein Aufenthaltsverbot (so VG Arnsberg, Beschl. v. 2.2.2006, Az.: 3 L 47/06, Rn. 7 – juris) ist jedoch nur dann möglich, wenn die Anordnung im Hinblick auf den Arbeitsweg im Übrigen rechtmäßig ist. Fehlt in der Verfügung eine Begründung sowie eine Ermessensentscheidung dazu, warum die Anordnung auch auf die Arbeitsstätte und den Arbeitsweg ausgedehnt werden soll, so ist dieser Teil der Wohnungsverweisungsverfügung rechtswidrig (vgl. VG Leipzig Beschl. v. 6.7.2006 – Az.: 3 K 793/06, S. 4; VG Dresden Beschl. v. 16.9.2004 – Az.: 14 K 2277/04, S. 10 f.). Da P. laut Sachverhalt schon zweimal auf ihrer Arbeitsstelle (einer Rechtsanwaltskanzlei, wo sie als Schreibkraft arbeitet, ca. 3 km von der Wohnung entfernt) aufgetaucht ist und sie vor Augen von Mandanten und Mitarbeitern erst beleidigt und dann ins Gesicht geschlagen habe und eine ordnungsgemäße Begründung erfolgte, dürften die Voraussetzungen für eine Umdeutung dieses Teils der Rechtsfolge in eine Maßnahme nach § 21 Abs. 1 SächsPVDG erfüllt sein. Vgl. zum Aufenthaltsverbot nach Situation häuslicher Gewalt in einer Beziehung mit verschiedenen Wohnorten: VG Düsseldorf, Urt. v. 24.5.2019—18 K 5086/17 – juris.
249 Beim Vorliegen entsprechender Tatsachen kann auch ein umfassendes Annäherungs- und Kontaktverbot nach § 19 Abs. 1 SächsPVDG erlassen werden (vgl. dazu VG Dessau, Beschl. v. 21.2.2005, Az.: 3 B 25/05, S. 4; VG Saarland, Beschl. v. 14.7.2004, Az.: 6 F 66/04, Rn. 4 – juris).

Ziel, akute Auseinandersetzungen mit Gefahren für Leib, Leben oder Freiheit einer Person zu entschärfen, den Beteiligten Wege aus der Krise zu eröffnen und ihnen die Möglichkeit zu verschaffen, in größerer Ruhe und ohne das Risiko von Gewalttätigkeiten Entscheidungen über ihre künftige Lebensführung sowie ggf. die Inanspruchnahme gerichtlichen Schutzes nach Maßgabe des GewSchG zu treffen.[250] Dies ergibt sich aus § 19 Abs. 2 und 3 SächsPVDG. Die Dauer der Wohnungsverweisung bzw. des Rückkehrverbots ist zudem an der Zeit auszurichten, für die die Gefahr droht.[251] Die Körperverletzungen und Demütigungen der J. durch P. finden regelmäßig statt und es dürfte der allgemeinen Lebenserfahrung entsprechen, dass sie gerade im Anschluss an diese grundrechtsintensive polizeiliche Maßnahme einen weiteren Höhepunkt erreichen könnten. Weiterhin hat J. letztlich nur fünf Werktage Zeit, um sich eventuell doch noch zu besinnen und rechtliche Schritte zur Durchbrechung der Gewaltspirale, in der sie sich befindet, einzuleiten. Mangels entgegenstehender Hinweise im Sachverhalt ist damit von einer ordnungsgemäßen Ausübung des Auswahlermessens im Hinblick auf die Dauer der Wohnungsverweisung auszugehen.[252]

4. Verhältnismäßigkeit[253]

218 Ferner müsste die Verfügung auch dem Grundsatz der Verhältnismäßigkeit (§ 5 Abs. 2 und 3 SächsPVDG) genügen.

a) Geeignetheit, § 5 Abs. 1 SächsPVDG

219 Die Wohnungsverweisung war tauglich, um die Störungen und Gefahren für das geschriebene Recht und die Individualrechtsgüter der J. zu unterbinden und abzuwehren.

b) Erforderlichkeit, § 5 Abs. 2 SächsPVDG

220 Eine bloße Ermahnung des P. oder eine Gefährderansprache[254] hätte angesichts der im Rahmen der Wahrscheinlichkeitsprognose dargestellten Aussagen und objektiven Eindrücke der Beamten in der Wohnung kein gleich geeignetes Mittel zur Gefahrenabwehr und Störungsbeseitigung dargestellt. Die notwendige Trennung von J. und P. kann auch nicht durch eine Verbringung der J. ins Frauenhaus erfolgen, da die Rechtsposition der J. als Unbeteiligte gemäß § 9 Abs. 1 SächsPVDG gegenüber der des P. als Verhaltensstörer nach § 6 Abs. 1 SächsPVDG schützenwerter ist. Die Voraussetzungen des § 9 Abs. 1 SächsPVDG – insbesondere der Nr. 2 – liegen in Bezug auf J. nicht vor. Ein Vorgehen gegen einen Unbeteiligten stellt kein milderes Mittel dar, wenn ein Vorgehen gegenüber einem Störer möglich ist.

c) Angemessenheit, § 5 Abs. 3 SächsPVDG

221 Im vorliegenden Fall wird durch die Wohnungsverweisung in eine Reihe von Grundrechten des P. (s. o. Ziffer I. 1.) eingegriffen. Weiterhin behauptet P., er könne als alleiniger Mieter der Wohnung in der Betonstraße 24 nicht der Wohnung verwiesen werden.

---

250 BVerfG, NJW 2002, 2225; VG Münster Urt. v. 11.11.2009 – Az.: 1 K 1855/08, Rn. 58 – juris; VG Göttingen Urt. v. 19.1.2012 – Az.: 1 A 94/10, Rn. 25 – juris.
251 Vgl. NdsOVG Beschl. v. 12.7.2010 – Az.: 11 LA 362/09, Rn. 10 – juris.
252 Beabsichtigt das Opfer bzw. der Täter auszuziehen, so hat sich die Wohnungsverweisung grds. am voraussichtlichen Umzugstermin zu orientieren (VG Osnabrück Urt. v. 19.8.2011 – Az.: 6 A 244/10, Rn. 24 – juris).
253 Definitionen und allgemeine Grundsätze vgl. Fall 1 IV. 4.
254 Vgl. *Becker/Michelmann*, FPR 2011, 214 (215).

Dieses Vorbringen des P. ist mit den erheblichen Verletzungen der E. und ihren ständigen Demütigungen in einer Abwägung nach § 5 Abs. 3 SächsPVDG zu berücksichtigen. Die Rechtsgüter der E. aus Art. 2 Abs. 2 S. 1 GG wurden oft und in einer erheblichen Weise (geschwollene Augen, Hämatome im Gesicht) beeinträchtigt. Sie sind gegenüber den og Rechtsgütern des P. als höherwertig anzusehen. Die Tatsache, dass er alleiniger Mieter der Wohnung ist, spielt zwar innerhalb der Verhältnismäßigkeitsabwägung aufgrund der Art. 14 Abs. 1 und 13 Abs. 1 GG eine Rolle, kann jedoch nicht zur Unverhältnismäßigkeit der Maßnahme führen.[255] Zur körperlichen Unterlegenheit des Opfers kommt meist auch eine wirtschaftliche Abhängigkeit vom Störer hinzu. Diese verhängnisvolle Konstellation wollte der Gesetzgeber gerade mit der Schaffung des Gewaltschutzgesetzes durchbrechen, indem dem Familiengericht die Möglichkeit eingeräumt wird, die Wohnung – unabhängig vom Mietrecht – per Beschluss dem Opfer zuzuweisen (§ 2 Abs. 2 S. 2 GewSchG mit Befristung auf 6 Monate). Da die Wohnungsverweisung durch F. neben der Verhinderung weiterer Straftaten auch der Vorbereitung eines eventuellen Verfahrens vor dem Familiengericht dienen soll, kann das alleinige Mietrecht des P. nicht maßgeblich bei der Entscheidung des F. über den Erlass einer Wohnungsverweisung ins Gewicht fallen. Ein nachhaltiges und dauerhaftes Herausreißen aus dem sozialen Umfeld ist bei einer Verweisung von zehn Tagen nicht zu befürchten.[256] Allerdings befindet sich in der Wohnung noch die persönliche Habe des P. Es wird ihm ausweislich der Verfügung des F. zwar ermöglicht, dringend benötigte Gegenstände durch Dritte abholen zu lassen. Eine Abholung durch Dritte gewährleistet indes nicht in gleicher Weise, dass die benötigten Gegenstände tatsächlich gefunden und mitgenommen werden können. Da selbst die Übergabe derartiger Gegenstände an Dritte gemäß der Verfügung des F. nur in Anwesenheit der Polizei erfolgen wird, wäre für den Fall einer Mitnahme von Gegenständen durch P. Gewährleistet, dass sich das Betreten der Wohnung durch P. auf die Suche und Mitnahme derartige Gegenstände beschränken und es nicht zu Übergriffen auf J. kommen wird. Die Polizei hat die Beschränkung auf Dritte auch nicht mit einer Begründung unterlegt. Mithin ist die Maßnahme nur dann angemessen, wenn dem P. In Absprache und Anwesenheit der Polizei eine Mitnahme dringend benötigter Gegenstände aus der Wohnung gewährt wird.[257]

V. Ergebnis

Die Wohnungsverweisung gegenüber P. ist derzeit formell rechtswidrig. Sie ist mit der Maßgabe materiell rechtmäßig, dass im Hinblick auf die Rechtsfolge des Umfangs des Verweisungsbereiches die Umdeutung in ein Aufenthaltsverbot vorgenommen und dem P. eine eigenhändige Abholung dringend benötigter Gegenstände aus der Wohnung gewährt wird.

Fall 7: „Geklebter Widerstand"

Sachverhalt

Kuno Kleber (K) kämpft für den Klimaschutz. Da ihm die Umsetzung der Klimaschutzziele der Bundesregierung nicht schnell genug geht, hat er sich der Gruppierung „Generation Extinct" angeschlossen. Er nahm bereits im Januar und Februar 2023 in unregelmäßigen Abständen vor allem während des morgendlichen und abendlichen Berufsverkehrs an Sitzblockaden an Zu-

---

[255] Vgl. VG Oldenburg Beschl. v. 7.6.2002 – Az.: 2457/02; VG Gelsenkirchen NWVBl. 2002, 361 (363).
[256] Vgl. VG Aachen Beschl. v. 8.2.2011 – Az.: 6 L 49/11, Rn. 18 – juris bzgl. sieben Tage.
[257] Vgl. SächsOVG, Beschl. v. 3.12.2022 – Az.: 6 B 303/22, Rn. 9 – juris.

und Abfahrten u.a. der innerstädtischen Autobahnabschnitte Sachsenstadts und auch auf der Autobahn selbst teil. Für den 20.6.2023 hat die Gruppierung auf ihrer Internetseite eine massive Fortsetzung von weiteren Aktionen u.a. mit Straßenblockaden angekündigt. Die Gruppe will ausweislich ihres Internetauftritts „die Straßen Sachsenstadts wochenlang zu einem Ort zivilen Widerstands machen". Strafverfolgung, Geldstrafen und selbst Freiheitsentziehungen - so die Gruppe - werde sie nicht von der Verfolgung ihrer Ziele abhalten.

Bei den Blockaden geht die Gruppierung so vor, dass zeitlich synchron kleine Gruppen ihrer Mitglieder unterschiedliche Punkte des Autobahnnetzes besetzen. Sie erhoffen sich aus den sich sehr schnell bildenden kilometerlangen Staus, die teilweise erst nach Stunden aufgelöst werden können, größtmögliche Aufmerksamkeit für ihr politisches Anliegen. Um ein schnelles Ende der Sitzblockaden durch die Polizei zu verhindern, kleben einige Mitglieder Körperteile, zumeist Hände, mit Sekundenkleber auf der Fahrbahndecke fest.

K wurde am 20.6.2023 gegen 12:35 Uhr durch Beamte der 4. Einsatzhundertschaft auf der Autobahnabfahrt Sachsenstadt-Mitte festgestellt, wie dieser sich gemeinsam mit einer mehrköpfigen Personengruppe auf die Fahrbahn setzte, um den Fahrzeugverkehr zu blockieren. Zur Durchführung der Blockade wollte er Sekundenkleber auf seiner Hand verteilen und versuchen, sich am Boden festzukleben. Dies gelang durch das schnelle Einschreiten der Einsatzkräfte nicht. Die Personen darunter K wurden mittels Zwangsanwendung von der Fahrbahn weggetragen. Im Anschluss wurden ihnen Platzverweise erteilt.

Am Einsatztage, dem 21.6.2023 gegen 8:43 Uhr saß K mit fünf weiteren Personen auf der Fahrbahn der Sachsenbrücke und hatte bereits seine linke Hand festgeklebt. Vor ihm lag ein Transparent mit der Aufschrift „Öl sparen statt bohren". Durch die Blockadeaktion wurden die vor der Personengruppe wartenden Autofahrer unmittelbar genötigt.

Vor Ort erfolgten durch die 11. Einsatzhundertschaft um 8:44 Uhr, 8:59 Uhr und 9:03, drei Durchsagen mit denen die Versammlung aufgelöst wurde, bis um 9:23 Uhr die formell und materiell rechtmäßig erfolgte Auflösung verkündet wurde. Um 9:50 Uhr wurde durch Kräfte einer Technischen Einsatzeinheit damit begonnen, die linke Hand mittels eines Spatels, eines Pinsels und Öl von der Fahrbahn zu lösen. Um 9:57 war die Hand des K gelöst. Er wurde in die Gewahrsamsstelle verbracht. Dort erhielt er die Gelegenheit zu telefonieren. K rief seine Lebensgefährtin sowie seinen Rechtsanwalt an und ließ sich von diesem telefonisch beraten. Um 12:30 Uhr wurde K dem Richter vorgeführt. Der Richter ordnete nach Anhörung des K die Fortdauer des Gewahrsams bis zum 5.7, 12:00 Uhr an.

Aufgabe:

Prüfen Sie die Rechtmäßigkeit des Gewahrsams. Die örtliche Zuständigkeit ist nicht zu prüfen. Sachsenstadt hat einen richterlichen Bereitschaftsdienst. § 24 Abs. 3 SächsPVDG ist nicht zu prüfen. Sollten Sie zur formellen Rechtswidrigkeit der Maßnahme gelangen, ist an dieser Stelle die Prüfung hilfsgutachterlich fortzusetzen.

Lösungsvorschlag zum Fall 7: „Geklebter Widerstand" Verbringen des K. zur Gewahrsamsstelle und Einsperren in eine Zelle

I. Vorprüfung

1. Grundrechtseingriff

Durch das Verbringen des K zum Polizeirevier und das Einsperren in eine Zelle könnte in sein Grundrecht auf Freiheit der Person gemäß Art. 2 Abs. 2 S. 2 GG, Art. 16 Abs. 1 S. 2 SächsVerf (vgl. Definition Fall 1, Ziffer I.) eingegriffen worden sein. Die Freiheitsentziehung nach Art. 104 Abs. 2 GG, Art. 17 Abs. 2 SächsVerf als schwerste Form der Freiheitsbeschränkung liegt dann vor, wenn die - tatsächlich und rechtlich an sich gegebene - Bewegungsfreiheit nach jeder Richtung

Fall 7: „Geklebter Widerstand"

hin aufgehoben wird. Sie setzt eine besondere Eingriffsintensität und eine nicht nur kurzfristige Dauer der Maßnahme voraus.[258] Nach einem einstündigen Aufenthalt auf der Polizeidienststelle soll nach hM eine Sistierung (vgl. § 15 Abs. 2 S. 2 Nr. 6 SächsPVDG) die wegen ihrer kurzen Dauer als Freiheitsbeschränkung eingestuft wird, in einen Identitätsgewahrsam nach § 22 Abs. 1 Nr. 4 SächsPVDG umschlagen, welcher eine Freiheitsentziehung nach Art. 104 Abs. 2 GG, Art. 17 Abs. 2 SächsVerf darstellt.[259] K wurde zur Gewahrsamsstelle verbracht und bis zum 5.7., 12:00 Uhr in eine Zelle gesperrt. Sowohl die Intensität als auch die Dauer sprechen daher für eine Freiheitsentziehung im Sinne von Art. 104 Abs. 2 GG, Art. 17 Abs. 2 SächsVerf.

Darüber hinaus könnte hier ein Eingriff in das Grundrecht auf Versammlungsfreiheit aus Art. 8 Abs. 1 GG, Art. 23 SächsVerf. vorliegen. Eine Versammlung ist eine Zusammenkunft mehrerer Personen mit dem gemeinschaftlichen Ziel der Meinungsbildung- und Meinungskundgabe. Dabei erstreckt sich der Schutz nicht nur auf Zusammenkünfte in denen diskutiert und gestritten wird, sondern auch auf alle anderen Formen der Meinungskundgabe. Somit gehören auch solche Aktionen dazu, bei denen die Versammlungsfreiheit in aufsehenerregender oder plakativer Weise in Anspruch genommen wird. Dazu gehört schließlich auch über Ort, Zeit und Art der Meinungskundgabe zu bestimmen.[260] Sitzblockaden fallen nicht schon deshalb aus dem Geltungsbereich dieses Grundrechts heraus, weil sie als eine mit dem Mittel der Gewalt begangene Nötigung angesehen werden. Der Begriff der Unfriedlichkeit in Art. 8 Abs. 1 GG ist nicht mit dem Gewaltbegriff des Strafrechts identisch. Sofern sich die Teilnehmer auf passive Resistenz beschränken und insoweit friedlich bleiben, sind Sitzblockaden Versammlungen im Sinne von Art. 8 Abs. 1 GG.[261]

Da der Gewahrsam die Teilnahme an weiteren Aktionen im Zeitraum der Freiheitsentziehung des K verhindert, verletzt er diesen in seiner Versammlungsfreiheit.[262]

2. Abgrenzung präventives/repressives Handeln

Das Ziel der Beamten war hier nicht die Festnahme zur Verfolgung der von K. begangenen Straftaten, sondern die Verhinderung der zu erwartenden erneuten Straftaten und somit die Wiederherstellung und Aufrechterhaltung der Flüssigkeit und Leichtigkeit des Straßenverkehrs.

II. Ermächtigungsgrundlage

Als Befugnisnorm für die vorliegende Freiheitsentziehung kommt allein § 22 Abs. 1 Nr. 2 SächsPVDG in Betracht. Diese Regelung ist anwendbar, weil auf die allgemeinen Regelungen des Polizeirechts nach wirksam vor Ort verfügter Auflösung der Versammlung zurückgegriffen werden kann.

225

III. Formelle Rechtmäßigkeit

1. Polizeiliche Aufgabe und sachliche Zuständigkeit

Die polizeiliche Aufgabe ergibt sich hier aus § 2 Abs. 1 S. 3 SächsPVDG. Danach ist die Verhinderung von Straftaten Aufgabe der Vollzugspolizei. Vorliegend soll vor allem die zu erwartende Begehung erneuter Straftaten nach § 240, 25 StGB verhindert werden. Diese Aufgabe begründet

226

---

258 BVerfG, Beschl. v. 19.11.2021, 1 BvR 781/21 Rn. 243, 250 – juris.
259 SächsVerfGH, JbSächsOVG, 11, 55 (105), *Hauser* in Möstl/Trurnit, § 33 PolG BW Rn. 9, 14.
260 BVerfG, B. v. 14.05.1985, 1 BvR 233/81; Rn. 60 f. - juris
261 BVerfG, U v. 11.11.1986, 1 BvR v. 713/83, Rn. 88 - juris; BVerfG B. v. 1.12.1992, 1 BvR 88/91,RN 44 – juris; *Thiel*, Kriminalistik 2023, 131 (132f).
262 So auch AG München, B. v. 7.12.2022, ERXXXI 1281/22 L (PAG), Rn. 12 – juris.

auch eine originäre Zuständigkeit der Vollzugspolizei (§ 2 Abs. 3, 1. Halbsatz SächsPVDG). Auch ist der Gewahrsam eine Maßnahme, welche den Ordnungsbehörden durch das SächsPBG nicht zugewiesen ist.

2. Verfahrens- und Formvorschriften

227 Die Verfahrens- und Formvorschriften ergeben sich aus §§ 23, 24 SächsPVDG und verdrängen die Verfahrensanforderungen des VwVfG aufgrund inhaltlicher Überlagerungen und der Tatsache, dass der Gewahrsamsvollzug kein Verwaltungsverfahren ist.[263]

a) Richtervorbehalt, § 23 Abs. 1 SächsPVDG

228 § 23 Abs. 1 S. 1 SächsPVDG fordert die unverzügliche Herbeiführung einer richterlichen Entscheidung darüber, ob die Polizei K rechtmäßig in Gewahrsam genommen hat und ob die Fortdauer des Gewahrsams zwingend erforderlich ist. Der Richter hat nach Art. 104 Abs. 2 GG über die Zulässigkeit der Freiheitsentziehung *selbst* zu entscheiden und die Verantwortung dafür zu übernehmen, dass der Gewahrsam unerlässlich ist, um den Betroffenen an der unmittelbar bevorstehenden Begehung einer Straftat zu hindern. Die richterliche Entscheidung wirkt konstitutiv und enthält nicht nur eine Genehmigung oder Bestätigung einer vorgängigen Verwaltungsentscheidung. Der Richter muss deshalb selbst die Tatsachen feststellen, die die eine Freiheitsentziehung rechtfertigen. Die Schwere des Grundrechtseingriffs gebietet insbesondere eine eingehende Prüfung der Erforderlichkeit der freiheitsentziehenden Maßnahme.[264] Gemäß § 23 Abs. 2 S. 2 SächsPVDG gelten für das Verfahren in Freiheitsentziehungssachen die Vorschriften der Bücher 1 und 7 des FamFG. Gemäß § 420 Abs. 1 S. 1 FamFG hat das Gericht den Betroffenen vor Anordnung der Freiheitsentziehung persönlich anzuhören. Dies setzt zunächst eine Vorführung des Betroffenen vor den entscheidenden Richter voraus.[265] Eine fernmündliche Einholung der richterlichen Entscheidung reicht daher in der Regel nicht.[266] K ist um 12:30 Uhr dem Richter vorgeführt und von diesem angehört worden. Der Richter ordnete die Fortdauer des für rechtmäßig befundenen Gewahrsams bis zum 5.7., 12:00 Uhr an. Fraglich ist, ob dies dem Erfordernis der „unverzüglichen" Herbeiführung einer richterlichen Entscheidung genügt. Nach hM bedeutet „unverzüglich" ein Handeln ohne jede Verzögerung, die sich nicht aus tatsächlichen oder rechtlichen Gründen rechtfertigen lässt.[267] Darunter ist im Einzelfall auch ein Nichthandeln zu verstehen. Tagsüber soll üblicherweise eine Zeitspanne von bis zu 3 Stunden ausreichend sein.[268] Nicht vermeidbare Verzögerungen können sich aus der Länge des Weges, Schwierigkeiten beim Transport, der notwendigen Registrierung und Protokollierung, einem renitenten Verhalten des Betroffenen oder vergleichbaren Umständen ergeben.[269] Vorliegend erfolgte die Vorführung vor und Anhörung durch den Richter zweieinhalb Stunden nach der Anordnung der Gewahrsamnahme. Ein richterlicher Beschluss ist folglich unverzüglich eingeholt worden.[270]

---

263 *Waechter* in: Möstl/Weiner, § 20 Rn. 3; aA *Guckelberger*, Jura 2015, 926 (935): § 28 VwVfG ist zu prüfen.
264 OLG Hamm, NVwZ-RR 2008, 321 (322).
265 Zum Problem der Vorführung Volltrunkener siehe Fall 8)
266 So auch Elzermann, SächsVBl 22, 213 (217).
267 BVerfG, NJW 2002, 3161 (3162); NVwZ 2005, 579 (580); BVerwGE 45, 51 (63).
268 *Schulze-Fielitz* in Dreier, Art. 104 GG Rn. 47; *Schmiedbauer* in Schmiedbauer/Steiner, Art. 97 BayPAG Rn. 20 geht sogar von 6 Stunden aus – 3 Stunden für die polizeiliche Vorbereitung und 3 Stunden für die richterliche Vorbereitung.
269 BVerfG, NJW 2002, 3161 (3162).
270 Beim Richtervorbehalt handelt es sich aufgrund seiner verfassungsrechtlichen Normierung in Art. 104 Abs. 2 GG um eine wesentliche Verfahrensvorschrift, so dass der vorliegende Verstoß die formelle Rechtswidrigkeit zur Folge hat – siehe BVerfG Beschl. v. 18.4.2016 – Az.: 2 BvR 1833/12, Rn. 17 - juris

b) Behandlung festgehaltener oder in Gewahrsam genommener Personen, § 24 SächsPVDG

aa) Mitteilung des Grundes der Maßnahme

Der in Gewahrsam genommenen Person ist nach § 24 Abs. 1 S. 1 SächsPVDG unverzüglich der Grund der Freiheitsentziehung bekannt zu geben. Der Grund der Maßnahme umfasst den tatsächlichen Hergang, der die getroffene Maßnahme nach der einschlägigen gesetzlichen Bestimmung rechtfertigt, jedoch ohne die detaillierte Mitteilung rechtlicher Einzelheiten.[271] Die Nennung der einschlägigen Ermächtigungsgrundlage ist nicht zwingend erforderlich, wenn auch zT zweckmäßig.[272] Eine Information über den Grund der Maßnahme erfolgte vorliegend nicht. Die Beamten hätten K erklären müssen, dass er aufgrund seiner Teilnahme an der Blockadeaktion, welche eine Nötigung darstellt, in Gewahrsam genommen werde. Diese Kurzinformation hätte bereits am Ort der Gewahrsamnahme vorgenommen werden können, spätestens jedoch auf der Polizeidienststelle erfolgen müssen. Allerdings hat K bereits an mehreren Blockadeaktionen teilgenommen. Erst am Vortag hat er von der Polizei einen Platzverweis erhalten. Es darf daher davon ausgegangen werden, dass K den Grund seiner Gewahrsamnahme kennt. Ein Beharren auf die Einhaltung dieser Vorschrift auch im Fall des K wäre eine bloße Förmelei. Überdies handelt es sich bei § 24 Abs. 1 SächsPVDG um eine Ordnungsvorschrift, so dass der Verstoß nicht zur Rechtswidrigkeit der Gewahrsamnahme des K führt.[273]

229

bb) Rechtsbehelfsbelehrung

Weiterhin müsste K über seine Rechtsbehelfe gegen den Gewahrsam informiert worden sein. Im Rahmen der Rechtsbehelfsbelehrung ist der Betroffene darüber zu informieren, dass der Polizeivollzugsdienst verpflichtet ist, unverzüglich eine richterliche Entscheidung herbeizuführen. In diesem Fall erfolgt eine Belehrung über Rechtsbehelfe gegen den richterlichen Beschluss durch den Richter selbst. Sieht der Polizeivollzugsdienst wegen der Kurzfristigkeit der Maßnahme davon ab, so hat er den Betroffenen über das Recht, nach Beendigung des Gewahrsams eine Fortsetzungsfeststellungklage gemäß § 113 Abs. 1 S. 4 VwGO zu erheben, zu belehren.[274] Entsprechend § 58 VwGO ist auch der Hinweis auf das sachlich und örtlich zuständige Gericht erforderlich.[275] Eine solche Belehrung, welche sich im vorliegenden Fall auf die Information der Einholung einer richterlichen Entscheidung hätte beziehen müssen, ist hier unterblieben, hätte aber auf dem Polizeirevier mündlich oder schriftlich durchgeführt werden können. Auch in diesem Fall handelt es sich um eine bloße Ordnungsvorschrift, deren Missachtung nicht die Rechtswidrigkeit des Gewahrsams zur Folge hat.[276]

230

cc) Möglichkeit der Beiziehung eines Bevollmächtigen

Außerdem muss dem K die Gelegenheit gegeben werden, einen Bevollmächtigten beizuziehen. Diese Verfahrensbestimmung setzt notwendigerweise eine entsprechende vorherige Belehrung voraus. Ein Bevollmächtigter ist eine Person, die im Namen des Betroffenen dessen Rechte

231

---

271 *Robrecht*, SächsVBl. 2005, 241 (242); *Hartlaub*, S. 162 f. mwN in Fn. 686 u. 687; *Basteck* in Möstl/Kugelmann, § 37 PolG NRW Rn. 13.
272 *Hartlaub*, aaO, S. 162.
273 Vgl. KG Berlin, NVwZ 2000, 468 (473); AG Tiergarten, NVwZ-RR 2005, 715 (721); *Kingreen/Poscher*, § 16 Rn. 13: Heilungsmöglichkeit nach § 45 Abs. 1 Nr. 2 VwVfG.
274 *Hauser* in Möstl/Trurnit, § 33 PolGBW Rn. 38.
275 *Hartlaub*, S. 163 mwN in Rn. 692-695.
276 KG Berlin, NVwZ 2000, 468 (473); *Hartlaub*, S. 164; *Kingreen/Poscher*, § 16 Rn. 14; *Petersen-Thrö*, SächsVBl. 2006, 193 (196).

wahrnimmt, also regelmäßig ein Rechtsanwalt. Die „Beiziehung" fordert eine qualifizierte Kontaktaufnahme zwischen Bevollmächtigtem und Betroffenem. Zu fordern ist nicht zwingend die Möglichkeit einer Beratung mit einem anwesenden Bevollmächtigten, eine telefonische Absprache zwischen Bevollmächtigtem und Vollmachtgeber reicht zur Erfüllung der Voraussetzung aus, da auch dann der Bevollmächtigte in der Lage ist, zumindest oberflächlich den „Mandanten" juristisch zu beraten. K hatte nach seiner Gewahrsamnahme auf der Dienststelle die Gelegenheit einen Bevollmächtigten zu kontaktieren und sich beraten zu lassen.[277]

dd) Möglichkeit der Benachrichtigung einer Vertrauensperson

Der in Gewahrsam genommenen Person ist gemäß § 24 Abs. 2 SächsPVDG unverzüglich Gelegenheit zu geben, einen Angehörigen oder eine Person ihres Vertrauens zu benachrichtigen, soweit dadurch der Zweck des Gewahrsams nicht gefährdet wird. Die Benachrichtigung umfasst eine kurze Information über Dauer und Ort des Gewahrsams. Laut Sachverhalt hatte K die Möglichkeit telefonisch eine Vertrauensperson zu benachrichtigen.[278]

IV. Materielle Rechtmäßigkeit

1. Tatbestandsvoraussetzungen, § 22 Abs. 1 Nr. 2 SächsPVDG

232 Nach § 22 Abs. 1 Nr. 2 SächsPVDG kann die Polizei eine Person in Gewahrsam nehmen, wenn dies unerlässlich ist, um die unmittelbar bevorstehende Begehung oder Fortsetzung einer Straftat oder Ordnungswidrigkeit von erheblicher Bedeutung zu verhindern. Hinter dem Schutz der Allgemeinheit und Einzelner vor Straftaten bzw. schwerwiegenden Ordnungswidrigkeiten muss unter Umständen selbst die Freiheit von Personen zurücktreten.

a) Unmittelbar bevorstehende Begehung oder Fortsetzung einer Straftat[279]

233 K hat eine Straftat nach §§ 240, 25 StGB, nämlich eine gemeinschaftliche Nötigung, begangen. Indem sich K gemeinsam mit weiteren Mitgliedern der Gruppierung (tatplangemäß arbeitsteilig auf mehrere Fahrspuren verteilt) auf die Fahrbahn der Sachsenbrücke gesetzt und dort festgeklebt hat, um zielgerichtet den nachfolgenden Verkehr zu blockieren, hat K trotz des geringen körperlichen Kraftaufwandes auf die zum Halten gezwungenen Kraftfahrer in zweiter Reihe nicht nur psychischen, sondern auch physischen Zwang ausgeübt. Die Autofahrer der ersten Reihe, die K und die weiteren Mitglieder der Gruppierung nicht überrollen wollten und daher stoppten, bildeten ein massives physisches von K zielgerichtet eingesetztes Hindernis.[280]

Nach der erfolgten Auflösung der Versammlung ist der Verbleib auf der Fahrbahn auch nicht mehr vom Schutz des Versammlungsgrundrechts gedeckt: Mit diesem Verhalten zwangen die Mitglieder der Gruppierung von da an ohne rechtfertigenden Grund einer Vielzahl von Personen ihren Willen auf, was als verwerflich i.S. d. § 240 Abs. 2 StGB anzusehen ist. Damit lag jedenfalls ab diesem Zeitpunkt eine tatbestandlich vorsätzliche, rechtswidrige und schuldhaft Begehung vor.

---

277 Es handelt sich hier um eine wesentliche Verfahrensvorschrift, die bei Missachtung die Rechtswidrigkeit des Gewahrsams zur Folge hat; vgl. *Petersen-Thrö*, SächsVBl. 2006, 193 (197).
278 Die Frage, ob die Pflicht aus § 24 Abs. 2 S. 1 SächsPVDG eine wesentliche Verfahrensvorschrift darstellt, ist nicht unumstritten. Mit Blick auf die Benachrichtigungspflicht des Richters aus Art. 104 Abs. 4 GG und das alle Gewalten bindende Rechtsstaatsprinzip ist dies jedoch zu bejahen, vgl. Kingreen/Poscher, § 16 Rn. 16; Schmidbauer/Steiner Art. 19 BayPAG Rn. 2f. .
279 Der Passus „von erheblicher Bedeutung" gilt nur für Ordnungswidrigkeiten und ist hier daher unbeachtlich; siehe auch Elzermann, SächsVBl 2022, 213, 215.
280 Sog. „Zweite-Reihe-Rechtsprechung", BGH Urt. v. 20.7.1995, 1 StR 126/95 = BGHSt 41, 1, 182 – juris RN 17 ff.; BVerfG Beschl. v. 7.2.2011, 1 BvR 388/05 = NJW 2011, 3020 – juris RN 20 ff. Fischer StGB, § 240 RN. 17)

Fall 7: „Geklebter Widerstand"

Die Begrifflichkeit *unmittelbar bevorstehend* ist gleichzusetzen mit *gegenwärtiger Gefahr*. Hieraus ergeben sich strenge Anforderungen sowohl an die zeitliche Nähe als auch hinsichtlich des Wahrscheinlichkeitsgrades des Schadensereignisses, welches hier in der Begehung von als Nötigung zu beurteilenden Straftaten zu sehen ist. Das bedeutet, dass diese bestimmten Straftaten mit an Sicherheit grenzender Wahrscheinlichkeit in allernächster Zeit zu erwarten sein müssen.[281] Tatsachen, welche für eine solche unmittelbar bevorstehende Straftatenbegehung sprechen sind etwa, wenn der Betroffene angekündigt hat, rechtswidrige Taten zu begehen, wenn er typische Tatmittel mitführt oder als Person anzusehen ist, die bereits aus vergleichbaren Anlässen als Störer angetroffen worden ist, soweit nach den Umständen eine Wiederholung dieser Verhaltensweise unmittelbar zu erwarten ist.[282]. 234

Die Begehung einer gleichgearteten Straftat durch K ist auch innerhalb der Gewahrsamszeit zu erwarten und steht somit i.S. des Gesetzes unmittelbar bevor. Dies ergibt sich zunächst aus den allgemeinen Ankündigungen der Gruppierung Generation Extinct im Rahmen ihres Internetauftritts, ab dem 20.6.2023 ohne Enddatum „die Straßen Sachsenstadts wochenlang zu einem Ort zivilen Widerstands zu machen". Entscheidend hinzu tritt, dass K. schon am Vortag bei einer Blockadeaktionen durch Festkleben teilgenommen hat und sich nur weil er von der Polizei daran gehindert wurde, nicht auf der Straße festgeklebt hat. Nach seiner vorübergehenden Verweisung am vorherigen Tag gelang es ihm am Einsatztag schließlich seine Hand festzukleben. Das zeigt ein Tag auf Tag gleichlaufendes Verhalten, welches eine unmittelbare Fortsetzung auch am dritten Tag erwarten lässt. Zwar steht die Teilnahme am folgenden Tag nicht mit völliger Sicherheit fest. Durch die Teilnahme an mehreren Aktionstagen hintereinander ergibt aber eine Gesamtschau die Erwartung, K werde auch morgen an entsprechenden Aktionen teilnehmen und im Zuge dessen abermals seine Hände auf den Asphalt kleben. Bereits zu Jahresbeginn war K an mehreren Aktionen der Gruppierung beteiligt. Die bisherigen Orte, an welchen der K im Zusammenhang mit Aktionen von Generation Extinct angetroffen und überprüft wurde, erstrecken sich über das gesamte Gebiet von Sachsenstadt. Die Mitglieder der Gruppierung und so auch K lassen sich – zumindest nach eigenem Bekunden – auch nicht durch ihnen drohende strafverfolgende Maßnahmen abschrecken.

b) Unerlässlichkeit

Unerlässlich ist der Gewahrsam nicht schon dann, wenn er mangels milderer Mittel mit gleicher Eignung erforderlich ist, sondern nur wenn er das einzige Mittel ist, mit dem die erwarteten Straftaten verhindert werden können.[283] 235

Der Gewahrsam ist auch unerlässlich, weil angesichts der durch das Ankleben und die Wiederholung dokumentierten Resistenz des K gegenüber weniger rechtsbeeinträchtigenden Maßnahmen (z.B. Auflösung mit anschließendem, ggf. auch mittels unmittelbarem Zwang in Form des Abdrängens durchgesetzter Platzverweis) keine gleich geeigneten Mittel zur Verfügung standen.

Die einige Zeit lang vom EGMR[284] und schließlich auch vom BVerfG[285] vertretene Auffassung, dass ein Unterbindungsgewahrsam nach deutschem Recht nur dann zulässig ist, wenn im Rahmen einer konventionskonformen Auslegung ermittelt werden konnte, dass Ort und Zeit der bevorstehenden Tatbegehung sowie das potentielle Opfer bereits hinreichend konkretisiert 236

---

281 OVG NRW, Bechl. v. 8.12.2011- Az.: 5 A 1045/09, RN 37 - juris; VG Gelsenkirchen, KlimaRZ 2023, 20, 21.
282 OVG NRW, Beschl. v. 8.12.2011- Az: 5 A 1045/09, RN 39 - juris
283 VG Gelsenkirchen, KlimaRZ 2023, 20, 22.
284 EGMR Urt. v. 1.12.2011 - Nr. 8080/08, Schwabe/Deutschland und EGMR Urt. v. 7.3.2013 - Nr. 15598/08 Ostendorf/Deutschland
285 BVerfG Beschl. v. 18.4.2016 – Az.: 2 BvR 1833/12.

seien und der Betroffene, nachdem er auf die konkret zu unterlassende Handlung hingewiesen worden sei, eindeutige und aktive Schritte unternommen hat, die darauf hindeuten, dass er der konkretisierten Verpflichtung nicht nachkommen werde, dürfte sich erledigt haben.[286] Die große Kammer des EGMR ist ausdrücklich von ihrer Ansicht abgerückt, dass eine präventive Freiheitsentziehung nur auf den Rechtfertigungsgrund des Art. 5 Abs. 1 lit. b) EGMR gestützt werden könne, sondern hat eine Rechtfertigung über Art. 5 Abs. 1 lit. c) EGMR für zulässig erachtet.[287]

2. Adressat

237 K ist die Person, deren unmittelbar bevorstehende Straftat unterbunden werden soll. Damit verursacht K durch sein Verhalten unmittelbar die abzuwendende Gefahr der weiteren Straftatenbegehung. Damit kann die Frage, ob § 22 Abs. 1 Nr. 2 SächsPVDG den Adressaten selbst beschreibe oder die allgemeinen Störervorschriften Anwendung finden, offen bleiben.[288]

3. Ermessen[289]

238 Die nach der Versammlungsauflösung fortgeführte Blockade und die damit einhergehende fortgesetzte Begehung einer Straftat gibt der Intensität der Gefahr ein besonderes Gewicht. Die mit dem Einschreiten verbundenen Risiken waren überschaubar. Eine Ermessensreduzierung auf Null lag vor. Im Rahmen des Auswahlermessens gemäß § 5 Abs. 2 SächsPVDG hat der PVD zumindest von einer möglichen Handlungsalternative Gebrauch gemacht.

4. Verhältnismäßigkeit[290]

a) Geeignetheit, § 5 Abs. 1 SächsPVDG

239 Durch die Ingewahrsamnahme des K konnte seine Blockadeaktion unmittelbar beendet werden. Für die Dauer der Freiheitsentziehung wird zumindest K sich nicht an weiteren Aktionen beteiligen können. Zweifel an der Geeignetheit könnten sich insofern ergeben, als klar ist, dass sich die Anhänger der Generation Extinct regelmäßig sofort nach Entlassung aus der Freiheitsentziehung erneut an Blockadeaktionen beteiligen. Somit müssten sich, um eine dauerhafte Verhinderung von Nötigungen durch die Letzte Generation zu unterbinden, Freiheitsentziehungsmaßnahmen aneinanderreihen. Jedoch bietet das Polizeirecht nur kurzfristige Interventionsmöglichkeiten. Eine dauerhafte Lösung von gesellschaftlichen Problemen ist nicht durch das präventive Recht möglich.[291] Damit kann allerdings dem Gewahrsam hier nicht seine Geeignetheit abgesprochen werden.

b) Erforderlichkeit, § 5 Abs. 2 SächsPVDG

240 Dass der Gewahrsam hier das einzige geeignete Mittel darstellt, wurde bereits im Tatbestand im Rahmen der Prüfung des Merkmals „unerlässlich" festgestellt, welches sogar über die Anforderungen der Erforderlichkeitsprüfung nach § 5 Abs. 2 SächsPVDG hinausgeht.

---

286 So auch *Hauser* in Möstl/Trurnit, § 33 PolBW Rn. 27.
287 S., V. und A/Dänemark Urt. v. 22.10.2018, 35553/12, gekürzte dt. Übersetzung in NVwZ 2019, 135, mit Anm. Hoffmann; bestätigt in Eiseman-Reynared/UK , Urt. v. 5.3.2010, 57884/17.
288 Für die Annahme eines Normadressaten siehe *Waechter* in Möstl/Weiner § 18 NPOG Rn. 49 und *Leggereit* in Möstl/Bäuerle § 32 HSOG Rn. 23; für die Anwendung der allgemeinen Störervorschriften siehe AG Tiergarten NVwZ-RR 2005, 715 (717) – Mariannenplatz Kessel.
289 Definitionen und allgemeine Grundsätze vgl. Fall 1 IV. 3.
290 Definitionen und allgemeine Grundsätze vgl. Fall 1 IV. 4.
291 Vgl. AG München, B. v. 7.12.2022, ERXXXI 1281/22 L (PAG), Rn. 49 – juris, das die Geeignetheit bei Aktivisten, die einen Hausfriedensbruch begangen hatten jedoch im Ergebnis ablehnte.

Die hier festgelegte Dauer des Gewahrsams könnte hingegen ein Verstoß gegen das zeitliche Übermaßverbot darstellen.

Gemäß § 26 Nr. 1 SächsPVDG ist der Betroffene zu entlassen, wenn der Grund der Maßnahme entfallen ist. Nachdem K von der Fahrbahn abgelöst worden war, war die Leichtigkeit und Flüssigkeit des Straßenverkehrs an dieser Stelle zunächst wieder hergestellt. Allerdings hatte die Gruppierung, der K angehörte angekündigt, die Straßen Sachsenstadts wochenlang zum Ort zivilen Widerstands zu machen. Überdies war bekannt, dass die Anhänger der Gruppierung sich nicht von erlittenen Freiheitsentziehungen abschrecken ließen und sofort nach Entlassung erneut an Blockadeaktionen teilnahmen. § 26 Nr. 3 SächsPVDG begrenzt den Gewahrsam jedoch indem er Höchstfristen gesetzlich verankert. Sofern keine richterliche Entscheidung ergangen ist, ist der Betroffene spätestens am Ende des Tages nach dem Ergreifen (x + 24 Std.) auf freien Fuß zu setzen und zwar selbst dann, wenn der Grund der Maßnahme nicht entfallen sein sollte. Diese Grenze entspricht auch der des Verfassungsrechts für Freiheitsentziehungen (Art. 104 Abs. 3 GG, Art. 17 Abs. 2 S. 3 SächsVerf.). Sofern der Richter die Fortdauer des Gewahrsam anordnet, hat er auch die vorgesehene Dauer festzulegen. Auch hier setzt aber § 26 Nr. 3 SächsPVDG differenziert nach dem jeweiligen Gewahrsamsgrund eine absolute Grenze. Für einen Unterbindungsgewahrsam nach § 22 Abs. 1 Nr. 2 SächPVDG beträgt sie 14 Tage für alle anderen Gewahrsamsvarianten 3 Tage. Damit blieb die Anordnung eines 14-tägigen Gewahrsams innerhalb des vom Gesetz gesteckten zeitlichen Rahmens.

c) Angemessenheit, § 5 Abs. 3 SächsPVDG

Bei einer 14-tägigen Freiheitsentziehung ist das besonders schützenswerte Rechtsgut der Freiheit intensiv beeinträchtigt.[292] Freiheitsentziehungen per se sollen im präventiven Recht wie schon das Tatbestandsmerkmal der *Unerlässlichkeit* zeigt, immer ultima ratio sein. Darüber hinaus wurde neben der Freiheit auch das Grundrecht der Versammlungsfreiheit verletzt. Deshalb sind besonders hohe Anforderungen an das polizeiliche Ziel, welches durch diese Grundrechtsverletzungen erreicht werden soll, zu stellen. Auch wenn der Tatbestand des § 22 Abs. 1 Nr. 2 SächsPVDG die zu unterbindenden Straftaten nicht auf solche von besonderer Schwere beschränkt, ist eine Angemessenheit eines 14 Tage andauernden Gewahrsams nur bei schwersten Straftaten gegen Leib und Leben denkbar.[293] Bei der von K begangenen Straftat der Nötigung in ihrer konkreten Begehungsweise handelt es sich um eine Straftat von eher geringem Gewicht. Das zeigt sich nicht zuletzt auch daran, dass über die Frage, ob die Blockadeaktionen der sog. Klimakleber überhaupt eine strafbare Nötigung darstellen, in Rechtsprechung und Literatur kontrovers gestritten wird.[294]

Auch die Wiederherstellung und Aufrechterhaltung der Leichtigkeit und Flüssigkeit des Straßenverkehrs ist kein Ziel, welches einen derart schweren Eingriff in die Freiheit rechtfertigen kann. Zwar ist die Intensität der Sitzblockade für die von ihr betroffenen Verkehrsteilnehmer, i.d.R. Autofahrer nicht unerheblich. Sie werden für einen nicht zu vernachlässigenden Zeitraum an der Weiterfahrt gehindert. Verzögerungen und Blockierungen sind im städtischen Verkehr zu bestimmten Zeiten jedoch nichts ungewöhnliches. Sie können sowohl durch Baustellen als auch

---

292 Der SächsVerfGH, LKV 1996, 273 (278f.) hat schon für das früher geltende SächsPolG einen 14-tägigen Unterbindungsgewahrsam für zulässig erachtet; eine Anwendung dieser Höchstfrist auch für Identitätsgewahrsam, Schutzgewahrsam und Durchsetzungsgewahrsam für Platzverweise wurde hingegen für verfassungswidrig befunden.
293 So ist eine Gewahrsamsdauer von 14 Tagen nach § 38 Abs. 2 Nr. 1 PolGNRW nur zulässig, wenn die unmittelbar bevorstehende Begehung eines *Verbrechens* zu erwarten ist.
294 Siehe nur AG Freiburg, KlimR 2023, 59 (61 f.) und 62 (63); AG Tiergarten NStZ 2023, 239 (241) und 242 (243); *Zimmermann/Griesar*, JuS 2023, 401 (408).

Veranstaltungen oder angemeldete Versammlungen verursacht werden. Der Unterschied zu diesen besteht lediglich darin, dass sie vorher bekannt sind und sich sowohl die Verkehrsteilnehmer als auch die Behörden darauf einstellen können und ggf. Umleitungen des Verkehrs veranlasst werden können.[295] Allerdings wird - sobald die Blockaden bekannt werden - darüber in den Medien informiert, so dass die meisten Verkehrsteilnehmer die entsprechenden Stellen umfahren können. Einsatzfahrten von Rettungskräften wurden im vorliegenden Fall nicht verhindert oder verzögert. Überdies sind die Blockaden von überschaubarer Dauer. Die Polizei ist in der Regel schnell vor Ort und hat inzwischen eine gewisse Routine beim Ablösen der Protestierenden. Insofern haben die Aktionen eine maximale Dauer von wenigen Stunden. Aus diesem Grund ist eine 14-tägige Freiheitsentziehung nicht angemessen.

V. Ergebnis

244 Der 14-tägige Gewahrsam gegenüber K. war somit rechtswidrig.

Fall 8: „Alkoholprobleme"

Sachverhalt

An einem von ständigen Gewitterschauern geprägten Tag im Juli 2023 um 0.10 Uhr wurde Sven Suff (S.) mit seinem Fahrzeug im öffentlichen Straßenverkehr von PK Fleißig (F.) und POM`in Emsig (E.) nach einer „Schlangenlinienfahrt" angehalten. S. legte dem F. nach entsprechender Aufforderung leicht lallend seinen Führerschein und den Fahrzeugschein vor, wobei sein Atem sehr stark nach Alkohol roch. Einen Atemalkoholtest verweigerte S. ausdrücklich und auch mit der daraufhin angekündigten Blutentnahme auf dem Revier war er nicht einverstanden. Auf dem Beifahrersitz saß schnarchend mit seinem Kopf im Nacken Champagner Charly (C.), dessen Atem ebenfalls intensiv nach Alkohol roch. Nach mehrmaligem kräftigem Rütteln durch F. wurde C. zwar wach, jedoch flatterten seine Augenlider und er war nicht in der Lage zu sprechen. Er musste von F. und E. aus dem Wagen gezogen, zum Polizeifahrzeug geschleift und ins Fahrzeug bugsiert werden, um ihn in Ausnüchterungsgewahrsam zu nehmen. Aufgrund des Verdachts einer Trunkenheitsfahrt wurde auch S. um etwa 0.30 Uhr zum drei Kilometer von seiner Wohnung entfernten Polizeirevier Sachsenstadt verbracht. Das FLZ hatte zuvor einmalig erfolglos versucht, die Ehefrau des S. – laut S. die einzige Angehörige oder Vertrauensperson – telefonisch zu erreichen. S. gelang es zwar nur mit Stützung des F. aus seinem eigenen Fahrzeug aus- und ins Polizeifahrzeug einzusteigen sowie beim Revier wieder auszusteigen, die dazwischen liegenden Wegstrecken legte er auf eigenen Wunsch stark torkelnd selbst zurück. Auf dem Revier wurde ihm nach staatsanwaltschaftlicher Anordnung durch einen Arzt um 1.30 Uhr eine Blutprobe entnommen, die eine Blutalkoholkonzentration (BAK) von 2,12 Promille auswies. Der Führerschein des S. wurde daraufhin in amtliche Verwahrung genommen. Der untersuchende Arzt stellte fest, dass S. sich in einem nicht verkehrsfähigen Zustand befand (Sprache verwaschen, Bewusstsein benommen, Orientierung unvollständig, Urteilsvermögen kritiklos, vom Alkoholkonsum deutlich beeinflusst [Alkoholabusus]) und er stellte die Gewahrsamsfähigkeit von S. und C. fest. S. wurde daraufhin mitgeteilt, dass er zur Ausnüchterung in der Gefangenensammelstelle in polizeilichem Gewahrsam genommen werde. Um 5.30 Uhr wurde er dort wieder entlassen. C. machte auf die Beamten erst um 9 Uhr einen halbwegs nüchternen Eindruck und konnte nunmehr die Dienststelle verlassen.

---

295 AG München, B. v. 7.12.2022, ERXXXI 1281/22 L (PAG), Rn. 34.

Die Polizeidirektion Sachsenstadt erließ einige Wochen später einen Kostenbescheid in Höhe von 125,81 EUR gegenüber S., der wiederum fristgerecht Widerspruch einlegte. In seinem Widerspruch betont S., dass er zum einen nicht hilflos gewesen sei, da er seinen Willen noch klar habe artikulieren können. Dies zeige sich unter anderem schon daran, dass er einer Atemalkoholprobe und einer Blutentnahme nicht zugestimmt habe. Zum anderen sei es aber auch möglich gewesen, ihn in seine Wohnung zu bringen, da er verheiratet sei und mit seiner Ehefrau zusammenlebe.

An einem Sonnabend im Juli 2023 gegen 15.30 Uhr bei 28 Grad im Schatten kontrollierten PK Fleißig (F.) und POM´in Emsig (E.) von der Polizeidirektion Sachsenstadt anlässlich einer Streifenfahrt den 16-jährigen Theo Trinkfest (T.) und den 15-jährigen Daniel Durst (D.). Die beiden Jugendlichen hielten sich – nachdem sie die Public-Viewing-Übertragung eines Spiels der deutschen Fußballnationalmannschaft bei der Fußballweltmeisterschaft gesehen hatten – im Bereich der belebten Innenstadt auf und führten mit unsicherem Gang eine Kiste Bier mit sich. F. sprach die beiden an und bat um die Personalausweise, woraufhin diese sich auswiesen. Freiwillig durchgeführte Tests der Atemalkoholkonzentration ließen für T. Rückschlüsse auf eine BAK von 1,02 Promille und für D. auf einen Wert von 0, 8 Promille zu. F. und E. erläuterten die gemessenen Werte. Auf Befragen durch E. gab T. an, er habe mit D. und einem weiteren Bekannten im Bereich eines Lokals in der Innenstadt das Fußballspiel angeschaut und hierbei Alkohol konsumiert. Sie hätten dann „Nachschub" besorgen müssen. Bei der mitgeführten Bierkiste habe es sich um eine 12er-Kiste Bier mit Flaschen á 0,33 Liter gehandelt, von denen ungefähr vier oder fünf ausgetrunken gewesen seien. Sie hätten vorgehabt, zurück zu dem Lokal zu gehen und weiter Fußball zu schauen. Es sei davon auszugehen, dass sie hierbei den Rest der Bierkiste konsumiert hätten. Im Hinblick auf die nah gelegene zweispurige Brückenstraße, die zum damaligen Zeitpunkt stark befahren war, sowie im Hinblick auf die festgestellte Alkoholisierung von T. und D. entschieden F. und E. nach ordnungsgemäßer Anhörung von T. und D., beide in die Obhut ihrer Eltern zu übergeben und fuhren beide daraufhin mit ihrem Einsatzfahrzeug zum etwa 800 Meter entfernten Polizeirevier Mitte, um sie dort an die Erziehungsberechtigten zu überantworten. Vom Polizeirevier aus verständigten die Beamten zunächst den Vater des T., der erklärte, er wolle seinen Sohn nicht abholen. Kurz darauf meldete sich die Mutter des T. telefonisch bei den Beamten und teilte mit, dass es doch nicht schlimm sei, wenn T. Bier trinke, da er doch bereits 16 Jahre alt sei. Die Beamten informierten daraufhin den Bereitschaftsdienst des Jugendamtes der Stadt Sachsenstadt, der zusagte, sich mit den Eltern des T. in Verbindung zu setzen. Gegen 16.15 Uhr erschienen die Eltern des T. auf dem Polizeirevier. Der T. wurde in ihre Obhut übergeben. Die Eltern von D. holten ihren Sohn umgehend bei der Polizei ab.

Aufgaben:

Prüfen Sie die Rechtmäßigkeit der Ingewahrsamnahmen von S. und C. und der Verbringung von T. und D. zum Polizeirevier. Nehmen Sie – gegebenenfalls hilfsgutachterlich – zu allen Rechtsfragen Stellung.

Lösungsvorschlag zum Fall 8: „Alkoholprobleme"

A. Die Ingewahrsamnahmen von S. und C.

I. Vorprüfung

1. Grundrechtseingriff

Die Anordnung und Durchführung des Gewahrsams gegenüber S. und C. stellt eine Freiheitsentziehung und damit einen Eingriff in Art. 2 Abs. 2 Satz 2 i. V. m.104 Abs. 2 GG (vgl. Definitionen Fälle 1 und 7 jeweils Ziffer I.) da

2. Abgrenzung präventives und repressives Handeln

246 Das Anhalten des Fahrzeugs, die Aufforderungen, den Führerschein und den Fahrzeugschein zur Prüfung auszuhändigen, die Anordnung der Blutentnahme, das Verbringen des S. zum Polizeirevier und die Beschlagnahme des Führerscheins dienen der Strafverfolgung und erfolgen nach Vorschriften der StPO. Die Ingewahrsamnahme des S. erfolgt indes zur Gefahrenabwehr, weil die Polizei zu diesem Zeitpunkt bereits sämtliche unmittelbar im Anschluss an die Trunkenheitsfahrt erforderlichen Strafverfolgungsmaßnahmen abgeschlossen hat und S. in diesem Zustand nicht allein den langen, für S. gefahrvollen Heimweg antreten lassen möchte. Ein Einsatz, der zunächst mit repressiven Maßnahmen begonnen hat, kann anschließend in gefahrenabwehrrechtliches Handeln umschlagen. Die Ingewahrsamnahme des C. erfolgte von vornherein zur Gefahrenabwehr, da kein Verdacht einer Straftat oder Ordnungswidrigkeit gegen ihn bestand.

II. Ermächtigungsgrundlage

247 Die Ingewahrsamnahme sowohl von S. als auch von C. beruhte auf § 22 Abs. 1 Nr. 1 SächsPVDG.

III. Formelle Rechtmäßigkeit

1. Polizeiliche Aufgabe und sachliche Zuständigkeit

248 Die polizeiliche Aufgabe ergibt sich aus § 2 Abs. 1 S. 2 SächsPVDG, da primär die Rechtgüter Leben und körperliche Unversehrtheit (Art. 2 Abs. 2 Satz 1 GG) von S. und C. durch die vorübergehende Ingewahrsamnahme geschützt werden sollen.

249 Die sachliche Zuständigkeit könnte sich aus § 2 Abs. 3, 2. Halbsatz SächsPVDG ergeben. Dann müsste die Gefahrenabwehr durch die Polizeibehörde nicht oder nicht rechtzeitig möglich erscheinen (vgl. Definition Fall 2, Ziffer III.). Die Ingewahrsamnahme von S. und C. fand gegen 0.30 Uhr statt. Nachts ist die Polizeibehörde nicht besetzt. Zum anderen steht den Polizeibehörden der Gewahrsam nach § 22 Abs. 1 SächsPVDG als Standardmaßnahme nach dem SächsPBG nicht zur Verfügung, so dass ein Tätigwerden schon gar nicht möglich war.

2. Verfahrens- und Formvorschriften

a) § 23 Abs. 1 SächsPVDG

aa) Bezüglich S.

250 S. befand sich länger als drei Stunden (von 1.30 bis 5.30 Uhr) in polizeilichem Gewahrsam, sodass zumindest hätte versucht werden müssen, nach § 23 Abs. 1 S. 1 SächsPVDG eine richterliche Entscheidung vorzugsweise mittels Fax, aber auch durch Anrufe auf dem Bereitschaftsmobilfunktelefon herbeizuführen. Der Verstoß gegen diese wesentliche Verfahrensvorschrift führt zur formellen Rechtswidrigkeit des Gewahrsams gegenüber S.

bb) Bezüglich C.

251 Hinsichtlich C. könnte die Herbeiführung einer richterlichen Entscheidung nach § 23 Abs. 1 S. 2 SächsPVDG entbehrlich gewesen sein. Der Herbeiführung der richterlichen Entscheidung bedarf es nicht, wenn anzunehmen ist, dass die Entscheidung erst nach Wegfall des Grundes

des Gewahrsams ergehen würde.[296] Mit Blick auf § 23 Abs. 1 S. 2 SächsPVDG ist eine richterliche Entscheidung nicht einzuholen oder abzuwarten, wenn dadurch die Dauer des Gewahrsams verlängert würde.[297] Nach zutreffender Ansicht[298] kann die richterliche Entscheidung auch ohne persönliche Anhörung der in Gewahrsam genommenen Person ergehen, wenn diese rauschbedingt außer Stande ist, den Gegenstand der persönlichen Anhörung durch das Gericht ausreichend zu erfassen und in der Anhörung zur Feststellung der entscheidungserheblichen Tatsachen beizutragen.[299] Damit ist eine richterliche Entscheidung durch den PVD auch in Fällen der Volltrunkenheit herbeizuführen. Aufgrund der starken Alkoholisierung des C. im Sinne eines die freie Willensbestimmung ausschließenden Zustandes kann eine ordnungsgemäße richterliche Anhörung, in der vor allem dem Betroffenen die Gelegenheit zur grundsätzlich mündlichen Stellungnahme gegeben werden soll, in absehbarer Zeit nicht stattfinden. Der Gesetzgeber verzichte in § 420 FamFG anders als in §§ 278, 319 FamFG darauf, die Verschaffung eines persönlichen Eindrucks vorzuschreiben und spezielle Regelungen für die Anhörung im Wege der Rechtshilfe vorzusehen. Sei aber das vorrangige gesetzliche Ziel der Anhörung die Gewährung rechtlichen Gehörs, so könne sie entfallen, wenn der Betroffene aufgrund seines Zustands nicht in der Lage ist, der Anhörung sinnvoll zu folgen und seinen Willen zu äußern.[300] Nach einer engeren Gegenauffassung handelt es sich bei § 23 Abs. 1 S. 2 SächsPVDG um einen Ausnahmetatbestand, der eng auszulegen sei und nicht bereits dann vorliege, wenn die gemäß § 420 Abs. 1 S. 1 FamFG grundsätzlich vorgesehene persönliche Anhörung des Betroffenen durch den Richter vor Anordnung der Freiheitsentziehung mangels Vernehmungsfähigkeit nicht durchgeführt werden könne und eine Prognose ergebe, dass die Anhörung erst erfolgen könne, wenn der Grund für den Gewahrsam wieder weggefallen sei. Der Richter müsse sich selbst Gewissheit über die mangelnde Vernehmungsfähigkeit verschaffen, so dass eine Inaugenscheinnahme des Betroffenen erforderlich sei.[301] Letztlich muss letztere Frage der Notwendigkeit einer Vorführung nicht entschieden werden, da der PVD bereits versäumt hat, eine richterliche Entscheidung herbeizuführen, obwohl er dazu trotz Volltrunkenheit des C. verpflichtet war.

Damit ist auch die Ingewahrsamnahme des C. wegen Verstoßes gegen den Richtervorbehalt rechtswidrig. 252

Hilfsgutacht

b) § 24 Abs. 1 SächsPVDG[302]

Der Grund seiner Ingewahrsamnahme („zur Ausnüchterung") wurde S. genannt. Gegenüber 253 C. wurde der Grund nicht artikuliert. Eine Rechtsbehelfsbelehrung wurde beiden nicht erteilt. Bezüglich C. dürfte seine extreme Alkoholisierung einen tatsächlichen Grund iSd Unverzüglichkeit darstellen, der einen Verzicht auf die Nennung des Grundes und die Erteilung einer Rechtsbehelfsbelehrung rechtfertigt. Eine Rechtsbehelfsbelehrung gegenüber S. dürfte dieser

---

296 Vgl. dazu auch SächsOVG Urt. v. 24.11.2011 – Az.: 3 A 130/11, Rn. 36 ff. – juris; VG Dresden, Urt. v. 2.4.2012 - Az.: 6 K 1135/10, S. 4 f.
297 Vgl. VGH BW, DÖV 2005, 165 (167).
298 AG Leipzig Beschl. v. 8.6.2000 – Az.: ER 13 Js 008/00, S. 2; VGH BW NVwZ-RR 2005, 247 (248).
299 Vgl. die gesetzliche Normierung in § 33 Abs. 4 S. 3 PolG BW. Der Gesetzgeber in Sachsen hat sich in Kenntnis des § 33 Abs. 4 S. 3 PolG BW gegen eine solche gesetzliche Bestimmung entschieden.
300 LG Karlsruhe Beschl. v. 24.4.2017 – Az.: 11 T 78/17, Rn. 18 – juris; *Elzermann*, SächsVBl. 2022, 213 (217).
301 VGH BW Beschl. v. 10.1.2012 – Az.: 1 S 2963/11, Rn. 8; tendenziell auch OVG Bremen, Beschl. v. 10.1.2012 - Az.: 1 S 327/11, Rn. 15 – beide juris; *Basteck* in: Möstl/Kugelmann, § 36 PolG NRW Rn. 41.
302 Definitionen vgl. Fall 7.

aufgrund seiner ebenfalls erheblichen Alkoholisierung, auch wenn diese im Vergleich zu C. deutlich geringer ausfällt, kaum richtig verstehen und entsprechend umsetzen können.[303]

254 Die Einräumung der Möglichkeit zur Beiziehung eines Bevollmächtigten ist bei C. aus den vorbeschriebenen tatsächlichen Gründen nicht möglich. Dem S. hätte die Polizei indes diese Möglichkeit einräumen müssen, da S. auch mit den Polizeibeamten kommunizieren konnte, indem er den Atemalkoholtest und die Blutentnahme ausdrücklich ablehnte. Dieser Verstoß gegen eine wesentliche Verfahrensvorschrift ist mithin durch keinen tatsächlichen Grund gedeckt, sodass die Ingewahrsamnahme des S. formell rechtswidrig ist.

Hilfsgutachten bzgl. Gewahrsam des

c) § 24 Abs. 2 SächsPVDG

255 Während bezüglich C. eine Benachrichtigung eines Angehörigen oder einer Vertrauensperson mangels Kenntnis der Beamten nicht in Betracht kam, wurde bei S. zumindest versucht, seine Ehefrau zu erreichen, die angeblich seine einzige Verwandte bzw. Vertrauensperson sei. Dass dieser Anrufversuch in einem anderen Sachzusammenhang, nämlich in Bezug auf eine Abholung bzw. Verbringung des S. nach Hause erfolgte, ist unschädlich. Mithin wurde diese Vorschrift eingehalten.

Zwischenergebnis: Beide Ingewahrsamnahmen sind formell rechtswidrig.

Hilfsgutachten

IV. **Materielle Rechtmäßigkeit**

1. Tatbestandsvoraussetzungen

a) Freie Willensbestimmung ausschließender Zustand

256 Nach § 22 Abs. 1 Nr. 1 SächsPVDG ist der Gewahrsam in der ersten Alternative zum Schutz einer Person, die sich erkennbar in einem die freie Willensbestimmung ausschließenden Zustand befindet, gerechtfertigt. Ein die freie Willensbestimmung ausschließender Zustand liegt dann vor, wenn jemand vorübergehend nicht imstande ist, seinen Willen frei zu bilden bzw. nach zutreffend gewonnenen Einsichten zu handeln.[304] Dies trifft häufig insbesondere auf Volltrunkene zu (sog. „Ausnüchterungsgewahrsam").[305]

257 Als Anzeichen kommen (zudem) in Betracht: Unfähigkeit aufzustehen, örtliche und zeitliche Desorientierung, keine Wahrnehmung der Umwelt, mangelnde Ansprechbarkeit, Ohnmacht, epileptischer Anfall, gravierender Schockzustand, Rauschzustand aufgrund von Drogeneinnahme. Die bloße Beeinträchtigung der Geistes- oder Willenskraft, Gleichgültigkeit gegenüber den Folgen des eigenen Verhaltens (nur bei zulässiger Selbstgefährdung) oder die Unfähigkeit zu ruhiger und vernünftiger Überlegung reichen nicht aus.[306] Die Willensbestimmung muss weiterhin „**erkennbar**" ausgeschlossen sein. Die Erkennbarkeit setzt eine gewisse Auffälligkeit

---

303 Sollte der Bearbeiter zu einer anderen – hier auch vertretbaren – Lösung gelangen, wäre dieser Mangel aufgrund des bloßen Ordnungsvorschriftencharakters nicht rechtswidrigkeitsbegründend.
304 Vgl. OLG Hamm Beschl. v. 17.4.2018 – Az.: 10 UF 56/17, Rn. 31 – juris bzgl. § 104 Nr. 2 BGB; *Elzermann*, SächsVBl. 2022, 213 (214).
305 Vgl. etwa AG Zwickau Beschl. v. 22.2.2006 – Az.: XIV 10/06; AG Leipzig Beschl. v. 8.6.2000 – Az.: ER 13 Js 008/00, S. 2; VG Chemnitz Urt. v. 15.10.2010 – Az.: 3 K 977/09; VG Ansbach Beschl. v. 1.6.2006 – Az.: AN 5 K 06.00826.
306 Vgl. *Bramow*, Die Polizei 2008, 252 (253); OVG Bremen Beschl. v. 10.1.2012 – Az.: 1 S 327/11, Rn. 12 – juris.

Fall 8: „Alkoholprobleme"

voraus, die allerdings oft nur mit Hilfe von Stichproben, Tests, usw. festgestellt werden kann.[307] Entscheidend ist die **objektive Lage**, so dass es unerheblich ist, ob die Person sich selbst für willenlos hält.[308]

C. war gar nicht ansprechbar und konnte sich auch nicht mehr selbständig bewegen, er musste von den Polizeibeamten gestützt und gezogen werden und wurde ins Polizeifahrzeug „hineinbugsiert". Bezüglich seiner Person liegt ein die freie Willensbestimmung ausschließender Zustand vor.

258

Dagegen konnte sich S. verständlich, wenn auch verwaschen, artikulieren und in diesem Zuge ausdrücklich eine Atemalkoholmessung und eine Blutprobe ablehnen. Ferner gab er die Telefonnummer der Ehefrau an, sodass die Polizei einen – wenn auch erfolglosen – Anrufversuch machen konnte. Auch war er noch in der Lage sich fortzubewegen, wenn auch in torkelnder Art und Weise. Er ist also kommunikations-, reaktions- und bewegungsfähig. Mithin ist bezüglich S. ein solcher Zustand abzulehnen

259

b) Hilflose Lage

S. könnte sich indes in einer sonst hilflosen Lage iSv § 22 Abs. 1 Nr. 1 SächsPVDG befunden haben. Maßgebend dafür ist, ob der Betroffene sich nicht aus eigener Kraft der ihm drohenden Gefahr erwehren kann.[309] Das Vorliegen einer hilflosen Lage hängt von einer objektiven Beurteilung ab. Die subjektive Einschätzung des Betroffenen ist nicht maßgebend.[310] Dies betrifft in erster Linie ältere und gebrechliche Menschen, kleine Kinder, Geisteskranke sowie verunglückte Personen.[311] In Betracht kommen auch Personen, die von anderen bedroht werden, ohne sich der Gefahr entziehen zu können.[312]

260

S. war für die Polizisten erkennbar außer Stande, sich gegen drohende Gefahren zu helfen. Denn nach dem ärztlichen Bericht war seine Sprache verwaschen, sein Bewusstsein benommen, seine Orientierung unvollständig und sein Urteilsvermögen kritiklos. Insgesamt attestierte der Arzt dem S. deutliche Beeinflussung durch Alkohol und stellte die Diagnose „Alkoholabusus". Zudem konnte er nicht ohne Hilfe aus einem Fahrzeug steigen bzw. in ein solches hingelangen. Zwar absolvierte er die kurze Strecke zwischen den Fahrzeugen und zum Polizierreviergebäude ohne Unterstützung der Beamten, torkelte jedoch stark. Möglichen Angriffen Dritter hätte er weder aktiv noch passiv etwas entgegenzusetzen. Auch könnte er nicht verhindern mit seinen erheblichen Fortbewegungsschwierigkeiten nicht sich selbst durch Hinfallen auf den Gehweg oder die Straße zu gefährden. Diese Umstände rechtfertigten die Annahme einer hilflosen Lage des S. Dagegen kann der Einwand des S., er habe noch einen klaren Willen artikulieren können, indem er einen Alkoholtest abgelehnt habe, nicht verfangen. Denn zum einen setzt die Annahme einer „sonst" hilflosen Lage schon keinen die freie Willensbestimmung ausschließenden Zustand voraus. Zum anderen kann es gerade Ausdruck einer besonderen Hilflosigkeit sein, die Ansinnen Dritter renitent abzulehnen. So wird beispielsweise eine zum Suizid entschlossene Person regelmäßig ein Hilfsangebot Dritter ablehnen. Der Sinn und Zweck des § 22 Abs. 1 Nr. 1 SächsPVDG würde aber konterkariert, wenn in diesen Fällen ein

261

---

307 *Stoermer*, S. 54.
308 VG Chemnitz Urt. v. 15.10.2010 – Az.: 3 K 977/09, S. 4; VGH BW Beschl. v. 10.1.2012 – Az.: 1 S 2963/11, Rn. 5 – juris; *Elzermann*, SächsVBl. 2022, 213 (214).
309 VGH BW, NVwZ-RR 2005, 247 (248); ähnlich VG Berlin Urt. v. 29.6.2015 – Az.: 1 K 281.13, Rn. 17 – juris.
310 Vgl. VG München Urt. v. 14.10.2015 – Az.: M 7 K 15.2370, Rn. 14 – juris; VG Berlin Urt. v. 12.1.2012 – Az.: 1 K 299.11, Rn. 16.
311 *Elzermann*, SächsVBl. 2022, 213 (214); Zur rechtswidrigen Ingewahrsamnahme eines geistig behinderten Kindes vgl. OLG Karlsruhe, VBlBW 2000, 329 (330) bzgl. § 28 Abs. 1 Nr. 2 b) PolG BW.
312 *Basteck* in: Möstl/Kugelmann, § 35 PolG NRW Rn. 34; *Elzermann*, NJ 2023, 154 (155).

Schutzgewahrsam unter Annahme einer hilflosen Lage nur wegen des geäußerten Willens des Betroffenen ausschiede. Maßgebend sind die objektiven Umstände.[313]

c) Gefahr für Leib oder Leben

262 Aus dem die freie Willensbestimmung ausschließenden Zustand des C. und der hilflosen Lage des S. müsste eine Gefahr für Leib oder Leben resultieren[314], die in § 4 Nr. 3 f.) SächsPVDG legaldefiniert ist. Der Arzt diagnostizierte bei S. folgenden Befund: Sprache verwaschen, Bewusstsein benommen, Orientierung unvollständig, Urteilsvermögen kritiklos, vom Alkoholkonsum deutlich beeinflusst. Zudem war er nicht in der Lage, sicher, ohne fremde Hilfe in ein Fahrzeug zu steigen bzw. wieder herauszutreten und torkelte von Fahrzeug zu Fahrzeug. Diese Umstände rechtfertigen die Annahme, dass S. auf seinem immerhin 3km langen Heimweg auf den Fußweg oder auf die Straße fallen bzw. torkeln und damit seine körperliche Unversehrtheit und Gesundheit mehr als nur leicht gefährden könnte. Auch gegen etwaige Übergriffe Dritter könnte er sich nicht ernsthaft zur Wehr setzen oder sich rasch entfernen.[315]

263 Bezüglich C. ist zu konstatieren, dass er sich allein gar nicht fortbewegen könnte und somit im Freien einschlafen und damit schutzlos der stark regnerischen Witterung ausgesetzt würde. Ungeachtet der Sommerzeit ist hier die Gefahr einer Lungenentzündung nicht fernliegend. Überdies könnte er sich übergeben und an seinem Erbrochenen ersticken. Letztlich könnte er im Vergleich zu S. erst recht keine Übergriffe Dritter abwehren. Mithin liegt auch hinsichtlich C. eine konkrete Gefahr zumindest für das Rechtsgut Leib vor.

264 Mithin liegen die Tatbestandsvoraussetzungen des § 22 Abs. 1 Nr. 1 SächsPVDG bezüglich S. und C. vor.

2. Adressat

265 S. und C. sind Handlungsstörer iSv § 6 Abs. 1 SächsPVDG, weil sie die oben beschriebene Gefahr für ihr Rechtsgut Leib selbst setzen.

3. Ermessen[316]

266 Ein Tätigwerden der Polizei war unumgänglich, um die elementaren Rechtsgüter von C. und S. zu schützen, sodass eine Ermessensreduzierung auf Null im Rahmen des Entschließungsermessens zu bejahen ist.

267 Hinsichtlich des Auswahlermessens iSv § 5 Abs. 2 SächsPVDG hat die Polizei zumindest von einer möglichen Handlungsalternative Gebrauch gemacht.

4. Verhältnismäßigkeit[317]

268 Die Ingewahrsamnahme war geeignet, um Schäden am Rechtsgut Leib durch die unter IV. 1. beschriebenen Gefahrenquellen bei S. und C. abzuwenden. Fraglich ist, ob die Ingewahrsamnahmen auch erforderlich waren. Bezüglich C. ist aufgrund der Tatsache, dass niemand

---

313 Vgl. VG Berlin Urt. v. 12.1.2012 – Az.: 1 K 299.11, Rn. 16.
314 In § 22 Abs. 1 Nr. 2 SächsPolG waren die Gefahr und der Zustand mit dem Wort „und" verknüpft. Nunmehr stellt der Gesetzgeber in § 22 Abs. 1 Nr. 1 SächsPVDG mit den Worten „insbesondere weil" klar, dass die Gefahr aus dem Zustand resultieren muss und sich darüber hinaus die Gefahr auch aus anderen Umständen ergeben kann.
315 Vgl. VG Berlin Urt. v. 12.1.2012 – Az.: 1 K 299.11, Rn. 15 – juris.
316 Definitionen und Grundsätze vgl. Fall 1, Ziffer IV. 3.
317 Definitionen und Grundsätze vgl. Fall 1, Ziffer IV. 4.

zwecks Abholung oder Verbringung kontaktiert werden konnte, keine mildere Maßnahme als die Unterbringung im Polizeigewahrsam erkennbar. Die Verlegung auf eine Parkbank scheidet ersichtlich aufgrund der Gefahren durch die regnerische Witterung aus. Der S. trägt zwar vor, die Polizeibeamten hätten ihn nach Hause bringen können, da er verheiratet sei und mit seiner Frau zusammenlebe. Seinem Vortrag ist aber schon nicht zu entnehmen, dass er gegenüber den eingesetzten Polizeibeamten tatsächlich angegeben hätte, dass seine Ehefrau zu Hause fürsorgebereit zur Verfügung stünde. Im Gegenteil, der Anrufversuch bei ihr blieb erfolglos. Dies wäre aber erforderlich gewesen, um die aus der Hilflosigkeit des S. resultierende Gefahr zu beseitigen. Schließlich hat S. auch keine Angaben zu weiteren Personen machen können, die für die Zeit seiner Hilflosigkeit eine Obhutspflicht übernehmen könnten. Solange aber nicht ausgeschlossen werden konnte, dass die Ehefrau beispielsweise gar nicht zu Hause ist oder zur Fürsorge nicht fähig oder willens, stellte sich eine Wohnungszuführung als nicht ebenso geeignetes Mittel wie die Ingewahrsamnahme dar.

Dem Schutz des Rechtsgutes Leib aus Art. 2 Abs. 2 Satz 1 GG vor möglichen erheblichen, eventuell auch irreparablen Schädigungen etwa durch Witterung oder Zusammenstößen mit anderen Kfz im Straßenverkehr ist gegenüber dem mehrstündigen Eingriff in das Recht aus Art. 2 Abs. 2 Satz 2 GG der Vorrang einzuräumen, so dass die Angemessenheit vorliegt.

269

V. Ergebnis

Die Ingewahrsamnahmen stellen sich als formell rechtswidrig, aber materiell rechtmäßig dar.

270

B. Die Verbringung von T. und D. zum Revier zwecks Übergabe an die Eltern

I. Vorprüfung

Der Transport von T. und D. könnte in das Grundrecht auf Freiheit der Person nach Art. 2 Abs. 2 Satz 2 GG eingreifen. Fraglich ist, ob es sich um eine Freiheitsbeschränkung oder um eine Freiheitsentziehung handelt (zu den Begriffsbestimmungen vgl. Fall 7, Ziffer I.). Nicht jede Maßnahme, die in die Bewegungsfreiheit des Betroffenen vorübergehend eingreift, ist zu den intensiven Freiheitsbeschränkungen zu rechnen, die als Freiheitsentziehungen den besonderen Schutz des Art. 104 Abs. 2 GG auslösen. Maßnahmen des unmittelbaren Zwangs gegen Personen zur Durchsetzung eines Verhaltens, zu dem der Betroffene verpflichtet ist, sind nicht allein wegen des mit ihnen verbundenen Eingriffs in die körperliche Bewegungsfreiheit notwendig Freiheitsentziehungen. Hinzukommen muss vielmehr eine besondere Intensität bzw. Dauer der die körperliche Bewegungsfreiheit des Betroffenen aufhebenden Maßnahmen, die über das zur Durchführung der Zwangsmaßnahme Unvermeidliche hinausgeht.[318]

271

Nach diesem Maßstab hat es sich bei den Maßnahmen gegenüber T. und D. nicht um freiheitsentziehende Ingewahrsamnahmen gehandelt. Bereits dem Zweck nach war das Handeln der Polizeibeamten nicht darauf ausgerichtet, die beiden zur Gefahrenabwehr an einem bestimmten Ort festzuhalten. Vielmehr sollten T. und D. zur Gefahrenabwehr in die Obhut ihrer Eltern übergeben werden. Nur um diese Übergabe an die Eltern effizient zu ermöglichen, wurden T. und D. zur Polizeiwache transportiert und bis zum Eintreffen der Eltern dort behalten. Die Einschränkung der Bewegungsfreiheit von T. und D. erfolgte demnach nicht zielgerichtet, sondern war lediglich Folge des polizeilichen Handelns mit anderer Zielrichtung. Auch nach der Dauer bzw. der Intensität der Beeinträchtigung liegt keine Freiheitsentziehung, sondern nur eine Freiheitsbeschränkung vor. T. und D. waren nur für einen kurzen Zeitraum, insgesamt etwa 30

272

---

318 Vgl. VG Braunschweig Urt. v. 8.8.2012 – Az.: 5 A 166/10, Rn. 17; VG Hannover Urt. v. 3.3.2011 – Az.: 10 A 1842/10, Rn. 12 – beide juris; BVerfGE 10, 203 (232); BVerwGE 62, 325 (327).

Minuten – vom Beginn des Transports frühestens um 15.45 Uhr bis zur Übergabe an die Eltern um 16.15 Uhr – in ihrer Bewegungsfreiheit eingeschränkt. Sie mussten sich außerdem nicht in einer Gewahrsamszelle aufhalten.

273 Mithin liegt in dem Transport eine bloße Freiheitsbeschränkung.

II. Ermächtigungsgrundlage

274 Fraglich ist, auf welche Ermächtigungsgrundlage der Transport von T. und D. zum Polizeirevier zu stützen ist.

1. § 22 Abs. 1 SächsPVDG

275 Bei dem Transport von T. und D. zur Polizeistation (und der anschließenden Übergabe an ihre Eltern) hat es sich nicht um seine Ingewahrsamnahme im Sinne von § 22 Abs. 1 SächsPVDG gehandelt, weil das Handeln der Beamten, wie bereits oben unter I. ausgeführt, nicht auf eine Freiheitsentziehung, also auch nicht auf einen Gewahrsam nach § 22 Abs. 1 SächsPVDG gerichtet war.

2. § 22 Abs. 2 SächsPVDG

276 Fraglich ist, ob ein Anwendungsfall von § 22 Abs. 2 SächsPVDG vorgelegen hat. Der Obhut entzieht sich, wer sich, zumindest für eine gewisse Dauer, ohne Wissen der Sorgeberechtigten entfernt und diesen der Aufenthaltsort unbekannt ist[319] bzw. er von ihnen missbilligt wird.[320] Maßgebend für die Beurteilung sind das Alter des Minderjährigen sowie die Gesamtumstände des Aufgreifens.[321]

277 Es ist mangels Angaben im Sachverhalt nicht ersichtlich, dass sich D. und T. ohne oder gegen den Willen ihrer Eltern in der Innenstadt aufgehalten und dort Bier getrunken haben. Bezüglich T. wird dieses Verhalten von seinen Eltern sogar ausdrücklich toleriert.

3. § 42 Abs. 1 Satz 1 Nr. 2 SGB VIII

278 Das Handeln der Polizeibeamten hat nicht eine Inobhutnahme von T. und D. nach § 42 Abs. 1 Satz 1 Nr. 2 SGB VIII iVm § 2 Abs. 2 SächsPVDG bezweckt. Nach dieser Vorschrift ist das Jugendamt berechtigt und verpflichtet, einen Jugendlichen in seine Obhut zu nehmen, wenn eine dringende Gefahr für das Wohl des Jugendlichen die Inobhutnahme erfordert und die Personensorgeberechtigten nicht widersprechen oder eine familiengerichtliche Entscheidung nicht rechtzeitig eingeholt werden kann. Die Polizeibeamten haben jedoch mit dem Ziel gehandelt, T. und D. an ihre Eltern zu übergeben. Eine Inobhutnahme im Sinne des § 42 SGB VIII umfasst hingegen die vorläufige Unterbringung von Kindern und Jugendlichen bei einer geeigneten Person, in einer Einrichtung oder in einer sonstigen betreuten Wohnform. Sie liegt somit nach der Zielrichtung anders und wiegt nach der Intensität des Eingriffs schwerer.

4. § 8 JuSchG

279 Rechtsgrundlage des Handelns der Polizeibeamten ist schließlich auch nicht § 8 JuSchG gewesen. Hiernach hat die zuständige Behörde oder Stelle die zur Abwendung der Gefahr erforderlichen

---

319 *Basteck* in: Möstl/Kugelmann, § 35 Rn. 63 mwN; *Stoermer*, S. 138 in Fn. 336.
320 *Elzermann*, SächsVBl. 2022, 213 (216).
321 Vgl. *Brenneisen/Martins*, Kriminalistik 2009, 717 (723).

Maßnahmen zu treffen, wenn sich ein Kind oder eine jugendliche Person an einem Ort aufhält, an dem ihm oder ihr eine unmittelbare Gefahr für das körperliche, geistige oder seelische Wohl droht. Die Beamten haben jedoch nicht im Hinblick auf den Aufenthalt von T. und D. am frühen Nachmittag in der Innenstadt von Sachsenstadt als einem „jugendgefährdenden Ort" iSd § 8 JuSchG gehandelt.

5. § 12 Abs. 1 SächsPVDG

Mangels speziellerer Rechtsgrundlagen kann auf die polizeiliche Generalklausel des § 12 Abs. 1 SächsPVDG zurückgegriffen werden. 280

III. Formelle Rechtmäßigke

1. Polizeiliche Aufgabe und sachliche Zuständigkeit

Die Beamten schreiten hier zur Gewährleistung des Schutzes der körperlichen Unversehrtheit und Gesundheit von T. und D. in Bezug auf übermäßigen Alkoholkonsum und etwaigen Folgegefahren wie das unkontrollierte Betreten der stark befahrenen Brückenstraße ein, sodass sich die polizeiliche Aufgabe aus § 2 Abs. 1 S. 2 SächsPVDG iVm Art. 2 Abs. 2 Satz 1 GG ergibt. Die sachliche Zuständigkeit richtet sich nach § 2 Abs. 3, 2. Halbsatz SächsPVDG, wenn eine Gefahrenabwehr durch die Polizeibehörde nicht oder nicht rechtzeitig möglich erscheint (vgl. Definition Fall 2, Ziffer III.). Beim Einsatztag handelt es sich um einen Sonnabend, sodass die Polizeibehörde personell nicht besetzt ist und mithin F. und E. die polizeiliche Maßnahme des Verbringens von T. und D. ins Polizeirevier vornehmen konnte 281

2. Verfahrens- und Formvorschriften

Bei dem Transport zum Polizeirevier handelt es sich um einen Duldungsverwaltungsakt gemäß § 1 S. 1 SächsVwVfZG iVm § 35 S. 1 VwVfG. Eine Anhörung nach § 28 Abs. 1 VwVfG wurde laut Sachverhalt durchgeführt. 282

IV. Materielle Rechtmäßigke

1. Tatbestandsvoraussetzungen

Es müsste eine Gefahr für die öffentliche Sicherheit vorgelegen haben. F. und E. durften davon ausgehen, dass die – bereits ohnehin stark alkoholisierten – T. und D. ohne ihr Einschreiten den Alkoholkonsum unkontrolliert fortgesetzt hätten, sodass ihre Gesundheit sowohl im Hinblick auf die negativen Auswirkungen eines übermäßigen Alkoholkonsums, insbesondere aber auch im Hinblick auf einen Verkehrsunfall konkret gefährdet gewesen ist. Hierfür hat zunächst gesprochen, dass beide trotz ihres jugendlichen Alters ausweislich des Ergebnisses des Atemalkoholtests stark alkoholisiert gewesen sind. Es ist aber davon auszugehen, dass Jugendliche regelmäßig weniger Erfahrung im bewussten und verantwortungsvollen Umgang mit Alkohol haben als Erwachsene und bei Jugendlichen regelmäßig bereits weniger hohe Alkoholkonzentrationen zu schwerwiegenden gesundheitlichen Folgen führen können als bei Erwachsenen. Die Einschätzung, dass Jugendliche beim Konsum von Alkohol verstärkt dazu neigen, sehr plötzlich einen Kontrollverlust zu erleiden, ist ungeachtet der wissenschaftlichen Beweisbarkeit grundsätzlich nicht zu beanstanden. Aus diesem Grund kann ein polizeiliches Eingreifen zum Schutz von Jugendlichen bereits bei einer geringeren Alkoholisierung geboten sein als bei Erwachsenen. Es ist aber nicht möglich, einen Alkoholisierungsgrad abstrakt zu 283 benennen, ab dem ein polizeiliches Einschreiten rechtmäßig oder jedenfalls regelmäßig geboten ist. Maßgeblich sind vielmehr sämtliche Umstände des Einzelfalles. Im vorliegenden Fall hat es hinreichende Anhaltspunkte dafür gegeben, dass T. und D. den Alkoholkonsum am Einsatztag nicht hinreichend verantwortungsbewusst, sondern unkontrolliert und deswegen mit dem Risiko einer Gesundheitsgefährdung fortgesetzt hätten. Hierfür hat zunächst gesprochen, dass sie bereits am frühen Nachmittag eines Sonnabends im Juli 2023 sehr stark alkoholisiert gewesen sind. Die Polizeibeamten haben nach den objektiven Umständen darauf schließen dürfen, dass sie den Alkoholkonsum fortsetzen werden, insbesondere weil sie einen jedenfalls noch teilweise gefüllten Bierkasten mit sich geführt haben. Aber auch der Umstand, dass an diesem Tag noch weitere Spiele der Fußballweltmeisterschaft gezeigt wurden und T. und D. sich diese anschauen wollten, hat nahegelegt, dass beide weiterhin Alkohol trinken würden. Bei seiner Befragung vor Ort hat T. bestätigt, dass beide vorhatten, weiterhin Alkohol zu konsumieren. Die Polizeibeamten haben ihrer Einschätzung der Gefährdungslage auch nicht zugrunde legen müssen, dass T. und D. ausschließlich das in dem Bierkasten noch enthaltene Bier trinken würden. Denn schon angesichts der Uhrzeit am frühen Nachmittag hat für beide die Möglichkeit bestanden, in Lebensmittelgeschäften weiteren Alkohol zu erwerben. Dass T. und D. auch schon früher an diesem Tag nicht nur das in dem Bierkasten enthaltene Bier, sondern zusätzlich weiteren Alkohol getrunken hatten, hat T. auf die Befragung der Beamten vor Ort zugegeben. Schließlich haben beide auf die Polizeibeamten in ihrem Gesamtverhalten einen „alkoholisierten" bzw. „unsicheren" Eindruck gemacht. Der Einschätzung von F. und E. ist ein erhebliches Gewicht beizumessen, weil sie im beruflichen Umgang mit alkoholisierten Personen als Streifenbeamten erfahren sind und mangels gegenteiliger Anhaltspunkte insoweit nicht zu unbesonnenem, überzogenem Handeln neigen dürften.[322]

2. Adressat

284 T. und D. sind als Handlungsstörer nach § 6 Abs. 1 SächsPVDG in Anspruch genommen worden, weil sie die vorbezeichnete Gefahr für ihre eigenen Rechtsgüter aus Art. 2 Abs. 2 Satz 1 GG selbst verursacht haben.

3. Ermessen[323]

285 Nach dem Atemalkoholtest und der Befragung von T. und D. blieb den Beamten keine andere Möglichkeit als eine polizeiliche Maßnahme zum Schutz der körperlichen Unversehrtheit und Gesundheit der beiden Jugendlichen zu treffen, sodass von einer Reduzierung des Entschließungsermessens auf Null auszugehen ist.

286 Die Verbringung zum Polizeirevier war die einzig mögliche Maßnahme zur wirkungsvollen Verhinderung der oben beschriebenen Realisierung eines Schadenseintritts an den elementaren Rechtsgütern von T. und D. aus Art. 2 Abs. 2 Satz 1 GG.

4. Verhältnismäßigkeit[324]

287 Die Verbringung zum Revier zwecks anschließender Abholung durch die Eltern war tauglich, um den weiteren (dann exzessiven) Konsum von Alkohol und die damit einhergehenden Gefahren zu unterbinden.

---

322 Vgl. VG Braunschweig Urt. v. 8.8.2012 – Az.: 5 A 166/10, Rn. 17 – juris.
323 Vgl. Definitionen Fall 1, Ziffer IV. 3.
324 Vgl. Definitionen Fall 1, Ziffer IV. 4.

Ein milderes Mittel iSv § 5 Abs. 2 SächsPVDG stand nicht zur Verfügung, weil selbst die 288
Wegnahme des Bierkastens dazu geführt hätte, dass sich die bereits vom Alkohol beeinträchtigten
T. und D. anderweitig Alkohol besorgt hätten.

Es ist angesichts der hiernach gegebenen Gefährdungssituation rechtlich nicht zu beanstanden 289
und insbesondere angemessen iSv § 5 Abs. 3 SächsPVDG gewesen, beide mit dem Polizeifahrzeug
zur Polizeidienststelle zu befördern, um sie dort den Erziehungsberechtigten zu übergeben.
Zwar hatten beide mit dem Alkoholkonsum soweit ersichtlich nicht gegen ein gesetzliches
Verbot verstoßen, weshalb bei der Überprüfung eines staatlichen Eingreifens zu ihrem (Gesund-
heits-)Schutz ihr Selbstbestimmungsrecht und ihr Recht auf Handlungsfreiheit nach Art. 2 Abs. 1
GG zu berücksichtigen sind. Andererseits kann, jedenfalls dann, wenn ein eigenverantwortliches
Handeln nicht oder nur noch eingeschränkt möglich ist, aus Art. 2 Abs. 2 Satz 1 GG auch
eine staatliche Schutzpflicht für die Gesundheit von Bürgern erwachsen. Nach vorstehenden
Ausführungen ist davon auszugehen, dass beide am Einsatztag in diesem Sinne zu einem
jedenfalls nur noch eingeschränkt eigenverantwortlichen Handeln in der Lage gewesen sind. Das
Handeln der Polizeibeamten ist verhältnismäßig gewesen, weil sie die Freiheit von T. und D. nicht
im Sinne von Art. 104 Abs. 2 GG entzogen, sondern sie mit der Übergabe an ihre Eltern in nur
geringfügigem Ausmaß beschränkt haben.

V. Ergebnis

Das Verbringen von T. und D. zum Polizeirevier war rechtmäßig. 290

Fall 9: „Ärger mit Fotografen"

Sachverhalt

Am 24. April findet von 14:00 bis 17:00 Uhr eine angemeldete Versammlung mit dem Titel
„Wah–heit - Freiheit - Frieden" der Bürgerbewegung "Sachsenstadt steht auf" statt. Die Versamm-
lungsbehörde hatte die ursprünglich vorgesehene Teilnehmerzahl von 2000 auf 300 Teilnehmer
reduziert, weil der Marktplatz von Sachsenstadt als Versammlungsort – unter Berücksichtigung
des durch die aktuelle Sächsische Coronaschutzverordnung (SächsCoronaSchVO) festgelegten
Abstandgebots von 1,5m – keine höhere Teilnehmerzahl zulässt. In der gesamten Innenstadt,
zu der auch der Marktplatz gehört, hat das Gesundheitsamt eine bußgeldbewehrte Maskenpflicht angeordnet.

J. betreibt einen eigenen Kanal beim Telemediendienst T. (im Folgenden als T-Kanal bezeichnet)
zur Veröffentlichung von – seiner Meinung nach – wichtigen und spektakulären Polizeieinsätzen.
Es handelt sich bei den Videos vorwiegend um Live-Übertragungen von Protesten gegen die
staatlichen Coronaschutzmaßnahmen. Dabei videografiert er insbesondere am Einsatz beteiligte
Polizeibeamte und die jeweiligen Adressaten polizeilicher Maßnahmen. So geschieht es auch
am 24. April. Bereits vor Beginn der Versammlung startet J. seine Live-Übertragung mit den
Worten: „Hallo meine freiheitsliebenden Freunde, ich melde mich heute aus Sachsenstadt, wo auf
dem dortigen Marktplatz erneut eine Versammlung gegen die Coronadiktaturmaßnahmen von
Bund, Ländern und Kommunen stattfindet. Die Polizei ist auch schon vor Ort. Sehen wir uns
das Ganze mal an." Gerade befragen Polizeibeamte inmitten von vorbeigehenden Passanten und
weiteren potenziellen Versammlungsteilnehmern zwei künftige Versammlungsteilnehmer zu der
Tatsache, dass sie, wie zahlreiche andere Personen, trotz Maskenpflicht, keine Maske tragen.
Der zuständige Einsatzabschnittsführer EPHK Fleißig (F.) wird von seinem Führungsassistenten

darauf hingewiesen, dass sowohl die die Befragung durchführenden Polizisten als auch der befragte Versammlungsteilnehmer gerade ohne Pixelung oder sonstige Unkenntlichmachung auf dem T-Kanal von J. zu sehen sind, da J die Szene aus wenigen Metern Entfernung filmt und daher die Beteiligten ohne Weiteres zu identifizieren und akustisch gut zu verstehen sind.

F. konfrontiert J., der bereits seine Smartphone-Kamera auf F. geschwenkt hat, mit der Live-Berichterstattung und fordert ihn auf, die ungefilterte Live-Übertragung des Einsatzes in Ton und Bild zu unterlassen. J. entgegnet unter Übergabe seines Presseausweises und Fortsetzung seiner Übertragung, er sei Journalist und seine Live-Berichterstattung sei deshalb von der Pressefreiheit geschützt. Der Presseausweis wurde vom „Verband der freien Presse" (VfP), einem privaten Dienstleiter, erstellt. Die Erstellung und Übermittlung des Ausweises an einen Nutzer ist, soweit ersichtlich, an keine materiellen Bedingungen bzw. an eine Ausbildung oder Tätigkeitsbeschreibung geknüpft. F. sagt J., dass er mit seiner Live-Videografierung, insbesondere ihn selbst betreffend, nicht einverstanden ist, sein Verhalten strafbar sei und er Strafanzeige erstatten werde. Als J. dennoch mit seiner Live-Videografierung von F. fortfährt, droht F. die Sicherstellung der Kamera an. J. beendet die Videoübertragung und geht in eine am Marktplatz befindliche Gaststätte, um dort erstmal ein Bier zu trinken.

Als er die Tür öffnet beobachtet er, wie POM Emsig (E.), der gerade die nach SächsCoronaSchVO erforderliche Bescheinigung über eine Coronaschutzimpfung in der Gaststätte kontrolliert, von einer Bierflasche mit voller Wucht getroffen wird, aus der Gaststätte an J. vorbeitorkelt und mit stark blutendem Kopf auf den Fußweg vor der Gaststätte fällt. Zwei Polizisten aus dem Versammlungseinsatz kümmern sich sofort um ihn. J. videografiert sofort die drei Beamten, insbesondere den E., in Nahaufnahme. Auch diese Bilder erscheinen live und unbearbeitet auf seinem T-Kanal. F. wird auf die Szene aufmerksam, entdeckt, dass der blutend auf dem Fußweg liegende E. in Nahaufnahme bei YouTube zu erkennen ist und stellt daraufhin das Smartphone von J. sicher. Er erhalte es – so F. zu J. – nach Beendigung des Einsatzes zurück. J. erhält eine Bescheinigung für die Sicherstellung, auf der das Feld „zur Gefahrenabwehr" angekreuzt ist und das Gerät des J. näher bezeichnet.

Aufgabe:
Prüfen Sie die Rechtmäßigkeit der durch F. verfügten Untersagung der weiteren Live-Berichterstattung und der Sicherstellung des Smartphones des J. Es ist davon auszugehen, dass die gemäß SächsCoronaSchVO zum Zeitpunkt der zu prüfenden polizeilichen Maßnahmen geltenden Einschränkungen rechtmäßig waren.

Lösungsvorschlag zum Fall 9: „Ärger mit Fotografen"

A. Untersagungsverfügung gegenüber J.

I. Vorprüfung

291 Die Untersagungsverfügung des F. könnte zunächst in die Pressefreiheit des J. gem. Art. 5 Abs. 1 S. 2, 1. Hs. GG, Art. 20 Abs. 1 S. 2, 1 Hs. SächsVerf eingreifen. Der Begriff „Presse" ist weit auszulegen. Er umfasst alle zur Verbreitung geeigneten und bestimmten Druckerzeugnisse (zB Flugblätter, Handzettel, Aufkleber, Plakate, Fotokopien, usw) und Informationsträger, die nicht unter den Film- und den Rundfunkbegriff fallen.[325] Geschützt ist die Wahrnehmung aller wesensmäßig mit der Pressefreiheit im Zusammenhang stehenden Tätigkeiten, von der Beschaffung der Information bis zur Verbreitung der Nachricht und der Meinung unter Einbeziehung der pressetechnischen Hilfstätigkeiten, wie zB des Drucks.[326] Träger dieses Grundrechts sind alle natürlichen und juristischen Personen sowie Personengemeinschaften, welche die von der

---
[325] BVerfGE 95, 28 (35).
[326] BVerfG, NJW 2001, 503 (504); BVerwG Urt. v. 28.3.2012 – Az.: 6 C 12/11, Rn. 33 – juris.

Fall 9: „Ärger mit Fotografen"

Pressefreiheit geschützten Tätigkeiten wahrnehmen bzw. die in enger organisatorischer Bindung zu den geschützten Tätigkeiten stehen.[327] Der persönliche Schutzbereich bestimmt sich überdies in Anknüpfung an eine bestimmte Tätigkeit. Jeder, der Informationen beschafft, sie aufbereitet und sodann unter Nutzung medialer Verbreitungswege einem unbestimmten Personenkreis zugänglich macht, kann sich auf das Grundrecht der Pressefreiheit berufen. Konstituierend für den maßgeblichen Begriff der Presse bzw. gleichbedeutend des journalistisch-redaktionellen Mediums ist dabei der Umstand, dass eine öffentliche Aufgabe erfüllt wird, indem in Angelegenheiten von öffentlichem Interesse Nachrichten beschafft und verbreitet, Stellung genommen wird, Kritik geübt oder auf andere Weise an der Meinungsbildung mitgewirkt wird.[328] Es genügt auch nicht, Presse sein zu wollen oder sich der Freiheit zu bedienen, dass der Begriff des Journalisten ungeschützt dem Jedermannsgebrauch weitgehend offen steht. Nötig ist eine objektive Prüfung anhand des formalen Merkmals des Nachrichtenverbreitenwollens für die allgemeine Meinungsbildung.[329]

Zu prüfen ist, ob sich J. schon aufgrund des durch ihn vorgezeigten Presseausweises auf den persönlichen Schutzbereich der Pressefreiheit zu seinen Gunsten berufen kann. Die Legitimation eines Journalisten mit einem Presseausweis oder einem Schreiben seiner Redaktion ist allenfalls zur Begründung eines Auskunftsanspruchs nach § 4 SächsPresseG erforderlich. In der Rechtsprechung ist anerkannt, dass ein Presseausweis – wie im Falle des J. – praktisch jedermann ohne inhaltliche Prüfung gegen eine kostenpflichtige Mitgliedschaft in einem der mittlerweile zahlreichen Verbände erteilt wird. Letztlich muss die auskunftspflichtige Behörde die Presseeigenschaft bzw. die Eigenschaft als journalistisch-redaktionelles Medium davon unabhängig prüfen.[330] Fraglich ist, ob J. seine in Form von Live-Videos beschafften und anschließend im Internet auf seinem T-Kanal verbreiteten Informationen auch „aufbereitet" und an der Meinungsbildung mitwirkt. J. spricht zu Beginn seiner Live-Übertragung vom Marktplatz in Sachsenstadt zwar seine potenziellen Zuschauer als „freiheitsliebend" an und bezeichnet die Einschränkungen nach der SächsCoronaSchVO als diktatorische Maßnahmen. Im weiteren Verlauf nimmt J. die Übertragung indes kommentarlos vor, sodass eine allgemeine Meinungsbildung mit lediglich vertonten Aufnahmen eines Marktplatzes, auf dem eine Versammlung stattfindet und polizeiliche Einsatzkräfte mit Befragungen – ggf. auch Identitätsfeststellungen und Ordnungswidrigkeitsanzeigen – ohne jegliche Zwangsausübung die Einhaltung der SächsCoronaSchVO sicherstellen, nicht bewirkt wird.

Die Übertragung wird zwar eingangs mit den Worten: „Hallo meine freiheitsliebenden Freunde, ich melde mich heute aus Sachsenstadt, wo auf dem dortigen Marktplatz erneut eine Versammlung gegen die Coronadiktaturmaßnahmen von Bund, Ländern und Kommunen stattfindet. Die Polizei ist auch schon vor Ort. Sehen wir uns das Ganze mal an." Darin erschöpfen sich allerdings bereits die Erläuterungen des J., so dass nahezu die gesamte Übertragung nur aus ton- und untertitellosen Live-Bildern besteht. Die bloße Verbreitung eines Videos, wie es J. hier vorgenommen hat, ist nach h. M. allerdings weder der Presse- noch der Rundfunkfreiheit, sondern allenfalls der allgemeinen Meinungsäußerungsfreiheit zuzuordnen[331], da es an einem Mindestmaß an planhafter Programmgestaltung fehlt. Es handelt sich nicht um eine kommen-

292

---

327 BVerfGE 77, 346 (354); E 95, 28 (34); *Thäle*, VBlBW 1999, 48 (49).
328 VG Dresden, Urt. v. 28.6.2016 – Az.: 2 K 3947/14, Rn. 32 – juris.
329 VG Dresden, Urt. v. 28.6.2016 – Az.: 2 K 3947/14, Rn. 34 – juris.
330 VG Dresden, Urt. v. 28.6.2016 – Az.: 2 K 3947/14, Rn. 37 – juris; bestätigt in der Berufsinstanz vom SächsOVG, Beschl. v. 10.5.2017 – Az.: 3 A 726/16 – juris.
331 Grabenwarter, in: Maunz/Dürig, Art. 5 Rn. 666; vgl. auch EGMR, Urt. v. 1.12.2015 – Az.: 48226/10 – NJOZ 2017, 1214 (Cengiz u. a. ./. Türkei).

tierte, journalistische Bildberichterstattung, die den Schutz der Pressefreiheit für sich in Anspruch nehmen kann.[332] Mithin fällt J. nicht unter den persönlichen Schutzbereich der Pressefreiheit.

293 Fraglich ist, ob die Bildübertragung auf seinem T-Kanal einschließlich seiner einleitenden Worte von der Meinungsfreiheit geschützt wird. Eine Meinung i. S. v. Art. 5 Abs. 1 S. 1 GG, Art. 20 Abs. 1 S. 1 SächsVerf setzt ein Werturteil voraus, d. h. eine durch das Element des Dafürhaltens geprägte Äußerung, die sich durch die subjektive Beziehung des Äußernden zum Inhalt seiner Aussage auszeichnet.[333] Während die Pressefreiheit pressespezifische Verhaltensweisen schützt, fällt der Schutz der veröffentlichten Meinung unter die Meinungsfreiheit. Zwar beinhaltet die Live-Übertragung durch J., nur einige einleitende Sätzen in wertender Form, die für eine „Aufbereitung" im Sinne der Pressefreiheit nicht ausreichen mögen. Indes ist die Meinungsäußerung nicht vom Umfang der wertenden Äußerung abhängig. Die Einleitung, in der J. von „freiheitsliebenden" Freunden und „Coronadiktaturmaßnahmen" spricht, reicht für Annahme einer – wenn auch nur ansatzweisen – wertenden Einlassung zu den aktuellen Geschehnissen auf dem Marktplatz von Sachsenstadt aus. Damit wird in den Schutzbereich der Meinungsfreiheit durch die Untersagung der Fortsetzung der ungepixelten Live-Übertragung durch J. eingegriffen.[334]

Ein Eingriff in das Grundrecht auf Freiheit der Person in Form der Freiheitsbeschränkung gem. Art. 2 Abs. 2 S. 2 GG, Art. 104 Abs. 1 GG, Art. 16 Abs. 1 S. 2, Art. 17 Abs. 1 SächsVerf (vgl. Definition Fall 1, Ziffer I.) scheidet aus, weil der Sachverhalt keine Anhaltspunkte auf ein Anhalten des J. durch F. beinhaltet, so dass er sich frei bewegen konnte.

II. Ermächtigungsgrundlage

294 Mangels besonderer Regelung einer Untersagung könnte die Maßnahme des F. vorliegend auf die polizeiliche Generalklausel nach § 12 Abs. 1 SächsPVDG gestützt werden. Fraglich ist allerdings, ob die Polizeifestigkeit des Presserechts der Anwendung des SächsPVDG als allgemeines Polizeigesetz entgegensteht. Grundsätzlich ergibt sich aus § 1 Abs. 3 TMG, dass für einen Videokanal basierend auf einem Telemediendienst – wie vorliegend der T-Kanal des J. – die Pressegesetze durch das TMG nicht berührt werden. Gem. § 1 Abs. 2 S. 2 SächsPresseG sind Sondermaßnahmen, die die Pressefreiheit beeinträchtigen, wie etwa Untersagungsverfügungen nach der polizeilichen Generalklausel, unzulässig.[335] Die Tätigkeit des J. wird nach der unter Ziffer I. vertretenen Argumentation nicht vom Grundrecht auf Pressefreiheit geschützt. Selbst wenn man zugunsten eines sehr weiten Verständnisses des Pressebegriffs einen Eingriff in den Schutzbereich des Art. 5 Abs. 1 S. 2 GG bejahen sollte, ist für die Annahme einer Polizeifestigkeit und damit einer Sperrwirkung des Presserechts maßgebend, ob sich die polizeiliche Maßnahme gegen den *Inhalt* des Presseerzeugnisses richtet[336], wobei der stetig steigenden Digitalisierung Rechnung zu tragen ist.[337] Soweit die Gefahren für Schutzgüter der öffentlichen Sicherheit und Ordnung nicht vom geistigen Inhalt der Presseerzeugnisse ausgehen, sondern z. B. von der Art und Weise der Herstellung oder des Vertriebs, ist das Polizeigesetz als allgemeines

---

332 Vgl. LG Bonn, Urt. v. 8.6.2021 – Az.: 25 Ns 69/21, Rn. 47– juris; offengelassen von der Revisionsinstanz OLG Köln, Beschl. v. 8.10.2021 – Az.: 175 III-1 RVs /21, Rn. 5 – juris.
333 Vgl. SächsOVG Beschl. v. 15.6.2023 – Az.: 6 B 83/23, Rn. 9 – juris („Gedenkstein").
334 Für den Fall der Ablehnung eines Eingriffs in die Meinungsfreiheit des J. verbliebe lediglich eine Betroffenheit der allgemeinen Handlungsfreiheit nach Art. 2 Abs. 1 GG. Ein Eingriff in das Grundrecht auf Freiheit der Person in Form der Freiheitsbeschränkung gem. Art. 2 Abs. 2 S. 2 GG, Art. 104 Abs. 1 GG, Art. 16 Abs. 1 S. 2, Art. 17 Abs. 1 SächsVerf (vgl. Definition Fall 1, Ziffer I.) scheidet aus, weil der Sachverhalt keine Anhaltspunkte auf ein Anhalten des J. durch F. beinhaltet, so dass er sich frei bewegen konnte.
335 Möglich bleiben noch Maßnahmen auf Grundlage der StPO.
336 Vgl. OVG Brandenburg, NJW 1997, 1387 (1388); VGH BW Urt. v. 19.8.2010 – Az.: 1 S 2266/09, Rn. 25 – juris mwN.
337 *Bünnigmann*, JuS 2016, 894 (894).

Gesetz anwendbar.³³⁸ Betrifft die polizeiliche Maßnahme allein einen eigenständigen, vom Presseerzeugnis losgelösten Recherchevorgang im Vorfeld, greifen presserechtliche Vorschriften nicht ein.³³⁹

Hier ist Gegenstand der Untersagung durch F. die *ungepixelte* Live-Übertragung des Einsatzes in Ton und Bild zu unterlassen. Damit geht es hier um die Untersagung einer Verbreitungsoption. Das Videografieren als solches ist vom Verbot des J. nicht umfasst. Damit bleibt § 12 Abs. 1 SächsPVDG Ermächtigungsgrundlage. 295

III. Formelle Rechtmäßigkeit

Es müssten die formellen Rechtmäßigkeitsvoraussetzungen vorliegen. 296

1. Polizeiliche Aufgabe und sachliche Zuständigkeit

F. beabsichtigt mit seiner Untersagungsverfügung die Unterbrechung und Verhinderung von Straftaten nach § 33 KunstUrhG und § 201 Abs. 1 StGB während des polizeilichen Einsatzes und erfüllt damit eine polizeiliche Aufgabe nach § 2 Abs. 1 S. 3 SächsPVDG. Seine sachliche Zuständigkeit ergibt sich damit aus § 2 Abs. 3, 1. Halbsatz SächsPVDG. Überdies intendiert J. einen Schutz des allgemeinen Persönlichkeitsrechts von den ohne Einwilligung videografierten Polizisten und anderen Personen nach Art. 2 Abs. 1 i. V. m. 1 Abs. 1 GG, Art. 15 i. V. m. Art. 14 Abs. 1 SächsVerf. Eine unzulässige Beeinträchtigung dieses Rechts könnte im Fall durch die Vornahme von sog. Portraitaufnahmen vorliegen. Dafür ist es ausreichend, dass das Gesicht des Betroffenen auf einem erheblichen Teil des Fotos oder Videos deutlich zu erkennen ist und keine nennenswerten darüber hinaus gehenden relevanten Informationen in den weiteren Abbildungen enthalten sind. Ein „Kopf-Brust-Bild" ist dafür nicht zwingend erforderlich. Eine Portraitierung darf der handelnde Beamte dann annehmen, wenn eine Nahaufnahme aus etwa 8 bis 10 Metern erfolgt.³⁴⁰ 297

Laut Sachverhalt wurden die die Befragung durchführenden Polizisten, die befragten Adressaten und J. aus geringer Entfernung von J. videografiert und sind nach Angaben des Führungsassistenten ohne Weiteres zu identifizieren. Mithin liegen Portraitaufnahmen vor. 298

Auf das Recht am eigenen Bild können sich nicht nur Privatpersonen, sondern grundsätzlich auch Amtsträger bei der Ausübung ihrer spezifisch hoheitlichen Funktionen berufen.³⁴¹ Die Menschenwürde als Mittelpunkt des Wertesystems unserer Verfassung verbietet es, den Grundrechtsschutz des Bürgers im Hinblick auf die von ihm beruflich ausgeübte staatliche Tätigkeit völlig untergehen zu lassen.³⁴² 299

Zum Zeitpunkt der Untersagungsverfügung wusste F. aufgrund der Live-Übertragung der von J. videografierten Bilder, dass die Veröffentlichung von Bildnissen ohne Einwilligung der Abgebildeten stattfand und somit der Anfangsverdacht einer strafbaren Handlung iSd § 33 KunstUrhG bestand. Damit war auch das öffentliche Interesse betroffen. In einem solchen Fall ergibt sich die polizeiliche Aufgabe vorrangig nach § 2 Abs. 1 SächsPVDG. Bei der Prüfung der polizeilichen Aufgabe kommt es auf die Intention des handelnden Beamten an. Nicht maßgebend ist, ob F. in Bezug auf eine mögliche Strafbarkeit des J. durch die Veröffentlichung der Bilder juristisch richtig liegt. F. erlässt die Untersagungsverfügung zur vorbeugenden Bekämpfung 300

---
338 VGH BW Urt. v. 19.8.2010 – Az.: 1 S 2266/09, Rn. 25 – juris.
339 *Bünnigmann,* aaO, S. 894; ähnlich *Führing,* Kriminalistik 2001, 450 (451) bzgl. Druckwerk.
340 VGH BW, NVwZ 2001, 1292 (1294); VG Köln, NJW 1988, 367 (368): 3 Meter.
341 BVerwG, Urt. v. 28.3.2012 – Az.: 6 C 12/11, Rn. 26 – juris; VGH BW, NVwZ-RR 1995, 527 (528).
342 *Rebmann,* AfP 1982, 193.

einer Straftat nach § 33 KunstUrhG, auch wenn sich später herausstellen sollte, dass sich diese Auffassung als fehlerhaft erweist. Damit richtet sich die polizeiliche Aufgabe nach § 2 Abs. 1 S. 3 SächsPVDG.

301 Des Vorliegens der Voraussetzungen von § 2 Abs. 2 SächsPVDG bedarf es daher nicht.

302 F. ist nach § 2 Abs. 3, 1. Halbsatz SächsPVDG auch sachlich zuständig.

2. Verfahrens- und Formvorschriften

303 Da die Untersagung einen VA iSv § 1 S. 1 SächsVwVfZG iVm § 35 S. 1 VwVfG darstellt, war grundsätzlich eine vorherige Anhörung von J. nach § 28 Abs. 1 VwVfG von Nöten. Eine solche war hier jedoch wegen Gefahr im Verzug nach § 28 Abs. 2 Nr. 1, 1. Alt. VwVfG entbehrlich (zur Definition vgl. Fall 1, Ziffer III.). Um das andauernde ungepixelte Veröffentlichen von Bild- und Tonaufnahmen von Polizeibeamten und privaten Dritten mittels Live-Übertragung auf seinem T-Kanal zu unterbinden, musste F. sofort eine entsprechende Untersagungsverfügung gegenüber J. erlassen und konnte ihm zuvor keine Gelegenheit zur Stellungnahme einräumen. Ansonsten wären in der Zeit vor dem Erlass der Untersagung weitere Aufnahmen ohne Einwilligung der videografierten Personen entstanden.

304 Die Untersagung war formell rechtmäßig.

IV. Materielle Rechtmäßigkeit

1. Tatbestandsvoraussetzungen

305 Gemäß § 12 Abs. 1 SächsPVDG kann die Polizei zur Abwehr einer Gefahr iSv § 4 Nr. 3a SächsPVDG für die öffentliche Sicherheit nach § 4 Nr. 1 SächsPVDG die notwendigen Maßnahmen, zu denen auch Verbotsverfügungen gehören, vornehmen. In Bezug auf die betroffenen Schutzgüter der öffentlichen Sicherheit kommen das KunstUrhG, das StGB und das allgemeine Persönlichkeitsrecht in Betracht.

a) Verhältnis zwischen DSGVO, KunstUrhG, StGB und allgemeinem Persönlichkeitsrecht

306 Fraglich ist, ob sich das Videografieren durch J. an den Maßgaben der DSGVO messen lassen muss und welches Verhältnis zwischen DSGVO und KunstUrhG sowie dem allgemeinen Persönlichkeitsrecht besteht. Die DSGVO ist seit dem 25.5.2018 innerhalb der EU als Verordnung unmittelbar anwendbar und allgemein gültig (Art. 288 Abs. 2 AEUV). Damit genießt sie Anwendungsvorrang gegenüber sämtlichen nationalen Vorgaben, soweit keine Öffnungsklauseln abweichendes bzw. konkretisierendes Recht der Mitgliedstaaten gestatten. Das dort normierte Datenschutzrecht knüpft an die Verarbeitung personenbezogener Daten (vgl. Art. 4 Nr. 1 DSGVO) an. Diese werden nach Art. 4 Nr. 2 DSGVO „verarbeitet", wenn sie erhoben, gespeichert, verändert oder auf sonstige Weise automatisch oder manuell verwendet werden. Bei der Fertigung der Videoaufnahmen von den vor Ort agierenden Polizisten und sonstigen Dritten durch J. handelt es sich mithin um die Verarbeitung personenbezogener Daten. Zu prüfen ist überdies, ob bzw. inwieweit dem KunstUrhG neben der DSGVO noch ein Anwendungsbereich verbleibt. Dafür ist maßgebend, ob dem nationalen Gesetzgeber durch Öffnungsklauseln in der DSGVO ein diesbezüglicher Gestaltungsspielraum eingeräumt wird. Eine eigenständige Regelungskompetenz und -verpflichtung könnte sich aus Art. 85 Abs. 1 DSGVO ergeben. Danach bringen die Mitgliedstaaten durch Rechtsvorschriften das Recht auf den Schutz personenbezogener Daten gemäß der DSGVO mit dem Recht auf freie Meinungsäußerung und Informationsfreiheit, einschließlich der Verarbeitung zu journalistischen, wissen-

schaftlichen, künstlerischen oder literarischen Zwecken, in Einklang. Art. 85 Abs. 2 DSGVO normiert insoweit einen konkreten Regelungsauftrag.[343] Er enthält eine Öffnungsklausel, die nicht nur neue Gesetze erlaubt, sondern auch bestehende Regelungen – soweit sie sich einfügen – erfassen kann.[344] Fraglich ist, ob ein Anwendungsvorrang der DSGVO besteht. Dafür ist maßgebend, ob die Voraussetzungen des Art. 85 Abs. 1 DSGVO vorliegen. Dann dürfte die Live-Übertragung des J. nicht „journalistischen Zwecken" iSv Art. 85 Abs. 1 DSGVO dienen. Dieser Begriff ist weit auszulegen[345] und erfasst und meint nicht allein die Datenverarbeitung durch Medienunternehmen. Maßgebend ist, ob die zu beurteilenden Tätigkeiten zum Zweck haben, Informationen, Meinungen oder Ideen, mit welchem Übertragungsmittel auch immer, in der Öffentlichkeit zu verbreiten. Die vorbezeichnete Definition des journalistischen Zwecks geht über den Schutzbereich der Pressefreiheit hinaus. Damit reicht die Meinungsäußerung des J. in der Einleitung seiner Live-Übertragung für die Annahme eines journalistischen Zwecks aus.

Unabhängig davon ist umstritten, ob die Regelung des Art. 85 Abs. 1 DSGVO auf die vorbezeichneten Zwecke beschränkt ist oder auch die Veröffentlichungen zu nichtjournalistischen, insbesondere privaten Zwecken umfasst und damit auch für diese Verarbeitungssituation das KunstUrhG weiterhin Anwendung findet, oder, ob auf Art. 6 Abs. 1, Buchst. f.) DSGVO als allgemeine Datenverarbeitungsnorm zurückzugreifen ist.[346] Während Art. 85 Abs. 1 DSGVO („einschließlich") und der Erwägungsgrund 153 („auch") nur eine beispielhafte Benennung der Zwecke beinhalten, ist die Aufzählung der Zwecke in Art. 85 Abs. 2 DSGVO abschließend. Willigt der Betroffene nicht in die Veröffentlichung eines Bildnisses ein, so wäre die Rechtmäßigkeit einer solchen Veröffentlichung an Art. 6 Abs. 1, Buchst. f.) DSGVO zu messen. Zwar beziehen sich die §§ 22, 23 KunstUrhG speziell auf Bildnisse, während Art. 6 DSGVO lediglich allgemein personenbezogene Daten zum Gegenstand hat. Die §§ 22, 23 KunstUrhG regeln die widerstreitenden Interessen bereits ausreichend. Überdies hätte dann der Straftatbestand des § 33 KunstUrhG auch im nichtjournalistischen Bereich weiterhin Bestand, sodass eine Nichtanwendung des KunstUrhG zu einem geringeren Schutz personenbezogener Daten führen würde.[347] Indes verfügt Art. 6 DSGVO im Vergleich zu §§ 22, 23 KunstUrhG über ein Regelungssystem mit sehr detaillierten und konkreten Vorgaben, das durch eine ausschließliche Anwendung des KunstUrhG umgangen würde. Überdies beinhaltet Art. 6 Abs. 1, Buchst. f.) DSGVO insoweit ein weitergehendes Schutzniveau, weil dort bereits die Erhebung von Daten, also auch die Fertigung von Bildnissen, nur unter bestimmten Voraussetzungen zugelassen wird. Das KunstUrhG bietet dagegen – wie bereits dargestellt – keinen Schutz vor einem unzulässigen Fotografieren durch andere Personen. Im Ergebnis kann der Streit dahinstehen, wenn sowohl bei Berücksichtigung des §§ 22, 23 KunstUrhG als auch bei Prüfung des Art. 6 Abs. 1, Buchst. f.) DSGVO das gleiche Ergebnis erzielt würde.[348] § 201 StGB wird nicht von der DSGVO verdrängt, weil die dort normierte Strafbarkeit an spezifische Voraussetzungen geknüpft und nicht lediglich den Schutz personenbezogener Daten in jeder Form beinhaltet.

307

Das Recht am eigenen Bild als Ausprägung des allgemeinen Persönlichkeitsrechts schützt das Selbstbestimmungsrecht über die Herstellung, Veröffentlichung und Verbreitung von Bildnissen.[349] Das bedeutet, dass bereits das Fertigen einer Aufnahme vor Ort einen Eingriff in dieses

308

---

343 *Lauber-Rönsberg/Hartlaub*, NJW 2017, 1057 (1060).
344 BGH, Urt. v. 7.7.2020 – Az.: VI ZR 246/19, Rn. 11 m. w. N.
345 Erwägungsgrund 153, letzter Satz; EuGH Urt. v. 16.12.2008 – Az.: C-73/07, EuZW 2009, 108 (110) – Satamedia.
346 Vgl. zum Streit *Lauber-Rönsberg/Hartlaub*, NJW 2017, 1057 (1061) mwN.
347 *Kirchhoff*, NVwZ 2021, 1177 (1181).
348 Ebenso offengelassen von BGH, Urt. v. 24.2.2022 – Az.: I ZR 2/21, Rn. 27, 34, 35 – juris; für eine parallele Geltung *Schramm*, NJW 2023, 1542 (1543).
349 VGH BW, NVwZ-RR 1995, 327 (328).

Individualrechtsgut darstellt. Denn schon dadurch wird das Erscheinungsbild des Betroffenen in einer bestimmten Situation von seiner Person abgelöst, datenmäßig fixiert und seiner Kontrolle und Verfügungsmacht entzogen, woraus ein Schutzbedürfnis erwächst.[350] Auch Polizeibeamten steht das Recht am eigenen Bild zu, dem allerdings während der Dienstausübung geringere Bedeutung zukommt.[351] Die Live-Übertragung der Filmaufnahmen von J. berühren mithin das allgemeine Persönlichkeitsrecht der Abgebildeten.

309 Im Verhältnis zum allgemeinen Persönlichkeitsrecht sind die Vorschriften des KunstUrhG für ihren Geltungsbereich allerdings leges speciales. Soweit es um die Verletzung des Rechts am eigenen Bild als besondere rechtliche Ausprägung des allgemeinen Persönlichkeitsrechts geht, scheidet ein Rückgriff auf das allgemeine Persönlichkeitsrecht daher regelmäßig aus.[352]

b) Drohende bzw. bereits vorliegende Verstöße gegen Rechtsvorschriften

aa) KunstUrhG

310 Fraglich ist, ob im Zeitpunkt des polizeilichen Einschreitens eine hinreichende Wahrscheinlichkeit bestand, dass J. gegen die Vorgaben der §§ 22, 23 KunstUrhG verstieß. Nach § 22 S. 1 KunstUrhG dürfen Bildnisse nur mit Einwilligung des Abgebildeten verbreitet oder veröffentlicht werden.

(1)Bildnisse

311 Bildnisse iSv § 33 KunstUrhG sind solche Abbildungen, bei denen die objektive Möglichkeit besteht, den Abgebildeten aufgrund der ihn identifizierenden Eigenschaften zu erkennen, sei es aufgrund der Gesichtszüge oder anderer Merkmale, wie zB prägender Körpermerkmale oder auch nur bestimmter Kleidungsstücke. Dabei reicht auch die Erkennbarkeit durch einen begrenzten Personenkreis, etwa durch Bekannte des Betroffenen aus.[353] Da laut Sachverhalt J. sowohl am Einsatz beteiligte Beamte (einschließlich F.) als auch durch sie befragte Privatpersonen ungepixelt und identifizierbar videografiert und unmittelbar auf seinem T-Kanal überträgt, hat er Bildnisse veröffentlicht.

(2)Einwilligung

312 Selbst mit einem bei Pressefotos häufig verwendeten schwarzen Balken vor der Augenpartie genießt ein Bild den Schutz des § 22 KunstUrhG, wenn sich eine solche Augenblende als wirkungslos erweist, weil sie die Identifikation der abgebildeten Person nicht ausschließt.[354] Allein die Tatsache, dass sich – wie im vorliegenden Fall – die Polizisten in ihrer amtlichen Funktion in die Öffentlichkeit begeben, stellt noch keine konkludente Einwilligung in die Filmaufnahmen und deren Veröffentlichung dar.[355]

313 Die videografierten Polizeibeamten und die Privatpersonen willigten noch nicht einmal zur bloßen Herstellung geschweige denn zur Veröffentlichung ihrer Bildnisse durch J. ein.

(3) Verbreiten oder öffentlich zur Schau stellen

---

350 BVerfGE 101, 361 (380); VGH BW, NVwZ-RR 2008, 700 (701).
351 *Kirchhoff*, NVwZ 2021, 1177 (1179).
352 Da § 22 S. 1 KunstUrhG nur das Veröffentlichen und Verbreiten von Bildnissen erfasst, kann lediglich in außergewöhnlichen Einzelfällen (zB Enttarnung von SEK-Beamten durch kriminelle Organisationen, vgl. SächsOVG, SächsVBl. 2008, 89 (91)) in Betracht kommen, dass bereits allein das Fotografieren einen spezifischen Eingriff in das allgemeine Persönlichkeitsrecht des Betroffenen darstellt (VGH BW Urt. v. 19.8.2010 – Az.: 1 S 2266/09, Rn. 38; VG Meiningen Urt. v. 13.3.2012 – Az.: 2 K 373/11.Me, Rn. 30; VG Göttingen Urt. v. 21.11.2012 – Az.: 1 A 14/11, Rn. 6 – alle juris).
353 VGH BW, NVwZ 2001, 1292 (1293).
354 Vgl. VGH BW, NVwZ 2001, 1292 (1293).
355 *Rennicke*, NJW 2022, 8 (9).

Fall 9: „Ärger mit Fotografen"

Unter „Verbreiten" ist jede Art, das Bildnis an Dritte weiterzugeben oder auch nur zu ihrer Kenntnis gelangen zu lassen, zu verstehen. Eine Unterscheidung zwischen der Verwertung in der Öffentlichkeit und im privaten Kreis nimmt § 22 KunstUrhG nicht vor. Entscheidend ist, dass bereits die Verbreitung durch Einzelpersonen zu einem Verlust der Kontrolle darüber führt, ob und wie das Bildnis in die Öffentlichkeit gelangt und das Risiko einer nicht mehr zu kontrollierenden Kenntnisnahme in sich birgt.[356] Die Tathandlung „öffentlich zur Schau stellen" bedeutet, dass die Fotos einem unbestimmten Personenkreis zugänglich gemacht werden, zB durch ein Posten im Internet oder den Abdruck in einem Printmedium.[357] Das Herstellen von Bildnissen durch Fotografieren als solches fällt nicht unter die Tathandlung des § 33 KunstUrhG.[358] Durch die ungepixelte Live-Übertragung der Befragung von künftigen Versammlungsteilnehmern durch Polizeibeamte sowie dem Agieren des F. gegenüber J. in jeweils personenidentifizierbarer Form konnte jeder Internetnutzer die Geschehnisse inklusive Bildnisse der vorbezeichneten Personen ohne Verzögerung verfolgen. Mithin liegt ein öffentliches Zurschaustellen vor. 314

§ 23 Abs. 1 Nr. 1 KunstUrhG lässt derartige Veröffentlichungen jedoch zu, wenn die abgebildeten Personen solche der Zeitgeschichte[359] sind und sofern gemäß § 23 Abs. 2 KunstUrhG berechtigte Interessen des Abgebildeten nicht verletzt werden. Zur Zeitgeschichte gehören alle Vorgänge die von der Öffentlichkeit beachtet werden, also im gesellschaftlichen Interesse liegen. Die Norm dient dem Informationsinteresse der Allgemeinheit, das durch die Veröffentlichungen der Presse und Privatpersonen befriedigt wird. Nicht jeder Polizeieinsatz stellt per se ein Ereignis von zeitgeschichtlicher Bedeutung dar. Das gilt insbesondere für alltägliche Einsätze.[360] § 23 Abs. 1 Nr. 3 KunstUrhG privilegiert Bilder von Versammlungen, Aufzügen und ähnlichen Vorgängen, an denen die dargestellten Personen teilgenommen haben. Davon sind im Grundsatz zwar nicht Abbildungen einzelner Individuen als Versammlungsteilnehmer erfasst. Allerdings sind vor dem Hintergrund des Sinn und Zwecks der Vorschrift - dass ein Teilnehmer von Versammlungen damit rechnen muss, dass er im Zuge des Geschehens abgebildet wird und seine Persönlichkeitsrechte insoweit hintanstellen muss - Ausnahmen von diesem Grundsatz anzuerkennen. So ist der Schutz der Persönlichkeitsrechte umso weniger von Gewicht, je mehr sich der abgebildete Teilnehmer selbst exponiert.[361] 315

Zudem ist grundsätzlich zu berücksichtigen, dass bei Polizeieinsätzen hinsichtlich die Öffentlichkeit interessierender Ereignisse, regelmäßig unzählige – auch spontane und unkontrollierte – Fotos angefertigt werden, von denen später nur wenige tatsächlich in der Presse oder im Internet erscheinen. Werden Fotos von einem Pressevertreter gefertigt, so werden sie später vom verantwortlichen Redakteur einem Auswahlverfahren unterzogen.[362] Das ungehinderte Fotografieren stellt einen Teil der Pressearbeit dar, die wiederum nicht in unzulässiger Weise eingeschränkt oder gar unmöglich gemacht werden darf. Auch Filmen und Fotografieren mehrerer oder einzelner Polizeibeamter ist danach bei aufsehenerregenden Einsätzen im Allgemeinen zulässig.[363] Allerdings obliegt es dem Fotografen, bei einer Veröffentlichung die Vorschriften des KunstUrhG zu beachten. Auch im Interesse eines sachlichen, vertrauensvollen, offenen und 316

---

356 OLG Köln Beschl. v. 2.6.2017 – Az.: 1 RVs 93/17, Rn. 11 – juris mwN.
357 Das Herstellen von Bildnissen durch Fotografieren als solches fällt nicht unter die Tathandlung des § 33 KunstUrhG (vgl. OVG NRW, DÖV 2001, 476; *Thäle*, VBlBW 1999, 48 (49)).
358 OVG NRW, DÖV 2001, 476; *Thäle*, VBlBW 1999, 48 (49).
359 Die früher vorgenommene Differenzierung nach absoluten und relativen Personen der Zeitgeschichte (vgl. VGH BW, NVwZ 2001, 1292 (1293) mwN)) wurde vom EGMR (NJW 2004, 2647 (2650); zustimmend BVerfG, JZ 2008, 627 (631)) kritisiert und fortan aufgegeben.
360 *Kirchhoff*, NVwZ 2021, 1177 (1180); *Rennicke*, NJW 2022, 8 (11).
361 AG Freiburg, Beschl. v. 5.7.2021 – Az.: 32 Cs 510 Js 9505/21, Rn. 7 – juris.
362 Gleiches gilt, wenn die Aufnahmen von einer Privatperson stammen (BayVGH Beschl. v. 11.5.2000 – Az.: 25 B 97.1012, Rn. 51 – juris).
363 Vgl. *Rennicke*, NJW 2022, 8 (11); *Reuschel*, NJW 2021, 17 (20); *Kirchhoff*, NVwZ 2021, 1177 (1780).

verlässlichen Umgangs zwischen Presse und Rundfunk bei spektakulären Anlässen kann nicht von vornherein unterstellt werden, dass ggf. unzulässige Fotografien später auch veröffentlicht werden. Angesichts der zivilrechtlichen und strafrechtlichen Sanktionen ist grundsätzlich von der Rechtstreue der für die Veröffentlichung zuständigen Redakteure auszugehen.[364] Nur wenn ausnahmsweise konkrete Anhaltspunkte dafür bestehen, dass Lichtbilder entgegen den Vorschriften des KunstUrhG unter Missachtung des Rechts der Polizeibeamten am eigenen Bild auch veröffentlicht werden, kann sogar eine Sicherstellung von Kamera und Film rechtmäßig sein.[365]

317 Die Live-Übertragung auf seinem T-Kanal nimmt J. zum einen nicht als Pressevertreter, sondern als Privatperson vor. Sein Verhalten wird allenfalls durch die Meinungsfreiheit, nicht jedoch durch die Pressefreiheit geschützt und stellt eine öffentliche Zurschaustellung der am Einsatz beteiligten Polizeibeamten und Privatpersonen dar[366], sodass eine Störung der öffentlichen Sicherheit bereits vorliegt. Vor diesem Hintergrund kann sich J. auch nicht auf die Vermutung rechtstreuen Verhaltens stützen.

(4) Abwägung mit abgestuftem Schutzkonzept

318 Nach Auffassung des BVerwG[367] sei in derartigen Fallkonstellationen nicht allein die zu vermutende Rechtstreue des Fotografen beim Umgang mit dem erhobenen Bildmaterial entscheidend. Vielmehr gehe es zudem um die Abwägung der einander gegenüberstehenden Rechtspositionen der Grundrechtsausübung der Fotografen und der Gefahrenabwehr sowie deren angemessenen Ausgleich.

319 Die Zulässigkeitsprüfung von Veröffentlichungen findet nach einem abgestuften Schutzkonzept statt[368], wobei eine einzelfallbezogene Abwägung vorzunehmen ist. Dabei sind alle widerstreitenden Interessen mit einzubeziehen, hier als das Recht der Abgebildeten am eigenen Bild und der Schutz ihrer Persönlichkeit sowie andererseits das Grundrecht auf Meinungsfreiheit des J. Zwar ist das Gewicht des Grundrechtseingriffs bei J. verhältnismäßig gering, da er bereits vor der Untersagungsverfügung durchgängig die bewegten Bilder vom Marktplatz in Sachsenstadt live übertragen konnte. Gleichwohl muss der PVD für einen Eingriff die Bedeutung und Tragweite der Meinungsfreiheit hinreichend berücksichtigen.[369]

320 Die Einschränkung der Meinungsfreiheit darf nicht weiter gehen als es zum Schutz des öffentlichen Interesses unerlässlich ist. Danach sind die Gesetze ihrerseits unter Berücksichtigung der Meinungsfreiheit auszulegen und anzuwenden, damit dessen Bedeutung für das einfache Recht auch auf der Ebene der Rechtsanwendung zur Geltung kommt. Die Meinungsfreiheit gebietet dabei insbesondere eine Auslegung des einfachen Rechts, bei der abschreckende Effekte auf den Gebrauch des Grundrechts möglichst gering gehalten werden.[370]

Während eines Polizeieinsatzes rund um eine Versammlung kann es insbesondere während der Begleitung einer Demonstration durch Polizisten zu einer identifizierbaren Veröffentlichung von Bildnissen der Beamten kommen. Solche Aufnahmen sind indes nur dann von § 23 Abs. 1 Nr. 3 KunstUrhG erfasst, wenn dabei die Versammlung im Vordergrund steht. Für den Fall, dass bedeutsame polizeiliche Maßnahmen gegenüber der Versammlung als solcher

---

364 BVerwG Urt. v. 28.3.2012 – Az.: 6 C 12/11, Rn. 32 – juris.
365 Vgl. statt vieler OVG Rh-Pf, NVwZ-RR 1998, 237 (238).
366 Auf den Grundsatz der Rechtstreue der Presse bei der Erhebung von Informationen (BVerwG Urt. v. 28.3.2012 – Az.: 6 C 12/11, Rn. 32 – juris; OVG Rh-Pf, NVwZ-RR 1998, 237 (238)), der auch auf Privatperson übertragen wird (BayVGH Beschl. v. 11.5.2000 – Az.: 25 B 97.1012, Rn. 51 – juris), kommt es hier nicht an.
367 BVerwG Urt. v. 28.3.2012 – Az.: 6 C 12/11, Rn. 32 – juris.
368 Ausführlich BGH Urt. v. 29.5.2018 – Az.: VI ZR 56/17, Rn. 9; OLG Köln Beschl. v. 8.10.2018 – Az.: 15 U 110/18, Rn. 15 – beide juris mwN allerdings bezüglich einer Abwägung mit dem Grundrecht auf Pressefreiheit.
369 BVerfG Beschl. v. 24.7.2015 – Az.: 1 BvR 2501/13, Rn. 12 – juris bezüglich Grundrecht auf Pressefreiheit.
370 BVerfG Beschl. v. 24.7.2015 – Az.: 1 BvR 2501/13, Rn. 13 – juris bezüglich Grundrecht auf Pressefreiheit.

oder Versammlungsteilnehmern vorgenommen werden, können ungepixelte Bildnisse von Polizeibeamten beim Erlass von polizeilichen Verfügungen durchaus veröffentlicht werden. Die Live-Übertragung der Befragung von künftigen Versammlungsteilnehmern durch Polizeibeamte sowie F. selbst im Rahmen des Erlasses der Untersagung gegenüber J. erfolgte, weil J. sich grundsätzlich gegen sämtliche polizeilichen Maßnahmen gegenüber Personen, die sich nicht an die Vorgaben der Sächs-CoronaSchVO, wie hier die Maskentrageverpflichtung, halten, positioniert. Es handelte sich lediglich um eine Befragung von Personen durch die Polizei, also um eine wenig eingriffsintensive Maßnahme, die aufgrund der mangelnden Einhaltung der Maskentrageverpflichtung bei objektiver Betrachtung rechtmäßig und zu erwarten war. Für eine Eskalation der Situation, die etwa die Anwendung unmittelbaren Zwangs gerechtfertigt hätte, gab es keine Anhaltspunkte. Polizeiliche Kontrollmaßnahmen bezüglich Verstöße gegen die SächsCoronaSchVO waren zu diesem Zeitpunkt keineswegs selten, sondern gehörten zum Tagesgeschäft des Streifendienstes. Hinsichtlich seiner Ausübung der Meinungsfreiheit trug J. lediglich zu Beginn seiner Live-Übertragung eine äußerst knappe wertende Kommentierung vor. Die Befragungssituation als solche wurde nicht wertend begleitet, sondern schlicht abgefilmt und ohne zeitliche Verzögerung und kunsturheberrechtsbedingte Bearbeitung auf seinem T-Kanal übertragen. Eine Rechtfertigung für eine *ungepixelte* Live-Übertragung von Bildnissen ohne Einwilligung der Polizisten ist vor diesem Hintergrund nicht erkennbar. Die befragten künftigen Versammlungsteilnehmer exponieren sich zwar, indem sie, trotz Maskentragepflicht, keine Mund-Nase-Bedeckung angelegt haben. Allerdings tragen laut Sachverhalt zahlreiche andere Personen keine Maske, sodass Übersichtsaufnahmen vom Geschehen rund um die Versammlung ausgereicht hätten, um Verstöße gegen die Maskentragepflicht und das diesbezüglich polizeiliche Handeln zu dokumentieren. Für eine ungepixelte Videografierung mit Live-Übertragung dieser Personen bestand auch bezüglich der Privatpersonen dennoch kein Anlass.[371] Damit erfüllt das Verhalten des J. zumindest die objektiven die Tatbestandsvoraussetzungen des § 33 KunstUrhG. Die Strafbewehrung der Vorschrift impliziert ein besonderes öffentliches Interesse an der Einhaltung der Vorgaben der §§ 22, 23 KunstUrhG.

bb) DSGVO

Fraglich ist, ob die Voraussetzungen von Art. 6 Abs. 1, Buchst. f.) DSGVO vorliegen. Dann müsste die Verarbeitung zur Wahrung der berechtigten Interessen des Verantwortlichen (hier des J.) oder eines Dritten erforderlich sein, sofern nicht die Interessen oder Grundrechte und Grundfreiheiten der betroffenen Person (die befragenden Polizeibeamten, die befragten künftigen Versammlungsteilnehmer und F.), die den Schutz personenbezogener Daten erfordern, überwiegen. In einer Stellungnahme der Bundesregierung vom 20.9.2018[372] wird ausgeführt: *„Grundsätzlich wird bei Fotografien von öffentlichen Veranstaltungen oder im öffentlichen Raum von einem überwiegenden Interesse des Fotografen auszugehen sein. Von einem gegen die Anfertigung der Fotografie sprechenden überwiegenden Interesse einer betroffenen Person wird in aller Regel nur dann ausnahmsweise auszugehen sein, wenn Fotos beispielsweise heimlich oder verdeckt erfolgten, die Aufnahmen die Intimsphäre des abgebildeten betreffen oder sie diskreditierend oder diskriminierend wirken."* In Erwägungsgrund 47 wird zur Abwägung u. A. Folgendes ausgeführt: *„Auf jeden Fall wäre das Bestehen eines berechtigten Interesses besonders sorgfältig abzuwägen, wobei auch zu prüfen ist, ob eine betroffene Person zum Zeitpunkt der Erhebung personenbezogener Daten und angesichts der Umstände, unter denen sie erfolgt, vernünftigerweise absehen kann, dass möglicherweise eine Verarbeitung für diesen Zweck erfolgen wird."*

---

371 Vgl. LG Bonn, aaO., Rn. 54; ausdrücklich zustimmend die Revisionsinstanz: OLG Köln, Beschl. v. 8.10.2021 – Az.: III-1 RVs 175/21, Rn. 5 – juris.
372 BT-Drs. 19/4421, S. 48.

322 Unter Berücksichtigung der vorstehenden Erwägungen ist in Bezug auf die ungepixelte Live-Übertragung durch J. mit identifizierbaren Polizisten (einschließlich F.) und befragten Dritten ein überwiegendes Interesse dieser Personen am Schutz ihres Rechts am eigenen Bild zu erkennen. Zwar befanden sich die oben bezeichneten Personen zum Zeitpunkt der Herstellung der Aufnahmen in der Öffentlichkeit, wo sowohl Privatpersonen als auch Beamte grundsätzlich damit rechnen müssen, videografiert zu werden. Dies gilt um so mehr, als es sich um einen versammlungsbegleitenden Einsatz handelte. Solche Ereignisse gehen mit fotografischen Dokumentationen sowohl durch Pressevertreter als auch durch Privatpersonen einher. Allerdings ist weder im Hinblick auf die Befragungssituation noch bezüglich F. ein besonderes Interesse daran erkennbar, das eine ungepixelte und überdies noch vertonte Live-Übertragung von den betroffenen Personen in identifizierbarer Art und Weise rechtfertigen könnte. Die Befragung stellt, wie bereits dargestellt, eine wenig grundrechtsintensive polizeiliche Maßnahme dar, die durch das mangelnde Tragen von Mund-Nasen-Bedeckungen trotz diesbezüglicher Regelungen in der SächsCoronaSchVO durch die betroffenen Personen geradezu herausgefordert wurde. F. konfrontiert J. mit der Live-Berichterstattung und fordert ihn auf, die ungefilterte Live-Übertragung des Einsatzes in Ton und Bild zu unterlassen. Auch diese polizeiliche Maßnahme musste J. nicht ungepixelt und vertont direkt via Internet übertragen. Selbst wenn er die Aufforderung durch F. für rechtswidrig hält, hätte eine schlichte Videoaufzeichnung ohne Veröffentlichung ausgereicht, um eine Beweissicherung zu betreiben. Sowohl das Handeln der befragenden Polizisten als auch des F. war nicht offensichtlich rechtswidrig. Eine Eskalation polizeilicher Maßnahmen etwa durch Anwendung unmittelbaren Zwangs stand zum Zeitpunkt der Live-Übertragung nicht zu befürchten. J. ist überdies seinen Informationspflichten nach Art. 13 Abs. 1, Buchst. d) DSGVO (z. B. Name und Kontaktdaten des J. als Verantwortlichen) nicht nachgekommen, da er die videografierten Personen nicht über den Anlass und die Reichweite seiner Live-Übertragung und damit über ein eventuelles berechtigtes Interesse – zumindest aus seiner Sicht – informierte. Die ungefilterten personenbezogenen Daten der befragenden Polizisten, ihrer Adressaten und des F. sind für jedermann im Internet frei verfügbar und speicherbar, sodass letztlich eine irreparable Verletzung ihres allgemeinen Persönlichkeitsrechts in schwerwiegender Form eingetreten ist. Im Vergleich dazu ist der geringfügige Eingriff in das Recht des J. auf Meinungsäußerungsfreiheit als weniger gewichtig einzustufen. Dies gilt um so mehr als F. dem J. lediglich eine ungepixelte Live-Übertragung und nicht etwa jegliche Live-Übertragung untersagt. Damit liegt auch ein Verstoß gegen Art. 6 Abs. 1, Buchst. f.) DSGVO vor.

cc) StGB

323 Als weiteres Schutzgut der öffentlichen Sicherheit könnte ein Verstoß gegen § 201 StGB Abs. 1 vorliegen. Dann müsste J. das nichtöffentlich gesprochene Wort auf einem Tonträger aufgenommen haben. Die vertonte Live-Übertragung der Befragung einiger künftiger Versammlungsteilnehmer durch Polizisten sowie der verbale Kontakt zwischen F. und J. wurde gleichzeitig aufgezeichnet, sodass eine Tonträgeraufnahme vorliegt. Fraglich ist, ob es sich bei dienstlichen Ansprachen von Polizeibeamten im öffentlichen Raum um nichtöffentlich gesprochene Worte handelt. Als "nichtöffentlich gesprochene(s) Wort" ist nach der engeren Auffassung der Rechtsprechung jede nicht an die Allgemeinheit gerichtete Äußerung aufzufassen, die nicht über einen durch persönliche oder sachliche Beziehungen abgegrenzten Personenkreis hinaus ohne Weiteres wahrnehmbar ist.[373] Entscheidend sind die Abgeschlossenheit des Zuhörerkreises und die Kontrollmöglichkeit über die Reichweite der Äußerung.[374] Für die Frage der Nichtöffentlichkeit

---

373 OLG Düsseldorf, Urt. v. 4.11.2022 – Az.: 3 RVs 28/22, Rn. 7 – juris.
374 OLG Düsseldorf a.a.O., Rn. 7; OLG Zweibrücken, Beschl. v. 30.6.2022 – Az.: 1 OLG 2 Ss 62/21, Rn. 15; LG Kassel, Beschl. v. 23.9.2019 – Az.: 2 Qs 111/19, Rn. 7 – alle juris.

ist daher vor allem - aber nicht allein - der Wille des Sprechers von Bedeutung[375]. Daneben kommt es auch auf "Zweck und Eigenart" der Unterredung an.[376] Maßgebend dafür ist, ob eine tatbestandsausschließende „faktische Öffentlichkeit"[377] besteht. Eine weite Auffassung[378] lehnt eine Tatbestandsmäßigkeit von vertonten Videoaufnahmen von Polizeieinsätzen im öffentlichen Raum generell ab, weil ansonsten der ansprechende Polizeibeamte selbst über die Umstände der faktischen Öffentlichkeit verfügen und bewusst nichtöffentliche Dienstsituationen schaffen könne, etwa indem er den Betroffenen zur Seite nehme.[379] Maßgebend sei dagegen nicht, wie viele Personen tatsächlich anwesend waren, wer mithörte oder welchen Willen der ansprechende Polizeibeamte hatte. Diese Faktoren hängen vom Zufall ab und stehen einem klaren, rechtssicheren Verständnis entgegen.[380]

Eine Streitentscheidung ist indes entbehrlich, wenn beide Meinungen im vorliegenden Fall zum selben Ergebnis gelangen. Die Befragung der beiden künftigen Versammlungsteilnehmer durch die Polizeibeamten findet inmitten von vorbeigehenden Passanten und weiteren potenziellen Versammlungsteilnehmern statt, sodass der Inhalt der Befragung für einen Personenkreis wahrnehmbar ist, der nicht durch abgegrenzte persönliche oder sachliche Beziehungen gekennzeichnet ist.

Mithin sind die objektiven Tatbestandsvoraussetzungen nicht erfüllt, sodass § 201 StGB als Schutzgut der öffentlichen Sicherheit ausscheidet.

Durch die Live-Übertragung des J. sind die Rechtsgüter in Form des § 33 KunstUrhG, Art. 6 Abs. 1, Buchst. f.) DSGVO und das (subsidiäre) allgemeine Persönlichkeitsrechts bereits verletzt, sodass eine Störung der öffentlichen Sicherheit vorliegt.

2. Adressat

J. ist als Handlungsverantwortlicher nach § 6 Abs. 1 SächsPVDG der richtige Adressat der Untersagungsverfügung.

3. Ermessen

Das Entschließungs- und Auswahlermessen wurde rechtmäßig ausgeübt. Ermessensfehler sind nicht ersichtlich.

4. Verhältnismäßigkeit

Die Untersagungsverfügung bezüglich der weiteren ungepixelten Live-Übertragung ist geeignet, um zumindest eine Vertiefung der oben bezeichneten Verletzungen von Schutzgütern der öffentlichen Sicherheit durch eine permanente ungepixelte Live-Übertragung des J. zu verhindern. Ein milderes Mittel als die Untersagung einer ungepixelten Live-Übertragung von Bildnissen von Personen, die in die Veröffentlichung ihrer Bildnisse nicht eingewilligt haben, ist nicht ersichtlich. Aus den bereits unter Ziffer IV. 1. c), dd) und d) dargestellten Erwägungen ist das öffentliche

---

[375] Vgl. BGH, Urt. v. 17.3.1983 – Az.: 4 StR 640/82, Rn. 6 – juris; OLG Zweibrücken, a.a.O., Rn. 15.
[376] OLG Düsseldorf, Urt. v. 4.11.2022 – Az.: 3 RVs 28/22, Rn. 7 – juris.
[377] LG Kassel, a.a.O, Rn. 7.
[378] *Reuschel*, NJW 2021, 17 (18); *Lamsfuß*, juris-PR-StrafR 21/2021, Anm. 2, Ziffer III. m.w.N.; LG Osnabrück, Beschl. v. 24.9.2021 – Az.: 10 Qs 49/21, Rn. 9 – juris.
[379] *Lamsfuß* a.a.O.
[380] *Lamsfuß*, a.a.O.

Interesse an der Untersagungsverfügung als höherwertig gegenüber dem Grundrechtseingriff bei J. anzusehen.

V. Ergebnis

327 Die Untersagungsverfügung des F. war rechtmäßig.

B. Sicherstellung des Smartphones von J.
I. Vorprüfung

328 Die Sicherstellung des Smartphones des J. durch F. greift in sein Grundrecht auf Meinungsfreiheit nach Art. 5 Abs. 1 S. 1 GG, Art. 20 Abs. 1 S. 1 SächsVerf ein, indem er Werturteile in Bezug auf die Versammlung und den diesbezüglich stattfindenden Polizeieinsatz nicht mehr auf seinem T-Kanal verbreiten kann.

329 In Betracht kommt überdies ein Eingriff in sein Grundrecht auf Eigentum gemäß Art. 14 Abs. 1 GG, Art. 31 SächsVerf (Schutzbereichsdefinition siehe oben Fall 6 Ziffer I.) in Betracht. J. kann das in seinem Eigentum stehende Smartphone vorübergehend nicht mehr nutzen. Allerdings handelt sich um einen kurzfristigen Nutzungsentzug von nur wenigen Stunden, sodass noch kein Eingriff in die Bestandsgarantie des Eigentums vorliegt. Mithin ist bezüglich des vorübergehenden Nutzungsentzugs lediglich ein Eingriff in den Schutzbereich der allgemeinen Handlungsfreiheit gemäß Art. 2 Abs. 1 GG, Art. 15 SächsVerf zu bejahen.

II. Ermächtigungsgrundlage

330 Die Sicherstellung des Smartphones könnte vorliegend auf § 31 Abs. 1 Nr. 1 SächsPVDG beruhen.

III. Formelle Rechtmäßigkeit
1. Polizeiliche Aufgabe und sachliche Zuständigkeit

331 Eine polizeiliche Aufgabe bezüglich der Sicherstellung als solche könnte sich im vorliegenden Fall aus § 2 Abs. 1 S. 3 SächsPVDG ergeben, weil J. durch die live auf seinem T-Kanal übertragenen Portraitaufnahmen von E. und den anderen Beamten gegen § 33 KunstUrhG und § 201a StGB verstoßen könnte und F. mit der Wegnahme des Smartphones beabsichtigt, die andauernden Straftaten zu unterbinden sowie weitere ähnliche Straftaten des J. zu verhindern.[381] Die sachliche Zuständigkeit richtet sich damit nach § 2 Abs. 3, 1. Halbsatz SächsPVDG. Die Intention des F. auch das Recht am eigenen Bild als Teil des Allgemeinen Persönlichkeitsrechts aus Art. 2 Abs. 1 iVm Art. 1 Abs. 1 GG, Art. 15 iVm Art. 14 Abs. 1 SächsVerf) schützen zu wollen, tritt hinter der in § 2 Abs. 1 S. 3 SächsPVDG bezeichneten Aufgabe zurück. Auf das Vorliegen der Voraussetzungen des § 2 Abs. 2 SächsPVDG kommt es mithin auch bezüglich der Sicherstellung des Smartphones nicht an.

---

381 An dieser Stelle sollte noch nicht ein etwaiger Anwendungsvorrang der DSGVO dargelegt werden. Im Rahmen der Aufgabenzuweisung geht es um die Zielrichtung des polizeilichen Handels, die sich nach der Intention der handelnden Beamten richtet. Zudem sollte im Rahmen der polizeilichen Aufgabe auch nicht im Detail erörtert werden, ob die Rechtsauffassung der Beamten zutrifft. Das ist eine Frage der materiellen Rechtmäßigkeit.

2. Verfahrens- und Formvorschriften

Die Sicherstellung erfordert das Vorliegen der speziellen Verfahrensvorschriften des § 32 SächsPVDG. F. hat das Smartphone des J. gemäß § 32 Abs. 1 S. 1 SächsPVDG in Verwahrung genommen und J. eine entsprechende Bescheinigung nach § 32 Abs. 2 S. 1 SächsPVDG ausgestellt. Fraglich ist, ob zur Bezeichnung des Grundes auf der Sicherstellungsbescheinigung das Kreuz beim Feld „zur Gefahrenabwehr" ausreichend ist. Die Angabe des Grundes erfordert nicht die Abgabe einer Begründung iSv § 1 SächsVwVfZG iVm § 39 VwVfG, vielmehr reicht die Kurzdarstellung des Sachverhalts aus, der für die Anordnung der Sicherstellung maßgebend war. Dafür hätte es ausgereicht, wenn F. dem J. mitgeteilt hätte, dass sein Smartphone wegen der fortwährenden Verstöße zumindest gegen das KunstUrhG in polizeiliche Verwahrung genommen wird. Eine derartige Erläuterung der Maßnahme hat F. unmittelbar vor der Anordnung der Sicherstellung nicht vorgenommen. Allerdings sagte F. dem J. im Zuge der Untersagungsverfügung, dass er mit seiner Live-Videografierung aufhören soll, weil sein Verhalten strafbar sei und F. eine Strafanzeige erstatten werde. Als J. dennoch mit seiner Live-Videografierung von F. fortfuhr, drohte F. die Sicherstellung der Kamera an. Damit war J. bekannt, dass die Veröffentlichung von Bildnissen ohne Einwilligung der Abgebildeten mittels Live-Videografierung nach Auffassung von J. gegen strafbewehrte Vorschriften verstößt und er bei Fortsetzung dieses Verhaltens mit einer Sicherstellung rechnen müsse. Auf eine Wiederholung dieser Darstellung konnte F. auch vor dem Hintergrund des abweichenden Ereignisorts verzichten, weil sich die Situation noch im Rahmen des Gesamteinsatzes von F. und den anderen Polizisten bewegte. F. hat mithin die Verfahrensvorschriften des § 32 SächsPVDG eingehalten.[382] Da die Sicherstellung in Gegenwart des J. einen VA iSv § 35 S. 1 VwVfG darstellt, war grundsätzlich die vorherige Anhörung von J. nach § 28 Abs. 1 VwVfG von Nöten. Sie könnte jedoch gemäß § 28 Abs. 2, Einleitungssatz VwVfG aufgrund der Umstände des Einzelfalls nicht geboten gewesen sein. J. wurde von F. bereits im Zusammenhang mit seiner ungepixelten Live-Übertragung von Bildnissen von Polizisten und künftigen Versammlungsteilnehmern in einer Befragungssituation auf die generelle Unzulässigkeit und strafrechtliche Relevanz solcher Aufnahmen hingewiesen. Hinzu kommt, dass die Verletzung von strafbewehrten Vorschriften nach § 33 KunstUrhG und § 201a StGB durch die Live-Übertragung des wehrlos am Boden liegende E. eine Intensivierung der Rechtsgutsverletzung im Vergleich zu dem der Untersagungsverfügung zugrundeliegenden Sachverhalts darstellen, die unverzüglich unterbunden werden musste. Eine Verzögerung durch die Gewährung der Gelegenheit zur Stellungnahme einer ohnehin schon im Rahmen der Untersagungsverfügung erfolglos „angedrohten" Sicherstellung würde zu einer nicht hinnehmbaren Fortsetzung der andauernden strafbaren Handlungen des belehrungsresistenten J. führen.

Die Sicherstellung war formell rechtmäßig.

IV. Materielle Voraussetzungen

1. Tatbestandsvoraussetzungen

Die Sicherstellung nach § 31 Abs. 1 Nr. 1 SächsPVDG fordert das Vorliegen einer gegenwärtigen Gefahr, die in § 4 Nr. 3 b) SächsPVDG legaldefiniert ist (vgl. Fall 2, IV.). Diese bezieht sich auf Schutzgüter der öffentlichen Sicherheit nach § 4 Nr. 1 SächsPVDG.

Als Schutzgut der öffentlichen Sicherheit iSv § 4 Nr. 1 SächsPVDG kommt hier erneut die Vorschrift des § 33 KunstUrhG als Teil der Rechtsordnung wegen einer der von E. und den anderen Polizeibeamten gefertigten Live-Bildübertragung ohne Einwilligung der Polizisten in

---

382 Selbst wenn ein Bearbeiter hier zu einem anderen Ergebnis kommen sollte, ist zu bedenken, dass die mangelnde Bezeichnung des Grundes der Maßnahme nicht zur Rechtswidrigkeit der Sicherstellung führt.

Betracht. Ebenso liegt hierin ein Verstoß gegen Art. 6 Abs. 1, Buchst. f.) DSGVO (vgl. oben A. III. 1.). Da beide Vorschriften durch das Handeln des J. verletzt werden, bedarf es keiner Erörterung der Frage, ob der DSGVO ein Anwendungsvorrang gegenüber dem KunstUrhG einzuräumen ist.

336 Weiterhin kommt ein Verstoß gegen § 201a Abs. 1 Nr. 2 StGB in Betracht. Bei der laufenden Live-Übertragung des verletzten E. und der anderen beteiligten Polizisten handelt es sich um ohne Einverständnis der Beamten gefertigte und via Telemediendienst T. verbreitete Bildaufnahmen, die die Hilflosigkeit des E. zur Schau stellen. Fraglich ist, ob der höchstpersönliche Lebensbereich des E. betroffen war. Insbesondere der Bereich der Krankheit fällt in den höchstpersönlichen Lebensbereich des Betroffenen. Dies gilt auch dann, wenn Betroffener ein Polizeibeamter ist, der sich im Dienst befindet. Zudem müssten die Bildnisse des J. zur Schau gestellt werden. Dafür ist erforderlich, dass durch den Bildinhalt die Hilflosigkeit besonders hervorgehoben wird. Dies ist bei direkten Aufnahmen der hilflosen Person jedoch ohne Weiteres der Fall.

Da die vorbezeichneten Vorschriften des StGB, der DSGVO und des KunstUrhG bereits verletzt wurden, liegt eine Störung der öffentlichen Sicherheit vor, die die Tatbestandsvoraussetzungen des § 31 Abs. 1 Nr. 1 SächsPVDG erfüllt.

2. Adressat

337 J. ist auch hier als Verhaltensverantwortlicher nach § 6 Abs. 1 SächsPVDG zutreffender Adressat der Sicherstellung.

3. Ermessen und Verhältnismäßigkeit

338 Das Ermessen des F. war aufgrund der bereits vorliegenden Verstöße gegen zum Teil strafbewehrte Bestimmungen des StGB, des KunstUrhG und der DSGVO sowie dem besonders intensiven Eingriff in den höchstpersönlichen Bereich des E. auf Null reduziert. Nach der vorangegangenen Untersagungsverfügung wegen der ungepixelten Live-Übertragung von Bildnissen anderer Personen ohne deren Einwilligung durfte F. davon ausgehen, dass eine erneute Untersagungsverfügung gegenüber J. ihn nicht davon abhält, während des weiteren Verlaufs des Einsatzes wieder gegen die oben genannten Vorschriften zu verstoßen und sogar seine Vorschriftsverletzungen zu intensivieren. Die bereits verletzten Bestimmungen des StGB, des KunstUrhG und der DSGVO sowie der besonders intensive Eingriff in den höchstpersönlichen Bereich des E. sind von höherem Gewicht, als die durch die Sicherstellung seines Smartphones bewirkte Unterbrechung seiner Live-Übertragungen als Ausdruck seiner Meinungsfreiheit und seiner allgemeinen Handlungsfreiheit. Dies gilt insbesondere auch deshalb, weil F. ankündigt, dass das Smartphone des J. lediglich bis zum Abschluss des Polizeieinsatzes einbehalten wird.

4. Ergebnis

339 Die Sicherstellung war rechtmäßig.

Fall 10: „Wenn's ums Geld geht …"

Sachverhalte

Fall 10.1 Fortsetzung Fall 4: Gegen die mit ordnungsgemäßer Rechtsbehelfsbelehrung versehene Anordnung vom 23.12.2022, die der T. am 23.12.2022 ordnungsgemäß gegen Empfangsbekennt-

Fall 10: „Wenn's ums Geld geht ..." 123

nis zugestellt wurde, hat T. keinen Widerspruch eingelegt. Sie erscheint am 13.2.2023 nicht auf dem Polizeirevier zur ED-Behandlung. F. erlässt mit Schreiben vom 3.3.2023 einen Zwangsgeldfestsetzungsbescheid in Höhe von 500,00 EUR. Der Bescheid enthält außerdem einen neuen Termin (15.3.2023, 9:00 Uhr) zur ED-Behandlung und die Androhung einer zwangsweisen Vorführung, für den Fall, dass T. auch zu diesem Termin nicht auf dem Polizeirevier erscheint.

Aufgaben:
Prüfen Sie die Rechtmäßigkeit des Zwangsgeldfestsetzungsbescheides. Fertigen Sie den Zwangsgeldfestsetzungsbescheid.

Fall 10.2 Fortsetzung Fall 1: K., der am 14.10.2022 eine rechtmäßige Meldeauflage erhalten hat, zweifelt an der Rechtmäßigkeit der Zwangsgeldandrohung in Ziffer 2 seines Bescheides.

Aufgabe:
Prüfen Sie die Rechtmäßigkeit der Zwangsgeldandrohung gegenüber K.

Fall 10.3 Abwandlung Fall 6: Auf dem umgehend vor Ort formularmäßig erlassenen rechtmäßigen Rückkehrverbot für vier Tage wird für den Fall, dass P. den vom Rückkehrverbot erfassten Bereich erstmalig erneut betritt, ein Zwangsgeld in Höhe von 500,00 EUR, für jedes weitere Betreten ein Zwangsgeld von jeweils 800,00 EUR angedroht.

Aufgabe:
Prüfen Sie die Rechtmäßigkeit der Zwangsgeldandrohung gegenüber P.

Lösungsvorschlag zum Fall 10: „Wenn`s. ums Geld geht ..."
Variante 10.1
Rechtmäßigkeit der Zwangsgeldfestsetzung

I. Vorprüfung

1. Grundrechtseingriff

Durch den Zwangsgeldfestsetzungsbescheid an T. könnte in ihr Grundrecht auf Eigentum aus Art. 14 Abs. 1 GG, Art. 31 Abs. 1 SächsVerf eingegriffen worden sein (Schutzbereichsdefinition s. o. Fall 6 Ziffer I.). Allerdings schützt Art. 14 Abs. 1 GG nur vermögenswerte Rechte und nicht das Vermögen als solches.[383] Daher wird Art. 14 GG durch die Auferlegung von öffentlich-rechtlichen Geldleistungspflichten grundsätzlich nicht beeinträchtigt, jedenfalls nicht, wenn die Geldleistungspflichten den Betroffenen nicht übermäßig belasten und seine Vermögensverhältnisse nicht grundlegend beeinträchtigen.[384]

340

Es könnte jedoch ein Eingriff in die allgemeine Handlungsfreiheit gem. Art. 2 Abs. 1 GG, Art. 15 SächsVerf vorliegen (vgl. Definition Fall 1, Ziffer I.). Mit dem Zwangsgeldfestsetzungsbescheid wird weder das Grundrecht auf Eigentum, noch werden sonstige Freiheits- oder Gleichheitsrechte tangiert. Somit ist lediglich Art. 2 Abs. 1 GG betroffen.

341

2. Abgrenzung präventives/repressives Handeln

Der PVD wird präventiv tätig, da eine repressive Zwangsgeldfestsetzung nicht existiert.

342

II. Ermächtigungsgrundlage

Als Ermächtigungsgrundlage kommt § 2 iVm § 22 SächsVwVG in Betracht.

343

---
[383] BVerfGE 4, 7 (17); 74, 129 (148); 78, 232 (243); 81, 108 (122); 95, 267 (300).
[384] BVerfGE 14, 221 (224), 19, 119 (128 f.); 70, 219 (230); 75, 108 (154); 93, 121 (137).

III. Formelle Rechtmäßigkeit

1. Polizeiliche Aufgabe und sachliche Zuständigkeit

344 Da die an T. gerichtete Anordnung zur ED-Behandlung vorrangig darauf gerichtet ist, weitere Straftaten nach § 263 StGB vorbeugend zu bekämpfen, resultiert die polizeiliche Aufgabe aus § 2 Abs. 1 S. 3 SächsPVDG. Die sachliche Zuständigkeit des PVD richtet sich nach § 4 Abs. 1 S. 1 Nr. 3 SächsVwVG. Der PVD hat den Grund-VA (ED-Anordnung) erlassen und ist somit gem. § 4 Abs. 1 S. 1 Nr. 3 SächsVwVG für die Vollstreckung des Grund-VA als Vollstreckungsbehörde zuständig.

2. Verfahrens- und Formvorschriften

a) Ermächtigungsbezogene Vorschriften

345 Das Zwangsgeld wurde gegenüber T. mittels Bescheid, also schriftlich im Sinne von § 22 Abs. 2 SächsVwVG festgesetzt.

b) VwVfG

346 Bei dem Zwangsgeldfestsetzungsbescheid handelt es sich um einen VA gem. § 1 S. 1 SächsVwVfZG iVm § 35 S. 1 VwVfG. Nach § 28 Abs. 1 VwVfG hat eine Anhörung zu erfolgen, bevor ein VA erlassen wird, der in die Rechte eines Beteiligten eingreift. Nach § 28 Abs. 2 Nr. 5 VwVfG kann davon abgesehen werden, wenn Maßnahmen der Verwaltungsvollstreckung getroffen werden. Ein Zwangsgeldfestsetzungsbescheid ist eine Maßnahme der Verwaltungsvollstreckung. Somit war die Anhörung entbehrlich.[385]

347 Ansonsten wurde der Zwangsgeldfestsetzungsbescheid verfahrens- und formgemäß erlassen.

IV. Materielle Rechtmäßigkeit

1. Tatbestandsvoraussetzungen

348 Es müssten die Voraussetzungen des § 2 SächsVwVG und die Wirksamkeit hinsichtlich des Grund-VA gegeben sein.

a) Vorliegen eines Grundverwaltungsakts, § 2, 1. Hs. SächsVwVG

349 Vollstreckungsmaßnahmen setzen im gestreckten Verfahren materiell das Vorliegen eines „Grund-VA" voraus. Grundverwaltungsakt ist hier die Anordnung vom 23.12.2022.

b) Vollstreckbarkeit des Grundverwaltungsakts

350 Es kann nur ein vollstreckbarer Grundverwaltungsakt mit den Zwangsmitteln des § 19 Abs. 2 SächsVwVG durchgesetzt werden.

---

[385] Etwas anderes könnte dann gelten, wenn die Behörde einen vertrauenserzeugenden Anschein erweckt haben könnte, sie werde vorerst keine Vollstreckungsmaßnahmen einleiten (SächsOVG Beschl. v. 12.4.2019 – Az.: 3 B 33/19, Rn. 10 – juris).

aa) Materielle Vollstreckbarkeit

Die *materielle* Vollstreckbarkeit liegt vor, wenn der Grundverwaltungsakt einen vollstreckungsfähigen Inhalt[386] hat, dh gem. § 2, 1. Hs. SächsVwVG auf eine Zahlung, sonstige Handlung, Duldung oder Unterlassung gerichtet ist. Die Anordnung vom 23.12.2022 gebietet zum einen das Erscheinen im Polizeirevier als sonstige Handlung und das Dulden bzw. die Mitwirkung bei der ED-Behandlung und ist damit bezüglich ihres Inhalts vollstreckbar.

bb) Formelle Vollstreckbarkeit

Weiterhin ist gem. § 2, 2. Hs. SächsVwVG auch die *formelle* Vollstreckbarkeit in einer der zwei Alternativen (Nr. 1 und Nr. 2) erforderlich. Unanfechtbar iSv § 2, 2 Hs. Nr. 1 SächsVwVG, dh bestandskräftig ist ein VA insbesondere dann, wenn die Widerspruchsfrist oder eine andere Rechtsbehelfsfrist abgelaufen ist. Die Widerspruchsfrist gegen einen VA mit ordnungsgemäßer Rechtsbehelfsbelehrung beträgt gem. § 70 Abs. 1 VwGO einen Monat nach Bekanntgabe des VA. T. hat keinen Widerspruch gegen die Anordnung vom 23.12.2022 eingelegt, so dass diese nach Ablauf eines Monats nach Zustellung (23.12.2022) am 24.1.2023 bestandskräftig geworden ist.[387]

c) Wirksamkeit des Grundverwaltungsakts

Ferner müsste der Grund-VA auch wirksam sein. Diese Voraussetzung wird zwar in § 2 SächsVwVG nicht aufgeführt, jedoch kann der Grund-VA nur auf diese Weise die Rechtsfolge, auf deren Herbeiführung er gerichtet ist, auch tatsächlich auslösen. Ansonsten ist er rechtlich nicht existent.[388] Gem. § 43 Abs. 1 S. 1 VwVfG wird der VA mit seiner Bekanntgabe (§ 41 Abs. 1 VwVfG) an den Betroffenen wirksam. Die Anordnung wurde mangels gegenteiliger Hinweise im Sachverhalt der T. ordnungsgemäß bekanntgegeben.

d) Rechtmäßigkeit des Grundverwaltungsakts

Die Frage der Rechtmäßigkeit des Grund-VA muss im Falle eines unanfechtbaren Grund-VA nicht erörtert werden.[389]

2. Ordnungsgemäße Art und Weise der Vollstreckung

Weiter müsste die „Art und Weise" der Vollstreckung durch den Zwangsgeldfestsetzungsbescheid ordnungsgemäß erfolgt sein.

a) Androhung

Dies setzt zunächst grundsätzlich eine schriftliche Androhung des Zwangsmittels gem. § 20 Abs. 1 S. 1 SächsVwVG voraus. T. wurde unter Ziffer 2 des Bescheides vom 23.12.2022 ein Zwangsgeld für den Fall angedroht, dass sie den Termin am 13.2.2023 unentschuldigt nicht wahrnimmt. Das Zwangsgeld wurde gem. § 20 Abs. 4 SächsVwVG auch in einer bestimmten Höhe, 500,00 EUR, angedroht. Diese Summe liegt auch in der vom Gesetzgeber in § 22 Abs. 1

---

386 Dies ist nur bei feststellenden und rechtsgestaltenden Verwaltungsakten nicht der Fall.
387 Auf eine Darstellung der Fristberechnung anhand der einschlägigen Vorschriften wird an dieser Stelle aus didaktischen Gründen und aufgrund des offenkundigen Ablaufs der Monatsfrist deutlich vor dem 3.3.2023 verzichtet.
388 SächsOVG Beschl. v. 14.12.2017 – Az.: 5 B 298/17, Rn. 7 – juris.
389 SächsOVG Beschl. v. 31.8.2009 – Az.: 1 B 291/08, Rn. 4 – juris; JbSächsOVG 4, 147 (148); 6, 143 (145); 8, 233 (234).

SächsVwVG zugelassenen Auswahl zwischen 5 und 25.000 EUR. Bleibt die Androhung – wie im vorliegenden Fall – erfolglos, kommt es zur Anwendung des Zwangsmittels.

b) Anwendung

357 Die im Zwangsgeldfestsetzungsbescheid festgesetzte Summe in Höhe von 500,00 EUR hält sich im Rahmen des § 22 Abs. 1 SächsVwVG und entspricht überdies der angedrohten Summe.

c) Keine Vollstreckungshindernisse

358 Fraglich ist, ob mit Ablauf des Termins vom 13.2.2023 eine Erledigung eingetreten ist, die eine Vollstreckung mittels Zwangsgeldfestsetzung hindern könnte. Zwangsmittel dürfen nach § 19 Abs. 5 S. 1 SächsVwVG wiederholt und solange angewandt werden, bis der Verwaltungsakt vollzogen oder auf andere Weise erledigt ist. Gebotsverfügungen können grundsätzlich auch nach Ablauf eines für die Vornahme der Handlung vorgeschriebenen Zeitraums mit einem Zwangsgeldfestsetzungsbescheid durchgesetzt werden. Erscheint der Beschuldigte zu dem im Vorladungsbescheid festgelegten Termin zur ED-Behandlung nicht, kann das im Vorladungsbescheid angedrohte Zwangsgeld auch festgesetzt werden, weil die ED-Behandlung jederzeit nachholbar ist.

3. Adressat

359 T. schuldet eine Leistung iSv § 3 Abs. 1 Nr. 1 SächsVwVG und ist daher Vollstreckungsschuldnerin.[390]

4. Ermessen[391]

a) Entschließungsermessen

360 Hinsichtlich des Entschließungsermessens kommt – wie auch in Bezug auf die zugrundeliegende Anordnung gegenüber T. – eine Ermessensreduzierung auf Null in Betracht. Um die weitere Verletzung des Rechtsguts auf Eigentum Dritter durch Betrugsstraftaten in regelmäßigen (kurzen) Abständen künftig zu verhindern bzw. solche Straftaten besser aufklären zu können, muss das Erscheinen auf der Dienststelle und die Durchführung der ED-Behandlung mit einer zeitnahen zwangsweisen Durchsetzung gesichert werden.[392] Beim Erlass eines Zwangsgeldfestsetzungsbescheides bestehen keine Risiken. Mithin liegt eine Ermessensreduzierung auf Null vor.

b) Auswahlermessen

361 Hat sich die Behörde dazu entschlossen, eine Gefahr bzw. eine Störung zu beseitigen, so stehen ihr gem. § 19 Abs. 3 SächsVwVG idR verschiedene zwangsmäßige Vorgehensweisen gegenüber verschiedenen Personen zur Verfügung. Die Behörde hat hinsichtlich des Mittels und hinsichtlich der Person eine rechtmäßige und zweckmäßige Auswahl getroffen.[393]

---

390 Leistung kann gem. § 241 Abs. 1 S. 2 BGB auch ein Unterlassen sein.
391 Definitionen s. o. Fall 1 IV. 3.
392 Mit dem Zwangsgeldfestsetzungsbescheid wird – für den Fall der Versäumnis des nächsten Termins – grds. die zwangsweise Vorführung angedroht.
393 Zuvörderst ist die Anwendung eines Zwangsgeldes und danach erst der unmittelbare Zwang anzudrohen. Wird von der Androhung des Zwangsgeldes abgesehen, trifft die Polizei im Rahmen des (Auswahl-)Ermessens eine entsprechende Darlegungslast (vgl. VG Chemnitz Beschl. v. 8.3.2001 – Az.: 3 K 217/01, S. 8 f.). Die

5. Verhältnismäßigkeit

Ferner müsste der Zwangsgeldfestsetzungsbescheid auch dem Grundsatz der Verhältnismäßigkeit, der in den § 19 Abs. 3 und 4 SächsVwVG seinen Ausdruck gefunden hat, genügen.

a) Geeignetheit, § 5 Abs. 1 SächsPVDG

Die Maßnahme müsste zunächst geeignet, dh zwecktauglich gewesen sein, um das polizeiliche Ziel zu erreichen oder zumindest zu fördern. Das Zwangsgeld war ein taugliches Mittel, um die ED-Anordnung vom 23.12.2022 durchzusetzen.

b) Erforderlichkeit, § 5 Abs. 2 SächsPVDG

Weiterhin ist die Erforderlichkeit einer solchen Vollstreckungsmaßnahme notwendig. Diese ist gem. § 19 Abs. 3 SächsVwVG dann gegeben, wenn es kein milderes, gleich geeignetes (Vollstreckungs-)Mittel zur Wahrung der og Rechtsgüter gegeben hätte. Dem PVD stehen grundsätzlich drei Zwangsmittel zur Verfügung. Die Anwendung der Ersatzvornahme scheidet aus, weil dieses Zwangsmittel nur bei einer Verpflichtung zu einer Handlung, deren Vornahme durch einen anderen möglich ist, angewendet werden kann. Unmittelbarer Zwang darf nur angewendet werden, wenn der polizeiliche Zweck auf andere Weise nicht erreichbar erscheint (§ 41 Abs. 1 S. 1 SächsPVDG). Somit ist das Zwangsgeld das vorrangig anzuwendende Zwangsmittel zur Vollstreckung einer ED-Anordnung. Ein milderes Vollstreckungsmittel ist daher nicht ersichtlich. Mithin ist die Erforderlichkeit anzunehmen.

c) Angemessenheit, § 5 Abs. 3 SächsPVDG

Die beim Grundrechtsträger eintretenden Nachteile müssten gem. § 19 Abs. 4 SächsVwVG schließlich in einem angemessenen Verhältnis zum mit der Vollstreckung bezweckten Vorteil stehen. Hier geht es um ein Zwangsmittel, dessen Androhung zur Durchsetzung einer Vorladung und Durchführung einer ED-Behandlung den Schutz von Eigentum und Vermögen Dritter sowie vor den kontinuierlichen Begehung von Betrugsstraftaten bezweckte. Angesichts der kurzen zeitlichen Abstände der Deliktsbegehung in den Jahren 2020 und 2021 sowie der erheblichen Gesamtschadenssumme ist ein Zwangsgeld über 500,00 EUR angemessen.

---

sofortige Androhung einer Vorführung mittels unmittelbarem Zwang ist nur zulässig ist, wenn Zwangsgeld nicht oder nicht rechtzeitig zum Ziel führt oder untunlich ist.

V. Ergebnis: Der Zwangsgeldfestsetzungsbescheid ist rechtmäßig.

366 POLIZEIDIREKTION SACHSENSTADT Sachsenstadt, 3.3.2023

Postfach 12 34 56 | 09876 Sachsenstadt

Frau

Thea Täuscher

Antonstraße 40

09876 Sachsenstadt

Vorladung zur erkennungsdienstlichen Behandlung gemäß § 81b Abs. 1, 2. Alt. Strafprozessordnung (StPO) vom 23.12.2022 (Vorgangs-Nr.: 35/22/119110);

Zwangsgeldfestsetzung gemäß § 2 iVm § 22 Abs. 1 SächsVwVG mit Androhung der zwangsweisen Vorführung gemäß §§ 2 SächsVwVG, 39 Abs. 1 und 2, 40 Abs. 1, 41 Abs. 1 und 2 SächsPVDG

Sehr geehrte Frau Täuscher,

in vorbezeichneter Angelegenheit erlässt die Polizeidirektion Sachsenstadt unter Bezugnahme auf die Anordnung zur erkennungsdienstlichen Behandlung vom 23.12.2022 folgenden

Zwangsgeldfestsetzungsbescheid:

1. Gegen Sie wird gem. § 22 SächsVwVG ein Zwangsgeld in Höhe von 500,00 EUR festgesetzt.
2. Sie werden aufgefordert, sich am **15.3.2023**, um **09:00 Uhr**, bei der Dienststelle: *PD Sachsenstadt, Polizeirevier Sachsenstadt-Mitte, Zur letzten Instanz 18, 01234 Sachsenstadt, Zimmer 210 unter Vorlage dieser Ladung einzufinden* unter Vorlage dieses Bescheides und Ihres Personalausweises oder Reisepasses zur Durchführung der erkennungsdienstlichen Behandlung gemäß der Verfügung vom 23.12.2022 einzufinden. Sollten Sie dem Termin nicht Folge leisten können, besteht die Möglichkeit, unter der Telefonnummer: 03733/88–0, einen neuen Termin zu vereinbaren.
3. Für den Fall, dass Sie der Vorladung zur erkennungsdienstlichen Behandlung am 15.3.2023 wiederum unentschuldigt keine Folge leisten sollten, wird Ihnen hiermit die Vorführung ggf. unter Anwendung unmittelbaren Zwangs angedroht.
4. Für diesen Bescheid wird eine Gebühr in Höhe von 67,36 EUR erhoben.
5. Sie haben den Betrag in Höhe von 567,37 EUR auf das Konto:

   Kontoinhaber: Hauptkasse Sachsen, 01099 Dresden

   IBAN: DE20 8505 0300 1234 5678 90

   BIC: OSDD DE81 XXX

   Verwendungszweck: Polizeidirektion Sachsenstadt, Az.: R4/V1–11–1257.00/ 23/2023

   bis zum 16.3.2023 zu überweisen.

Gründe:

I.

367 Sie wurden mit Verfügung der Polizeidirektion Sachsenstadt vom 23.12.2022 vorgeladen und aufgefordert, am 13.2.2023, um 08:00 Uhr, zur Durchführung einer erkennungsdienstlichen Behandlung gem. § 81b Abs. 1, 2. Alt. StPO zu erscheinen. Ohne Angabe einer Begründung erschienen Sie zum angeordneten Termin nicht. Sie legten gegen die Verfügung zur Durchführung einer erkennungsdienstlichen Behandlung keinen Widerspruch ein.

II.

368 Rechtsgrundlage für die Zwangsgeldfestsetzung in diesem Bescheid ist § 2 iVm § 22 Abs. 1 SächsVwVG.

Fall 10: „Wenn's ums Geld geht ..."

Die formellen Voraussetzungen liegen vor, weil die Polizeidirektion Sachsenstadt als Vollstreckungsbehörde für den Erlass dieses Bescheides gemäß § 4 Abs. 1 S. 1 Nr. 3 SächsVwVG sachlich und nach § 103 SächsPVDG örtlich zuständig ist. Den Formanforderungen des § 22 Abs. 2 SächsVwVG wurde Rechnung getragen, indem das Zwangsgeld in Höhe von 500,00 EUR schriftlich festgesetzt wurde. Der Zwangsgeldfestsetzungsbescheid stellt einen Verwaltungsakt im Sinne von § § 1 S. 1 SächsVwVfZG iVm § 35 S. 1 VwVfG dar. Eine Anhörung vor Erlass des Zwangsgeldfestsetzungsbescheides war gemäß § 1 S. 1 SächsVwVfZG iVm § 28 Abs. 2 Nr. 5 VwVfG entbehrlich, da die Zwangsgeldfestsetzung gemäß § 19 Abs. 2 Nr. 1 SächsVwVG ein Zwangsmittel und damit eine Maßnahme im Rahmen der Verwaltungsvollstreckung darstellt.

In materieller Hinsicht sind die allgemeinen Voraussetzungen für eine Verwaltungsvollstreckung gemäß § 2 SächsVwVG gegeben. Die Anordnung zur erkennungsdienstlichen Behandlung vom 23.12.2022 als Verwaltungsakt verpflichtete Sie zu einer „sonstigen Handlung" im Sinne von § 2, Einleitungssatz SächsVwVG, dem Erscheinen auf dem Polizeirevier Sachsenstadt-Mitte am 12.2.2023, und zu einer „Duldung" der dann durchzuführenden erkennungsdienstlichen Behandlung. Zudem ist die Anordnung vom 23.12.2022 im Sinne von § 2 Nr. 1 SächsVwVG „unanfechtbar" geworden, weil Sie nicht gemäß der dort formulierten Rechtsbehelfsbelehrung innerhalb eines Monats Widerspruch eingelegt haben und die Anordnung damit nicht mehr angefochten werden kann. Gemäß § 70 Abs. 1 VwGO beträgt die Widerspruchsfrist einen Monat. Diese Frist ist abgelaufen. Die Verfügung vom 23.12.2022 ist Ihnen gemäß § 4 Abs. 1 SächsVwVfZG iVm § 5 Abs. 1 VwZG iVm § 41 Abs. 1 S. 1 VwVfG am 23.12.2022 durch Beamte des Streifendienstes gegen Empfangsbekenntnis übergeben und damit bekanntgegeben worden. Sie haben das Empfangsbekenntnis unterschrieben. Die Widerspruchsfrist beginnt gemäß § 57 Abs. 2 VwGO und § 222 Abs. 1 ZPO in Verbindung mit § 187 Abs. 1 BGB am Anfang des auf die Bekanntgabe folgenden Tages, mithin also am Sonnabend den 24.12.2022, 00:00 Uhr. Diese Frist endet gemäß § 188 Abs. 2 BGB am Montag den 23.1.2023 um 24:00 Uhr. Da Sie innerhalb der vorbezeichneten Frist keinen Widerspruch einlegten, wurde die Anordnung vom 23.12.2022 mit Ablauf des 23.1.2023 bestandskräftig.

Durch die ordnungsgemäße Bekanntgabe der Anordnung vom 23.12.2022 gegen Empfangsbekenntnis am selben Tage wurde die Anordnung auch wirksam, § 43 Abs. 1 S. 1 VwVfG.

Die Voraussetzungen für eine ordnungsgemäße Art und Weise der Vollstreckung mittels Zwangsgeldfestsetzung liegen ebenfalls vor. Die Zwangsgeldfestsetzung wurde gemäß § 20 Abs. 1 S. 1 SächsVwVG schriftlich angedroht. Die Androhung wurde nach § 20 Abs. 2 SächsVwVG mit dem Verwaltungsakt, der Anordnung vom 23.12.2022, verbunden und bezog sich gemäß § 20 Abs. 3 S. 1 SächsVwVG auf das Zwangsmittel „Zwangsgeld". Schließlich wurde auch ein Zwangsgeld in bestimmter Höhe (500,00 EUR) angedroht, das sich auch innerhalb des Rahmens des § 22 Abs. 1 SächsVwVG (zwischen 5,00 und 25.000,00 EUR) bewegte.

Der Erlass dieses Zwangsgeldfestsetzungsbescheides erfolgte fehlerfrei im Rahmen der pflichtgemäßen Ermessensausübung. Insbesondere wurde der Grundsatz der Verhältnismäßigkeit als Ermessensgrenze eingehalten.

Da Sie unentschuldigt nicht zum festgelegten Termin am 13.2.2023 zur erkennungsdienstlichen Behandlung erschienen, war die Durchsetzung der Anordnung mit Zwangsmitteln geboten. Die Vollstreckungsbehörde handelte hinsichtlich ihres Auswahlermessens gemäß § 19 Abs. 3 SächsVwVG ebenfalls fehlerfrei, indem Sie mit der Festsetzung eines Zwangsgeldes das mildeste Zwangsmittel wählte. Das Zwangsgeld ist ein geeignetes Mittel, um das polizeiliche Ziel – die Durchsetzung der erkennungsdienstlichen Anordnung vom 23.12.2022 – zu erreichen oder zumindest zu fördern und wurde demgemäß in der Anordnung vom 23.12.2022 angedroht. Die Erforderlichkeit der angedrohten Vollstreckungsmaßnahme war gegeben, da kein milderes und gleich geeignetes Vollstreckungsmittel zur Verfügung stand. Die Vorführung mittels unmittelbarem Zwang würde demgegenüber intensiver in Ihre Grundrechte eingreifen.

375 Das Zwangsgeld ist angesichts des Ziels der Aufklärung zukünftiger Betrugsstraftaten und ähnlicher Delikte, in denen Sie als potenzielle Täterin in irgendeiner Weise eine Rolle spielen könnten, im Vergleich zu dem Eingriff in Ihre allgemeine Handlungsfreiheit bzw Ihr allgemeines Persönlichkeitsrecht iSv § 19 Abs. 4 SächsVwVG angemessen. Ein Zwangsgeld ist seiner Höhe nach verhältnismäßig, wenn es eine fühlbare abschreckende Wirkung bezogen auf den mit der Zuwiderhandlung erstrebten Erfolg erreicht und die persönlichen bzw. wirtschaftlichen Verhältnisse des Verpflichteten, die Intensität der Pflichtverletzung(en), Verschuldensgründe, das bisherige Verhalten des Pflichtigen sowie das öffentliche Interesse an der Durchsetzung der Anordnung beachtet wurden. Um den nötigen Nachdruck zu erzielen, soll das Zwangsgeld so bemessen werden, dass der Pflichtige keinen Vorteil aus der Nichterfüllung der Anordnung ziehen kann.

376 Unter Berücksichtigung der vorbezeichneten Grundsätze ist die Festsetzung eines Zwangsgeldes in Höhe von 500,00 EUR nicht zu beanstanden. In Anbetracht des Gesamtschadens von 11.000,00 EUR, der Vielzahl von Geschädigten und der erheblichen Anzahl von 34 Straftaten innerhalb eines Zeitraums von nur zwei Jahren, ist die Festsetzung von 500,00 EUR angemessen, um Sie zur Duldung der Erhebung Ihrer erkennungsdienstlichen Daten anzuhalten. Die Strafanzeige vom 17.12.2020 zeigt, dass der Verdacht besteht, dass Sie im og Deliktsbereich auch künftig Straftaten begehen werden und damit eine Zwangsgeldfestsetzung zwingend notwendig erscheint.

377 Sollten Sie am 15.3.2023 zur erkennungsdienstlichen Behandlung erscheinen und deren Vornahme dulden, wird die Vollstreckung gemäß § 2a Abs. 1 Nr. 1 SächsVwVG eingestellt, weil dann der Zweck der Vollstreckung, die Durchführung der erkennungsdienstlichen Behandlung, erreicht wäre. Das heißt, die Zwangsgeldforderung iHv 500,00 EUR (oben Ziffer 1) würde storniert, nicht aber die Gebührenforderung iHv 67,37 EUR (oben Ziffer 4). Letzteren Betrag bleiben Sie weiterhin verpflichtet, zu zahlen.

III.

378 Die Androhung der Vorführung mittels unmittelbarem Zwang richtet sich nach §§ 2 SächsVwVG, 39 Abs. 1 und 2, 40 Abs. 1, 41 Abs. 1 und 2 SächsPVDG.

IV.

379 Die Erhebung der Verwaltungskosten für diesen Bescheid richtet sich nach § 1 Abs. 1 S. 1, § 2 Abs. 1 Nr. 1, Abs. 2 Nr. 2, § 3 Abs. 1, § 9 Abs. 1 Nr. 2 SächsVwKG iVm § 1 lfd. Nr. 1 Tarifstelle 8.6 des Zehnten Sächsischen Kostenverzeichnisses (10. SächsKVZ).[394]

380 Gem. § 1 Abs. 1 S. 1 SächsVwKG können die Behörden des Freistaates Sachsen – wie hier die Polizeidirektion Sachsenstadt (vgl. § 8 Abs. 1 Nr. 5 SächsVwOrgG) – Gebühren und Auslagen (Verwaltungskosten) für individuell zurechenbare öffentlich-rechtliche Leistungen erheben. Individuell zurechenbar ist nach § 2 Abs. 2 Nr. 1 SächsVwKG eine Leistung, die durch einen Tatbestand ausgelöst wird, an den eine Rechtsnorm die Befugnis zum Tätigwerden der Behörde knüpft und die in einem spezifischen Bezug zum Tun, Dulden oder Unterlassen einer Person oder zu dem von einer Person zu vertretenden Zustand einer Sache steht. Öffentlich-rechtliche Leistungen sind Tätigkeiten, die eine Behörde im Sinne des § 1 Absatz 1 in Ausübung hoheitlicher Gewalt mit Außenwirkung vornimmt (Amtshandlungen). Gem. § 9 Abs. 1 Nr. 1 SächsVwKG ist zur Zahlung der Kosten derjenige verpflichtet, dem eine öffentlich-rechtliche Leistung individuell zuzurechnen ist, der die Amtshandlung veranlasst bzw. in dessen Interesse die Amtshandlung vorgenommen wird. Unter Berücksichtigung der vorbezeichneten Grundsätze sind Sie Kostenschuldner der Gebührenforderung in Höhe von 67,37 EUR. Die Zwangsgeldfestsetzung als Amtshandlung wurde durch Sie veranlasst, weil Sie zum Termin zur erkennungsdienstlichen

---

[394] Zum Zeitpunkt des Redaktionsschlusses gilt das 9. SächsKVZ.

Behandlung am 13.2.2023 nicht erschienen sind. Die Höhe der Gebühr richtet sich nach § 3 Abs. 1 SächsVwKG in Verbindung mit dem § 1 lfd. Nr. 1 Tarifstelle 8.6 des 10. SächsKVZ. Dort wird eine Rahmengebühr zwischen 40,00 EUR und 1.000,00 EUR statuiert. Unter Berücksichtigung des für die Erteilung der schriftlichen Bestätigung entstandenen Verwaltungsaufwandes wird die Rechtsbehelfsgebühr auf 67,36 EUR festgesetzt. Die Summe der Personal- und Sachkostenpauschalen für eine Arbeitsstunde eines Beamten der Laufbahngruppe 2.1 beträgt gemäß Buchst. B., Ziffern II. 4. der Verwaltungsvorschrift des Sächsischen Staatsministeriums der Finanzen zur Festlegung von Verwaltungsgebühren sowie Benutzungsgebühren und Entgelten für die Inanspruchnahme der Landesverwaltung 67,36 EUR. Die Fertigung des Zwangsgeldfestsetzungsbescheides hat eine Stunde in Anspruch genommen. Diese Gebühr ist im unteren Spektrum des Gebührenrahmens angesiedelt, mithin im Hinblick auf den Verwaltungsaufwand angemessen.

Rechtsbehelfsbelehrung

Gegen diesen Zwangsgeldfestsetzungsbescheid kann innerhalb eines Monats nach seiner Bekanntgabe Widerspruch bei der Polizeidirektion Sachsenstadt, Straße zur letzten Instanz 13, 09876 Sachsenstadt erhoben werden. Dafür stehen folgende Möglichkeiten zur Verfügung:

Der Widerspruch kann schriftlich oder zur Niederschrift bei der Polizeidirektion Sachsenstadt, Straße zur letzten Instanz 13, 09876 Sachsenstadt erhoben werden.

Der Widerspruch kann auch auf elektronischem Weg erhoben werden. Dafür stehen folgende Möglichkeiten zur Verfügung:
– Der Widerspruch kann durch E-Mail mit qualifizierter elektronischer Signatur im Sinne des Vertrauensdienstgesetzes iVm der Verordnung der EU Nr. 910/2014 (die technischen Anforderungen sind auf der Internetseite des Elektronischen Gerichts- und Verwaltungspostfaches (EGVP) www.egvp.de bezeichnet) an r-rp.pd-sachsenstadt@polizei.sachsenstadt.de erhoben werden.
– Der Widerspruch kann auch durch De-Mail in der Sendevariante mit bestätigter sicherer Anmeldung nach dem De-Mail-Gesetz an polizeidirektion-sachsenstadt@polizei-sachsenstadt.de-mail.de erhoben werden.

PK Fleißig

Variante 10.2
Rechtmäßigkeit der Zwangsgeldandrohung gegenüber K.

I. Vorprüfung

Durch die Androhung eines Zwangsgeldes wird in die allgemeine Handlungsfreiheit des K. aus Art. 2 Abs. 1 GG eingegriffen (vgl. Definition Fall 1, Ziffer I.). Der PVD handelt präventiv, da eine repressive Zwangsgeldandrohung nicht existiert.

II. Ermächtigungsgrundlage

Als Ermächtigungsgrundlage kommt § 2 iVm § 22 iVm § 20 SächsVwVG in Betracht.

III. Formelle Rechtmäßigkeit

1. Polizeiliche Aufgabe und sachliche Zuständigkeit

Die gegenüber K. angeordnete Meldeauflage war darauf gerichtet, die Begehung von Straftaten durch K. in Prag zu verhindern bzw. vorbeugend zu bekämpfen. Gleiches gilt für die Androhung des Zwangsgeldes, mit der sichergestellt werden sollte, dass K. die Verfügung zu Ziffer 1 tatsächlich umsetzt. Damit resultiert die polizeiliche Aufgabe aus § 2 Abs. 1 S. 3 SächsPVDG iVm §§ 113, 125, 223 ff., 303 StGB. Die sachliche Zuständigkeit des PVD richtet sich nach § 4 Abs. 1 S. 1 Nr. 3 SächsVwVG. Der PVD hat den Grund-VA (Meldeauflage) erlassen und ist somit gem. § 4 Abs. 1 S. 1 Nr. 3 SächsVwVG für dessen Vollstreckung, zu der auch die Androhung gehört, als Vollstreckungsbehörde zuständig.

2. Verfahrens- und Formvorschriften

385 Die Androhung erfolgte schriftlich gemäß § 20 Abs. 1 S. 1 SächsVwVG. Die Androhung könnte gemäß § 1 S. 1 SächsVwVfZG iVm § 35 S. 1 VwVfG einen Verwaltungsakt darstellen. Dann müsste sie eine „Regelung" beinhalten. Der Regelungscharakter ergibt sich aus der Warn- und Beugefunktion (letzter Appell an den Bürger, die gebotene Handlung, Duldung oder Unterlassung umzusetzen), die ihm deutlich macht, welche Zwangsmittel auf ihn zukommen (können), und ihm wird die Möglichkeit eingeräumt, der Verfügung noch freiwillig nachzukommen.[395] Die Androhung ist daher ein selbstständiger Verwaltungsakt.[396] Nach § 28 Abs. 1 VwVfG hat eine Anhörung zu erfolgen, bevor ein VA erlassen wird, der in die Rechte eines Beteiligten eingreift. Nach § 28 Abs. 2 Nr. 5 VwVfG kann davon abgesehen werden, wenn Maßnahmen der Verwaltungsvollstreckung getroffen werden. Eine Androhung ist eine Maßnahme der Verwaltungsvollstreckung. Somit war die Anhörung entbehrlich.

IV. Materielle Rechtmäßigkeit

1. Tatbestandsvoraussetzungen

386 Es müssten die Voraussetzungen des § 2 SächsVwVG und die Wirksamkeit hinsichtlich des Grundverwaltungsakts, der Meldeauflage vom 14.10.2022, gegeben sein. Die Meldeauflage ist auf ein Handeln des K gerichtet und somit materiell vollstreckbar. Die formelle Vollstreckbarkeit ergibt sich nicht aus § 2, 2. Hs. Nr. 1 SächsVwVG, weil die Meldeauflage mangels abgelaufener Widerspruchsfrist noch nicht unanfechtbar ist. Allerdings könnte nach Nr. 2 der Norm einem gegen die Meldeauflage gerichteten Rechtsbehelf keine aufschiebende Wirkung zukommen. Gemäß § 80 Abs. 2 S. 1 Nr. 3 VwGO entfällt die aufschiebende Wirkung in durch Landesrecht angeordneten Fällen. Gemäß § 20 Abs. 2 S. 4 SächsPVDG ist die Meldeauflage kraft Gesetzes sofort vollziehbar, so dass die Voraussetzungen des § 2, 2. Hs. Nr. 2 SächsVwVG vorliegen. Der Bescheid vom 14.10.2022 wurde K. am selben Tag durch F. und E. übergeben, so dass eine Bekanntgabe nach § 41 Abs. 1 VwVfG erfolgt ist und die Meldeauflage damit wirksam geworden ist. Da die Meldeauflage laut Sachverhalt rechtmäßig ist, kommt es auf die Frage eines Rechtswidrigkeitszusammenhangs zwischen Grund-VA und Vollstreckung nicht an.

2. Ordnungsgemäße Art und Weise der Vollstreckung

387 Weiter müsste die „Art und Weise" der Vollstreckung durch die Zwangsgeldandrohung ordnungsgemäß erfolgt sein. Mit der Bezeichnung „Zwangsgeld" wurde gemäß § 20 Abs. 3 S. 1 SächsVwVG ein bestimmtes Zwangsmittel angedroht. Das Zwangsgeld wurde K. zudem gemäß Ziffer 2 des Bescheides vom 14.10.2022 gemäß § 20 Abs. 4 SächsVwVG in bestimmter Höhe – 500,00 EUR – angedroht. Fraglich ist, ob die Bestimmtheit der Androhung auch gemäß § 37 Abs. 1 VwVfG bezüglich ihres Regelungsinhalts gegeben ist. Dann müsste der Regelungsinhalt

---

395 OLG Dresden, NJW 2001, 3643 (3644); SächsOVG Urt. v. 16.4.2013 – Az.: 4 A 260/12, Rn. 43 – juris.
396 BVerwG, NVwZ-RR 1989, 337; VG Dresden Beschl. v. 5.5.2011 – Az.: 5 L 101/11, Rn. 20 – juris; Kastner in: Möstl/Trurnit, § 63 PolG BW Rn. 22 mwN.

für den Adressaten – ggf. auch mittels Auslegung – klar und unzweideutig zu erkennen sein. Das heißt, die Zwangsmittelandrohung müsste einer bestimmten Handlungs-, Duldungs- oder Unterlassenspflicht konkret zuzuordnen sein. Es muss erkennbar sein, auf welche in dem Bescheid auferlegte Verpflichtung sich die Androhung bezieht.[397] Maßgebend ist, ob K. aus der Androhung entnehmen kann, ob ihm die Festsetzung eines Zwangsgeldes bereits droht, wenn er sich zu einer der genannten Uhrzeiten nicht beim Polizeirevier meldet oder aber nur dann, wenn er sich zu keinem der genannten Zeitpunkte bei der Polizei meldet. Hier enthält die Meldeverfügung nach Ziffer 1. des Tenors des Bescheides vom 14.10.2022 vier Handlungspflichten, die mit einer Androhung verbunden werden. Damit lässt sich nicht ohne Weiteres erkennen, ob damit – sozusagen „pflichtenscharf" – (1.) ein einheitliches Zwangsgeld nur für den Fall der Nichtbefolgung aller vier angeordneten Handlungspflichten, (2.) ein einheitliches Zwangsgeld bereits für die Nichtbefolgung einer einzigen der vier angeordneten Handlungspflichten oder (3.) jeweils ein Zwangsgeld für die Nichtbefolgung jeder einzelnen der vier angeordneten Handlungspflichten angedroht wird.[398]

V. Ergebnis: Die Zwangsgeldandrohung ist rechtswidrig.

Variante 10.3
Rechtmäßigkeit der Zwangsgeldandrohung gegenüber P.

I. Vorprüfung

Durch die Androhung eines Zwangsgeldes wird in die allgemeine Handlungsfreiheit des P. aus Art. 2 Abs. 1 GG eingegriffen (vgl. Definition Fall 1, Ziffer I.). Der PVD handelt präventiv, da eine repressive Zwangsgeldandrohung nicht existiert.

II. Ermächtigungsgrundlage

Als Ermächtigungsgrundlage kommt § 2 iVm § 22 iVm § 20 SächsVwVG in Betracht.

III. Formelle Rechtmäßigkeit

1. Polizeiliche Aufgabe und sachliche Zuständigkeit

Das an P. gerichtete Rückkehrverbot war darauf gerichtet, die Begehung von (weiteren) Straftaten durch P. gegenüber seiner Ehefrau zu verhindern bzw. vorbeugend zu bekämpfen. Gleiches gilt für die Androhung des Zwangsgeldes, mit der sichergestellt werden sollte, dass P. die Wohnung und den unmittelbar angrenzenden Bereich tatsächlich nicht mehr betritt. Damit resultiert die polizeiliche Aufgabe aus § 2 Abs. 1 S. 3 SächsPVDG iVm §§ 223 ff., 303 StGB. Die sachliche Zuständigkeit des PVD richtet sich nach § 4 Abs. 1 S. 1 Nr. 3 SächsVwVG. Der PVD hat den Grund-VA (Rückkehrverbot) erlassen und ist somit gem. § 4 Abs. 1 S. 1 Nr. 3 SächsVwVG für dessen Vollstreckung, zu der auch die Androhung gehört, als Vollstreckungsbehörde zuständig.

---

397 SächsOVG, Beschl. v. 10.9.2018 – Az.: 3 B 174/18, Rn. 28 – juris.
398 Vgl. SächsOVG Beschl. v. 20.1.2022 – Az.: 6 B 407/21, Rn. 37 ff. – juris. Demgemäß ist eine Androhung „für jeden Fall der Zuwiderhandlung" nur dann zulässig, wenn eine entsprechende gesetzliche Vorschrift – wie etwa § 53 Abs. 3 Satz 2 VwVG NRW (dazu OVG NRW Beschl. v. 13.1.2010 – Az.: 4 B 1749/08, Rn. 50 ff. – juris) – existiert (BVerwG, NVwZ 1998, 393 (394); DVBl. 2003, 1268 (1271); VGH BW, NVwZ-RR 2003, 238 (244)).

2. Verfahrens- und Formvorschriften

391 Die Androhung erfolgte schriftlich in der formularmäßig erlassenen Rückkehrverbotsverfügung, § 20 Abs. 1 S. 1 SächsVwVG. Bei der Androhung handelt es sich um einen VA gem. § 1 S. 1 SächsVwVfZG iVm § 35 S. 1 VwVfG. Die Anhörung ist gemäß § 28 Abs. 2 Nr. 5 VwVfG entbehrlich.

IV. Materielle Rechtmäßigkeit

1. Tatbestandsvoraussetzungen

392 Es müssten die Voraussetzungen des § 2 SächsVwVG und die Wirksamkeit hinsichtlich des Grundverwaltungsakts, des Rückkehrverbots vom Einsatztag, gegeben sein. Das Rückkehrverbot ist auf ein Unterlassen des P. gerichtet und somit materiell vollstreckbar. Die formelle Vollstreckbarkeit ergibt sich nicht aus § 2, 2. Hs. Nr. 1 SächsVwVG, weil das Rückkehrverbot mangels abgelaufener Widerspruchsfrist noch nicht unanfechtbar ist. Sie könnte sich jedoch aus § 2, 2. Hs. Nr. 2 SächsVwVG ergeben. Dann dürfte ein gegen den Grundverwaltungsakt gerichteter Rechtsbehelf keine aufschiebende Wirkung[399] entfalten. Hier kommt eine Ausnahme vom Suspensiveffekt des § 80 Abs. 1 VwGO nach § 80 Abs. 2 S. 1 Nr. 2 VwGO in Betracht. „Unaufschiebbar" ist eine Maßnahme nur dann, wenn sie ein sofortiges Eingreifen polizeilicher Vollzugsbeamter erfordert, insbes. bei solchen Umständen, in denen zur Abwendung einer unmittelbar bevorstehenden oder bereits eingetretenen Gefahr ein sofortiges Handeln von Polizeivollzugsbeamten durch tatsächliches Handeln oder Vollzugsmaßnahmen erforderlich ist.[400] Eine schriftliche Verfügung birgt die (widerlegbare) Vermutung dafür, dass die Zeit ausgereicht hätte, den Verwaltungsakt formgerecht gemäß § 80 Abs. 2 Satz 1 Nr. 4 VwGO für sofort vollziehbar zu erklären.[401] Die aufschiebende Wirkung eines Widerspruchs entfällt nach § 80 Abs. 2 Satz 1 Nr. 2 VwGO hingegen auch dann, wenn es sich um eine umgehende vor Ort mithilfe eines Formulars gefertigte schriftliche Verweisungsverfügung handelt.[402] Das Rückkehrverbot vom Einsatztag wurde P. sofort nach Erstellung durch F. und E. übergeben, so dass eine Bekanntgabe nach § 41 Abs. 1 VwVfG erfolgt ist und das Rückkehrverbot damit wirksam geworden ist. Da laut Sachverhalt das Rückkehrverbot rechtmäßig ist, kommt es auf die Frage eines Rechtmäßigkeitszusammenhangs zwischen Grund-VA und Vollstreckung nicht an.

2. Ordnungsgemäße Art und Weise der Vollstreckung

393 Weiter müsste die „Art und Weise" der Vollstreckung durch die Zwangsgeldandrohung ordnungsgemäß erfolgt sein. Mit der Bezeichnung „Zwangsgeld" wurde gemäß § 20 Abs. 3 S. 1 SächsVwVG ein bestimmtes Zwangsmittel angedroht. Das Zwangsgeld wurde P. zudem gemäß § 20 Abs. 4 SächsVwVG in bestimmter Höhe – 500,00 EUR – angedroht. Die hinreichende Bestimmtheit gemäß § 37 Abs. 1 VwVfG ist auch gegeben, weil die Androhung gegenüber P. unzweideutig vorsieht, dass ihm beim ersten Verstoß ein Zwangsgeld in Höhe von 500,00 EUR und bei jedem weiteren Verstoß ein Zwangsgeld von jeweils 800,00 EUR droht.

---

399 Der Eintritt der aufschiebenden Wirkung nach § 80 Abs. 1 VwGO beseitigt zwar nicht die Wirksamkeit des mit dem Widerspruch angefochtenen Verwaltungsakts. Die aufschiebende Wirkung hemmt aber im umfassenden Sinn eines Verwirklichungsverbots dessen Vollziehbarkeit. Als verbotene „Vollziehung" ist dabei (jedenfalls) jede selbstständige und hoheitliche Maßnahme der Behörde zur Durchsetzung der getroffenen Anordnung im Wege des Zugriffs auf Rechtsgüter des Adressaten dieses Verwaltungsaktes zu verstehen (VGH BW Beschl. v. 18.7.2019 – Az.: 1 S 871/19, Rn. 19 – juris mwN).
400 VG Minden Urt. v. 25.1.2010 – Az.: 11 K 2614/09, Rn. 23 – juris.
401 VG Chemnitz Beschl. v. 13.1.2009 – Az.: 3 L 457/08, S. 4; VG Minden, aaO, Rn. 20 ff.
402 VG Oldenburg Beschl. v. 25.4.2003 – Az.: 2 B 1518/03, S. 1; VG Düsseldorf Beschl. v. 8.7.2015 – Az.: 18 L 2298/15, Rn. 4 – juris; VG Aachen Beschl. v. 2.10.2017 – Az.: 6 L 1619/17, Rn. 4, 8.

Weiterhin darf nur ein Zwangsmittel derart angedroht werden, wie es später auch in rechtmäßiger Weise angewendet werden kann. Zwar bewegen sich die 500,00 EUR im Zwangsgeldrahmen des § 22 Abs. 1 SächsVwVG. Indes könnte ein Vollstreckungshindernis nach § 19 Abs. 5 SächsVwVG vorliegen. Diese Norm gilt nicht erst für die Anwendung, sondern bereits für die Androhung eines Zwangsmittels.[403] Gem. § 19 Abs. 5 S. 1 SächsVwVG dürfen Zwangsmittel solange angewandt werden, bis der VA vollzogen oder *auf andere Weise erledigt* ist. Insbesondere dürfen nach § 19 Abs. 5 S. 2 SächsVwVG zur Erzwingung einer Duldung oder Unterlassung Zwangsmittel nicht mehr angewandt werden, wenn eine weitere Zuwiderhandlung nicht zu befürchten ist.[404] Selbst wenn P. noch am selben Tag gegen das Rückkehrverbot verstößt, wäre der Erlass eines Zwangsgeldfestsetzungsbescheides vor Ablauf von vier Tagen kaum zu realisieren. Nach Ablauf des vierten Tages des Verbotszeitraums erledigt sich jedoch das Rückkehrverbot als Grund-VA, so dass P. dem Rückkehrverbot vom Einsatztag nicht mehr zuwiderhandeln kann. Auch der Erlass eines neuen Rückkehrverbots würde hieran nichts ändern, weil es sich dabei um einen neuen Grund-VA handeln würde. Selbst wenn man unterstellt, dass innerhalb von vier Tagen ein Zwangsgeldfestsetzungsbescheid mit sofortiger Fälligkeit nach § 17 SächsVwKG gefertigt und P. wirksam bekannt gegeben werden könnte, so könnte eine Beitreibung der Forderung nach den §§ 12 ff. SächsVwVG indes nicht erfolgen. Gemäß § 4 Abs. 1 S. 1 Nr. 1 SächsVwVG ist für die Vollstreckung eines Verwaltungsakts, der zu einer Zahlung verpflichtet das Finanzamt zuständig. Der Zwangsgeldfestsetzungsbescheid einer Polizeidirektion wird zunächst der Hauptkasse beim Landesamt für Steuern und Finanzen übermittelt, das den Vorgang prüft und an das zuständige Finanzamt weiterleitet. Das wiederum beauftragt einen Gerichtsvollzieher, der dann die eigentliche Beitreibung vornimmt. Allein dieser Weg nimmt aufgrund der Vielzahl der zu vollstreckenden Leistungsbescheide regelmäßig Wochen in Anspruch, so dass eine Vollstreckung innerhalb weniger Tage nicht umsetzbar ist. Nach § 2a Abs. 1 Nr. 1 SächsVwVG ist die Vollstreckung insbesondere dann einzustellen oder zu beschränken, wenn ihr Zweck erreicht wurde oder sich zeigt, dass er durch Anwendung von Zwangsmitteln nicht erreicht werden kann. Nach Ablauf der Dauer des Rückkehrverbots ist der Zweck des Fernhaltens des P. von der Wohnung, in der J. kurzzeitig allein lebt, nicht mehr erreichbar. Eine Beitreibung darf nicht beginnen bzw. müsste unverzüglich eingestellt werden. Diese Gesamtsituation ist dem PVD bereits bei Erlass des Rückkehrverbots bekannt, so dass die Androhung eines Zwangsmittels, dass bei objektiver Betrachtung innerhalb weniger Tage allenfalls angeordnet, aber nicht vollstreckt werden kann, bereits nicht zulässig ist.[405]

3. Ergebnis: Somit ist die Zwangsgeldandrohung rechtswidrig.

Fall 11: „Rücksichtslos im Straßenverkehr"

Sachverhalt

Rudi Rüpel (R.) ist bei starkem Schneefall mit seinem Pkw am Einsatztag gegen 18.00 Uhr wegen zu geringem Abstand auf den vor ihm fahrenden Multivan des Schleichers (S.) aufgefahren. Beide Fahrzeuge stehen mitten auf einer viel befahrenen Straße, auf der sich bereits ein Stau gebildet hat. Die Stoßstangenverkleidung vom Kfz des R. hat sich fest mit der Anhängerkupplung

---

403 SächsOVG Urt. v. 18.1.2018 – Az.: 3 A 646/16, Rn. 18 – juris.
404 Das SächsOVG Urt. v. 18.1.2018 – Az.: 3 A 646/16, Rn. 20 ff. – juris, prüft diese Norm als Begrenzung des Entschließungsermessens.
405 AA *Elzermann*, VR 2023, 88 (91); *Schwier/Lohse*, § 19 Rn. 16, die den Erlass eines Zwangsgeldfestsetzungsbescheides vor Beendigung der Wohnungsverweisung zulassen, ohne auf die von vornherein aussichtslose Vollstreckbarkeit wegen § 2a Abs. 1 Nr. 1 SächsVwVG einzugehen.

des Multivans verhakt. Beide Fahrzeuge sind an sich noch fahrbereit. Die vorbeikommenden örtlich zuständigen PK Fleißig (F.) und POM'in Emsig (E.) fordern R. auf, ggf. mithilfe eines Abschleppers, sein Fahrzeug vom Multivan des S. zu lösen. R. meint, dass S. das tun müsse, weil S. plötzlich gebremst und damit das Auffahren des R. verschuldet habe. S. bestreitet jedoch, gebremst zu haben. F. warnt R. davor, dass F. das Fahrzeug evtl. selbst entfernen lassen würde, wenn R. dies nicht umgehend tue. R. meint, dass er seinen Rechtsanwalt anrufe, um sich nach der Rechtslage zu erkundigen und beginnt zu telefonieren. F. fordert daraufhin beim FLZ der PD Sachsenstadt ein Abschleppunternehmen an. Nach kurzer Zeit kommt der Abschleppunternehmer Pfeil Schnell (PS.) zum Ort des Geschehens und enthakt die verkeilten Fahrzeuge, indem er ohne (weitere) Beschädigung den Pkw des R. zuvor leicht anhebt. Nunmehr entfernen R. und S. ihre Fahrzeuge.

Aufgabe:
Prüfen Sie die Rechtmäßigkeit des polizeilich veranlassten Enthakens aus gefahrenabwehrrechtlicher Sicht. Gehen Sie von der Rechtmäßigkeit der Aufforderung des F. an R. aus.

Abwandlung Nr. 1

F. und E. befinden sich erneut auf Streifenfahrt. Dabei fällt ihnen am Einsatztag (Sonnabend) um 11.20 Uhr ein PKW „VW Passat Kombi" mit auswärtigem Kennzeichen in der Lausitzstraße auf. Das Fahrzeug ist in der Lausitzstraße vor einer Bordsteinabsenkung iSv § 12 Abs. 3 Nr. 5 StVO, an der ein Fußweg einmündet, geparkt. Der Fußweg wird an dieser Stelle häufig durch ältere gehbehinderte Menschen eines nahegelegenen Altersheims und Eltern mit ihren Kinderwagen genutzt, weil der Bordstein im übrigen Verlauf des Gehweges sehr hoch ist. Tatsächlich kommt es in der Zeit von 11.25 Uhr – 11.32 Uhr zu einer Behinderung von Fußgängern durch das an der Bordsteinabsenkung geparkte Fahrzeug des R. Insbesondere Bewohner des Altersheims und Fußgänger mit Kinderwagen konnten die Bordsteinabsenkung nicht nutzen und aufgrund der anschließend korrekt parkenden Fahrzeuge nur unter großen Schwierigkeiten und zum Teil mithilfe anderer Passanten die Lausitzstraße überqueren. Daraufhin veranlassen die Beamten das Umsetzen des Fahrzeugs durch ein privates Abschleppunternehmen auf eine reguläre Stellfläche in der Nähe.

Im späteren Widerspruchsverfahren gegen den Leistungsbescheid über 258,24 EUR (185,24 EUR Auslagen für die Umsetzung und 73,00 EUR Gebühren für den Einsatz der Polizei vor Ort) lässt sich R. wie folgt ein: Auf dem Armaturenbrett seines abgeschleppten Fahrzeugs sei – was der Wahrheit entspricht – ein gut sichtbarer, etwa 15 x 15 cm großer Zettel mit der Aufschrift „bei Störung bitte anrufen, komme sofort" unter Rufnummer seines Handys ausgelegt gewesen. Auf eine telefonische Nachricht hin, hätte er sein Fahrzeug in weniger als einer halben Minute entfernen können, da er sich in dieser Zeit in dem direkt gegenüberliegenden Gebäude aufgehalten habe. Ferner habe R. festgestellt, dass an der gleichen Stelle parkende Fahrzeuge auch über einen Zeitraum von bis zu 7 Stunden nicht abgeschleppt worden seien. Weiterhin habe er vor der Bordsteinabsenkung gerade mal 15 Minuten geparkt. Schließlich habe die Lausitzstraße lediglich eine untergeordnete Bedeutung für den Straßenverkehr.

Aufgabe:
Prüfen Sie die Rechtmäßigkeit der Abschleppmaßnahme aus gefahrenabwehrrechtlicher Sicht. Die polizeilichen Aufgabe und die sachliche Zuständigkeit sind gegeben. Fertigen Sie einen Widerspruchsbescheid gegenüber R. Gehen Sie von der Zulässigkeit des Widerspruchs aus.

Abwandlung Nr. 2

F. und E. haben Nachtschicht im Polizeirevier Sachsenstadt-Mitte. Sie finden am Einsatztag um 22.00 Uhr das als gestohlen gemeldete Fahrzeug Golf V (80.000 km) des am anderen

Ende von Sachsenstadt (500.000 Einwohner) wohnenden R. an einer abgelegenen Stelle unverschlossen und stark beschädigt. Es wurde versucht, den Kofferraumdeckel aufzuheben, die Schlösser der Beifahrertür und des Kofferraums waren eingestochen, das Lenkradschloss überdreht, das Zündschloss und die Lenksäulenverkleidung herausgerissen sowie die Zündung kurzgeschlossen. Neben dem Kofferraumdeckel war auch das Heckblech durch den Aufhebelversuch beschädigt, das Fahrzeug wies zudem zwei Dellen mit Lackabsplitterungen am vorderen rechten Kotflügel auf. Zwei Vordersitze, zwei Hecklautsprecher, Fahrertürlautsprecher sowie die Stereoanlage waren entfernt. Batterie und Motor machen einen funktionsfähigen Eindruck. Die Beamten lassen das Fahrzeug durch einen Abschleppunternehmer entfernen, um ein weiteres „Ausschlachten" des Kfz zu verhindern. Autobastler F. schätzt schon allein aufgrund des Motors den Restwert des Fahrzeugs auf 2.400,00 EUR ein. Die Abschleppkosten betragen 150,00 EUR. Eine Spurensicherung wird vor Ort nicht veranlasst, da keine verwertbaren Spuren gesichert oder vermutet werden können. Ausweislich des „Fahrzeug-Untersuchungsberichts" der KPI Sachsenstadt wird auf dem Gelände der Kriminalpolizeiinspektion später eine „daktyloskopische Spurensuche" erfolglos durchgeführt.

Einige Zeit später während derselben Nachtschicht (um 0.30 Uhr) entdecken F. und E. den VW Passat, Wert etwa 12.000,00 EUR, Kennzeichen Landkreis Sachsenstädter Land, von Walter Wichtig (W.) ordnungsgemäß abgestellt in der menschenleeren, durch Laternen beleuchteten Innenstadt. Die Fensterscheibe der Fahrertür ist 20 cm geöffnet, iÜ ist das Fahrzeug zentralverriegelt. Da es den Beamten nicht möglich ist, das Fahrzeug zu öffnen und das Fenster zu schließen, lassen sie das Fahrzeug abschleppen.

R. und W. werden beide am nächsten Tag benachrichtigt. W. wendet ein, dass sein Auto hinreichend durch die Zentralverriegelung sowie eine elektronische Wegfahrsperre gesichert, die Innenstadt beleuchtet und sein Passat kein Luxusauto sei. Ansonsten müsse die Polizei jedes Cabriolet mit offenem Verdeck abschleppen. Ferner habe er keine Gegenstände im Auto liegen und das Fenster nur zur Belüftung offengelassen. Die Polizei hätte ihn zudem vor der Verwahrungnahme benachrichtigen müssen.

Aufgabe:
Waren die Abschleppmaßnahmen rechtmäßig?

Bearbeitervermerk: Ein späteres gerichtlich angeordnetes Sachverständigengutachten kommt im Fall des R. zu folgenden Ergebnissen: Der Wert des Fahrzeugs vor der Beschädigung betrug 3.000,00 EUR, der aktuelle Restwert beträgt 290,00 EUR und die geschätzten Reparaturkosten betragen 2.500,00 EUR.

Abwandlung Nr. 3

R. wurde im Anschluss an zahlreiche Verletzungen von Straßenverkehrsvorschriften seine Fahrerlaubnis für ein Jahr entzogen. Dennoch wird er von. F. und E. am 13.7.2023 während einer Streifenfahrt kurz vor seiner Wohnanschrift angehalten und kontrolliert. F. und E. untersagen die Weiterfahrt und fertigen eine Strafanzeige wegen Fahrens ohne Fahrerlaubnis. Nachbarin (N.), die den Vorfall aus ihrem Fenster verfolgt, ruft den Beamten zu, dass R. jeden Morgen mit dem Auto zur Arbeitsstätte fahre. Dies wird nach einer Befragung anderer Nachbarn von allen bestätigt. R. wird durch F. und E. nachdrücklich ermahnt, nicht noch einmal mit dem Auto zu fahren. Dennoch wird R. zwei Tage später erneut von F. und E. beim Führen seines Fahrzeugs im Straßenverkehr ertappt. F. und E. stellen sein Fahrzeug sicher und lassen es von PS. auf dessen Verwahrhof verbringen. R. verlangt eine schriftliche Bestätigung der Sicherstellung.

Fortsetzung des Sachverhalts: R. verlangt eine Woche nach dem Zugang der schriftlichen Bestätigung die Herausgabe seines Fahrzeugs. Wiederum einige Tage später wird R. erneut im

Rahmen einer Verkehrskontrolle festgestellt, als er das Fahrzeug seiner Ehefrau im öffentlichen Straßenverkehr führt, ohne im Besitz einer Fahrerlaubnis zu sein.

Aufgaben:

Fertigen Sie im Namen des F. eine schriftliche Bestätigung der Sicherstellung. Prüfen Sie, ob R. im Rahmen der Fortsetzung des Sachverhalts die Herausgabe seines Fahrzeugs verlangen kann. Prüfen Sie, wie durch die PD Sachsenstadt mit dem Fahrzeug des R. weiter verfahren werden sollte.

Lösungsvorschlag zum Fall 11: „Rücksichtslos im Straßenverkehr"
Ausgangsfall
Rechtmäßigkeit des Enthakens aufgrund der Verfügung von F. und E.

I. Vorprüfung

395 Das Enthaken stellt einen Eingriff in die allgemeine Handlungsfreiheit des R. aus Art. 2 Abs. 1 GG dar (vgl. Definition Fall 1, Ziffer I.), da mangels Beschädigung des Fahrzeugs des R. und einer nur sehr kurzzeitigen Nutzungsbeeinträchtigung kein Eingriff in Art. 14 Abs. 1 S. 1 GG, Art. 31 Abs. 1 SächsVerf vorliegt.

II. Ermächtigungsgrundlage

396 Das Enthaken der beiden verkeilten Fahrzeuge stellt sich als Ersatzvornahme gemäß § 2 iVm § 24 Abs. 1 S. 1 SächsVwVG gegenüber R. dar, da es sich um die Durchsetzung der Aufforderung von F. und E. zur Enthakung seines Pkw vom Multivan des S. handelt.[406]

III. Formelle Rechtmäßigkeit

397 Es sind die formellen Voraussetzungen für eine rechtmäßige Ersatzvornahme zu prüfen.

1. Polizeiliche Aufgabe und sachliche Zuständigkeit

398 Die polizeiliche Aufgabe ergibt sich aus § 2 Abs. 1 S. 1 SächsPVDG, da F. und E. mit dem Enthaken der verkeilten Fahrzeuge ein Hindernis im Straßenverkehr und damit einen fortwährenden Verstoß gegen § 32 StVO beseitigen wollen. Zudem soll die Leichtigkeit und Sicherheit des Straßenverkehrs an der Unfallstelle wieder hergestellt werden. Weiterhin ergibt sich die polizeiliche Aufgabe aus § 2 Abs. 1 S. 2 SächsPVDG, da die Fortbewegungsfreiheit der anderen Verkehrsteilnehmer aus Art. 2 Abs. 1 GG wieder gewährleistet werden soll. Die sachliche Zuständigkeit des PVD richtet sich nach § 4 Abs. 1 S. 1 Nr. 3 SächsVwVG, weil dieser zuständigkeitshalber den Grund-VA erlassen durfte. Die Ermächtigungsgrundlage für den Grund-VA von F. und E. in Form der Aufforderung an R., sein Fahrzeug vom Multivan des S. zu lösen, ergibt sich aus § 36 Abs. 1 StVO.[407] Für die Anwendung dieser Befugnisnorm ist ausschließlich der PVD sachlich zuständig (vgl. auch § 44 Abs. 2 S. 1 StVO).

---

[406] Gleiches würde für den Fall gelten, wenn das Fahrzeug des R. nicht mehr fahrbereit gewesen wäre und hätte abgeschleppt werden müssen. Dann hätte F. zuvor R. zur Entfernung des Pkw auffordern müssen.

[407] Vgl. BGH Beschl. v. 31.1.1984 – Az.: 4 StR 350/83, Rn. 12, 13 – juris zur Abgrenzung von Maßnahmen nach allgemeinem Polizeirecht. Selbst wenn § 12 Abs. 1 SächsPVDG als Befugnisnorm herangezogen würde, wäre der PVD gemäß § 2 Abs. 3, 2. Halbsatz SächsPVDG sachlich eilzuständig.

Fall 11: „Rücksichtslos im Straßenverkehr"   139

2. Verfahrens- und Formvorschriften

Es existieren keine ermächtigungsbezogenen Verfahrens- und Formvorschriften, die bei der Ersatzvornahme beachtet werden müssten.[408]   399

Weiterhin könnte das VwVfG Anwendung finden. Dafür ist maßgebend, ob der Enthakungsvorgang einen VA iSv § 1 S. 1 SächsVwVfZG iVm § 35 S. 1 VwVfG darstellt. Unabhängig davon, ob die Durchführung einer Ersatzvornahme oder unmittelbaren Zwangs Regelungscharakter wegen der konkludenten Auferlegung einer Duldungspflicht[409] ausweist oder einen öffentlich-rechtlichen Realakt[410] darstellt, ist die wichtigste und einzig sinnvoll zu prüfende Verfahrensvoraussetzung, die Anhörung des R. gem. § 28 Abs. 1 VwVfG, nach § 28 Abs. 2 Nr. 5 VwVfG entbehrlich, da die Ersatzvornahme ein Zwangsmittel iSv § 19 Abs. 2 Nr. 2, 1. Alt. SächsVwVG und somit eine Maßnahme der „Verwaltungsvollstreckung" darstellt.   400

IV. Materielle Rechtmäßigkeit

1. Tatbestandsvoraussetzungen

Eine rechtmäßige Ersatzvornahme setzt gemäß § 2 SächsVwVG zunächst die Existenz eines vollstreckbaren und wirksamen Grundverwaltungsakts voraus.   401

a) Vorliegen eines Grundverwaltungsakts, § 2, 1. Hs. SächsVwVG

Der Grundverwaltungsakt als Vollstreckungstitel ist hier mit Aufforderung durch F. und E. an R., er solle sein Fahrzeug vom Multivan des S. lösen, erfolgt.   402

b) Vollstreckbarkeit/Vollziehbarkeit der Verfügung

Es kann nur ein vollstreckbarer Grundverwaltungsakt mit den Zwangsmitteln des § 19 Abs. 2 SächsVwVG durchgesetzt werden.   403

aa) Materielle Vollstreckbarkeit, § 2, 1. Hs. SächsVwVG

Die Aufforderung an R. ist auf eine sonstige Handlung seinerseits gerichtet und damit von ihrem Inhalt her vollstreckbar.   404

bb) Formelle Vollstreckbarkeit

Weiterhin ist gem. § 2, 2. Hs. SächsVwVG auch die *formelle* Vollstreckbarkeit in einer der zwei Alternativen erforderlich.   405

(1) Unanfechtbarkeit, § 2, 2. Hs. Nr. 1 SächsVwVG

---

[408] Die Niederschrift nach § 10 Abs. 1 SächsVwVG beeinflusst die Rechtmäßigkeit der Ersatzvornahme nicht, zumal im vorliegenden Fall R. als Vollstreckungsschuldner anwesend war und daher die später zu fertigende Niederschrift noch nicht einmal dem R. zuzusenden ist. Überdies ist umstritten, ob § 10 SächsVwVG überhaupt auf Ersatzvornahmen Anwendung findet. Sinn und Zweck der Norm sowie der Regelungsstandort sprechen nur für eine Anwendung bei Maßnahmen von Vollstreckungsbediensteten im Rahmen der Beitreibung (*Lindner*, § 10 Rn. 3).

[409] BVerwGE 26, 161 (164) – Schlagstockeinsatz; 49, 36 (39); BayVGH, NVwZ 1988, 1055 (1055) Reizstoffeinsatz; VG Dresden Urt. v. 19.5.2004 – Az.: 14 K 1608/01, Umdruck S. 4; SächsOVG Beschl. v. 26.4.2006 – Az.: 3 B 781/04, Umdruck S. 2; das BVerfG, NVwZ 1999, 290 (292) goutiert zumindest die Zulässigkeit einer Fortsetzungsfeststellungsklage bezüglich der Rechtswidrigkeit eines Wasserwerfereinsatzes.

[410] OVG SH, Urt. v. 28.2.2019, Az.: 4 LB 22/18, Rn. 32 – juris; *Schoch*, JuS 1995, 215 (218) mwN in Fn. 34; *Thye*, JuS 2011, 618 (619 f.).

406 Unanfechtbar, dh bestandskräftig ist ein VA insbesondere dann, wenn die Widerspruchsfrist oder eine andere Rechtsbehelfsfrist abgelaufen ist. Grundsätzlich beträgt die Widerspruchsfrist gegen einen VA gem. § 70 Abs. 1 VwGO einen Monat nach Bekanntgabe des VA. Da es jedoch bei diesem mündlichen polizeilichen VA an einer Rechtsbehelfsbelehrung iSv § 58 Abs. 1 VwGO fehlt, gilt die Widerspruchsfrist von einem Jahr (§§ 70 Abs. 2, 58 Abs. 2 VwGO). Das bedeutet, dass vollzugspolizeiliche Maßnahmen nach dem SächsPVDG, sofern sie als mündliche VAe ergehen, im Grundsatz noch mit einer Fortsetzungsfeststellungsklage gem. § 113 Abs. 1 S. 4 VwGO angreifbar, und damit noch anfechtbar sind. Dies gilt auch für die vorliegende mündliche Aufforderung an R., sein Fahrzeug vom Multivan des S. zu lösen.

(2) Rechtsbehelf hat keine aufschiebende Wirkung, § 2, 2. Hs. Nr. 2 SächsVwVG

407 Nach § 2, 2. Hs. Nr. 2 SächsVwVG ist eine formelle Vollstreckbarkeit auch dann gegeben, wenn ein Rechtsbehelf gegen den VA keine aufschiebende Wirkung iSv § 80 Abs. 1 VwGO entfaltet. Gem. § 80 Abs. 2 S. 1 Nr. 2 VwGO haben Rechtsbehelfe gegen die unaufschiebbaren Anordnungen und Maßnahmen von Polizeivollzugsbeamten keine aufschiebende Wirkung. „Unaufschiebbar" ist eine Anordnung oder Maßnahme dann, wenn sie ein sofortiges Eingreifen polizeilicher Vollzugsbeamter erfordern. Dies wird vor allem bei solchen Umständen der Fall sein, in denen zur Abwendung einer unmittelbar bevorstehenden Gefahr oder bereits eingetretenen Störung ein sofortiges Handeln von Polizeivollzugsbeamten durch tatsächliches Handeln oder Vollzugsmaßnahmen erforderlich ist.[411] Im vorliegenden Fall handelt es sich bei der Aufforderung des F. um eine unaufschiebbare Anordnung eines Polizeivollzugsbeamten, wodurch ein möglicher Widerspruch des R. gegen die Aufforderung keinen Suspensiveffekt hätte. Die formelle Vollstreckbarkeit ist mithin gegeben.

c) Wirksamkeit der Grundverfügung

408 Der Grundverwaltungsakt muss wirksam gegenüber dem Vollstreckungsschuldner ua durch Bekanntgabe gem. §§ 43 Abs. 1, 41 Abs. 1 VwVfG geworden sein. Die Bekanntgabe der Aufforderung erfolgte im vorliegenden Fall durch die akustische Wahrnehmung seitens des Vollstreckungsschuldners R.

d) Rechtmäßigkeit des Grundverwaltungsakts

409 Da die Rechtmäßigkeit der Ersatzvornahme grundsätzlich nicht von der Rechtmäßigkeit des Grundverwaltungsakts abhängig ist[412], bedarf die Rechtmäßigkeit der Aufforderung von F. und E. keiner Erörterung.[413]

2. Ordnungsgemäße Art und Weise der Vollstreckung

410 Weiter müsste die „Art und Weise" der Durchführung der Ersatzvornahme ordnungsgemäß erfolgt sein.

---

411 VG Minden Urt. v. 25.1.2010 – Az.: 11 K 2614/09, Rn. 23 – juris.
412 Die hM verneint einen Rechtswidrigkeitszusammenhang selbst bei einem Verkehrszeichen als Grundverwaltungsakt (OVG SH, Urt. v. 28.2.2019, Az.: 4 LB 22/18, Rn. 35 – juris; VG Berlin Beschl. v. 29.8.2016 – Az.: 33 L 235.16, Rn. 9; Urt. v. 11.4.2016, Az.: VG 11 K 372.15; VG Leipzig Urt. v. 14.11.2007 – Az.: 1 K 483/06, Rn. 17 – alle juris; OVG Hamburg, NordÖR 2002, 469 (470); OVG NRW, NJW 2001, 1961). Etwas anders gilt dann, wenn der Grund-VA ebenfalls angefochten wird (vgl. SächsOVG, JbSächsOVG 6, 143 [147]; Beschl. v. 25.9.2009, Az.: 1 A 614/08, Rn. 12 bzgl. Zwangsgeldfestsetzung; VG Stuttgart Urt. v. 18.11.2015 – Az.: 5 K 1265/14, Rn. 54 ff.; VG Berlin Urt. v. 25.8.2016 – Az.: 1 K 318.14, Rn. 34; VG Braunschweig Urt. v. 28.2.2007 – Az.: 5 A 685/05, Rn. 51; OVG Bremen Urt. v. 2.9.2008 – Az.: 1 A 161/06, Rn. 105; VG Stade Urt. v. 17.8.2007 – Az.: 1 A 93/05, Rn. 54 – alle juris bzgl. unmittelbarem Zwang).
413 Eine Prüfung erfolgt indes dann, wenn die Aufgabenstellung dies verlangt.

a) Androhung[414]

Dies setzt zunächst grundsätzlich eine schriftliche Androhung des Zwangsmittels gem. § 20 Abs. 1 S. 1 SächsVwVG voraus.

Im vorliegenden Fall erfolgte die Androhung durch den Hinweis des F. gegenüber R., dass er im Falle einer Weigerung des R., sein Fahrzeug vom Multivan des S. zu lösen, diese gebotene Handlung selbst vornehmen (lassen) werde. Diese Androhung erfolgte allerdings nicht „schriftlich", wie es in § 20 Abs. 1 S. 1 SächsVwVG gefordert wird. Gem. § 21 SächsVwVG kann von einer schriftlichen Androhung abgesehen werden, soweit dies zur Verhinderung einer unmittelbar bevorstehenden Störung der öffentlichen Sicherheit oder zur Beseitigung einer bereits eingetretenen Störung erforderlich ist. Eine Störung bedeutet, dass sich der Schadenseintritt an einem Rechtsgut der öffentlichen Sicherheit bereits realisiert hat. Durch den Verstoß gegen § 32 Abs. 1 StVO und die Verfügung von F. und E. wurden das geschriebene Recht und die Funktionsfähigkeit der staatlichen Einrichtung des PVD verletzt, so dass ein Schaden an Rechtsgütern der öffentlichen Sicherheit bereits eingetreten ist.[415]

Eine unmittelbar bevorstehende Störung liegt vor, wenn ein Schaden an Rechtsgütern der öffentlichen Sicherheit mit an Sicherheit grenzender Wahrscheinlichkeit in allernächster Zukunft eintreten wird.[416] Es handelt sich um eine viel befahrene Straße und es herrscht Dunkelheit sowie starker Schneefall, so dass grundsätzlich bei Hindernissen auf der Straße ein erhöhtes Unfallrisiko besteht. Damit könnte es jederzeit zu einer Verletzung der bedeutenden Rechtsgüter der körperlichen Unversehrtheit und Gesundheit aus Art. 2 Abs. 2 S. 1 GG der den Unfall aufnehmenden Polizisten sowie anderer Verkehrsteilnehmer kommen. Damit liegt auch eine unmittelbar bevorstehende Störung vor.[417]

b) Anwendung des Zwangsmittels

Die Anwendung des Zwangsmittels müsste den Voraussetzungen des § 24 Abs. 1 S. 1 SächsVwVG genügen. Eine Ersatzvornahme kommt nur bei einer Verpflichtung zur Vornahme einer vertretbaren Handlung in Betracht; sie scheidet naturgemäß bezüglich Duldungen oder Unterlassungen aus. Eine vertretbare Handlung ist dann anzunehmen, wenn die zuständige Behörde oder ein Dritter zu ihrer Vornahme befugt ist und es für den Berechtigten rechtlich und tatsächlich gleich bleibt, ob der Pflichtige oder ein anderer die Handlung vornimmt (Legaldefinition). Das Enthaken eines Kfz mit Hilfsmitteln könnte grundsätzlich jedermann vornehmen, so dass es letztlich keinen Unterschied macht, ob es durch den PVD bzw. vom Abschleppunternehmer als „verlängerter Arm" (sog. Verwaltungshelfer)[418] oder R. selbst durchgeführt wird.

3. Adressat

R. schuldet eine Leistung iSv § 3 Abs. 1 Nr. 1 SächsVwVG und ist daher Vollstreckungsschuldner.

---

414 Gem. § 20 Abs. 5 SächsVwVG müssen in der Androhung einer Ersatzvornahme die voraussichtlichen Kosten angegeben werden. Dies erscheint jedoch im Fall einer mündlichen Androhung schwerlich möglich und bezieht sich daher nur auf eine schriftliche Androhung (so wohl auch HessVGH, NVwZ-RR 1991, 28; instruktiv *Weber*, VR 2004, 189).
415 Vgl. VG Leipzig Urt. v. 16.12.2002 – Az.: 1 K 1528/02, S. 5.
416 BVerfG Beschl. v. 20.4.2017 – Az.: 2 BvR 1754/14, Rn. 46 – juris; SächsOVG, SächsVBl. 2008, 89 (90).
417 Die Prüfung der unmittelbar bevorstehenden Störung empfiehlt sich in diesem Fall trotz der Bejahung der bereits eingetretenen Störung, weil die Gefährdung der Rechtsgüter aus Art. 2 Abs. 2 S. 1 GG im Rahmen des Ermessens eine Reduzierung auf Null begründet. Spätestens dort müsste die Unfallgefahr thematisiert werden.
418 BGH, NJW 1993, 1258; VG Bremen, NVwZ-RR 2000, 593.

4. Ermessen[419]

416 Im Rahmen des Entschließungsermessens kommt eine Ermessensreduzierung auf Null in Betracht. Die Unfallstelle bildet ein Hindernis im Straßenverkehr, bei dem der Gesetzgeber bereits nach § 32 Abs. 1 S. 2 StVO davon ausgeht, dass dieses unverzüglich zu beseitigen ist. Dafür ist das Enthaken vorliegend unerlässlich. Durch die vorliegende Verkehrssituation könnten Unfälle eintreten, bei denen Rechtsgüter aus Art. 2 Abs. 2 S. 1 GG verletzt werden könnten. Dies sind bedeutsame Rechtsgüter. Die Intensität der Rechtsgutsgefährdung ist ebenfalls als hoch anzusehen und die mit dem Einschreiten verbundenen Risiken sind als gering bzw. nicht vorhanden zu bewerten. Mithin liegt eine Ermessensreduzierung auf Null vor.

417 Die Behörde hat im Rahmen ihres Auswahlermessens (§ 19 Abs. 3 SächsVwVG) hinsichtlich des Mittels und der Person eine rechtmäßige und zweckmäßige Auswahl zu treffen. Mit der Anforderung von PS., dem Anheben des Pkw des R. sowie der Lösung beider Fahrzeuge voneinander hat der PVD von einem möglichen Zwangsmittel im Rahmen seines Auswahlermessens Gebrauch gemacht.[420]

5. Verhältnismäßigkeit[421]

418 Ferner müsste die Ersatzvornahme auch dem Grundsatz der Verhältnismäßigkeit, der in den § 19 Abs. 3 und 4 SächsVwVG seinen Ausdruck gefunden hat, genügen.

a) Geeignetheit, § 5 Abs. 1 SächsPVDG

419 Die Lösung der Fahrzeuge voneinander war ein taugliches Mittel, um die Rechtsordnung in Form der StVO wiederherzustellen, die Weisung des PVD durchzusetzen und eine Unfallgefahr zu vermeiden.

b) Erforderlichkeit, § 5 Abs. 2 SächsPVDG

420 Ein milderes Vollstreckungsmittel – etwa das Zwangsgeld gem. § 22 SächsVwVG – würde den Verstoß gegen die StVO nicht beseitigen. Eine Umsetzung[422] war hier aufgrund der Fahrbereitschaft der Fahrzeuge nicht notwendig. Mithin ist die Erforderlichkeit (§ 19 Abs. 3 SächsVwVG) anzunehmen.

c) Angemessenheit, § 5 Abs. 3 SächsPVDG

421 Der bloße Verstoß gegen Vorgaben der StVO rechtfertigt Ordnungsverfügungen. Da die Vollstreckung über den Erlass einer Ordnungsverfügung hinaus zusätzliche Belastungen beinhaltet, ist nach dem BVerwG[423] die Vollstreckung nur verhältnismäßig, wenn besondere Gesichtspunkte –

---

419 Definitionen und allgemeine Grundsätze vgl. Fall 1 IV. 3.
420 An dieser Stelle ist nicht zu prüfen, ob S. hätte (vorrangig) als Vollstreckungsschuldner in Anspruch genommen werden müssen. Der PVD hat gegenüber S. keinen Grund-VA erlassen, so dass ihm gegenüber keine Ersatzvornahme in Betracht kam. Auf die Frage, ob der PVD sein Auswahlermessen bei Erlass des Grund-VA ordnungsgemäß ausgeübt hat, kommt es nicht an, weil die Rechtmäßigkeit des Grund-VA hier gerade nicht zu prüfen ist. Der guten Ordnung halber sei allerdings darauf hingewiesen, dass die vorrangige Inanspruchnahme des R. als Verhaltens- und Zustandsverantwortlicher vorliegend nicht zu beanstanden wäre. Sachwidrige Erwägungen durch F. und E. in diesem Zusammenhang sind dem Sachverhalt nicht zu entnehmen.
421 Definitionen und allgemeine Grundsätze vgl. Fall 10 IV. 4.
422 Ausführlich zur Umsetzung: VG Leipzig Urt. v. 16.12.2002 – Az.: 1 K 1528/02, S. 6.
423 NJW 1993, 870; NJW 2002, 2122 (2123).

etwa eine schwerwiegende Störung des Verkehrs – hinzutreten. Auch allein auf eine bloße Vorbildwirkung des fehlerhaften Verhaltens oder auf den Gesichtspunkt der Generalprävention wird sich die Behörde grundsätzlich nicht berufen können.[424] Die ineinander verkeilten Fahrzeuge von R. und S. bilden ein Hindernis im Straßenverkehr und bewirken insbesondere unter Berücksichtigung der Witterungsbedingungen und der Dunkelheit eine konkrete Unfallgefahr. Überdies kam es gerade nicht zu einer Abschleppmaßnahme, sondern zu einer bloßen Enthakung beider Fahrzeuge, so dass den Interessen des R. kein höheres Gewicht zukommt, als den durch die Ersatzvornahme geschützten Rechtsgütern.

V. Ergebnis

Die Durchführung der Ersatzvornahme durch Lösung der Fahrzeuge voneinander war rechtmäßig.

Lösungsvorschlag zur Abwandlung Nr. 1
Rechtmäßigkeit der Abschleppmaßnahme

I. Vorprüfung

Das Abschleppen des PKW des R. greift in Art. 2 Abs. 1 GG (vgl. Definition Fall 1, Ziffer I.) ein. Während beim Abschleppen auf das Gelände des Abschleppunternehmers oder der Polizei mit Blick darauf, dass der Betroffene sein Fahrzeug nicht ohne Weiteres wiederbekommt, eine Beeinträchtigung der Nutzungsbefugnis und somit ein Eingriff in Art. 14 Abs. 1 GG anzunehmen ist, wird durch das bloße Umsetzen lediglich in die allgemeine Handlungsfreiheit des R. eingegriffen.

II. Ermächtigungsgrundlage

Ermächtigungsgrundlage für das Abschleppen könnte § 12 Abs. 1 iVm § 8 Abs. 1 SächsPVDG sein.[425]

III. Formelle Rechtmäßigkeit

Die Umsetzung müsste formell rechtmäßig gewesen sein.

1. Polizeiliche Aufgabe und sachliche Zuständigkeit

Die polizeiliche Aufgabe und die sachliche Zuständigkeit sind laut Aufgabenstellung zu unterstellen.

2. Verfahrens- und Formvorschriften

Die Benachrichtigungspflicht aus § 8 Abs. 1 S. 2 SächsPVDG kommt erst nach der Durchführung der Maßnahme zum Tragen. Selbst wenn sie nicht eingehalten worden sein sollte, so führte sie nicht zur Rechtswidrigkeit der Maßnahme. Daher kommt es lediglich auf die Prüfung des VwVfG an. Maßgebend dafür ist, ob die Abschleppmaßnahme einen VA iSv § 1 S. 1 SächsVwVfZG iVm § 35 S. 1 VwVfG darstellt. Wie bereits dargelegt, erlassen die Polizeibeamten keinen VA

---

424 VG Chemnitz Urt. v. 2.11.2004 – Az.: 3 K 1659/01, Rn. 35 – juris.
425 § 8 Abs. 1 SächsPVDG stellt keine eigenständige Ermächtigungsgrundlage dar, sondern ergänzt regelmäßig die polizeiliche Generalklausel, vgl. *Hartmann*, VBlBW 2012, 321 (323); *Enders/Jäckel*, Jura 2018, 150 (153), die die Generalklausel indes erst beim fiktiven VA prüfen.

gegenüber R. Die Abschleppmaßnahme wird unmittelbar ausgeführt gem. § 8 Abs. 1 SächsPVDG. Fraglich ist, ob unmittelbar ausgeführte Maßnahmen VA'e darstellen. Umstritten ist insbesondere das Merkmal „Regelung" (vgl. Definition Fall 2, Ziffer III.). Nach hM[426] enthalten unmittelbar ausgeführte Maßnahmen keine Rechtsfolgen, sondern nur faktische Folgen. Die Kostentragungspflicht nach § 8 Abs. 2 SächsPVDG stellt zwar eine Rechtsfolge dar, diese folgt jedoch nicht unmittelbar aus dem Tätigwerden des PVD, da zunächst noch ein gesonderter Kostenbescheid an den Bürger ergehen muss. Auch das in § 8 Abs. 1 S. 2 SächsPVDG statuierte Gebot der unverzüglichen Unterrichtung des Betroffenen gibt der Maßnahme nicht rückwirkend einen Verwaltungsaktcharakter. Mithin ist das VwVfG nicht anwendbar.

IV. Materielle Rechtmäßigkeit

1. Tatbestandsvoraussetzungen

a) Öffentliche Sicherheit

428 Das Parken des VW-Passats vor der Bordsteinabsenkung in der Lausitzstraße verstößt gegen § 12 Abs. 3 Nr. 5 StVO und stellt eine Ordnungswidrigkeit gem. § 49 Abs. 1 Nr. 12 StVO dar. Damit ist die Rechtsordnung i. S. d. öffentlichen Sicherheit (vgl. § 4 Nr. 1 SächsPVDG) betroffen. Da laut Sachverhalt auch Fußgänger (ältere Bürger, evtl. Rollstuhlfahrer, Fußgänger mit Kinderwagen) durch das Parken des Fahrzeugs des R. an der Bordsteinabsenkung erhebliche Schwierigkeiten haben, den Bürgersteig an anderer Stelle zu verlassen, um die Straße zu überqueren, ist auch deren Rechtsgut auf allgemeine Handlungsfreiheit (Art. 2 Abs. 1 GG) betroffen.

b) Gefahr

429 Im vorliegenden Fall wird durch das Parken vor der Bordsteinabsenkung bereits gegen die StVO verstoßen und es wird durch die konkreten Behinderungen der Passanten in deren Individualrechtsgüter eingegriffen. Eine Störung unterfällt gemäß § 4 Nr. 3 i) SächsPVDG ebenfalls der Abwehr von Gefahren. Mithin liegen die Tatbestandsvoraussetzungen des § 12 Abs. 1 SächsPVDG vor.

2. Adressat

430 Durch das Abstellen seines VW-Passat vor der Bordsteinabsenkung in der Lausitzstraße verursacht R. die oben dargestellt Störung der öffentlichen Sicherheit und wäre somit als Handlungsstörer gem. § 6 Abs. 1 SächsPVDG sowie als Zustandsstörer gem. § 7 SächsPVDG in Anspruch zu nehmen. Da R. sich jedoch nicht vor Ort befindet, sind die Voraussetzungen einer unmittelbaren Ausführung gem. § 8 Abs. 1 SächsPVDG zu prüfen.

a) Eigentlich verantwortlicher Störer

431 R. ist, wie bereits dargelegt, Störer gem. § 6 Abs. 1 und § 7 SächsPVDG.

b) Zweck bei Inanspruchnahme der Verantwortlichen nicht oder nicht rechtzeitig erreichbar

432 Weiterhin dürfte der Zweck der Maßnahme bei Inanspruchnahme des Verantwortlichen R. mittels eines Grundverwaltungsaktes nicht oder nicht rechtzeitig erreichbar sein.

---

426 *Enders/Jäckel*, Jura 2018, 150 (153) mwN in Fn. 13; Kastner in: Möstl/Trurnit, § 8 PolG BW Rn. 3.

Fall 11: „Rücksichtslos im Straßenverkehr"

R. ist laut Sachverhalt nicht vor Ort. Fraglich ist, ob eine rechtzeitige Erreichbarkeit des R. durch den Zettel auf dem Armaturenbrett vor der Windschutzscheibe zu bejahen ist. 433

Mit dem hinterlegten Benachrichtigungszettel mit der Aufschrift „bei Störung bitte anrufen, komme sofort" und der notierten Rufnummer eines Handys wird den Polizeivollzugsbeamten nämlich die Möglichkeit eingeräumt, den verantwortlichen Fahrzeugführer zu erreichen. Er könnte dann sein Fahrzeug wahrscheinlich innerhalb kürzerer Zeit entfernen, als dies dem Abschleppunternehmer möglich wäre. Weiterhin würden dadurch auch die Fußgänger, die zwischenzeitlich die Bordsteinabsenkung nutzen wollen, weniger behindert. 434

aa) Grundsatz

Nach gefestigter Rechtsprechung haben Polizeivollzugsbeamte bei Abschleppmaßnahmen grundsätzlich keine Ermittlungen nach dem Verbleib des polizeirechtlich Verantwortlichen zu veranlassen, weil deren Erfolg zweifelhaft ist und nicht abzusehende weitere Verzögerungen eintreten würden.[427] Dies gilt erst recht dann, wenn es sich um ein Fahrzeug mit auswärtigem Kennzeichen handelt.[428] 435

bb) Ausnahme

Hingegen kann die Benachrichtigung des verantwortlichen Fahrers dann ausnahmsweise geboten sein, wenn er selbst den Ermittlungsaufwand reduziert und gleichzeitig die Erfolgsaussichten dadurch vergrößert, dass er einen konkreten Hinweis auf seine Erreichbarkeit und seine Bereitschaft zum umgehenden Entfernen des verbotswidrig geparkten Fahrzeuges gibt.[429] Als solcher Hinweis kommt insbesondere eine im Fahrzeug vom Fahrer hinterlassene (deutlich lesbare) Nachricht, die entsprechende Angaben (Aufenthaltsort, Datum, Uhrzeit, Name) enthält, in Betracht. Es obliegt dem handelnden Polizeivollzugsbeamten, sich mit einem Blick in das Fahrzeug über das Vorhandensein einer solchen Nachricht zu vergewissern, die regelmäßig, wie auch bei Parkscheinen, Parkscheiben und anderen Berechtigungen üblich, auf dem Armaturenträger hinter der Windschutzscheibe ausgelegt sein wird. Einem derartigen Hinweis ist dann nachzugehen, wenn damit ein unzumutbarer Aufwand nicht verbunden und eine kurzfristige und zuverlässige Beseitigung der Störung durch den Verursacher zu erwarten ist. Ergibt die Nachricht etwa, dass der Verantwortliche das Fahrzeug im engsten Nahbereich vor seinem derzeitigen Aufenthaltsort geparkt hat, ist es dem eingesetzten Beamten im Regelfall zumutbar, die entsprechende Örtlichkeit aufzusuchen bzw. ihn anzurufen (ein Anrufversuch genügt!) und den Störer zum Wegfahren aufzufordern.[430] Für den Regelfall wird dem Verantwortlichen zur Einlösung seiner telefonisch gemachten Zusage, das Fahrzeug zu entfernen, ein Zeitraum von 5 bis 10 Minuten zuzubilligen sein. Dem zur Kontrolle des ruhenden Verkehrs eingesetzten Beamten wird kein übermäßiger Einsatz – etwa den Versuch, den Verantwortlichen in größerer Entfernung oder im oberen Stockwerk eines mehrgeschossigen Hauses aufzusuchen – für den Fall abzuverlangen sein, dass er den Störer aufsucht.[431] Die insoweit erforderliche Wertung ist aus Sicht des eingesetzten Polizeibeamten zu treffen. 436

Jedoch war im vorliegenden Sachverhalt der Zettel des R. zu unbestimmt, weil er lediglich die Aussage enthielt, bei einer Störung (auf Anruf) „sofort" zu kommen und kein Bezug zu der 437

---

427 BVerwG, NJW 2002, 2122 (2123); VG Leipzig, Urt. v. 2.6.2021 – Az.: 1 K 1591/20, Rn 21 f. – juris.
428 BVerwGE 102, 316 (319 f.); SächsOVG Beschl. v. 5.2.2010 – Az.: 3 A 141/08, Rn. 7; VG Dresden Urt. v. 5.9.2002 – Az.: 14 K 1246/01, Rn. 28 – beide juris mwN.
429 BVerwG Urt. v. 9.4.2014 – Az.: 3 C 5.13, Rn. 16,17 – juris
430 Vgl. BayVGH Beschl. v. 8.11.2017 - Az.: 10 ZB 17.1912, Rn. 6 – juris; *Singbartl/Zintl* , JuS 2017, 543 (546).
431 OVG SH, NVwZ-RR 2003, 647 (648).

konkreten Situation vorlag. Damit war weder erkennbar, dass die Störung (auf Anruf) zeitnah beseitigt werden konnte, noch dass hierzu die ernstliche Bereitschaft bestand. Der Nachricht war schon deshalb kein abgrenzbarer Zeitraum bis zum in Aussicht gestellten Wegfahren des Fahrzeugs zu entnehmen, weil das Adverb „sofort" nach allgemeinem Sprachgebrauch keine objektive Zeitangabe enthält. Wann der Betreffende am Abstellort eintreffen wird, und nur darauf kommt es an, muss der eingesetzte Beamte schon der jeweiligen Nachricht entnehmen können. Fehlt es an nachvollziehbaren Angaben, bleibt er hinsichtlich des Zeitpunktes der eigenhändigen Störungsbeseitigung durch den Verantwortlichen auf dessen Einschätzung angewiesen. Auch eine bloße Zeitangabe auf dem ausgelegten Zettel wird den Beamten insoweit keine hinlänglich bestimmte Prognose erlauben. Denn etwa die Erklärung „komme in einer Minute" würde nichts daran ändern, da sie auf einer dem Empfänger der Information nicht einsichtigen Fremdeinschätzung beruht. Der ausgelegte Zettel passte von seinem Inhalt für jeden Fall verbotswidrigen und störenden Parkens und sollte R. offenbar einen dauerhaften Abschleppschutz garantieren. Im Hinblick darauf, dass auch der Besitzer eines tragbaren Telefons aus einer Vielzahl von Gründen, gewollt oder ungewollt, (vorübergehend) nicht erreichbar sein kann, wäre es generell nicht hinlänglich erfolgversprechend, auf eine ohne erkennbaren Situationsbezug verwendeten Nachricht zu reagieren. Gemessen hieran musste es den Polizeibeamten als zumindest zweifelhaft erscheinen, ob R. verlässlich und ohne weitere Verzögerungen zum Wegfahren des PKW hätte veranlasst werden können. Ein Anruf unter der angegebenen Telefonnummer war deshalb nicht geboten, so dass eine Erreichbarkeit des R. iSv § 8 Abs. 1 S. 1 SächsPVDG ausscheidet.

c) Rechtmäßigkeit eines fiktiven (gedachten) Verwaltungsakts

438 Ungeschriebene Voraussetzung des § 8 Abs. 1 SächsPVDG ist die Rechtmäßigkeitsprüfung eines fiktiven Grundverwaltungsaktes, dh ein Grundverwaltungsakt müsste, wenn er erlassen worden wäre, auch rechtmäßig gewesen sein.[432] Dafür spricht die Tatsache, dass die Polizei selbst nur das ausführen darf, wozu im Ergebnis auch der Störer verpflichtet wäre.[433] Im Übrigen folgt dies auch aus dem Vorbehalt des Gesetzes.

439 Eine etwaige Verfügung, die lauten könnte: „Fahren Sie Ihr Fahrzeug weg!", wäre von § 12 Abs. 1 SächsPVDG gedeckt.

440 Damit liegen die Voraussetzungen des § 8 Abs. 1 SächsPVDG vor.

3. Ermessen[434]

a) Entschließungsermessen

441 Im Rahmen ihres Entschließungsermessens kommt erneut eine Ermessensreduzierung auf Null in Betracht. Die durch das Parkverhalten behinderten Bürger werden zwar nur in ihrer allgemeinen Handlungsfreiheit gem. Art. 2 Abs. 1 GG als sog. Auffanggrundrecht verletzt, jedoch ist zu berücksichtigen, dass es sich dabei um eine erhebliche Anzahl an Bürgern und damit auch um eine erhebliche Anzahl an Rechtsgutsbeeinträchtigungen handelt. Auch die Kumulation vieler geringwertiger Rechtsgüter kann die Bedeutsamkeit des bedrohten Rechtsguts zur Folge haben. Weiterhin ist zu bedenken, dass abgesehen von der Stelle der Bordsteinabsenkung angesichts der im Übrigen hohen Bordsteinkante und der im weiteren Verlauf links und rechts von der Absenkung ordnungsgemäß abgestellten Fahrzeug eine notwendige Überquerung der Lausitzstraße für diesen benachteiligten Personenkreis erheblich erschwert wird. Laut

---

432 *Enders/Jäckel*, Jura 2018, 150 (153).
433 *Hartmann*, VBlBW 2012, 321 (323); *Petersen-Thrö/Otto*, SächsVBl. 2008, 195 (196) mwN in Fn. 10.
434 Definitionen und allgemeine Grundsätze vgl. Fall 1 IV. 3.

Sachverhalt müssen einige Personen sogar fremde Hilfe in Anspruch nehmen, die anderenfalls nicht erforderlich gewesen wäre. Die Intensität der Gefährdung bzw. Störung ist sehr hoch, denn die Rechtsgutsbeeinträchtigung in Bezug auf die Grundrechte der Bürger aus Art. 2 Abs. 1 GG und in Bezug auf das geschriebene Recht in Form der StVO finden bereits statt. Die mit dem Eingreifen verbundenen Risiken sind im Falle einer Abschleppmaßnahme äußerst gering. Geht man von der Auswahl eines zuverlässigen Abschleppunternehmers aus, sind Schäden in Bezug auf Sachsubstanz des Fahrzeugs durch den Abschleppvorgang nicht zu befürchten. Auch die Behinderung der Fußgänger durch den Abschleppunternehmer und den gesamten Abschleppvorgang hält sich zeitlich in Grenzen (eine halbe Stunde). Damit ist eine Ermessenreduzierung auf Null zu bejahen.[435]

b) Auswahlermessen

Mit der Anordnung des Abschleppens des Kfz des R. hat der PVD im Rahmen seines Auswahlermessens (§ 5 Abs. 2 SächsPVDG) zumindest von einer von ihm möglichen Handlungsalternative Gebrauch gemacht. 442

4. Verhältnismäßigkeit[436]

Ferner müsste die Abschleppmaßname auf dem Grundsatz der Verhältnismäßigkeit nach § 5 Abs. 2 und 3 SächsPVDG genügen. 443

a) Geeignetheit, § 5 Abs. 1 SächsPVDG

Die Entfernung des Kfz durch den Abschleppunternehmer aufgrund der Anordnung des PVD gewährleistet eine Überquerungsmöglichkeit der Lausitzstraße unter Benutzung der Bordsteinabsenkung. Damit ist Geeignetheit gegeben. 444

b) Erforderlichkeit, § 5 Abs. 2 SächsPVDG

Die Umsetzung des Pkw des R. auf eine Stellfläche in der Nähe seines bisherigen Standortes war das mildeste Mittel zur Beseitigung der o. g. Gefahr bzw. Störung der öffentlichen Sicherheit. Ein Telefonanruf bei R. war aus den bei § 8 Abs. 1 SächsPVDG genannten Gründen nicht erfolgversprechend und damit entbehrlich. Schließlich stellt eine Halterabfrage allein ein von vornherein ungeeignetes Mittel zur effektiven Störungsbeseitigung dar.[437] Die Abschleppmaßnahme war somit erforderlich. 445

c) Angemessenheit, § 5 Abs. 3 SächsPVG

Das Verbot in § 12 Abs. 3 Nr. 5 StVO dient der Sicherheit und Leichtigkeit des Verkehrs und ermöglicht auch bewegungseingeschränkten Personen, die sich mit Hilfsmitteln, wie Rollatoren oder Rollstühlen, bewegen, den Bürgersteig zu benutzen. Es kommt nicht mehr zusätzlich darauf an, wie wahrscheinlich der Eintritt der Gefahr war, dass das geparkte Fahrzeug dem genannten Personenkreis tatsächlich die Nutzung der Bordsteinabsenkung verwehrt. Die Polizei ist daher nicht verpflichtet zuzuwarten, bis Personen daran gehindert wurden, die Bordsteinabsenkung 446

---

435 Vgl. auch VG Leipzig, LKV 1995, 165, das in einem ähnlichen Fall ein Einschreiten für „geboten" hält.
436 Definitionen und allgemeine Grundsätze vgl. Fall 1 IV. 4.
437 OVG SH, NVwZ-RR 2003, 647 (648).

zu nutzen.⁴³⁸ Unabhängig davon geht das Parken des R. über einen bloßen Verstoß gegen eine Rechtsnorm der StVO hinaus, indem etwa Fußgänger mit Kinderwagen und ältere gehbehinderte Menschen die Bordsteinabsenkung nicht nutzen konnten.⁴³⁹ Ob der einmündende Fußweg an der Lausitzstraße lediglich untergeordnete Bedeutung hatte, ist rechtlich unerheblich, solange er nicht aufgehoben und die Bordsteinabsenkung damit funktionslos geworden ist.

447 Der R. kann sich auch nicht mit Erfolg darauf berufen, ihm sei hinsichtlich der Dauer und der Auswirkungen der Störung lediglich ein nicht ins Gewicht fallender Verstoß anzulasten. In welchem Umfang es durch das Fahrzeug tatsächlich zur Behinderung gekommen ist, ist für die Annahme einer erheblichen Störung von untergeordneter rechtlicher Bedeutung. Abgesehen davon, dass es hier bereits innerhalb von 7 Minuten zu massiven Behinderungen gekommen ist, hätte es auch ausgereicht, dass es durch das Fahrzeug jeder Zeit zur Behinderung hätte kommen können.⁴⁴⁰ Deren Zahl hängt dagegen weitgehend vom Zufall ab und ist damit für die Bewertung des Ausmaßes der Störung zugunsten von R. ohne Belang.⁴⁴¹ Selbst wenn, was letztlich nicht nachprüfbar ist, R. sein Fahrzeug um 11.15 Uhr abgestellt hätte, könnte R. aus der relativ kurzen Dauer der Störung keine Unverhältnismäßigkeit des polizeilichen Vorgehens zu seinen Gunsten herleiten. Denn er macht nicht etwa geltend, dass er den Wagen erkennbar nur für ganz kurze Zeit verbotswidrig habe parken und alsbald habe zum Fahrzeug zurückkehren wollen. Vielmehr ist gerade aus dem Umstand, dass er jenen Zettel ausgelegt hatte, zu schließen, dass er dort für längere Zeit parken wollte und deshalb mit seiner baldigen Rückkehr nicht zu rechnen war. Unerheblich ist schließlich auch, ob in der Vergangenheit an demselben Ort Fahrzeuge mehrere Stunden geparkt hatten, ohne abgeschleppt worden zu sein. Den Ortspolizeibehörden bzw. dem PVD obliegt keine kontinuierliche Überwachung des ruhenden Verkehrs. Insofern ist nichts dafür ersichtlich, dass sie das Parken vor jeder Bordsteinabsenkung sonst bewusst geduldet hätten. Eine Selbstbindung bzw. ein schutzwürdiges Vertrauen des R. darauf, dass die Polizei gegen den polizeiwidrigen Zustand in seinem Fall nicht einschreiten würde, kommt deshalb von vornherein nicht in Betracht.⁴⁴² Es existiert keine Gleichbehandlung im Unrecht.

V. Ergebnis

448 Die Umsetzung war rechtmäßig.

---

438 VG Magdeburg Urt. v. 11.4.2019 – Az.: 7 A 337/17, Rn. 41; VG Gera Urt. v. 29.8.2018 – Az.: 2 K 932/18 Ge, Rn. 16 – beide juris; Urt. v. 24.6.2015, Az.: 2 K 1387/14 Ge.
439 Vgl. VG Schwerin, DAR 1998, 405 (406); OVG Hamburg, NJW 2001, 168 (169) zur Behinderung von Radfahrern durch ein Parken auf dem Gehweg.
440 Vgl. VG Magdeburg Urt. v. 11.4.2019 – Az.: 7 A 337/17, Rn. 41 – juris: § 12 Abs. 3 Nr. 5 StVO erfordert keine subjektive Betroffenheit. Bei dieser Vorschrift sowie den übrigen Vorschriften zum unzulässigen Parken in § 12 Abs. 3 Nr. 1–4 StVO handelt es sich um öffentlich- rechtliche Vorschriften, welche dem öffentlichen Interesse dienen und nicht ausschließlich dem Schutz subjektiver Rechtsgüter.
441 Vgl. OVG SH, NordÖR 2000, 458 (459).
442 Ähnlich VG Leipzig, LKV 1995, 165 (165).

Fall 11: „Rücksichtslos im Straßenverkehr"

POLIZEIDIREKTION SACHSENSTADT Sachsenstadt, 23.5.2023

Postfach 12 34 56 | 09876 Sachsenstadt

Gegen Zustellungsurkunde

Herrn

Rudi Rüpel

Friedrichstraße 50

09876 Sachsenstadt

Leistungsbescheid der Polizeidirektion Sachsenstadt vom 4.5.2023 gegenüber Herrn Rudi Rüpel, wohnhaft Friedrichstraße 50, 09876 Sachsenstadt, Buchungskennzeichen: 0374.0123.4567, in Höhe von 258,24 EUR (Vorgangsnummer: 567/23/123456)

Widerspruch durch Herrn Rudi Rüpel vom 16.5.2023

Aufgrund des am 17.5.2023 eingegangenen Widerspruchs gegen den oben genannten Leistungsbescheid erlässt die Polizeidirektion Sachsenstadt gegenüber Herr Rudi Rüpel als Widerspruchsführer (Wf.) folgenden

Widerspruchsbescheid:

1. Der Widerspruch wird zurückgewiesen.

2. Die Kosten des Wf. werden nicht erstattet.

3. Für diesen Bescheid werden Gebühren in Höhe von 134,72 EUR und Auslagen in Höhe von 3,51 EUR erhoben.

Gründe:

I.

Am Sonnabend, den 29.4.2023 um 11.20 Uhr war der PKW des Wf. „VW Passat Kombi" mit auswärtigem Kennzeichen in der Lausitzstraße vor einer Bordsteinabsenkung iSv § 12 Abs. 3 Nr. 5 StVO Höhe Hausgrundstück 67, an der ein Fußweg einmündet, geparkt. Der Fußweg wird an dieser Stelle häufig durch ältere gehbehinderte Menschen eines nahegelegenen Altersheims und jungen Eltern mit ihren Kinderwagen genutzt, weil der Bordstein im übrigen Verlauf des Gehweges sehr hoch ist. Tatsächlich kam es in der Zeit von 11.25 Uhr – 11.32 Uhr zu einer Behinderung von Fußgängern durch das an der Bordsteinabsenkung geparkte Fahrzeug des Wf. Insbesondere Bewohner des Altersheims und Fußgänger mit Kinderwagen konnten die Bordsteinabsenkung nicht nutzen und aufgrund der anschließend korrekt parkenden Fahrzeuge nur unter großen Schwierigkeiten und zum Teil mithilfe anderer Passanten die Lausitzstraße überqueren. Daraufhin veranlassten zwei Beamte des Polizeireviers Sachsenstadt-Mitte das Abschleppen des Fahrzeugs des Wf. durch ein privates Abschleppunternehmen. Es wurde auf eine freie Stellfläche in der Nähe des bisherigen Standorts umsetzt. Die Verwaltungskosten (Gebühren und Auslagen) in Höhe von 258,24 EUR wurden gegenüber dem Wf. mittels Leistungsbescheid vom 4.5.2023 erhoben. In seinem Widerspruch vom 16.5.2023 gegen den Leistungsbescheid ließ sich der Wf. wie folgt ein: Auf dem Armaturenbrett seines abgeschleppten Fahrzeugs sei – was die Beamten auf Nachfrage bestätigten – ein gut sichtbarer, etwa 15 x 15 cm großer Zettel mit der Aufschrift „bei Störung bitte anrufen, komme sofort" unter Rufnummer seines Handys ausgelegt gewesen. Auf eine telefonische Nachricht hin, hätte er sein Fahrzeug in weniger als einer halben Minute entfernen können, da er sich in dieser Zeit in dem direkt gegenüberliegenden Gebäude aufgehalten habe. Ferner habe der Wf. festgestellt, dass an der gleichen Stelle parkende Fahrzeuge auch über einen Zeitraum von bis zu 7 Stunden nicht abgeschleppt worden seien. Im Übrigen habe er vor der Bordsteinabsenkung gerade mal 15

Minuten geparkt. Schließlich habe die Lausitzstraße lediglich eine untergeordnete Bedeutung für den Straßenverkehr.

450 Wegen der weiteren Einzelheiten wird auf die Verfahrensakte der Polizeidirektion Sachsenstadt mit dem Aktenzeichen Ref.4 – 11–0523.00/19/2023 verwiesen.

II.

451 Der zulässige Widerspruch, zu dessen Entscheidung die Polizeidirektion Sachsenstadt gemäß §§ 68, 73 Abs. 1 S. 2 Nr. 2 VwGO iVm § 26 S. 2 Sächsisches Justizgesetz (SächsJG) und § 1 Abs. 2 Nr. 1 SächsPolOrgVO berufen ist, ist unbegründet. Der Leistungsbescheid vom 4.5.2023 ist recht- und zweckmäßig und verletzt den Wf. nicht in seinen Rechten, § 113 Abs. 1 S. 1 VwGO analog.

452 Die Rechtsgrundlage für die Forderung der Abschleppkosten ergibt sich aus § 8 Abs. 2 SächsPVDG. Danach sind die in §§ 6 und 7 SächsPVDG bezeichneten Personen zum Ersatz der Kosten verpflichtet, die der Polizei durch die unmittelbare Ausführung einer Maßnahme entstanden sind. Die Erhebung der Kosten setzt in materieller Hinsicht zudem voraus, dass die zugrunde liegende polizeiliche Maßnahme rechtmäßig gewesen ist. Diese Einschränkung der Kostenerhebung wurzelt im allgemeinen Rechtsstaatsprinzip und hat ihre konkrete Ausgestaltung in § 7 Abs. 4 S. 1 SächsVwKG gefunden. Danach werden Kosten nicht erhoben, die bei richtiger Sachbehandlung nicht angefallen wären. Dies erfordert jedenfalls in den Fällen, in denen der Betroffene vorherigen Rechtsschutz nicht erreichen kann, eine volle Überprüfung der Rechtmäßigkeit der polizeilichen Primär- und Sekundärmaßnahmen. Die zugrundeliegende Amtshandlung der unmittelbaren Ausführung nach § 12 Abs. 1 iVm § 8 Abs. 1 SächsPVDG war formell und materiell rechtmäßig.

453 In formeller Hinsicht sind das Abschleppen und die Inverwahrungnahme des Fahrzeugs des Wf. am 29.4.2023 nicht zu beanstanden.

454 Mit den vorbezeichneten Amtshandlungen nahm der PVD eine polizeiliche Aufgabe nach § 2 Abs. 1 S. 1 SächsPVDG wahr, weil er damit den andauernden Verstoß gegen § 12 Abs. 3 Nr. 5 StVO unterband sowie die Nutzbarkeit der Bordsteinabsenkung für den Fußgängerverkehr wiederherstellte und damit eine Störung für die öffentliche Sicherheit beseitigte. Die sachliche Zuständigkeit zur Durchführung der Abschleppmaßnahme einschließlich der Inverwahrungnahme des Fahrzeugs beruhte auf § 2 Abs. 3, 2. Halbsatz SächsPVDG. Ein sofortiges Tätigwerden des PVD aufgrund mangelnder Erreichbarkeit des Ordnungsamtes der Stadt Sachsenstadt als vorrangig zuständige Polizeibehörde erschien erforderlich, weil sich die zugrundeliegende Gefahrenlage am Sonnabend, und damit außerhalb der Öffnungszeiten der Polizeibehörde, ereignete, so dass diese zur Gefahrenabwehr nicht in der Lage war.

455 Die unmittelbare Ausführung ist an keine Verfahrens- und Formvorschriften gebunden, insbesondere ist auch das allgemeine VwVfG nicht anwendbar. Die Abschleppmaßnahme nach § 12 Abs. 1 iVm § 8 Abs. 1 SächsPVDG stellt keinen Verwaltungsakt iSv § 35 S. 1 VwVfG dar, weil es am Regelungscharakter der Maßnahme fehlt. Gegenüber dem ortsabwesenden R. entfaltet die Abschleppmaßnahme keine Rechtsfolgen, insbesondere muss R. die Abschleppung und Verwahrung nicht dulden, da er keine Kenntnis davon besitzt.

456 Auch die materiellen Voraussetzungen der polizeilichen Generalklausel lagen hier vor. Gemäß § 12 Abs. 1 SächsPVDG kann die Polizei die notwendigen Maßnahmen treffen, um eine Gefahr für die öffentliche Sicherheit oder Ordnung abzuwehren. Gefahr ist nach § 4 Nr. 3 a) SächsPDVG eine Sachlage, bei der im Einzelfall die hinreichende Wahrscheinlichkeit besteht, dass in absehbarer Zeit ein Schaden für die öffentliche Sicherheit oder Ordnung eintreten wird. Hinreichend ist eine mehr als geringfügige Schadenseintrittswahrscheinlichkeit, das heißt, der Schadenseintritt muss mehr als nur fernliegend möglich sein. Die Beurteilung der Schadenseintrittswahrscheinlichkeit erfolgt aus der ex-ante-Perspektive, also aus der Sicht des Polizeibeamten im Zeitpunkt

Fall 11: „Rücksichtslos im Straßenverkehr" 151

des polizeilichen Einschreitens. Nach § 4 Nr. 3 i) SächsPVDG umfasst die Abwehr einer Gefahr auch die Beseitigung einer Störung. Die öffentliche Sicherheit umfasst nach § 4 Nr. 1 SächsPVDG die Unverletzlichkeit der Rechtsordnung der subjektiven Rechte und Rechtsgüter des Einzelnen sowie des Bestandes, der Einrichtungen und der Veranstaltungen des Staates oder sonstiger Träger der Hoheitsgewalt.

Unter Berücksichtigung dieser Grundsätze lag sowohl eine Störung als auch eine Gefahr für die öffentliche Sicherheit vor. Das Parken des VW-Passats vor der Bordsteinabsenkung in der Lausitzstraße betraf die Unverletzlichkeit der Rechtsordnung, in dem es gegen § 12 Abs. 3 Nr. 5 StVO verstieß und überdies eine Ordnungswidrigkeit gem. § 49 Abs. 1 Nr. 12 StVO darstellte. Da zur Zeit des Abstellens auch Fußgänger (ältere Bürger, evtl. Rollstuhlfahrer, Fußgänger mit Kinderwagen) durch das Parken des Fahrzeugs des R. an der Bordsteinabsenkung erhebliche Schwierigkeiten hatten, den Bürgersteig an dieser Stelle zu verlassen, um die Straße zu überqueren, war auch deren Rechtsgut auf allgemeine Handlungsfreiheit (Art. 2 Abs. 1 GG) betroffen. Zudem bestand die hinreichende Wahrscheinlichkeit, dass ohne die Abschleppung des Kfz auch in den folgenden Minuten weitere Fußgänger vergeblich hätten versuchen können, die Bordsteinabsenkung widmungsgemäß zu nutzen. Darin lag neben einer Störung auch eine konkrete Gefahr für die öffentliche Sicherheit. 457

Als Fahrer und Halter war der Wf. für die eingetretene Situation gemäß §§ 6 und 7 SächsPVDG verantwortlich. Eine Aufforderung zur Entfernung seines Fahrzeugs konnte der PVD gegenüber dem Wf. nicht erlassen. Als solcher war er für die Polizei nicht mehr rechtzeitig erreichbar, um die andauernde Verletzung der Rechtsordnung in Form des § 12 Abs. 3 Nr. 5 StVO sowie die Behinderungen von Passanten unverzüglich zu unterbinden. Der durch R. auf dem Armaturenbrett vor der Windschutzscheibe hinterlegte Benachrichtigungszettel ändert die Rechtslage nicht. Nach höchstrichterlicher Rechtsprechung haben Polizeivollzugsbeamte bei Abschleppmaßnahmen grundsätzlich keine Ermittlungen nach dem Verbleib des polizeirechtlich Verantwortlichen zu veranlassen, weil deren Erfolg zweifelhaft ist und nicht abzusehende weitere Verzögerungen eintreten würden. Mit dem hinterlegten Zettel mit der Aufschrift „bei Störung bitte anrufen, komme sofort" und der notierten Rufnummer eines Mobilfunktelefons wurde den Polizeivollzugsbeamten zwar die Möglichkeit eingeräumt, den verantwortlichen Fahrzeugführer zu erreichen. Eine zeitnahe Störungsbeseitigung wurde dadurch dennoch nicht garantiert. Die Benachrichtigung des verantwortlichen Fahrers kann dann ausnahmsweise geboten sein, wenn er selbst den Ermittlungsaufwand reduziert und gleichzeitig die Erfolgsaussichten dadurch vergrößert, dass er einen konkreten Hinweis auf seine Erreichbarkeit und seine Bereitschaft zum umgehenden Entfernen des verbotswidrig geparkten Fahrzeuges gibt. Als solcher Hinweis kommt insbesondere eine im Fahrzeug vom Fahrer hinterlassene (deutlich lesbare) Nachricht, die entsprechende Angaben (Aufenthaltsort, Datum, Uhrzeit, Name) enthält, in Betracht. Es obliegt dem handelnden Polizeivollzugsbeamten, sich mit einem Blick in das Fahrzeug über das Vorhandensein einer solchen Nachricht zu vergewissern, die regelmäßig, wie auch bei Parkscheinen, Parkscheiben und anderen Berechtigungen üblich, auf dem Armaturenträger hinter der Windschutzscheibe ausgelegt sein wird. Einem derartigen Hinweis ist dann nachzugehen, wenn damit ein unzumutbarer Aufwand nicht verbunden und eine kurzfristige und zuverlässige Beseitigung der Störung durch den Verursacher zu erwarten ist. Das ist etwa dann der Fall, wenn aus der Nachricht hervorgeht, dass der Verantwortliche das Fahrzeug im engsten Nahbereich vor seinem derzeitigen Aufenthaltsort geparkt hat. Dann ist es der Polizei im Regelfall zumutbar, die entsprechende Örtlichkeit aufzusuchen bzw. ihn anzurufen und den Störer zum Wegfahren aufzufordern. Für den Regelfall wird dem Verantwortlichen zur Einlösung seiner telefonisch gemachten Zusage, das Fahrzeug zu entfernen, ein Zeitraum von 5 bis 10 Minuten zuzubilligen sein. 458

459 Unter Berücksichtigung dieser vorbezeichneten Grundsätze zwang der Zettel des Wf. die Polizeibeamten nicht dazu, einen Benachrichtigungsversuch beim Wf. zu unternehmen. Der Zettel des Wf. war zu unbestimmt, weil er lediglich die Aussage enthielt, bei einer Störung (auf Anruf) „sofort" zu kommen und kein Bezug zu der konkreten Situation vorlag. Damit war weder erkennbar, dass die Störung (auf Anruf) zeitnah beseitigt werden konnte, noch das hierzu die ernstliche Bereitschaft bestand. Der Nachricht war schon deshalb kein abgrenzbarer Zeitraum bis zum in Aussicht gestellten Wegfahren des Fahrzeugs zu entnehmen, weil das Adverb „sofort" nach allgemeinem Sprachgebrauch keine objektive Zeitangabe enthält. Wann der Betreffende am Abstellort eintreffen wird, muss der eingesetzte Beamte schon der jeweiligen Nachricht entnehmen können. Fehlt es an nachvollziehbaren Angaben, bleibt er hinsichtlich des Zeitpunktes der eigenhändigen Störungsbeseitigung durch den Verantwortlichen auf seine nachvollziehbare Einschätzung verwiesen. Auch eine bloße Zeitangabe auf dem ausgelegten Zettel wird den Beamten insoweit keine hinlänglich bestimmte Prognose erlauben. Denn etwa die Erklärung „komme in einer Minute" würde nichts daran ändern, da sie auf einer dem Empfänger der Information nicht einsichtigen Fremdeinschätzung beruht. Der ausgelegte Zettel passte von seinem Inhalt für jeden Fall verbotswidrigen und störenden Parkens und sollte R. offenbar einen dauerhaften Abschleppschutz garantieren. Im Hinblick darauf, dass auch der Besitzer eines tragbaren Telefons aus einer Vielzahl von Gründen, gewollt oder ungewollt, (vorübergehend) nicht erreichbar sein kann, wäre es generell nicht hinlänglich erfolgversprechend, auf eine ohne erkennbaren Situationsbezug verwendeten Nachricht zu reagieren. Gemessen hieran musste es den Polizeibeamten zweifelhaft erscheinen, ob der Wf. verlässlich und ohne weitere Verzögerungen zum Wegfahren des PKW hätte veranlasst werden können. Ein Anruf unter der angegebenen Telefonnummer war deshalb nicht geboten, so dass eine Erreichbarkeit des Wf. iSv § 8 Abs. 1 S. 1 SächsPVDG ausscheidet.

460 Die Beamten haben in fehlerfreier Weise von ihrem Ermessen Gebrauch gemacht. Es ist nicht ersichtlich, dass die gesetzlichen Grenzen des Ermessens überschritten wurden oder von dem Ermessen in einer dem Zweck der Ermächtigung nicht entsprechenden Weise Gebrauch gemacht wurde. Insbesondere wurde der Verhältnismäßigkeitsgrundsatz als Ermessensgrenze eingehalten. Die Abschleppung war zur Störungs- bzw. Gefahrenbeseitigung geeignet. Die Entfernung des Kfz durch den Abschleppunternehmer aufgrund der Anordnung des PVD gewährleistete eine Überquerungsmöglichkeit der Lausitzstraße unter Benutzung der Bordsteinabsenkung. Die Erforderlichkeit nach § 5 Abs. 2 SächsPVDG war ebenfalls gegeben. Die Umsetzung des PKW in eine Parklücke in der Nähe seines bisherigen Standortes war das mildeste zur Verfügung stehe Mittel zur Abwehr der o. g. Gefahr- bzw. Störung. Ein Telefonanruf beim Wf. war aus den oben genannten Erwägungen nicht erfolgversprechend und damit entbehrlich. Schließlich stellt eine Halterabfrage allein ein von vornherein ungeeignetes Mittel zur effektiven Störungsbeseitigung dar.

461 In Bezug auf die Angemessenheit nach § 5 Abs. 3 SächsPVDG bestehen schließlich auch keine Bedenken. Das Verbot in § 12 Abs. 3 Nr. 5 StVO dient der Sicherheit und Leichtigkeit des Verkehrs und ermöglicht auch bewegungseingeschränkten Personen, die sich mit Hilfsmitteln, wie Rollatoren oder Rollstühlen, bewegen, den Bürgersteig zu benutzen. Es kommt nicht mehr zusätzlich darauf an, wie wahrscheinlich der Eintritt der Gefahr war, dass das geparkte Fahrzeug dem genannten Personenkreis tatsächlich die Nutzung der Bordsteinabsenkung verwehrt. Die Polizei ist daher nicht verpflichtet zuzuwarten, bis Personen daran gehindert wurden, die Bordsteinabsenkung zu nutzen. Unabhängig davon geht das Parken des R. über einen bloßen Verstoß gegen eine Rechtsnorm der StVO hinaus, indem etwa Fußgänger mit Kinderwagen und ältere gehbehinderte Menschen die Bordsteinabsenkung nicht nutzen konnten. Ob der einmündende Fußweg an der Lausitzstraße lediglich untergeordnete Bedeutung hatte, ist rechtlich unerheblich, solange er nicht aufgehoben und die Bordsteinabsenkung damit funktionslos geworden ist.

Der Wf. kann sich auch nicht mit Erfolg darauf berufen, ihm sei hinsichtlich der Dauer und der Auswirkungen der Störung lediglich ein nicht ins Gewicht fallender Verstoß anzulasten. In welchem Umfang es durch das Fahrzeug tatsächlich zur Behinderung gekommen ist, ist für die Annahme einer erheblichen Störung von untergeordneter rechtlicher Bedeutung. Abgesehen davon, dass es hier bereits innerhalb von 7 Minuten zu massiven Behinderungen gekommen ist, hätte es auch ausgereicht, dass es durch das Fahrzeug jeder Zeit zur Behinderung hätte kommen können. Deren Zahl hängt dagegen weitgehend vom Zufall ab und ist damit für die Bewertung des Ausmaßes der Störung zugunsten des Wf. ohne Belang. Selbst wenn, was letztlich nicht nachprüfbar ist, der Wf. sein Fahrzeug um 11.15 Uhr abgestellt hätte, könnte der Wf. aus der relativ kurzen Dauer der Störung keine Unverhältnismäßigkeit des polizeilichen Vorgehens zu seinen Gunsten herleiten. Denn er macht nicht etwa geltend, dass er den Wagen erkennbar nur für ganz kurze Zeit verbotswidrig habe parken und alsbald habe zum Fahrzeug zurückkehren wollen. Vielmehr ist gerade aus dem Umstand, dass er jenen Zettel ausgelegt hatte, zu schließen, dass er dort für längere Zeit parken wollte und deshalb mit seiner baldigen Rückkehr nicht zu rechnen war. Unerheblich ist schließlich auch, ob in der Vergangenheit an demselben Ort Fahrzeuge mehrere Stunden geparkt hatten, ohne abgeschleppt worden zu sein. Den Ortspolizeibehörden bzw. dem PVD obliegt keine kontinuierliche Überwachung des ruhenden Verkehrs. Insofern ist nichts dafür ersichtlich, dass sie das Parken vor jeder Bordsteinabsenkung sonst bewusst geduldet hätten. Eine Selbstbindung bzw. ein schutzwürdiges Vertrauen des Wf. darauf, dass die Polizei gegen den polizeiwidrigen Zustand in seinem Fall nicht einschreiten würde, kommt deshalb von vornherein nicht in Betracht. Eine Gleichbehandlung im Unrecht ist abzulehnen. 462

Die Umsetzung erweist sich nach alledem als rechtmäßig. 463

Der Wf. ist als Verhaltens- und Zustandsverantwortlicher nach §§ 6, 7 SächsPVDG auch richtiger Kostenschuldner im Sinne von § 8 Abs. 2 SächsPVDG, der die Umsetzung und die dadurch der Polizei entstandenen Kosten und Gebühren zurechenbar veranlasst hat. 464

Der Leistungsbescheid erweist sich auch der Höhe nach als rechtmäßig. Die Abschlepp- und Verwahrungskosten in Höhe von 185,24 EUR, die der Polizeidirektion Sachsenstadt durch das Abschleppunternehmen in Rechnung gestellt wurden, sind Auslagen (vgl. §§ 1 Abs. 1, 2 Abs. 1 Nr. 1, Abs. 2 Nr. 2, 3 Abs. 1, 9 Abs. 1 Nr. 1 SächsVwKG iVm § 1 Anlage 1, Lfd. Nr. 77, Tarifstelle 1.3 des 10. SächsKVZ), die der Polizei durch die unmittelbare Ausführung entstanden sind und damit dem Wf. nach § 8 Abs. 2 SächsPVDG mittels Leistungsbescheid erhoben werden konnten. Einwendungen gegen die Höhe der Abschlepp- und Verwahrungskosten hat der Wf. im Übrigen nicht vorgetragen. 465

Die Gebühr in Höhe von 73,00 EUR ergibt sich aus §§ 1 Abs. 1, 2 Abs. 1 Nr. 1, Abs. 2 Nr. 2, 3 Abs. 1, 9 Abs. 1 Nr. 1 SächsVwKG iVm § 1 Anlage 1, Lfd. Nr. 77, Tarifstelle 1.1 des 10. SächsKVZ. 466

Der Leistungsbescheid ist schließlich auch verhältnismäßig. Insbesondere Gründe für eine etwaige Unbilligkeit nach § 11 Abs. 1 Nr. 5 SächsVwKG sind nicht ersichtlich oder vorgetragen. 467

Somit ist der an den Wf. gerichtete Leistungsbescheid vom 4.5.2023 in Höhe von 274,34 EUR rechtmäßig. 468

Nach alledem ist der Widerspruch zurückzuweisen. 469

III.

Die Entscheidung zu den Kosten beruht auf § 73 Abs. 3 Satz 3 VwGO und § 1 S. 1 SächsVwVfZG iVm § 80 Abs. 1 S. 3 VwVfG. Die Gebührenentscheidung beruht auf §§ 1 Abs. 1 Satz 1, 2 Abs. 1 Nr. 1, Abs. 2 Nr. 1, 3 Abs. 1 iVm § 8 Abs. 1 SächsVwKG. Da für den angefochtenen Leistungsbescheid keine Gebühr im Sinne von § 8 Abs. 1 S. 1 SächsVwKG festgesetzt wurde, ist gemäß Satz 2 der Norm eine Gebühr bis zu 5.000,00 EUR zu erheben. Unter Berücksichtigung des für die Durchführung des Widerspruchsverfahrens entstandenen Verwaltungsaufwands wird die Rechtsbehelfsgebühr 470 auf 134,72 EUR festgesetzt. Die Summe der Personal- und Sachkostenpauschalen für eine Arbeitsstunde eines Beamten der Laufbahngruppe 2.1 beträgt gemäß Buchst. B., Ziffern II. 4. der Verwaltungsvorschrift des Sächsischen Staatsministeriums der Finanzen zur Festlegung von Verwaltungsgebühren sowie Benutzungsgebühren und Entgelten für die Inanspruchnahme der Landesverwaltung 67,36 EUR. Die Fertigung des Widerspruchsbescheides hat zwei Stunden in Anspruch genommen. Weiterhin sind gemäß § 13 Abs. 1 S. 2 Nr. 2 SächsVwKG die Postgebühren für die Zustellung des Widerspruchsbescheides mittels Postzustellungsurkunde in Höhe von 3,51 EUR als Auslagen zu berechnen.

471 Die Kostenrechnung in Höhe von 138,23 EUR wird als Anlage mit dem Widerspruchsbescheid dem Wf. übersandt.

Rechtsbehelfsbelehrung

472 Gegen den Bescheid der Polizeidirektion Sachsenstadt vom 4.5.2023 in Gestalt dieses Widerspruchsbescheides kann innerhalb eines Monats nach Zustellung dieses Widerspruchsbescheides Klage erhoben werden. Die Klage ist bei dem Verwaltungsgericht Sachsenstadt, Justizstraße 3, 09876 Sachsenstadt schriftlich oder in elektronischer Form einzureichen oder zur Niederschrift des Urkundsbeamten der Geschäftsstelle zu erklären. Wird die Klage in elektronischer Form erhoben, ist das elektronische Dokument mit einer elektronischen Signatur zu versehen und über das Elektronische Gerichts- und Verwaltungspostfach über die auf der Internetseite www.egvp.de bezeichneten Kommunikationswege einzureichen. Die weiteren technischen Anforderungen sind unter der vorgenannten Internetseite abrufbar.

PK Fleißig

Lösungsvorschlag zur Abwandlung Nr. 2
Rechtmäßigkeit der Abschleppmaßnahmen gegenüber R. und W.

I. Vorprüfung

1. Grundrechtseingriff

473 Obwohl die Sicherstellung mehr Schutz- als Eingriffscharakter hat,[443] wird in beiden Abschleppfällen durch das Verbringen der Fahrzeuge auf einen Verwahrplatz in das Grundrecht von R. und W. aus Art. 14 Abs. 1 GG eingegriffen (vgl. Definition Fall 6, Ziffer I.).

2. Abgrenzung zwischen präventivem und repressivem Handeln

474 Maßgebend für die Abgrenzung ist der Schwerpunkt der Maßnahme, der sich wiederum an der Intention der handelnden Beamten orientiert. Laut Sachverhalt lassen F. und E. das Fahrzeug des R. abschleppen, um ein weiteres „Ausschlachten zu verhindern". Eine Spurensicherung vor Ort wurde nicht veranlasst, da keine verwertbaren Spuren gesichert oder vermutet wurden. Der Umstand, dass ausweislich des „Fahrzeug-Untersuchungsberichts" der Kriminalpolizei letztlich doch eine „daktyloskopische Spurensuche" durchgeführt wurde, ändert nichts daran, dass die Sicherstellung ursprünglich – und insoweit kommt es auf eine ex ante-Betrachtung an – zur Eigentumssicherung durchgeführt wurde.[444] Schließlich wird das Abschleppen des VW Passat nicht wegen eines Verstoßes gegen die bußgeldbewehrte Vorschrift des § 14 Abs. 2 S. 2 StVO vorgenommen, sondern ausschließlich zur Eigentumssicherung. Mithin liegt in beiden Fällen präventives Tätigwerden vor.

---

443 SächsOVG, SächsVBl. 2002, 268 (269).
444 HessVGH, NJW 1999, 3793 (3793 f.); VG Darmstadt, NVwZ-RR 2001, 796.

II. Ermächtigungsgrundlage

Die Befugnis zum Abschleppen der beiden Fahrzeuge könnte sich aus der Sicherstellung gem. § 31 Abs. 1 Nr. 2 SächsPVDG ergeben.

III. Formelle Rechtmäßigkeit

1. Polizeiliche Aufgabe und sachliche Zuständigkeit

Die polizeiliche Aufgabe ergibt sich trotz des primären Tätigwerdens zum Eigentumsschutz nicht etwa aus § 2 Abs. 2 SächsPVDG, weil § 31 Abs. 1 Nr. 2 SächsPVDG bereits als Ermächtigungsgrundlage eine Spezialregelung zu § 2 Abs. 2 SächsPVDG darstellt.[445] Vielmehr ist die vorrangige polizeiliche Aufgabe in § 2 Abs. 1 S. 3 SächsPVDG iVm §§ 242 ff., 303 StGB zu erblicken, um das Kfz des W. vor Diebstahl, Einbruch und Beschädigungen zu schützen sowie ein mögliches „Ausschlachten" (Diebstahl von Einzelteilen) des Kfz des R. zu verhindern. Zudem werden die Beamten zur Gewährleistung der Grundrechte aus Art. 14 Abs. 1 GG (§ 2 Abs. 1 S. 2 SächsPVDG) tätig. Die sachliche Zuständigkeit richtet sich nach § 2 Abs. 3, 1. Halbsatz SächsPVDG.

2. Verfahrens- und Formvorschriften

Fraglich ist, ob das VwVfG anwendbar ist. Problematisch erscheint allein der Regelungscharakter der Maßnahme. Durch die Sicherstellung wird, wie sich aus § 32 Abs. 1 SächsPVDG ergibt, ein öffentlich-rechtliches Verwahrungsverhältnis begründet. Dadurch entstehen für den PVD konkrete Obhutspflichten. Die Sicherstellung ist mithin nur die „Inverwahrungnahme" als solche, also die hoheitliche Begründung der tatsächlichen Herrschaft über eine Sache unter Ausschluss der Einwirkung durch Unbefugte. Damit ist die Sicherstellung abgeschlossen. Dieser Vorgang beinhaltet keine Rechtsfolge, sondern stellt einen Realakt dar.[446] Gegen die Annahme einer Duldungsverfügung spricht weiterhin, dass der Berechtigte abwesend ist und von der Maßnahme keine Kenntnis hat. Damit sind die Voraussetzungen des § 1 S. 1 SächsVwVfZG iVm § 35 S. 1 VwVfG nicht gegeben. Das VwVfG ist nicht anwendbar.

IV. Materielle Rechtmäßigkeit

1. Tatbestandsvoraussetzungen

Eine Sicherstellung ist zulässig, um den Eigentümer oder den rechtmäßigen Inhaber der tatsächlichen Gewalt vor Verlust oder Beschädigung der Sache zu schützen. Die genannten tatbestandlichen Voraussetzungen erfordern eine Prognose, die auf der Grundlage der im Zeitpunkt der polizeilichen Entscheidung zur Verfügung stehenden Erkenntnismöglichkeiten zu treffen ist, wobei unter anderem die voraussichtliche Dauer der die Möglichkeit eines Schadenseintritts erhöhenden Umstände, der Abstellort sowie der Wert eines Fahrzeuges zu berücksichtigen sind. Je kürzer die gefahrerhöhenden Umstände andauern, umso geringer ist die Wahrscheinlichkeit einer Verwirklichung der Gefahr[447] Eine die Sicherstellung rechtfertigende Gefahrenlage liegt vor, wenn die folgenden Merkmale gegeben sind:

---

[445] SächsOVG, JbSächsOVG 11, 297 (299).
[446] SächsOVG, SächsVBl. 1996, 252 (253); SächsVBl. 2002, 268 (269).
[447] SächsOVG Urt. v. 2.3.2017 – Az.: 3 A 531/16, Rn. 21 – juris mwN.

a) Gefahr des Verlustes oder der Beschädigung nicht aus tatsächlichen Gründen ausgeschlossen

aa) Bezüglich W.

479 Bei auch nur teilweise geöffnetem Seitenfenster ist der Eintritt einer Störung i. F. der Entwendung bzw. Beschädigung des Fahrzeugs selbst und/oder der Fahrzeugteile im Innern nach allgemeiner Lebenserfahrung grundsätzlich wahrscheinlich.[448] Weder aus dem Vorhandensein von Videokameras noch aus dem Umstand, dass ein unbewachter Parkplatz nachts beleuchtet bzw. nur über eine Schranke zugänglich ist, werden Beeinträchtigungen bzw. Beschädigungen von Fahrzeugen verhindert, auf die ein erleichterter unbefugter Zugriff möglich ist.[449] Dabei ist ohne Bedeutung, ob es sich um ein Fahrzeug der „Luxusklasse" handelt oder sich tatsächlich wertvolle Gegenstände im Kfz befinden.[450] Ferner ist nicht maßgebend, ob der Betroffene sein Fahrzeug aus Gründen der Belüftung offengelassen hat.[451] Auch die Argumentation, dass ansonsten jedes offene Cabriolet abgeschleppt werden müsse, ist nicht tragfähig. Ein Cabriolet mit heruntergelassenem Verdeck ist dem Fall der geöffneten Seitenscheibe regelmäßig nicht gleichzustellen, da davon auszugehen ist, dass der Berechtigte sein Fahrzeug absichtlich ohne weitere Sicherung abgestellt hat und das erhöhte Risiko dementsprechend in Kauf nimmt. Ob und unter welchen Umständen ein Cabriolet sichergestellt werden kann, ist im Hinblick auf andere Fahrzeuge irrelevant. Der Vergleich eines Fahrzeugs mit offenem Seitenfenster mit einem Cabriolet ist im Verwaltungsverfahren und -prozess schon deshalb unerheblich, weil die Frage der Sicherstellung jeweils bezogen auf das Fahrzeug und die Gefahrenlage im Einzelfall zu entscheiden ist.[452] Durch ein auch nur teilweise geöffnetes Fenster ist es Dritten nicht nur möglich, im Fahrzeug befindliche Gegenstände zu entwenden, sondern auch das Fahrzeug oder Teile hiervon zu stehlen oder – etwa bei einem fehlgeschlagenen Versuch, die elektronische Wegfahrsperre zu überwinden – zu beschädigen.[453]

480 Umstritten ist die Rechtslage im Hinblick auf Fahrzeuge, die mit einer Wegfahrsperre gesichert sind. Während eine Auffassung[454] eine Gefahrenlage vollständig ablehnt, weist die hM zutreffend darauf hin, dass zumindest eine Gefahr der Beschädigung des Kfz bei einem Aufbruchsversuch und der Entwendung von Gegenständen aus dem Kfz besteht.[455] Auch die Beleuchtung in der Innenstadt beseitigt nicht die Gefahrenlage für das Fahrzeug des W.[456]

bb) Bezüglich R.

481 Beim Pkw des R. ist das Beifahrertürschloss eingestochen, das Lenkradschloss überdreht und das Zündschloss herausgerissen. Zudem fehlen zwei Vordersitze, ein Lautsprecher in der Fahrertür und zwei Hecklautsprecher. Da somit davon auszugehen ist, dass das Fahrzeug auch für andere Personen zugänglich ist, und es sich an einer abgelegenen Stelle befindet, besteht die

---

[448] SächsOVG Beschl. v. 11.8.2015 – Az.: 3 A 224/14, Rn. 10 – juris; SächsVBl. 2002, 268 (269).
[449] SächsOVG Beschl. v. 13.9.2011 – Az.: 3 A 508/11, Rn. 4 – juris.
[450] SächsOVG Urt. v. 2.3.2017 – Az.: 3 A 531/16, Rn. 25 – juris mwN.
[451] VG Leipzig Urt. v. 30.8.2007 – Az.: 3 K 759/06, S. 6; Urt. v. 4.12.2007, Az.: 3 K 908/07, S. 5.
[452] SächsOVG Urt. v. 2.3.2017 – Az.: 3 A 531/16, Rn. 27 – juris; VG Leipzig Urt. v. 30.8.2007 – Az.: 3 K 759/06, S. 6.
[453] Vgl. SächsOVG Urt. v. 2.3.2017 – Az.: 3 A 531/16, Rn. 24; Beschl. v. 13.9.2011, Az.: 3 A 508/11, Rn. 7 – beide juris.
[454] VG München, NZV 1999, 487 (488); VG Aachen Urt. v. 30.8.2006 – Az.: 6 K 2477/05, Rn. 26 ff. – juris; *Hebeler*, NZV 2002, 158 (163).
[455] Vgl. st. Rspr. des SächsOVG, SächsVBl. 2012, 71 (71/72); Beschl. v. 13.9.2011, Az.: 3 A 508/11, Rn. 7; OVG NRW Beschl. v. 11.4.2003 – Az.: 5 A 4351/01, Rn. 22 – beide juris.
[456] VG Leipzig Urt. v. 30.8.2007 – Az.: 3 K 759/06, S. 7.

Fall 11: „Rücksichtslos im Straßenverkehr" 157

Gefahr, dass das Fahrzeug durch Ausschlachten weiterer Teile beschädigt werden wird.[457] Die Tatbestandsvoraussetzungen für eine Sicherstellung des Kraftfahrzeugs zum Schutz des R. als Eigentümer vor weiteren Beschädigungen liegen somit vor.

b) Wertlosigkeit oder Geringwertigkeit der Sache

Eine Gefahrenlage wäre weiterhin dann nicht gegeben, wenn die Sache völlig wertlos oder von so geringem Wert gewesen wäre, dass der Berechtigte bei objektiver Betrachtungsweise kein Interesse an der Sicherstellung haben konnte.

482

Die Sicherstellung stellt sich für den Betroffenen als eine Art „öffentlich-rechtliche Geschäftsführung ohne Auftrag" dar. Insoweit ist es sachgerecht, die nach den gesetzlichen Regelungen des BGB dafür geltenden Grundsätze auch der Beurteilung des Tätigwerdens der Polizei- und Ordnungsbehörden ausschließlich im Interesse Privater zugrunde zu legen. Maßgebend ist also, ob die Sicherstellung dem wirklichen oder wohlverstandenen mutmaßlichen Willen des Berechtigten nach § 677 BGB entspricht.[458]

483

aa) Bezüglich W.

Im Fall des W. handelte es sich um einen unbeschädigten Passat (Wert etwa 12.000 EUR), so dass eine Geringwertigkeit dieser Sache ausscheidet.

484

bb) Bezüglich R.

Fraglich ist, ob R. angesichts des geringen Restwertes seines Fahrzeugs und der hohen Abschleppkosten noch ein Interesse an der Sicherstellung seines Pkw haben konnte. Der Golf IV weist im Zeitpunkt des Abschleppens einen Kilometerstand von 80.000 km auf. Das Fahrzeug ist erheblich beschädigt, insbesondere ist versucht worden, den Kofferraumdeckel aufzuhebeln; die Schlösser der Beifahrertür und des Kofferraums sind eingestochen, das Lenkradschloss ist überdreht, das Zündschloss und die Lenksäulenverkleidung sind herausgerissen sowie und die Zündung ist kurzgeschlossen. Neben dem Kofferraumdeckel ist auch das Heckblech durch den Aufhebelversuch beschädigt; das Fahrzeug weist zudem zwei Dellen am vorderen rechten Kotflügel auf. Zwei Vordersitze, zwei Hecklautsprecher, Fahrertürlautsprecher sowie die Kassetten- und Radioanlage sind entfernt. Der als Autobastler beschriebene F. ist vor Ort zu dem Ergebnis gekommen, dass noch „ein verbleibender Restwert" vorliegt, das Auto also noch nicht wertlos gewesen ist. Später stellt sich der wahre Restwert des Kfz heraus, der ein Abschleppen tatsächlich wirtschaftlich sinnlos macht.

485

Der HessVGH[459] geht davon aus, dass Sicherstellungskosten in Höhe von über 50 Prozent des Restwertes des Fahrzeugs nicht im Interesse des Berechtigten stehen können und daher zur Rechtswidrigkeit der Sicherstellung führen müssen. Zwar könne von einem Polizeibeamten vor Ort eine präzise wertmäßige Beurteilung eines Fahrzeugs nicht erwartet werden, jedoch könne bei einem so deutlichen Missverhältnis zwischen Restwert des Fahrzeugs und den zu erwartenden Sicherstellungskosten nicht von einer Rechtmäßigkeit der Abschleppmaßnahme ausgegangen werden. Wenn es – wie idR – keine nachvollziehbaren Anhaltspunkte dafür gebe, dass ein wegen erheblicher Beschädigungen und teilweiser Ausschlachtung nur noch sehr geringwertiges Fahrzeug nicht einen weit darüber hinausgehenden „subjektiven" Wert für den

486

---

457 HessVGH, NJW 1999, 3793 (3794); vgl. auch SächsOVG, SächsVBl. 1996, 252 (253); VG Dresden Urt. v. 13.1.1995 – Az.: 6 K 1941/94, S. 5.
458 SächsOVG Beschl. v. 20.1.2022 – Az.: 6 B 407/21, Rn. 28 und v. 11.8.2015 – Az.: 3 A 224/14, Rn. 7 – juris.
459 HessVGH, NJW 1999, 3793 (3795).

Berechtigten habe, müsse die Sicherstellung eines Fahrzeugs von nur noch sehr geringem Restwert als rechtswidrig beurteilt werden. Da allein die Abschleppkosten mit 150,00 EUR über der Hälfte des Restwertes von 290,00 EUR liegen, ist nach dieser Ansicht eine Geringwertigkeit gegeben.

487 Vorzugswürdig erscheint die Gegenansicht des SächsOVG.[460] Eine präzise wertmäßige Beurteilung könne vom Polizeibeamten vor Ort, der kein Kfz-Sachverständiger sei und zudem regelmäßig rasch eine Entscheidung treffen müsse, nicht erwartet werden. Die „Sicherstellungskosten" richten sich nach § 34 Abs. 3 S. 1 SächsPVDG und umfassen neben den Abschleppkosten auch die Standgebühren. Die Verwahrungskosten des Abschleppunternehmers stehen indes erst bei Abholung des Fahrzeugs fest. Weiterhin sage der Zeitwert allein über die weitere Verwendbarkeit und den subjektiven Wert des Fahrzeugs für den Berechtigten nur wenig aus. Die Verwendungsabsichten seien dem PVD regelmäßig nicht bekannt. Selbst wenn man, wie hier im Fall des R., von einem wirtschaftlichen Totalschaden ausgehe, so schlage dies nicht auf die ex ante zu beurteilende Erforderlichkeit der Sicherstellung durch.

2. Adressat

488 R. und W. sind als Eigentümer der Fahrzeuge Berechtigte und damit Normadressaten.

3. Ermessen[461]

489 Die Beamten haben sich in Bezug auf die Sicherstellung des Fahrzeugs des R. von einem noch weiterhin ausschlachtbaren Zustand des Kfz und von einer Restwertschätzung iHv 2.400,00 EUR leiten lassen. Auch wenn sich später der eigentliche, wesentlich niedrigere Restwert herausstellt, so sind die ex ante getroffenen Ermessenserwägungen dennoch sachgerecht. Im Hinblick auf das Fahrzeug des W. ist das Ermessen auf Null reduziert,[462] da angesichts des Wertes des Fahrzeugs ein bedeutsames Rechtsgut tangiert ist, unter Berücksichtigung der og Gefahrenlage eine hohe Intensität der Rechtsgutsgefährdung gegeben ist und keine Risiken beim Einschreiten erkennbar sind. Das Auswahlermessen gem. § 5 Abs. 2 SächsPVDG wurde in beiden Fällen rechtsfehlerfrei ausgeübt.

4. Verhältnismäßigkeit[463]

490 Das Abschleppen beider Fahrzeuge war eine taugliche Maßnahme, um den Zweck der Eigentumssicherung gegenüber R. und W. effektiv zu erfüllen.

491 Nach dem Rechtsgedanken der §§ 680, 681 S. 1 BGB[464] ergibt sich, dass eine Gefahrenlage auch dann nicht besteht, wenn eine weniger einschneidende und dennoch ebenso wirksame Maßnahme möglich gewesen wäre. Eine Verpflichtung zur Sicherstellung von Kfz ergibt sich nicht schon im Zeitpunkt des Auffindens des Fahrzeugs. Ergibt die Prognose, dass voraussichtlich die Gefahr nach entsprechender Information des Halters alsbald durch diesen oder einen anderen Verfügungsberechtigten beseitigt werden kann, ist eine Sicherstellung nur zulässig, wenn die derzeitigen gefahrerhöhenden Umstände so beschaffen sind, dass ein Zuwarten nicht

---

460 SächsOVG, SächsVBl. 1996, 252 (253); ähnlich OVG MV Urt. v. 7.2.2007 – Az.: 3 L 364/05, Rn. 27 – juris; Petersen-Thrö, SächsVBl. 2012, 72 (74).
461 Definitionen und allgemeine Grundsätze vgl. Fall 1 IV. 3.
462 Ansonsten besteht die Möglichkeit einer Amtspflichtverletzung durch die Beamten, vgl. VG Chemnitz, Gerichtsbescheid v. 5.12.2005, Az.: 849/02, S. 8.
463 Definitionen und allgemeine Grundsätze vgl. Fall 1 IV. 4.
464 HessVGH, NJW 1999, 3793 (3794); VG Darmstadt, NVwZ 2001, 796 (797).

vertretbar erscheint.⁴⁶⁵ In diesem Zusammenhang kann nicht auf eine etwaige Möglichkeit, das Fahrzeug wieder zu verschließen, verwiesen werden. Vom einzelnen Polizeibeamten ist nicht zu verlangen, dass er die Sicherheitseinrichtungen einer Vielzahl von Fahrzeugtypen und ständig wechselnde und sich fortentwickelnde technische Standards von Kfz allgemein kennt oder sich bereits im Vorfeld einer zum Schutz vor Diebstahl beabsichtigten Abschleppmaßnahme bei Fachwerkstätten kundig macht, wie ein bestimmtes Fahrzeug gesichert werden könnte.⁴⁶⁶

Die Maßnahme kann auch nicht beim Fahrzeug des W. wegen der elektronischen Wegfahrsperre in Frage gestellt werden. Es mag zwar zutreffen, dass sich Gelegenheitsdiebe durch derartige Wegfahrsperren abschrecken lassen. Dies stellt jedoch die Erforderlichkeit der Sicherstellung im Hinblick auf die bei einem Diebstahlversuch möglichen Beschädigungen am Fahrzeug ebenso wenig in Frage wie die Gefahr des Diebstahls von Teilen aus dem Inneren des Fahrzeugs.⁴⁶⁷

492

Fraglich ist ferner, ob eine Halter- bzw. Fahrerermittlung durch den PVD notwendig war. Nach hM ist die Sicherstellung im Eigentümerinteresse schon dann erforderlich, wenn der Polizei andere Maßnahmen, die den Zweck der Sicherstellung ebenso erreichen würden, nicht ohne Weiteres möglich sind. Demzufolge ist die Polizei regelmäßig nicht verpflichtet, zunächst den Halter oder für die Beseitigung des Fahrzeugs sonst Verantwortlichen zu ermitteln. Solche Ermittlungen führen meist zu nicht absehbaren zeitlichen Verzögerungen, die mit dem Interesse an einer effektiven Gefahrenabwehr durch die Polizei und zudem nur begrenzt zur Verfügung stehenden Polizeikräften nicht vereinbar sind.⁴⁶⁸ Eine vorherige Benachrichtigung des Halters ist nur erforderlich, wenn dieser „geradezu in greifbarer Nähe erscheint".⁴⁶⁹ Im vorliegenden Fall hatten die Polizeibeamten keinerlei Anhaltspunkte dafür, dass sich W. in „greifbarer Nähe" des Fahrzeugs befinden könnte. Zudem ist das Fahrzeug des W. im Landkreis Sachsenstädter Land, also nicht in Sachsenstadt, gemeldet. Damit handelt es sich um ein auswärtiges Kennzeichen.⁴⁷⁰ Dies bedeutet zwar nicht zwingend, dass W. keinen Wohnsitz in Sachsenstadt hat. Dennoch stellt das auswärtige Kennzeichen des umliegenden Landkreises ein Indiz dafür dar, dass W. auch im Landkreis und nicht in der Stadt seinen Wohnsitz hat. Damit waren die Erfolgsaussichten ungewiss, so dass eine Halterabfrage und damit auch ein Versuch der vorherigen Benachrichtigung unterbleiben durften. Eine Abweichung vom Grundsatz der mangelnden Notwendigkeit einer Halterermittlung erschien hier nicht geboten.

493

Das Fahrzeug des R. war als gestohlen gemeldet. Somit hat R. offenbar eine Anzeige erstattet. Dabei wird regelmäßig auch die telefonische Erreichbarkeit vermerkt. Abgesehen davon, dass der Sachverhalt keine Angaben zu einer der Polizei bekannten telefonischen Erreichbarkeit des R. beinhaltet, bedeutet selbst diese nicht, dass hier ein Versuch hätte unternommen werden müssen, R. anzurufen. Es ist realitätsnah davon auszugehen, dass auch dann, wenn die Adresse und Telefonnummer des Berechtigten bekannt sind, dieser nicht sofort zu erreichen ist.⁴⁷¹ Das gilt insbesondere zur Nachtzeit. Zudem wohnt R. am anderen Ende von Sachsenstadt, so dass ein Erreichen des Abstellortes durch R. in wenigen Minuten durch eine Stadt mit erheblicher Größe (500.000 Einwohner) mit hoher Wahrscheinlichkeit nicht möglich gewesen wäre.

494

---

465 SächsOVG Urt. v. 2.3.2017 – Az.: 3 A 531/16, Rn. 21 – juris.
466 SächsOVG Urt. v. 2.3.2017 – Az.: 3 A 531/16, Rn. 24 – juris; BayVGH, NJW 2001, 1960 (1961).
467 Vgl. SächsOVG, SächsVBl. 2012, 71 f., mwN.
468 SächsOVG Urt. v. 2.3.2017 – Az.: 3 A 531/16, Rn. 20; Beschl. v. 10.3.2016, Az.: 3 D 12/16, Rn. 3 – beide juris.
469 SächsOVG Urt. v. 2.3.2017 – Az.: 3 A 531/16, Rn. 20 – juris.
470 Das SächsOVG Beschl. v. 14.7.2006 – Az.: 3 B 181/05, S. 4 hat ein Kennzeichen des Landkreises „Leipziger Land" bzgl. einer Sicherstellung in Leipzig als „auswärtig" angesehen. Auch die seit Januar 2015 mögliche bundesweite Kennzeichenmitnahme bei Ummeldung des Autos nach einem Umzug hat die vorbezeichnete Rechtsprechung, die auf der Entscheidung des BVerwG (Urt. v. 11.12.1996 – 11 C 15/95, Rn. 12) beruht, bisher nicht beeinflusst (vgl. SächsOVG Urt. v. 2.3.2017 – Az.: 3 A 531/16, Rn. 26; VG Bremen, Urt. v. 27.2.2020 – 5 K 554/18, Rn. 42 a. E. – beide juris).
471 HessVGH, NJW 1999, 3793 (3794); VG Darmstadt, NVwZ 2001, 796 (797).

495 An der Angemessenheit der Sicherstellung bestehen keine Bedenken.

V. Ergebnis

Die Sicherstellungen gegenüber W. und R. sind rechtmäßig.

Lösungsvorschlag zur Abwandlung Nr. 3

496 POLIZEIDIREKTION SACHSENSTADT Sachsenstadt, 30.7.2023

Postfach 12 34 56 | 09876 Sachsenstadt

Herrn

Rudi Rüpel

Friedrichstraße 50

09876 Sachsenstadt

Schriftliche Bestätigung (§ 1 S. 1 SächsVwVfZG iVm § 37 Abs. 2 S. 2 VwVfG) der Sicherstellungsverfügung vom 15.7.2023 bezüglich des PKW VW Golf, amtliches Kennzeichen SAS-RR 1 gegenüber Herrn Rudi Rüpel, geboren am 1.1.1969, Vorgangs-Nr. 1234/19/567890 gemäß § 31 Abs. 1 Nr. 1 SächsPVDG

Schreiben von Herrn Rüpel vom 17.7.2023

In vorbezeichneter Angelegenheit erlässt die Polizeidirektion Sachsenstadt gegenüber Herrn Rudi Rüpel folgende

schriftliche Bestätigung:

Der Pkw VV Golf, amtliches Kennzeichen SAS-RR 1 ist seit dem 15.7.2023 sichergestellt.

Für diese Bestätigung werden Verwaltungskosten in Höhe von 134,72 EUR erhoben.

Gründe:

I.

497 Die Sicherstellung des VW Golf richtet sich gegen Herrn Rudi Rüpel (R.), der Eigentümer sowie Halter des streitbefangenen Fahrzeugs und seit dem 22.5.2023 nicht mehr im Besitz einer gültigen Fahrerlaubnis ist.

498 Herr Rüpel befuhr am 13.7.2023 gegen 17:40 Uhr mit dem Pkw VW Golf, amtliches Kennzeichen SAS-RR 1, die Friedrichstraße in Richtung Dresdener Straße, als er von der Funkstreifenbesatzung PK Fleißig (F.) und POM'in Emsig (E.) zwecks Durchführung einer allgemeinen Verkehrskontrolle angehalten wurde. Nachdem Herr Rüpel auf Aufforderung seinen Führerschein und seinen Fahrzeugschein an die Beamten übergab, stellten diese bei einem Datenabgleich mit ZEVIS fest, dass R. derzeit nicht im Besitz einer Fahrerlaubnis ist. Sie untersagten R. die Weiterfahrt und leiteten ein Strafverfahren wegen Fahrens ohne Fahrerlaubnis ein (Vorgangsnummer: 1234/20/567890). Von der Nachbarin N. erhielten die Beamten den Hinweis, dass R. jeden Morgen mit seinem Auto zur Arbeitsstätte fahre. Diese Angaben wurden durch die Aussagen weiterer Nachbarn bestätigt. R. wurde durch F. und E. nachdrücklich ermahnt, nicht noch einmal mit dem Auto zu fahren. Dennoch wurde R. zwei Tage später, am 15.7.2023, in der Antonstraße, Höhe Hausgrundstück 10, erneut von F. und E. beim Führen seines Fahrzeugs im Straßenverkehr festgestellt. F. und E. hielten R. an, forderten ihn auf, auszusteigen, stellten sein Fahrzeug sicher und ließen es von PS. auf dessen Verwahrhof verbringen. Die Sicherstellung erfolge, damit er künftig nicht mehr mit diesem Fahrzeug ohne Fahrerlaubnis am Straßenverkehr teilnehmen könne. Gegen R. wurde eine weitere Strafanzeige erstattet (Vorgangsnummer: 1240/20/567890).

Fall 11: „Rücksichtslos im Straßenverkehr"

R. hat mit Schreiben vom 17.7.2023, das am selben Tag in der Polizeidirektion Sachsenstadt einging, eine schriftliche Bestätigung der Sicherstellung verlangt.

II.

Der Antrag des R. auf Erteilung einer schriftlichen Bestätigung ist nach § 37 Abs. 2 S. 2 VwVfG zulässig, da es sich um eine mündliche Sicherstellungsverfügung in Form eines Verwaltungsaktes im Sinne von § 35 S. 1 VwVfG handelt[472], und weil R. ein berechtigtes Interesse an der Bestätigung besitzt und diese unverzüglich verlangt hat. Das berechtigte Interesse an der schriftlichen Bestätigung ergibt sich daraus, dass die den R. belastende Verwahrung als Folge der Sicherstellung weiterhin andauert. R. verlangte die schriftliche Bestätigung auch unverzüglich, indem nur zwei Tage nach der Sicherstellung sein diesbezügliches Schreiben in der Polizeidirektion einging. Als „unverzüglich" ist ein Handeln ohne jede Verzögerung, die sich nicht aus tatsächlichen oder rechtlichen Gründen rechtfertigen lässt, einzustufen.[473] Da jedem Adressaten einer mündlichen polizeilichen Maßnahme eine gewisse Überlegungsfrist einzuräumen ist, kann die Darstellung eines „Verlangens" unmittelbar vor Ort oder am nächsten Tag nicht erwartet werden[474], so dass sich das Verlangen des R. am zweiten Tag als unverzüglich erweist.

Die Sicherstellung beruht auf § 31 Abs. 1 Nr. 1 SächsPVDG. In formeller Hinsicht war der PVD sachlich für die Anordnung der Sicherstellung nach § 2 Abs. 3, 1. Halbsatz SächsPVDG originär zuständig. Die Aufgabe der Polizei richtete sich nach § 2 Abs. 1 Satz 3 SächsPVDG, da es den Beamten des Polizeireviers Sachsenstadt-Mitte um die Verhinderung und vorbeugende Bekämpfung von (künftigen) Verkehrsstraftaten nach § 21 Abs. 1 Nr. 1 StVG durch R. mithilfe des unter I. bezeichneten Fahrzeugs ging. Die örtliche Zuständigkeit ergibt sich aus §§ 103, 97 Abs. 1 Nr. 5 SächsPVDG. Die Verfahrensanforderungen des § 32 Abs. 2 S. 1 SächsPVDG wurden zwar nicht eingehalten, weil R. keine Sicherstellungsbescheinigung mit der Bezeichnung des Grundes und seines Fahrzeugs übergeben wurde. Verstöße gegen die in § 32 Abs. 2 SächsPVDG genannten Pflichten haben indes keine Auswirkungen auf die Rechtmäßigkeit der Sicherstellung, sondern können gemäß § 45 Abs. 1 Nr. 2 VwVfG geheilt werden, was vorliegend mit der Erteilung der schriftlichen Bestätigung geschieht.[475]

Die materiellen Voraussetzungen für die Sicherstellung nach § 31 Abs. 1 Nr. 1 SächsPVDG liegen ebenfalls vor, weil in der Teilnahme des R. am Straßenverkehr eine gegenwärtige Gefahr für die öffentliche Sicherheit lag. Die Verstöße gegen § 21 Abs. 1 Nr. 1 StVG zumindest am 13. und 15.7.2023, derer R. verdächtigt ist, stellen als Teil der Rechtsordnung Rechtsgüter der öffentlichen Sicherheit dar. Letztere umfasst nach § 4 Nr. 1 SächsPVDG u. a. die Unverletzlichkeit der Rechtsordnung, die subjektiven Rechte und die Rechtsgüter des Einzelnen. R. war nicht mehr im Besitz einer gültigen Fahrerlaubnis, als er sowohl am 13. als auch am 15.7.2023 sein Fahrzeug im Straßenverkehr führte, so dass der objektive Tatbestand des § 21 Abs. 1 Nr. 1 StVG erfüllt war und damit ein Verstoß gegen geschriebenes Recht vorlag. Damit war das schädigende Ereignis an einem Rechtsgut der öffentlichen Sicherheit bereits eingetreten. Überdies steht auch in allernächster Zeit mit einer an Sicherheit grenzenden Wahrscheinlichkeit ein weiterer Schaden am Schutzgut der Rechtsordnung bevor, da ohne die Sicherstellung des Fahrzeugs

---

[472] Im vorliegenden Fall wurde keine Sicherstellungsbescheinigung im Sinne von § 32 Abs. 2 SächsPVDG erteilt, so dass kein Zweifel an der Mündlichkeit der Sicherstellung besteht. Auch die Übergabe einer Bescheinigung dürfte die Anwendbarkeit des § 37 Abs. 2 S. 2 VwVfG nicht hindern. Die Sicherstellungsbescheinigung benennt zwar die Rechtsgrundlage, enthält indes keine Sachverhaltsdarstellung und keine rechtliche Begründung iSv § 39 Abs. 1 VwVfG. Damit besteht ein berechtigtes Interesse des Betroffenen an einer schriftlichen Bestätigung (so iErg auch VG Chemnitz Beschl. v. 20.8.2015 – Az.: 3 L 486/15, Rn. 27 – juris).
[473] BVerfG, NJW 2002, 3161 (3162); *Robrecht*, SächsVBl. 2005, 241 (244).
[474] *Robrecht*, aaO, S. 244.
[475] *Elzermann*, § 26 SächsPBG Rn. 3; *Braun* in: Möstl/Kugelmann, § 44 PolG NRW Rn. 17; *Schmidbauer* in: Schmidbauer/Steiner, Art. 26 Rn. 9; *Neuhäuser* in: Möstl/Weiner, § 27 NPOG Rn. 10.

R. in den nächsten Tagen höchstwahrscheinlich erneut mit einem Pkw am Straßenverkehr teilnehmen und damit gegen § 21 Abs. 1 Nr. 1 StVG verstoßen würde. Die Entziehung seiner Fahrerlaubnis aufgrund von entsprechenden Verkehrsverstößen hat R. nicht davon abgehalten, sein bisheriges Verhalten im Straßenverkehr zu überdenken und sich künftig im Straßenverkehr rechtskonform zu verhalten. Auch die Kontrolle am 13.7.2023, die mit einer Strafanzeige und dem Untersagen der Weiterfahrt endete, hat bei R. keine Verhaltensänderung bewirkt, da er nach übereinstimmenden und damit glaubhaften Angaben seiner Nachbarn ungeachtet seiner polizeilichen Auffälligkeit weiterhin mit seinem Kfz am Straßenverkehr teilnahm. Die somit erkennbare geringe Hemmschwelle des R. bezüglich eines Fahrens ohne Fahrerlaubnis lässt nach kriminalistischer Einschätzung darauf schließen, dass R. ein offensichtlich grundlegend verkehrtes Rechtsverständnis und mangelndes Unrechtsbewusstsein auch und gerade in Bezug auf Verstöße gegen § 21 StVG aufweist. Entsprechend offenbart die kriminelle Aktivität innerhalb weniger Tage eine innere Einstellung bzw. charakterliche Veranlagung, sich fortwährend zum Nachteil anderer Verkehrsteilnehmer über strafbewehrte Rechtsvorschriften hinwegzusetzen. Dass die mangelhaft ausgeprägte Normenakzeptanz des R. selbst gegenüber Polizeibeamten zu Tage tritt, zeigt schließlich der Vorfall am 15.7.2023. Schließlich sind auch die Rechtsgüter der anderen Verkehrsteilnehmer auf ungestörte Teilnahme am öffentlichen Straßenverkehr aus Art. 2 Abs. 1 GG durch das Fahren des R. mit seinem Pkw im Straßenverkehr betroffen. Sie haben ein berechtigtes Interesse daran, dass nur zuverlässige Fahrzeuglenker ein Kfz im öffentlichen Straßenverkehr führen. R. ist ausweislich seiner Überschreitungen der Vorgaben der StVO sowie des StVG wenigstens derzeit nicht geeignet, ein Kfz im Straßenverkehr zu führen. In einem solchen Fall obliegt es dem PVD bei entsprechender Kenntniserlangung Maßnahmen zu ergreifen, die eine Teilnahme solcher Fahrzeugführer am Straßenverkehr zumindest erheblich erschweren.

502 R. wird als Verhaltensverantwortlicher nach § 6 Abs. 1 SächsPVDG in Anspruch genommen, weil er durch die fortwährende Teilnahme mit seinem Kfz am öffentlichen Straßenverkehr, ohne im Besitz einer gültigen Fahrerlaubnis zu sein, die vorbezeichnete Gefahr für das Schutzgut Rechtsordnung der öffentlichen Sicherheit verursacht hat.

503 Mit der Anordnung zur Sicherstellung und der darauf folgenden Inverwahrungnahme des Pkw des R. hat der PVD auch von seinem Ermessen ordnungsgemäß Gebrauch gemacht.[476] Im Hinblick auf eine Verhinderung der weiteren Teilnahme des R. mit seinem Kfz am Straßenverkehr war das Entschließungsermessen der Beamten auf Null reduziert. R. steht im Verdacht zumindest innerhalb weniger Tage mehrfach gegen § 21 Abs. 1 Nr. 1 StVG verstoßen zu haben. Dabei handelt es sich um ein bedeutendes Rechtsgut. Aufgrund der Strafbewährung hat der Gesetzgeber die Bedeutung des Verbots, ohne gültige Fahrerlaubnis hervorgehoben. Es handelt sich überdies nicht um ein Bagatelldelikt. Als Bagatellstraftaten kommen allenfalls Antragsdelikte in Betracht.[477] Die Intensität der Rechtsgutsgefährdung ist sehr hoch, da R. mit hoher Wahrscheinlichkeit jeden Tag gegen die vorbezeichnete Vorschrift verstoßen hat und dieses Verhalten ohne Sicherstellung seines Kfz auch in den nächsten Tagen fortsetzen würde. Mit dem Einschreiten der Beamten gehen schließlich keine besonderen Risiken einher.

504 Weiterhin wurde der Verhältnismäßigkeitsgrundsatz als Ermessensgrenze eingehalten. Die Sicherstellung war geeignet, dh tauglich, das polizeiliche Ziel, der Verhinderung einer weiteren Teilnahme des R. mit seinem Kfz am Straßenverkehr zu erreichen. Dagegen spricht auch nicht die Tatsache, dass sich R. jederzeit ein Auto mieten und im Straßenverkehr führen könnte, da

---

[476] Die Sicherstellung eines Fahrzeugs in derartigen Fällen ist in der Rechtsprechung als zulässiges Mittel anerkannt (vgl. VG Chemnitz Beschl. v. 21.9.2009 – 3 L 132/09; Beschl. v. 10.8.2016 – 3 L 349/16; Beschl. v. 28.4.2021 – 7 L 116/21).
[477] Vgl. SächsOVG Beschl. v. 29.1.2010 – 3 D 91/08, Rn. 7 – juris.

Fall 11: „Rücksichtslos im Straßenverkehr" 163

insoweit keine völlige Zweckerreichung für die Geeignetheit notwendig ist, sondern vielmehr ein Schritt in die richtige Richtung – wie die Erschwerung des künftigen Fahrens im Straßenverkehr – ausreicht. Die Sicherstellung war überdies erforderlich iSv § 5 Abs. 2 SächsPVDG. Ein milderes Mittel als die Sicherstellung des Kfz steht nach der Untersagung der Weiterfahrt nach § 12 Abs. 1 SächsPVDG in Verbindung mit der Erstattung einer Strafanzeige am 16.7.2020 nicht zur Verfügung. An der Angemessenheit der Sicherstellung nach § 5 Abs. 3 SächsPVDG bestehen ebenfalls keine Bedenken. Die Sicherstellung führt nicht zu einem Nachteil des R., der zu dem angestrebten Erfolg erkennbar außer Verhältnis steht. Zwar wird mit der Sicherstellung erheblich in das Grundrecht des R. auf Eigentum in Form der Bestandsgarantie nach Art. 14 Abs. 1 S. 1 GG eingegriffen, weil eine Herausgabe des Kfz an R. nicht vorgesehen ist. Indes ist die Verhinderung bzw. Erschwerung der Begehung weiterer Verstöße gegen § 21 Abs. 1 Nr. 1 StVG durch R. und die damit einhergehenden Interessen der anderen Verkehrsteilnehmer an geeigneten Fahrzeugführern und an einem entsprechenden Einschreiten des PVD bei Kenntniserlangung von solchen Gesetzesverstößen, die nicht als Bagatellen anzusehen sind, insoweit als höherrangig einzustufen.

Nach alledem liegen die Voraussetzungen für die Sicherstellung nach § 31 Abs. 1 Nr. 1 SächsPVDG vor, so dass sich die Sicherstellung des Fahrzeugs des R. als rechtmäßig erweist.

III.

Die Erhebung der Verwaltungskosten für diesen Bescheid richtet sich nach § 1 Abs. 1 S. 1, § 2 Abs. 1 Nr. 1, Abs. 2 Nr. 2, § 3 Abs. 2 S. 3, § 9 Abs. 1 Nr. 2 SächsVwKG.

Gem. § 1 Abs. 1 S. 1 SächsVwKG können die Behörden des Freistaates Sachsen – wie hier die Polizeidirektion Sachsenstadt (vgl. § 8 Abs. 1 Nr. 5 SächsVwOrgG) – Gebühren und Auslagen (Verwaltungskosten) für individuell zurechenbare öffentlich-rechtliche Leistungen erheben. Individuell zurechenbar ist nach § 2 Abs. 2 Nr. 2 SächsVwKG eine Leistung, die durch einen Tatbestand ausgelöst wird, an den eine Rechtsnorm die Befugnis zum Tätigwerden der Behörde knüpft und die in einem spezifischen Bezug zum Tun, Dulden oder Unterlassen einer Person oder zu dem von einer Person zu vertretenden Zustand einer Sache steht. Öffentlich-rechtliche Leistungen sind gemäß § 2 Abs. 1 Nr. 1 SächsVwKG Tätigkeiten, die eine Behörde im Sinne des § 1 Abs. 1 SächsVwKG in Ausübung hoheitlicher Gewalt mit Außenwirkung vornimmt (Amtshandlungen). Auch für eine nicht im SächsKVZ enthaltene Amtshandlung kann gemäß § 3 Abs. 2 S. 3 SächsVwKG eine Gebühr erhoben werden. Gem. § 9 Abs. 1 Nr. 1 SächsVwKG ist zur Zahlung der Kosten derjenige verpflichtet, dem eine öffentlich-rechtliche Leistung individuell zuzurechnen ist, der die Amtshandlung veranlasst bzw. in dessen Interesse die Amtshandlung vorgenommen wird. Unter Berücksichtigung der vorbezeichneten Grundsätze ist R. Kostenschuldner der Gebührenforderung in Höhe von 134,72 EUR. Die Erteilung der schriftlichen Bestätigung ist als Amtshandlung zu bewerten, insbesondere wurde sie mit Außenwirkung erteilt, weil sie nicht nur darauf abzielt im Innenbereich der PD Sachsenstadt als Behörde Wirkung zu zeigen. Vielmehr dient sie Beweiszwecken und stellt insoweit die Rechtsposition der betroffenen Person verbindlich fest. Sie ersetzt überdies zum einen die fehlende Sicherstellungsbescheinigung und sie enthält eine (ordnungsgemäße) Rechtsbehelfsbelehrung, die die zuvor gemäß § 70 Abs. 2 i. V. m.. 58 Abs. 2 VwGO geltende Jahreswiderspruchsfrist durch eine Rechtsbehelfsfrist von einem Monat (vgl. § 70 Abs. 1 VwGO) ersetzt.[478] Die Bestätigung wurde durch einen Antrag des R. veranlasst. Die Höhe der Gebühr richtet sich zunächst nach § 3 Abs. 2 SächsVwKG, da eine entsprechende oder vergleichbare Regelung im Kostenverzeichnis fehlt. Dort wird ein Gebührenrahmen bis zu 50.000,00 EUR statuiert. Unter Berücksichtigung des für die

---

[478] Für die Möglichkeit einer Erhebung von Verwaltungskosten für die Erteilung einer schriftlichen Bestätigung spricht überdies, dass gemäß § 11 Abs. 1 Nr. 6 SächsVwKG lediglich für Auskünfte einfacher Art keine Verwaltungskosten erhoben werden.

Erteilung der schriftlichen Bestätigung entstandenen Verwaltungsaufwandes wird die Gebühr für die schriftliche Bestätigung auf 134,72 EUR festgesetzt. Die Summe der Personal- und Sachkostenpauschalen für eine Arbeitsstunde eines Beamten der Laufbahngruppe 2.1 beträgt gemäß Buchst. B., Ziffern II. 4. der Verwaltungsvorschrift des Sächsischen Staatsministeriums der Finanzen zur Festlegung von Verwaltungsgebühren sowie Benutzungsgebühren und Entgelten für die Inanspruchnahme der Landesverwaltung 67,36 EUR. Die Fertigung der schriftlichen Bestätigung hat zwei Stunden in Anspruch genommen. Diese Gebühr ist im unteren Spektrum des Gebührenrahmens angesiedelt und ist daher im Hinblick auf den Verwaltungsaufwand angemessen.

Rechtsbehelfsbelehrung

508 Gegen die Sicherstellung in Form dieser Bestätigung kann innerhalb eines Monats nach ihrer Bekanntgabe Widerspruch bei der Polizeidirektion Sachsenstadt, Straße zur letzten Instanz 13, 09876 Sachsenstadt erhoben werden. Dafür stehen folgende Möglichkeiten zur Verfügung:
1. Der Widerspruch kann schriftlich oder zur Niederschrift bei der Polizeidirektion Sachsenstadt, Straße zur letzten Instanz 13, 09876 Sachsenstadt erhoben werden.
2. Der Widerspruch kann auch auf elektronischem Weg erhoben werden. Dafür stehen folgende Möglichkeiten zur Verfügung:
   - Der Widerspruch kann durch E-Mail mit qualifizierter elektronischer Signatur im Sinne des Vertrauensdienstgesetzes iVm der Verordnung der EU Nr. 910/2014 (die technischen Anforderungen sind auf der Internetseite des Elektronischen Gerichts- und Verwaltungspostfaches (EGVP) www.egvp.de bezeichnet) an r-rp.pd-sachsenstadt@polizei.sachsenstadt.de erhoben werden.
   - Der Widerspruch kann auch durch De-Mail in der Sendevariante mit bestätigter sicherer Anmeldung nach dem De-Mail-Gesetz an polizeidirektion-sachsenstadt@polizei.sachsenstadt.de-mail.de erhoben werden.

Fleißig

Polizeikommissar

Lösungsvorschlag zur Fortsetzung der Abwandlung Nr. 3

509 Ein Herausgabeanspruch des R. könnte sich aus § 34 Abs. 1 SächsPVDG ergeben. Sobald die Voraussetzungen für die Sicherstellung weggefallen sind, ist die Sache gemäß § 34 Abs. 1 S. 1 SächsPVDG an denjenigen herauszugeben, bei dem sie sichergestellt worden ist. Für andere Sachen als leerstehender Wohnraum darf die Sicherstellung gemäß § 34 Abs. 1 S. 6 SächsPVDG nur bis zu sechs Monaten aufrechterhalten werden, es sei denn, es liegen die Voraussetzungen von § 34 Abs. 1 S. 3 SächsPVDG vor. Danach ist die Herausgabe ausgeschlossen, wenn dadurch erneut die Voraussetzungen für eine Sicherstellung eintreten würden.

510 R. besitzt nach wie vor keine Fahrerlaubnis und setzt sich trotz der Sicherstellung seines Fahrzeugs und des laufenden Strafverfahrens wegen Verstoßes gegen § 21 StVG erneut über diese Vorschrift hinweg, indem er das Fahrzeug seiner Ehefrau zum Fahren im öffentlichen Straßenverkehr nutzt. Eine erzieherische Wirkung haben alle bisherigen staatlichen Maßnahmen nicht entfaltet. R. hat sich als belehrungsresistent erwiesen. Die Rückgabe seines Pkw an ihn würde mit hoher Wahrscheinlichkeit zur Folge haben, dass er mit seinem Fahrzeug in allernächster Zeit ohne Fahrerlaubnis am öffentlichen Straßenverkehr teilnimmt. Damit würden

die Voraussetzungen für eine Sicherstellung nach § 31 Abs. 1 Nr. 1 SächsPVDG erneut eintreten. Eine Herausgabe ist mithin gemäß § 34 Abs. 1 S. 3 SächsPVDG ausgeschlossen.[479]

Fraglich ist, ob das Herausgabeverlangen als Widerspruchseinlegung auszulegen ist (vgl. dazu bereits Fall 6 Ziff. III. 2.). Die VwGO enthält keine näheren Bestimmungen über den Mindestinhalt eines Widerspruchs, insbesondere auch nicht die Forderung, dass der Widerspruch als „Widerspruch" bezeichnet werden muss. Es genügt insoweit, dass für die Behörde aus dem Widerspruchsschreiben und den näheren Umständen des Falles hinreichend erkennbar ist, dass der Betroffene mit einem bestimmten Verwaltungsakt nicht einverstanden ist und eine Überprüfung begehrt. Insoweit muss aus dem Widerspruch zumindest im Wege der Auslegung erkennbar sein, gegen welchen Akt er sich richtet. Der Antrag auf Herausgabe eines nach § 31 Abs. 1 Nr. 1 SächsPVDG sichergestellten Fahrzeugs wird durch die Rechtsprechung[480] als Widerspruch gegen die Sicherstellung ausgelegt. Die PD Sachsenstadt sollte den Widerspruch des R. zurückweisen, die Herausgabe ablehnen und R. gemäß § 33 Abs. 2 SächsPVDG zur geplanten Verwertung anhören. Sie teilt R. mit, dass gemäß § 33 Abs. 1 Nr. 4 SächsPVDG beabsichtigt ist, sein Fahrzeug zu verwerten, weil selbst nach Ablauf der Frist von einem Jahr nach der Sicherstellung des Fahrzeugs im Falle der Herausgabe die Voraussetzungen der Sicherstellung nach § 31 Abs. 1 Nr. 1 SächsPVDG erneut eintreten würden. Mit hoher Wahrscheinlichkeit wird R. bis zum 15.7.2024 nicht erneut eine Fahrerlaubnis erteilt, weil er aufgrund seiner zahlreichen, hartnäckigen Verkehrsverstöße, insbesondere seiner Verstöße gegen § 21 StVG mit einer deutlich längeren Fahrerlaubnissperre zu rechnen hat. Die Jahresfrist muss nicht abgelaufen sein.[481] Im Anschluss daran wird die PD Sachsenstadt eine Verwertungsanordnung bezüglich des Fahrzeugs gemäß § 33 Abs. 3 SächsPVDG erlassen. Zwar ist in § 33 Abs. 2 SächsPVDG – anders als in den ansonsten nahezu identischen Regelungen etwa in § 45 Abs. 2 PolG NRW oder Art. 27 Abs. 2 BayPAG – kein expliziter Hinweis auf die Form der Verwertung als „Anordnung" statuiert. Da indes durch den Übergang des Eigentums nach Abschluss der Verwertung auf einen neuen Eigentümer irreversibel in das Grundrecht auf Eigentum des Betroffenen eingegriffen wird, sollte aus Gründen der Rechtsklarheit und Rechtssicherheit ein (regelmäßig für sofort vollziehbar erklärter) Verwertungsbescheid erlassen werden. Bei Wertlosigkeit wird das Fahrzeug nach § 33 Abs. 4 SächsPVDG vernichtet werden. Auch hier sollte eine Anordnung zur Vernichtung in Bescheidform erfolgen.[482]

Fall 12: „Die schlagfertigen Polizeibeamten"

Sachverhalte

Die Gesamtsituation entspricht dem in Fall 6 dargestellten Sachverhalt, allerdings sitzt P. nicht im Wohnzimmer und er verhält sich auch nicht ruhig. Als die Beamten nach dem Einlass durch J. den mit Scherben übersäten Flur betreten, erscheint nunmehr P. mit Alkoholfahne und sagt: „Haut sofort ab oder ihr bekommt ein paar aufs Maul! Das Ganze hier geht euch gar nichts an!"

---

[479] In § 27 Abs. 3 S. 2 SächsPolG war noch eine absolute Frist normiert, so dass die Beschlagnahme mit Fristablauf automatisch außer Kraft trat, ohne dass es einer ausdrücklichen Aufhebung bedurfte (vgl. VGH BW Beschl. v. 11.3.2014 – Az.: 1 S 2422/13, Rn. 6–8 – juris zur identischen Vorschrift im PolG BW). Diese Regelung hat der Gesetzgeber des SächsPVDG nicht übernommen.
[480] Vgl. VG Chemnitz, Beschl. v. 12.11.2020 – Az.: 7 L 553/20, S. 3 f.
[481] Es handelt sich um eine fiktive Frist („könnte"). Anders lautet die Regelung in § 45 Abs. 1 Nr. 4 PolG NRW („kann"). Dort darf nicht vor Ablauf der Jahresfrist verwertet werden (vgl. *Braun* in: Möstl/Kugelmann, § 45 PolG NRW Rn. 8, 8.1).
[482] Vgl. VG Chemnitz, Beschl. v. 28.4.2021 – Az.: 7 L 116/21, S. 8.

P. geht entschlossen auf die Beamten zu. Daher ruft POM Muskel (M.): „Halt stehen bleiben oder wir wenden unmittelbaren Zwang an!" P. reagiert nicht, sondern holt zum Schlag gegen M. und die anderen Beamten aus. M. packt P. am Handgelenk, dreht ihm den Arm auf den Rücken, woraufhin P. schmerzerfüllt aufschreit und legt ihm Handfesseln an.

Aufgabe:
Prüfen Sie die Rechtmäßigkeit der Anwendung des unmittelbaren Zwangs durch M. gegenüber P. Dabei ist von der Rechtmäßigkeit des Grundverwaltungsaktes auszugehen.

Abwandlung Nr. 1

Sachverhalt wie im Ausgangsfall, nur reagiert P. der Androhung des M. entsprechend und bleibt stehen. Prüfen Sie die Rechtmäßigkeit der Androhung.

Abwandlung Nr. 2

Sachverhalt wie im Ausgangsfall nur kommt P. aus der seitlich gelegenen Küche in den Flur gestürzt und greift sofort die Beamten körperlich (ohne Gegenstände) an. M. schlägt ihm kräftig in den Bauch, woraufhin P. zu Boden geht. Prüfen Sie die Rechtmäßigkeit der Zwangsanwendung durch M.

Lösungsvorschlag zum Fall 12: „Die schlagfertigen Polizeibeamten" Ausgangsfall
Packen des Handgelenks, Umdrehen des Arms und Fesselung des P.

I. Vorprüfung

512 Das Grundrecht auf körperliche Unversehrtheit gemäß Art. 2 Abs. 2 S. 1 GG bezieht sich sowohl auf die Gesundheit im biologisch-physiologischen, als auch auf die im geistig-seelischen Bereich. Laut Sachverhalt empfindet P. erhebliche Schmerzen bei der Anwendung des „Polizeigriffs" seitens des M. und ist somit in seinem Grundrecht aus Art. 2 Abs. 2 S. 1 GG betroffen.

513 Die Gewaltanwendung dient nicht etwa der Verfolgung einer versuchten Körperverletzung gemäß §§ 223, 22 StGB, sondern es steht die Durchsetzung des präventiven Grundverwaltungsakts im Vordergrund.

II. Ermächtigungsgrundlage

514 Die Anwendung der körperlichen Gewalt und die Fesselung[483] durch M. könnten auf § 39 Abs. 2 SächsPVDG iVm § 2 SächsVwVG iVm §§ 39 ff. SächsPVDG zurückzuführen sein. Gemäß § 39 Abs. 2 SächsPVDG gelten für die Anwendung des unmittelbaren Zwangs zur Vollstreckung von Verwaltungsakten des Polizeivollzugsdienstes zusätzlich die Vorschriften des SächsVwVG (sog. Transmissionsklausel).[484] Damit darf unmittelbarer Zwang im gestreckten Verfahren erst eingesetzt werden, wenn die in § 2 SächsVwVG genannten allgemeinen Voraussetzungen der Verwaltungsvollstreckung vorliegen. Die besonderen Anforderungen an die Anwendung unmittelbaren Zwangs stellen dann die §§ 39 ff. SächsPVDG auf.

---

[483] Die Knebelung und der Einsatz von Spuckhauben stellen keine Fesselung dar (vgl. *Elzermann*, SächsVBl. 2023, 126 (128).

[484] Vgl. Dazu *Elzermann*, SächsVBl. 2023, 126 (127); LT-Drs. 6/14791, S. 175.

III. Formelle Rechtmäßigkeit

1. Polizeiliche Aufgabe und sachliche Zuständigkeit

Die polizeiliche Aufgabe ergibt sich § 2 Abs. 1 S. 3 SächsPVDG. P. droht den Beamten mit der Ankündigung ihnen „aufs Maul hauen" zu wollen eine Körperverletzung gemäß § 223 Abs. 1 StGB an. Um eine strafbedrohte körperliche Auseinandersetzung zu verhindern, fordert M. den P. auf, stehen zu bleiben. Aus dem gleichen Grund kommt es auch zur Zwangsanwendung. Die körperliche Gewaltausübung durch M. und die Fesselung stellen Zwangsmittel des unmittelbaren Zwangs gemäß § 40 Abs. 2 und 3 SächsPVDG dar, so dass sich eine originäre sachliche Zuständigkeit des Polizeivollzugsdienstes zum Einsatz dieser Mittel aus § 39 Abs. 1 SächsPVDG ergibt.

2. Verfahrens- und Formvorschriften

Da keine ermächtigungsbezogenen Verfahrens- und Formvorschriften ersichtlich sind,[485] kommt es lediglich auf die Anwendbarkeit des VwVfG an. Dafür ist maßgebend, ob die Anwendung der einfachen körperlichen Gewalt und des Hilfsmittels durch M. einen VA gemäß § 1 S. 1 SächsVwVfZG iVm § 35 S. 1 VwVfG darstellt. Dann müsste der Zwangsmitteleinsatz eine „Regelung" enthalten, dh, er muss auf eine Rechtsfolge gerichtet sein. Unabhängig davon, ob man diese sehr umstrittene Frage[486] bejaht oder verneint, so ist in jedem Fall die wichtigste und einzig sinnvoll zu prüfende Verfahrensvoraussetzung, die Anhörung gemäß § 28 Abs. 1 VwVfG, aufgrund des § 28 Abs. 2 Nr. 5 VwVfG vor der Durchführung des unmittelbaren Zwangs als Maßnahme der Verwaltungsvollstreckung (vgl. § 19 Abs. 2 Nr. 3 SächsVwVG) entbehrlich.

IV. Materielle Rechtmäßigkeit

1. Tatbestandsvoraussetzungen

Es müssten die Tatbestandsvoraussetzungen des § 2 SächsVwVG sowie die Wirksamkeit des Grund-VA vorliegen.

a) Grundverwaltungsakt, § 2, 1. Hs. SächsVwVG

Der Grund-VA iSv § 35 S. 1 VwVfG liegt hier in der Verfügung an P., stehen zu bleiben.

b) Vollstreckbarkeit

aa) Materielle Vollstreckbarkeit

Bei der Aufforderung, stehen zu bleiben, handelt es sich um eine „sonstige Handlung" iSv § 2, 1. Hs. SächsVwVG. Damit ist die materielle Vollstreckbarkeit gegeben.

bb) Formelle Vollstreckbarkeit

Weiterhin ist gemäß § 2, 2. Hs. SächsVwVG auch die formelle Vollstreckbarkeit erforderlich.

(1) Unanfechtbarkeit, § 2, 2. Hs. Nr. 1 SächsVwVG

---

485 Die Tatsache, dass das OLG Dresden (NJW 2001, 3643) die Androhung als „wesentliche Förmlichkeit" bezeichnet, ist den Merkmalen des § 113 StGB geschuldet und bedeutet nicht, dass die Androhung verwaltungsrechtlich in der formellen Rechtmäßigkeit zu erörtern wäre. Daher wird die Androhung hier in der materiellen Rechtmäßigkeit unter dem Prüfungspunkt „ordnungsgemäße Art und Weise der Vollstreckung" geprüft.
486 Vgl. die Nachweise bei Fall 11, Ausgangsfall, Ziffer III.

521 Eine Unanfechtbarkeit liegt auch hinsichtlich der mündlichen Aufforderung des M. aus den bereits oben (Fall 11 Ausgangsfall, IV. 1.) genannten Gründen nicht vor.

(2) Rechtsbehelf hat keine aufschiebende Wirkung, § 2, 2. Hs. Nr. 2 SächsVwVG

522 Gemäß § 2, 2. Hs. Nr. 2 SächsVwVG ist eine formelle Vollstreckbarkeit auch dann gegeben, wenn ein Rechtsbehelf gegen den Verwaltungsakt keine aufschiebende Wirkung gemäß § 80 Abs. 1 VwGO entfaltet. Nach § 80 Abs. 2 S. 1 Nr. 2 VwGO haben Rechtsbehelfe gegen die unaufschiebbaren Maßnahmen von Polizeivollzugsbeamten keine aufschiebende Wirkung.

523 Der Grundverwaltungsakt „bleiben Sie stehen" stellt eine unaufschiebbare Maßnahme des Polizeivollzugsdienstes dar, gegen die ein Widerspruch also kraft Gesetzes keine aufschiebende Wirkung entfaltet.

c) Wirksamkeit

524 Gemäß § 43 Abs. 1 S. 1 VwVfG wird der Verwaltungsakt mit seiner Bekanntgabe (§ 41 Abs. 1 VwVfG) an den Betroffenen wirksam. Mangels gegenteiliger Angaben im Sachverhalt ist davon auszugehen, dass P. die Aufforderung des M. akustisch wahrnehmen konnte. Mithin ist die Wirksamkeit der Grundverfügung gegeben.

d) Rechtmäßigkeit des Grundverwaltungsaktes

525 Da die Rechtmäßigkeit der Aufforderung an P. stehen zu bleiben, unterstellt werden soll, ist über die Frage, ob bzw. in welchen Konstellationen es auf eine Rechtmäßigkeit des Grundverwaltungsaktes ankommt, nicht zu entscheiden.

2. Ordnungsgemäße Art und Weise der Vollstreckung

a) Androhung

526 Gemäß § 41 Abs. 2 S. 1 SächsPVDG ist unmittelbarer Zwang vor seiner Anwendung anzudrohen. Vor dem Packen des Handgelenks, dem Umdrehen des Arms und dem Fesseln des P. hat M. gedroht, dass er im Falle einer Nichtbefolgung seiner Aufforderung unmittelbaren Zwang gegenüber P. anwenden werde. Die Androhung stellt gemäß § 35 S. 1 VwVfG einen Verwaltungsakt dar. Damit gilt für den Inhalt der Androhung auch das Bestimmtheitsgebot des § 37 Abs. 1 VwVfG.[487] Bestimmtheit bedeutet, dass aus dem Verwaltungsakt erkennbar sein muss, wer (erlassende Behörde), von wem (Adressat), was (Inhalt bzw. Rechtsfolge) verlangt.[488] Ob der schlichte Hinweis auf die Anwendung unmittelbaren Zwangs für die Bestimmtheit der Androhung ausreicht, ist umstritten.

aa) Restriktive Auffassung

527 Nach einer Auffassung in der Literatur[489] muss bei der Androhung unmittelbaren Zwangs die beabsichtigte Vollstreckungsmaßnahme so konkret angegeben werden, dass der Betroffene eine ungefähre Vorstellung davon hat, welche Maßnahme die Behörde ergreifen wird. Ansonsten

---

[487] § 37 Abs. 1 VwVfG ist nur zu prüfen, wenn hinsichtlich der Bestimmtheit Bedenken bestehen.
[488] Vgl. etwa VGH BW Urt. v. 10.1.2013 – Az.: 8 S 2919/11, Rn. 23 – juris; VG Aachen Beschl. v. 23.5.2008 – Az.: 6 L 194/08, Rn. 69 ff. – juris.
[489] Schoch, JuS 1995, 307 (311).

könne die Warn- und Beugefunktion nicht angemessen erfüllt werden. Zum Teil[490] wird eine solche Verpflichtung nur bei Hilfsmitteln, Waffen oder Schusswaffen wegen der höheren Intensität des Eingriffs in die körperliche Unversehrtheit angenommen.

Legt man diese Sichtweise zugrunde, so wäre im vorliegenden Fall die Androhung als unbestimmt iSv § 37 Abs. 1 VwVfG und damit als rechtswidrig zu bezeichnen. Damit wäre auch die gesamte Vollstreckungsmaßnahme rechtswidrig. 528

bb) Extensive Betrachtungsweise

Vorzugswürdig erscheint die Gegenauffassung,[491] die aus Praktikabilitätsgründen die ausdrückliche Bezeichnung eines bestimmten Mittels des unmittelbaren Zwangs nicht fordert. Worin der unmittelbare Zwang letztendlich bestehe, bestimme sich nach den Umständen des Einzelfalls. Ebenso wie bei der Androhung nach § 41 Abs. 2 S. 2 SächsPVDG als solcher kann auch die Bezeichnung des einzusetzenden Mittels des unmittelbaren Zwangs den Umständen entsprechend erfolgen oder unterlassen werden.[492] Das Verhalten des Pflichtigen wirke sich hinsichtlich der Bestimmung des erfolgversprechenden, aber auch am wenigsten beeinträchtigenden Mittels[493] entscheidend aus. Es könne sogar unzweckmäßig sein, dem Betroffenen die geplanten Maßnahmen in allen Einzelheiten vorher anzukündigen, weil er sich dann, wenn er ihnen nicht nachkommen oder gar Widerstand leisten wolle, auf sie einstellen, sie unterlaufen und vereiteln könne. Im Übrigen würde sich der PVD bei Androhung eines bestimmten Mittels des unmittelbaren Zwangs seines breiten Spektrums von Handlungsalternativen begeben. Die Wahl des konkreten Mittels iSv § 40 SächsPVDG hängt maßgeblich von der Reaktion des Bürgers auf den Grundverwaltungsakt ab. Ausnahmen habe der Gesetzgeber bezüglich des Schusswaffengebrauchs konkret im Gesetz geregelt. Es ist nicht von vornherein davon auszugehen, dass der Polizeivollzugsdienst ein unverhältnismäßiges Zwangsmittel anwenden wird.[494] Letztlich ist nur die Androhung eines Mittels des unmittelbaren Zwangs rechtlich möglich, das auch in rechtmäßiger Weise angewendet werden könnte.[495] P. ging entschlossen auf M. zu und holte zum Schlag aus. Da ein Ausweichen in der Enge der Wohnung nicht möglich und ein Zurückweichen im Hinblick auf den Zweck des Polizeieinsatzes nicht in Betracht kam, wusste M. im Zeitpunkt des Angriffs lediglich, dass er unmittelbaren Zwang anwenden würde. Ob es zu einer Fesselung kommen würde, konnte M. noch nicht absehen, so dass die konkrete Androhung einer Fesselung auch aus tatsächlichen Gründen unterbleiben konnte. 529

Mithin liegt eine ordnungsgemäße Androhung vor. 530

---

490 Vgl. *Kastner* in: Möstl/Trurnit, § 66 PolG BW Rn. 17; NdsOVG Urt. v. 28.10.2016 – Az.: 11 LB 209/15, Rn. 27 – juris.
491 BGH, MDR 1975, 1006 f.; OVG NRW, NWVBl. 1990, 426 (427); GewArch 1993, 70 (72); OVG Brandenburg, GewArch 2002, 28; VG Stuttgart Urt. v. 21.7.2015 – Az.: 5 K 5066/14, Rn. 69 – juris; *Brühl*, JuS 1997, 926 (930); tendenziell auch vgl. VG Chemnitz Urt. v. 6.5.2010 – Az.: 3 K 290/08, S. 15; BayVGH Beschl. v. 8.3.2012 – Az.: 10 C 12.141, Rn. 19 – juris.
492 Vgl. *Kastner* in: Möstl/Trurnit, § 66 PolG BW Rn. 16.
493 BGH, MDR 1975, 1006 f.
494 NdsOVG Urt. v. 28.10.2016 – Az.: 11 LB 209/15, Rn. 27 – juris, wobei das Gericht eine Ausnahme bei der schmerzhaften Nervendrucktechnik und Hilfsmitteln des unmittelbaren Zwangs macht. Der Grundsatz der Vorhersehbarkeit polizeilichen Handelns gebietet es, die bewusste Zufügung nicht unerheblicher Schmerzen gegenüber dem Betroffenen explizit anzudrohen.
495 *Elzermann*, SächsVBl. 2023, 126 (132).

b) Anwendung des unmittelbaren Zwangs

531 Gemäß § 41 Abs. 1 S. 1 SächsPVDG[496] darf unmittelbarer Zwang nur angewandt werden, wenn der polizeiliche Zweck auf andere Weise, das heißt durch Einsatz anderer Zwangsmittel nicht erreichbar erscheint. Diese Vorschrift stellt damit eine Konkretisierung des Grundsatzes der Erforderlichkeit (§ 5 Abs. 2 SächsPVDG bzw. § 19 Abs. 3 SächsVwVG) dar. Ein Zwangsgeld gemäß § 22 SächsVwVG scheidet im vorliegenden Fall aus, da es gemäß § 22 Abs. 2 SächsVwVG *schriftlich* festgesetzt werden muss. Eine Ersatzvornahme gemäß § 24 Abs. 1 S. 1 SächsVwVG setzt eine sog. *vertretbare Handlung* voraus, das heißt, eine Handlung, die auch durch Dritte wahrgenommen werden kann. Das Gebot, stehen zu bleiben kann nur durch den P. erreicht werden. Damit liegt eine unvertretbare Handlung vor.

532 Für die Fesselung des P. durch M. müsste die Anforderungen des § 42 SächsPVDG gegeben sein. § 42 SächsPVDG verlangt, dass der Betroffene nach dem SächsPVDG oder einem anderen Gesetz festgehalten wird und das Vorliegen eines Fesselungsgrundes. Hier erfolgten zuvor das Packen des P am Handgelenk und das Umdrehen des Arms. P wird mithin festgehalten. Ein Fesselungsgrund kann sich hier aus § 42 Nr. 1 SächsPVDG ergeben. Dann müssten Tatsachen die Annahme rechtfertigen, dass P. Polizeibedienstete angreift. Als P. die Beamten entdeckt, sagt er „Haut sofort ab oder ihr bekommt ein paar aufs Maul! Das Ganze hier geht euch gar nichts an!" Überdies geht er entschlossen auf die Beamten zu und holt trotz der Zwangsandrohung des M. zum Schlag gegen M. aus, so dass ein Kampf gleich beginnen wird. Damit liegt ein Angriff vor. Die Voraussetzungen für die Anwendung des Hilfsmittels der Fesselung sind mithin gegeben.

3. Adressat

533 P. bleibt Handlungsstörer nach § 6 Abs. 1 SächsPVDG.

4. Ermessen[497]

534 Vorliegend ist eine Reduzierung des Entschließungsermessens gegeben, da P. bereits zum Schlag gegen die Beamten ausholt, der eine Verletzung der körperlichen Unversehrtheit der Beamten verursacht hätte. Mit dem Einsatz einfacher körperlicher Gewalt und einem Hilfsmittel der körperlichen Gewalt hat M. von einer im Rahmen seines Auswahlermessens (§ 5 Abs. 2 SächsPVDG) möglichen Handlungsalternative Gebrauch gemacht.

5. Verhältnismäßigkeit[498]

535 Ferner müsste die Verfügung auch dem Grundsatz der Verhältnismäßigkeit, der im sächsischen Verwaltungsvollstreckungsrecht in §§ 5 Abs. 2 und 3, 41 Abs. 1 S. 1 und 3 SächsPVDG seinen Ausdruck gefunden hat, genügen.

---

496 § 41 Abs. 1 S. 2 SächsPVDG sollte nur dann dargestellt werden, wenn ein unmittelbarer Zwang gegen Sachen überhaupt in Betracht kommt. § 41 Abs. 1 S. 3 SächsPVDG betont explizit die Angemessenheit und weist auf einige Kriterien hin, die in der Abwägung in jedem Fall zu berücksichtigen sind. Eine Erörterung sollte dem gemäß am Ende der Prüfung erfolgen. § 41 Abs. 1 S. 4 SächsPVDG sollte nur für den Fall einer Menschenmenge geprüft werden. *Schnur*, Kriminalistik 2001, 606 (609) prüft § 41 Abs. 1 S. 1 und 3 SächsPVDG zusammengefasst im Rahmen der Erforderlichkeit.
497 Definitionen und allgemeine Grundsätze vgl. Fall 1 IV. 3.
498 Definitionen und allgemeine Grundsätze vgl. Fall 1 IV. 4.

Fall 12: „Die schlagfertigen Polizeibeamten"

a) Geeignetheit, § 5 Abs. 1 SächsPVDG

Das Packen am Handgelenk, das Umdrehen des Arms und die Fesselung waren geeignet, um den P. von körperlichen Attacken gegen die Polizeibeamten abzuhalten und die Erschwerung des weiteren Polizeieinsatzes zu verhindern.

536

b) Erforderlichkeit, § 5 Abs. 2 SächsPVDG

Wie bereits im Rahmen des § 41 Abs. 1 S. 1 SächsPVDG dargelegt, stellen Ersatzvornahme und Zwangsgeld keine gleich geeigneten Mittel zur Abwehr der og Gefahr dar. Da die einfache körperliche Gewalt das mildeste Mittel des unmittelbaren Zwangs und die Fesselung das mildeste Hilfsmittel des unmittelbaren Zwangs darstellen, ist die Erforderlichkeit (§ 3 Abs. 2 SächsPVDG) zu bejahen.[499]

537

c) Angemessenheit, § 5 Abs. 3 SächsPVDG

Die beim Grundrechtsträger eintretenden Nachteile müssten gemäß §§ 5 Abs. 3, 41 Abs. 1 S. 3 SächsPVDG schließlich nach Art und Maß in einem angemessenen Verhältnis zum mit der Vollstreckungsmaßnahme bezweckten Vorteil unter Berücksichtigung des Alters und des Zustands des Betroffenen stehen.

538

P. wird, wie bereits dargelegt, in seinem Grundrecht auf körperliche Unversehrtheit und Gesundheit, einem hochwertigen Rechtsgut, betroffen. Andererseits wollte P. selbst eine strafbare Handlung gegenüber den Polizeibeamten begehen und sie in den gleichen hochwertigen Rechtsgütern verletzen. Weiterhin wollte er die Fortdauer des Polizeieinsatzes in der Wohnung Betonstraße 24 vereiteln, so dass auch die Funktionsfähigkeit des Staates und seiner Einrichtungen betroffen wäre. Ohne die Anwendung einfacher körperlicher Gewalt und die anschließende Fesselung wären es dem Polizeivollzugsdienst auch nicht möglich, die gegenüber E. erfolgten Rechtsgutverletzungen zu beenden und in der Zukunft durch geeignete Maßnahmen zu verhindern. Die Angemessenheit ist daher zu bejahen.

539

V. Ergebnis

Die Zwangsanwendung durch M. war rechtmäßig.

540

Lösungsvorschlag zur Abwandlung Nr. 1

Androhung des M., im Falle einer Nichtbefolgung der Verfügung unmittelbaren Zwang anzuwenden

541

I. Vorprüfung

Die Androhung des M. greift in das Grundrecht des P. auf Freiheit der Person in Form einer Freiheitsbeschränkung gemäß Art. 2 Abs. 2 S. 2, 104 Abs. 1 GG ein (vgl. Definition Fall 1, Ziffer I.). P. wird hier nicht in einem umschlossenen Raum festgehalten und kann sich in diesem Stadium der Ereignisse sobald er sich wieder beruhigt hat und von körperlichen Angriffen auf die Beamten absieht, wieder von seinem Platz fortbewegen. Auch soll das Festhalten an diesem Platz nicht längerfristig (etwa länger als 1 Stunde) erfolgen. Damit liegt lediglich eine Freiheitsbeschränkung

542

---

[499] Der Einsatz von Reizstoff stellt im Vergleich zur Fesselung den deutlich intensiveren Eingriff in die körperliche Unversehrtheit des Störers dar.

vor.⁵⁰⁰ Die Aufforderung, stehen zu bleiben, stellt bereits einen Eingriff in dieses Grundrecht dar. Durch die dann folgende Zwangsandrohung verschärft sich der Grundrechtseingriff als solcher nicht, so dass sich nichts am betroffenen Grundrecht ändert.⁵⁰¹

II. Ermächtigungsgrundlage

543 Die Androhung des M. könnte auf § 39 Abs. 2 SächsPVDG iVm § 2 SächsVwVG iVm §§ 39 ff., 41 Abs. 2 S. 1 SächsPVDG beruhen.

III. Formelle Rechtmäßigkeit

1. Polizeiliche Aufgabe und sachliche Zuständigkeit

544 Die polizeiliche Aufgabe richtet sich nach § 2 Abs. 1 S. 3 SächsPVDG (s. o. Ausgangsfall III. 1.). Zum „unmittelbaren Zwang nach den Vorschriften dieses Gesetzes" iSv § 39 Abs. 1 SächsPVDG gehört auch die Androhung nach § 41 Abs. 2 S. 1 SächsPVDG, so dass sich die sachliche Zuständigkeit des M. weiterhin aus § 39 Abs. 1 SächsPVDG ergibt.

2. Verfahrens- und Formvorschriften

545 Mangels spezieller ermächtigungsbezogener Bestimmungen ist maßgebend, ob das VwVfG anwendbar ist. Die Androhung stellt einen VA gemäß § 1 S. 1 SächsVwVfZG iVm § 35 S. 1 VwVfG dar (s. o. Ausgangsfall IV. 2. a.). Sie ist weiterhin eine Maßnahme im Rahmen der Verwaltungsvollstreckung, so dass eine Anhörung gemäß § 28 Abs. 2 Nr. 5 VwVfG entbehrlich ist.

IV. Materielle Rechtmäßigkeit

1. Tatbestandsvoraussetzungen

546 Auch im Hinblick auf die Androhung des unmittelbaren Zwangs müssen alle Voraussetzungen des § 2 SächsVwVG bezüglich des Grundverwaltungsaktes sowie die Wirksamkeit dieser Verfügung vorliegen. Wie oben im Ausgangsfall (IV. 1.) bereits geprüft, liegen alle Voraussetzungen vor.

2. Ordnungsgemäße Art und Weise der Vollstreckung

547 Eine ordnungsgemäße Androhung des unmittelbaren Zwangs ist mit dem Ausruf „... oder wir wenden unmittelbaren Zwang an" erfolgt. Es darf inhaltlich nur ein Zwangsmittel angedroht werden, das auch zu diesem Zeitpunkt rechtmäßigerweise angewendet werden dürfte.⁵⁰² Ansonsten könnte die Polizei zur Erzwingung einer Handlung stets die eingriffsintensivsten Zwangsmittel androhen, um mit hoher Wahrscheinlichkeit eine Umsetzung der im Grund-VA postulierten Rechtsfolge zu erreichen. Mithin müssen bereits im Zeitpunkt der Androhung die Voraussetzungen für die Anwendung des unmittelbaren Zwangs durch den Polizeibeamten

---

500 Bei entsprechender Argumentation ist auch ein Eingriff in Art. 2 Abs. 1 GG vertretbar.
501 Ein Eingriff in die körperliche Unversehrtheit aus Art. 2 Abs. 2 S. 1 GG liegt noch nicht vor, da es noch nicht zu einer körperlichen Beeinträchtigung gekommen ist. Zwar darf, wie später (IV. 2.) noch darzustellen ist, nur etwas angedroht werden, was auch in rechtmäßiger Weise angewendet werden kann. Dies bezieht sich jedoch nur auf die materiellen Voraussetzungen der Zwangsanwendung, nicht auf den Grundrechtseingriff. Auch eine Grundrechtsgefährdung ist hier nicht anzunehmen. Eine solche kann allenfalls dann bejaht werden, wenn etwa im Falle eines Schusswaffengebrauchs, das Geschoss nur knapp den Betroffenen verfehlt.
502 OLG München Urt. v. 4.11.1999 – Az.: 1 U 3845/99, Rn. 57 – juris; *König/Gnant*, Rn. 692.

Fall 12: „Die schlagfertigen Polizeibeamten"

geprüft und ihr Vorliegen bejaht werden,[503] so dass hier § 41 Abs. 1 und § 42 SächsPVDG zu prüfen sind. Wie bereits oben im Ausgangsfall (IV. 2. b.) dargelegt, liegen die Voraussetzungen der §§ 41 Abs. 1, 42 SächsPVDG vor.

3. Weitere Rechtmäßigkeitsvoraussetzungen

Auch die weiteren Rechtmäßigkeitsvoraussetzungen (Adressat, Ermessen und Verhältnismäßigkeit) richten sich nach den bereits im Ausgangsfall (IV. 3.-5.) gemachten Ausführungen.

V. Ergebnis

Die Zwangsandrohung durch F. war rechtmäßig.

Lösungsvorschlag zur Abwandlung Nr. 2
Rechtmäßigkeit des Faustschlags des M.

I. Vorprüfung

Der Faustschlag des M. greift in das Grundrecht des P. auf körperliche Unversehrtheit gemäß Art. 2 Abs. 2 S. 1 GG ein.

II. Ermächtigungsgrundlage

Als Ermächtigungsgrundlage für den Faustschlag des M. im verkürzten Verfahren kommen § 12 Abs. 1 iVm § 8 Abs. 1 iVm §§ 39 ff. SächsPVDG[504] in Betracht.

III. Formelle Rechtmäßigkeit

Es müssten die formellen Voraussetzungen für die Zwangsanwendung gegeben sein.

1. Polizeiliche Aufgabe und sachliche Zuständigkeit

Die körperliche Gewaltausübung durch M. stellt ein Zwangsmittel des unmittelbaren Zwangs gemäß § 40 Abs. 2 SächsPVDG dar, so dass sich die sachliche Zuständigkeit zum Einsatz dieses Mittels aus 39 Abs. 1 SächsPVDG ergibt. Die polizeiliche Aufgabe ergibt sich aus § 2 Abs. 1 S. 3 SächsPVDG, da hier wiederum Körperverletzungen durch P. gemäß § 223 Abs. 1 StGB verhindert werden sollen.

2. Verfahrens- und Formvorschriften

Da keine ermächtigungsbezogenen Verfahrens- und Formvorschriften ersichtlich sind, kommt lediglich die Anwendung des VwVfG in Betracht. Dafür ist maßgebend, ob die Anwendung der einfachen körperlichen Gewalt durch M. einen VA gemäß § 1 S. 1 SächsVwVfZG iVm § 35 S. 1 VwVfG darstellt. Unabhängig davon, ob man diese sehr umstrittene Frage bejaht oder verneint, so ist in jedem Fall die wichtigste und einzig sinnvoll zu prüfende Verfahrensvoraussetzung, die

---

[503] OLG München, aaO, Rn. 57; *Ogorek* in: Möstl/Kugelmann, § 56 PolG NRW Rn. 3.
[504] Die §§ 39–41 SächsPVDG erfüllen nicht die Anforderungen an eine Ermächtigungsgrundlage, da es an einem Tatbestand und/oder an einer Rechtsfolge fehlt (vgl. *Elzermann*, SächsVBl. 2023, 126 (130)).

Anhörung gemäß § 28 Abs. 1 VwVfG, aufgrund des § 28 Abs. 2 Nr. 5 VwVfG als Maßnahme der Verwaltungsvollstreckung entbehrlich.[505]

IV. Materielle Rechtmäßigkeit

1. Tatbestandsvoraussetzungen des § 12 Abs. 1 SächsPVDG

555   Der Tatbestand des § 12 Abs. 1 SächsPVDG setzt eine Gefahr für die öffentliche Sicherheit voraus (vgl. § 4 Nr. 1 und 3a SächsPVDG).

a) Öffentliche Sicherheit

556   Der Angriff des P. auf M. tangiert die Individualrechtsgüter des M. aus Art. 2 Abs. 2 S. 1 GG und betrifft die §§ 223, 240, 22 StGB.

b) Gefahr

557   Laut Sachverhalt ist nicht exakt feststellbar, ob M. bereits in seiner körperlichen Unversehrtheit betroffen ist, jedoch erfüllt der Angriff des P. zumindest den Tatbestand einer versuchten Körperverletzung bzw. Nötigung gemäß §§ 223, 240, 22 StGB. Damit liegt eine Störung der öffentlichen Sicherheit vor, die erst recht unter den Gefahrenbegriff des § 12 Abs. 1 SächsPVDG fällt. Ferner könnte es jede Sekunde zu einer tatsächlichen Verletzung der Rechtsgüter aus Art. 2 Abs. 2 S. 1 GG kommen, da sich P. laut Sachverhalt bereits auf M. „stürzt". Eine hinreichende Wahrscheinlichkeit der Verletzung der Rechtsgüter aus Art. 2 Abs. 2 S. 1 GG und der Vollendung des § 223 Abs. 1 StGB ist mithin zu bejahen.

2. Ordnungsgemäße Art und Weise der Vollstreckung

558   Gemäß § 41 Abs. 1 S. 1 SächsPVDG darf unmittelbarer Zwang nur angewandt werden, wenn der polizeiliche Zweck auf andere Weise, das heißt durch Einsatz anderer Zwangsmittel nicht erreichbar erscheint. Zwangsgeld und Ersatzvornahme scheiden mangels eines gestreckten Verfahrens aus. Andere Zwangsmittel existieren nicht.

3. Adressat

559   Der unmittelbare Zwang wurde gegenüber P. als Verhaltensstörer nach § 6 Abs. 1 SächsPVDG ausgeübt. Weiterhin dürfte gemäß § 8 Abs. 1 SächsPVDG der Zweck der Maßnahme nicht durch Inanspruchnahme des Verantwortlichen P. durch einen dem Zwang vorangehenden Grund-VA als milderem Mittel erreichbar sein.[506] Laut Sachverhalt greift P. die Beamten ohne Vorwarnung an, so dass M. nicht genügend Zeit bleibt, einen Grundverwaltungsakt an P. zu erlassen. Anderenfalls wäre eine Verletzung der körperlichen Unversehrtheit der Beamten sehr wahrscheinlich und das Delikt der Körperverletzung gemäß § 223 Abs. 1 StGB wäre dann

---

505 Vgl. die Nachweise bei Fall 11, Ausgangsfall, Ziffer III.
506 § 8 Abs. 1 SächsPVDG beinhaltet die einzige gesetzlich normierte Möglichkeit in Sachsen, eine Gefahrenabwehrmaßnahme ggf. auch zwangsweise ohne Grund-VA durchzuführen. Die unmittelbare Ausführung ist nicht auf vertretbare Handlungen beschränkt und füllt damit die Lücke, die das Fehlen des „sofortigen Vollzuges" hinterlässt *Kastner* in: Möstl/Trurnit, § 8 PolG BW Rn. 2, 15 mwN; VG Karlsruhe Urt. v. 20.10.2011 – Az.: 9 K 2215/10, Rn. 23 – juris spricht von einem „verkürzten Vollstreckungsverfahren"; aA *Weber* (VR 2004, 181 [194]), der eine Maßnahme sui generis annimmt, wobei die rechtlichen Voraussetzungen analog des sofortigen Vollzuges vorliegen müssten.

vollendet. Ein fiktiver Grund-VA mit dem Inhalt „Bleiben Sie stehen!" wäre nach § 12 Abs. 1 SächsPVDG rechtmäßig gewesen.

4. Ermessen[507]

Eine Reduzierung des Entschließungsermessens ist wegen des bereits stattfindenden bzw. zumindest unmittelbar bevorstehenden Angriffs des P. auf die Beamten gegeben. Mit dem Einsatz einfacher körperlicher Gewalt hat M. im Rahmen des Auswahlermessens von einer möglichen Handlungsalternative Gebrauch gemacht.

5. Verhältnismäßigkeit[508]

Ferner müsste die Verfügung auch dem Grundsatz der Verhältnismäßigkeit (§§ 5 Abs. 2 und 3, 41 Abs. 1 S. 3 SächsPVDG) genügen.

a) Geeignetheit, § 5 Abs. 1 SächsPVDG

Der Faustschlag war geeignet, P. von weiteren körperlichen Attacken gegen die Polizeibeamten abzuhalten und die Erschwerung des weiteren Polizeieinsatzes zu verhindern.

b) Erforderlichkeit, § 5 Abs. 2 SächsPVDG

Wie bereits im Rahmen des § 41 Abs. 1 S. 1 SächsPVDG dargelegt, stellen Ersatzvornahme und Zwangsgeld keine gleich geeigneten Mittel zur Abwehr der og Gefahr dar. Da die einfache körperliche Gewalt das mildeste Mittel des unmittelbaren Zwangs darstellt, ist die Erforderlichkeit gemäß § 5 Abs. 2 SächsPVDG zu bejahen.

c) Angemessenheit, § 5 Abs. 3 SächsPVDG

P. wird, wie bereits dargelegt (s. o. I.), in seinem Grundrecht auf körperliche Unversehrtheit und Gesundheit, einem hochwertigen Grundrecht, betroffen. Andererseits hat P. bereits eine strafbare Handlung begangen und wollte diese gegenüber den Polizeibeamten noch vollenden und sie damit in den gleichen hochwertigen Rechtsgütern verletzen. Weiterhin wollte er die Fortdauer des Polizeieinsatzes in der Wohnung Betonstraße 24 vereiteln, so dass auch die Funktionsfähigkeit des Staates und seiner Einrichtungen betroffen ist. Die dringend notwendigen Maßnahmen zum Opferschutz könnten die Beamten dann nicht mehr durchführen. Die Angemessenheit gemäß §§ 5 Abs. 3, 41 Abs. 1 S. 3 SächsPVDG ist daher zu bejahen.

V. Ergebnis

Die Zwangsanwendung durch M. war rechtmäßig.

---

507 Definitionen und allgemeine Grundsätze vgl. Fall 1, B.IV.3.
508 Definitionen und allgemeine Grundsätze vgl. Fall 1, B.IV.4.

Fall 13: „Hooliganrandale in Sachsenstadt"

Sachverhalt

Am Einsatztag, einem Sonntag um 14.00 Uhr, findet im Sachsenstadion in Sachsenstadt das Regionalligafußballspiel des Sachsenstädter SC gegen den 1. FC Sachsenstadt statt. In den vergangenen Jahren kam es anlässlich dieses Lokalderbys immer wieder zu Massenschlägereien zwischen Fans der beiden Fußballklubs untereinander bzw. mit den Ordnungskräften des Veranstalters und dem Polizeivollzugsdienst. Die Auseinandersetzungen dauerten meist bis in die Abendstunden.

Während der Halbzeitpause verlassen 80 Fans der „Kategorie C" vom 1. FC Sachsenstadt ihren Block und begeben sich zum Eingang Parkstraße, um dort an den Verkaufsständen einige Biere zu sich zu nehmen. Am Eingang Parkstraße befinden sich 20 Ordnungskräfte des Veranstalters, die sofort von den 80 Fans körperlich angegriffen werden. Sie flüchten daraufhin in Richtung Hartplatz. Dort angekommen werden sie von den 80 Fans gestellt. Es beginnt eine heftige Schlägerei, in deren Verlauf die meisten Ordner ziemlich bald verletzt und stark blutend am Boden liegen, wobei sie weiterhin heftig getreten werden. Die Situation ist im Übrigen unübersichtlich. In diesem Moment erscheinen etwa 50 Polizeibeamte der örtlich zuständigen Bereitschaftspolizei Sachsenstadt und setzen sofort große Mengen Reizstoff ein, um die Schlägerei zu unterbinden. Die überraschten Fans flüchten zurück in ihren Fanblock und die Ordner bleiben verletzt am Boden liegen. Der Reizstoffeinsatz führt zwar zu momentanen Reizerscheinungen im Augen-, Nasen- und Mundbereich bei allen Akteuren, hinterlässt aber keine dauerhaften Verletzungen.

Um 16 Uhr ist das Spiel zu Ende und der allgemeine Abgang der Zuschauer beginnt. Im Bereich der Hauptallee, die sich außerhalb des umzäunten Stadionbereichs befindet, bewegen sich die noch verfügbaren 6 Polizeireiter zu ihrem Bereitstellungsraum im sog. „großen Garten" mit großen Busch- und Baumgruppen und -reihen, durch den die Hauptallee führt, um dort auf weitere Einsatzbefehle zu warten. Im Bereich der Busch- und Baumgruppen haben sich 200 vermummte gewalttätige Hooligans konzentriert und warten auf die stets auf diesem Weg von der Polizei zum Bahnhof zurückbegleiteten Gästefans. Sie greifen die Reiter so massiv an, dass diese nicht in der Lage sind, polizeiliche Maßnahmen zu treffen. Als etwa 150 Polizeibeamte der Bereitschaftspolizei Sachsenstadt zur Unterstützung herbeieilen, werden diese wiederum von mehr als 1000 zum größten Teil bewaffneten „B- und C-Fans" angegriffen. Aufgrund der Übermacht der Hooligans werden die Polizeikräfte gezwungen, sich in den Stadionbereich zurückzuziehen.

Eine Gruppe von 14 Polizeibeamten wird im allgemeinen Chaos von ihren Kollegen abgeschnitten und flüchtet in eine Seitenstraße. Diese erweist sich aufgrund einer Baumaßnahme jedoch als Sackgasse. PK Fleißig (F.) und die anderen Beamten drehen sich um und blicken in Richtung der bereits herannahenden mindestens 100 Hooligans. Es gibt keinen Ausweg. Die Beamten nehmen ihre Schusswaffen aus den Holstern und halten sie mit der Mündung auf den Boden gerichtet in der Hand. Als die Fans bis auf 30 Meter herangekommen sind, brüllt F. laut und vernehmlich: „Stehen bleiben!" und gibt einen Schuss aus seiner Dienstpistole in die Luft ab. Die Waffen der anderen Beamten sind mit ihren Mündungen jetzt auf Hooligans gerichtet. Die Hooligans bleiben erschrocken stehen und ziehen sich dann allmählich zurück.

Aufgabe:
Prüfen Sie die Rechtmäßigkeit der polizeilichen Maßnahmen. Von der Rechtmäßigkeit der Aufforderung durch F. an die 100 Hooligans ist dabei auszugehen.

Lösungsvorschlag zum Fall 13: „Hooliganrandale in Sachsenstadt"
A. Rechtmäßigkeit des Reizstoffeinsatzes gegenüber allen Beteiligten
I. Vorprüfung

Der Reizstoffeinsatz könnte in die Grundrechte der Fans und der Ordner auf körperliche Unversehrtheit und Gesundheit gemäß Art. 2 Abs. 2 S. 1 GG, Art. 16 Abs. 1 S. 1 SächsVerf eingreifen (vgl. Definition Fall 12, Ausgangsfall Ziffer I.). Der Reizstoff wirkt zwar nur vorübergehend, erzeugt jedoch im Moment der Anwendung ein schmerzhaftes Brennen in Augen, Mund und Nase und führt zu kurzzeitigen Atembeschwerden. Auch die Fans, die in den Block flüchten, werden von den Wirkungen des Reizstoffes tangiert, so dass ein Eingriff in Art. 2 Abs. 2 S. 1 GG vorliegt.

II. Ermächtigungsgrundlage

Als Ermächtigungsgrundlage für den Reizstoffeinsatz im verkürzten Verfahren kommen § 12 Abs. 1 iVm § 8 Abs. 1 iVm §§ 39 ff. SächsPVDG in Betracht.

III. Formelle Rechtmäßigkeit

Es müssten die formellen Voraussetzungen für die Zwangsanwendung gegeben sein.

1. Polizeiliche Aufgabe und sachliche Zuständigkeit

Die Anwendung des Reizstoffes als Hilfsmittel der körperlichen Gewalt stellt ein Zwangsmittel des unmittelbaren Zwangs gemäß § 40 Abs. 3 SächsPVDG dar, so dass sich die originäre sachliche Zuständigkeit des Polizeivollzugsdienstes zum Einsatz dieses Mittels aus § 39 Abs. 1 SächsPVDG ergibt. Die polizeiliche Aufgabe bestimmt sich nach § 2 Abs. 1 S. 3 SächsPVDG, da es Straftaten nach den §§ 125 Abs. 1 Nr. 1, 125a S. 2 Nr. 3, 223 Abs. 1, 224 Abs. 1 Nr. 2, 2. Alt., Nr. 4, Nr. 5 StGB zu verhindern oder zu unterbrechen gilt bzw. daneben § 2 Abs. 1 S. 2 SächsPVDG, weil insbesondere die Individualrechtsgüter der Ordner aus Art. 2 Abs. 2 S. 1 GG zu schützen sind.

2. Verfahrens- und Formvorschriften

Zu klären ist allein, ob die Anwendung des Reizstoffes durch den PVD einen VA in Form einer Allgemeinverfügung gemäß § 1 S. 1 SächsVwVfZG iVm § 35 S. 2, 1. Alt. VwVfG darstellt, insbesondere, ob der Regelungscharakter gegeben ist. Unabhängig davon, ob man diese sehr umstrittene Frage bejaht oder verneint, so ist in jedem Fall die wichtigste und einzig sinnvoll zu prüfende Verfahrensvoraussetzung, die Anhörung gemäß § 28 Abs. 1 VwVfG, aufgrund des § 28 Abs. 2 Nr. 5 VwVfG beim unmittelbaren Zwang als Maßnahme der Verwaltungsvollstreckung entbehrlich.

IV. Materielle Rechtmäßigkeit
1. Tatbestandsvoraussetzungen

Der Tatbestand des § 12 Abs. 1 SächsPVDG setzt eine Gefahr (§ 4 Nr. 3 a) SächsPVDG) für die öffentliche Sicherheit (§ 4 Nr. 1 SächsPVDG) voraus.

a) Öffentliche Sicherheit

572 Der körperliche Angriff der Fans auf die Ordner tangiert die Individualrechtsgüter der Ordner aus Art. 2 Abs. 2 S. 1 GG und betrifft die Rechtsordnung in Form der §§ 125 Abs. 1 Nr. 1, 125a S. 2 Nr. 3, 223, 224 Abs. 1 Nr. 2, 4, 5 StGB.

b) Gefahr

573 Laut Sachverhalt liegen schon einige Ordner blutend am Boden, so dass bereits eine Störung der öffentlichen Sicherheit in Form des Verstoßes gegen geschriebenes Recht (§§ 125 Abs. 1 Nr. 1, 125a, 223, 224 Abs. 1 Nr. 2 StGB) vorliegt, die erst recht unter den Gefahrenbegriff des § 4 Nr. 3 a) SächsPVDG zu subsumieren ist. Für weitere schwere Körperverletzungen (§ 226 StGB) oder Körperverletzungen mit Todesfolge (§ 227 StGB) besteht angesichts des Kräfteverhältnisses, das eine deutliche Unterlegenheit der Ordner erkennen lässt (20 Ordner gegenüber 80 Störern), und der Tatsache, dass die wehrlos am Boden liegenden Ordner weiter getreten und geschlagen werden, eine hinreichende Wahrscheinlichkeit. Eine Gefahr iSv § 4 Nr. 3 a) SächsPVDG ist mithin gegeben.

2. Ordnungsgemäße Art und Weise der Vollstreckung

a) § 41 Abs. 1 S. 1 SächsPVDG

574 Gemäß § 41 Abs. 1 S. 1 SächsPVDG darf unmittelbarer Zwang nur angewandt werden, wenn der polizeiliche Zweck auf andere Weise, dh durch Einsatz anderer Zwangsmittel, nicht erreichbar erscheint. Zwangsgeld und Ersatzvornahme scheiden mangels Vorliegens eines Grundverwaltungsakts aus. Im Übrigen liegt in dem Unterlassen der Körperverletzungen gegenüber den Ordnern keine vertretbare Handlung. Eine gewöhnliche unmittelbare Ausführung gemäß § 12 Abs. 1 iVm § 8 Abs. 1 SächsPVDG scheidet aus, da eine Zwangsausübung gegen Sachen die og Gefahr bzw. Störung nicht beseitigt.

b) § 41 Abs. 1 S. 4 SächsPVDG

575 Gemäß § 41 Abs. 1 S. 4 SächsPVDG darf unmittelbarer Zwang gegenüber einer Menschenmenge nur angewandt werden, wenn seine Anwendung gegen einzelne Teilnehmer keinen Erfolg verspricht. Eine Menschenmenge ist eine räumlich vereinigte Vielzahl von Menschen, dh eine so große Personenmehrheit, dass ihre Zahl nicht sofort überschaubar ist und bei der es für den äußeren Eindruck auf das Hinzukommen oder Weggehen eines Einzelnen nicht ankommt.[509] Jeder Einzelne ist nicht mehr in der Lage, mit jeder anderen Person in der Gruppe in unmittelbare Kommunikation zu treten.[510]

576 Die hier in die Schlägerei involvierten insgesamt 100 Personen sind nicht zahlenmäßig von vornherein überschaubar, selbst wenn einzelne Personen hinzukommen oder die Gruppe verlassen, und eine Kommunikationsmöglichkeit zwischen allen Beteiligten untereinander ist ebenfalls nicht gegeben. Damit liegt jedenfalls schon eine Menschenmenge vor.

---

[509] Vgl. BR-Drs. 39/17 vom 18.1.2017, S. 23 zu § 21b Abs. 1 Nr. 2 LuftVO; *Kastner* in: Möstl/Trurnit, § 68 PolG BW Rn. 49 mwN, der sich an Kriterien des BGH bezüglich des Begriffs der „Menschenmenge" im Rahmen des objektiven Tatbestands des § 125 StGB orientiert. In seiner Leitentscheidung geht der BGH (BGHSt 33, 306 (308) davon aus, dass eine Ansammlung von 15—20 Personen eine Menschenmenge darstellt. Dies stellt indes keine verbindliche Untergrenze dar. Im Falle einer auf räumliche Enge zurückzuführenden Unübersichtlichkeit kann eine Zahl von 10 Personen schon ausreichen (vgl. BGH Urt. v. 31.5.1994 – Az.: 5 StR 154/94, Rn. 20 – juris). BR-Drs. aaO, S. 23: ab 12 Personen.
[510] *Fischer*, § 124 Rn. 4.

Weiterhin dürfte ein Vorgehen gegen Einzelpersonen nicht möglich bzw. effektiv sein. Die 577
Fans und die Ordner befinden sich hier in einer unübersichtlichen Schlägerei, wobei lediglich
aufgrund der Neonjacken zu erkennen ist, dass die meisten Ordner bereits am Boden liegen. In
einer derartigen Situation ist es dem PVD unmöglich, die Parteien wirkungsvoll voneinander
zu trennen, ohne weitere gravierende Verletzungen bei Ordnern hervorzurufen. Weiterhin ist
zu berücksichtigen, dass es sich hier lediglich um 50 Polizeibeamte handelt, die die Schlägerei
unterbinden müssten, so dass eine effektive Störungs- bzw. Gefahrbeseitigung nicht garantiert
werden kann. Letztlich gibt es keine Anhaltspunkte im Sachverhalt, die auf Leitfiguren innerhalb
der Störergruppe schließen lassen. Ein Vorgehen gegen einzelne Personen der Fangruppe war
somit faktisch nicht möglich.

3. Adressat

Vom Einsatz des Reizstoffes sind im vorliegenden Fall sowohl die Fans, als auch die Ordner 578
betroffen. Dennoch erscheint in der Adressatenprüfung eine Differenzierung geboten.

a) Vorgehen gegen die Fans

In der Menschenmenge befinden sich störende Fans, gegen die der Reizstoff als Handlungs- 579
verantwortliche i. S. v. § 6 Abs. 1 SächsPVDG eingesetzt wird, da sie durch ihren Angriff auf
die Ordner die o. g. Störung der öffentlichen Sicherheit verursachen. Zudem müssten die
Voraussetzungen des § 8 Abs. 1 SächsPVDG im Hinblick auf den Verzicht auf Erlass eines
Grund-VA vorgelegen haben. Ein im Vergleich zum sofortigen Einsatz des unmittelbaren Zwangs
milderer Grund-VA hätte zuvor gegenüber den 80 Fans nicht erlassen werden können. Laut
Sachverhalt ist die Schlägerei zwischen Fans und Ordnern unübersichtlich. Erkennbar sind
lediglich die zumeist am Boden liegenden, verletzten und stark blutenden Ordner. Da diese
weiterhin heftig getreten werden, lässt die Situation den Beamten nicht genügend Zeit, um
einen Grund-VA an die Fans zu erlassen. Anderenfalls wären fortschreitende gravierende
Verletzungen der körperlichen Unversehrtheit der Ordner angesichts des brutalen Vorgehens
sehr wahrscheinlich. Schließlich ist zu bedenken, dass sich die Beamten zahlenmäßig in
der Minderheit befinden (50 Polizeibeamte gegenüber 80 Störern) und mit dem sofortigen
Reizstoffeinsatz der Verwirrungs- und Überraschungseffekt ausgenutzt werden soll. Ein fiktiver
Grund-VA mit dem Inhalt „Unterlassen Sie die Körperverletzungen gegenüber den Ordnern!"
wäre nach § 12 Abs. 1 SächsPVDG rechtmäßig gewesen.

b) Vorgehen gegen die Ordner

Der Reizstoffeinsatz gegen die Ordner stellt sich rechtlich nicht als Vorgehen gegen Handlungs- 580
störer nach § 6 Abs. 1 SächsPVDG dar, weil die Ordner keinen Verursachungsbeitrag im Hinblick
auf die og Gefahr bzw. Störung geleistet haben. Ihre „Beteiligung" an der Schlägerei ist auf die
Abwehr von Schlägen und Tritten durch die 80 Fans beschränkt. Ein Verstoß gegen Strafnormen
seitens der Ordner (zB § 231 StGB) kommt schon mangels Vorsatz nicht in Betracht. Im Übrigen
sind die 80 Fans diejenigen, gegen die sich eine Verfügung des PVD ausschließlich hätte richten
müssen, wenn sie hätte erlassen werden können. Die Ordner sind Opfer der Straftaten der Fans
und wollten einer körperlichen Auseinandersetzung ohnehin aus dem Weg gehen. Mithin kommt
nur die Anwendung des § 9 Abs. 1 SächsPVDG in Betracht.

aa) „Gegenwärtige Gefahr"

Wie oben dargelegt, liegt bereits eine Störung der Rechtsgüter aus Art. 2 Abs. 2 S. 1 GG und der 581
Rechtsordnung in Form der og Straftaten vor. Es könnte weiterhin eine gegenwärtige Gefahr iSv

§ 4 Nr. 3 b) SächsPVDG vorliegen. Eine weitere Intensivierung der Rechtsgutsverletzungen in Richtung §§ 226, 227 StGB ist aufgrund der Tatsache, dass die Ordner am Boden liegen und weiterhin verletzt werden in allernächster Zukunft mit an Sicherheit grenzender Wahrscheinlichkeit zu erwarten.

bb) Maßnahme gegen die Verantwortlichen nach § 6 SächsPVDG nicht oder nicht rechtzeitig möglich oder nicht erfolgversprechend

582 Fraglich ist, ob isolierte polizeiliche Maßnahmen gegen die 80 Fans als Handlungsstörer nach § 6 Abs. 1 SächsPVDG ohne Beeinträchtigung der Rechtsgüter der Ordner als Nichtverantwortliche möglich sind. Dabei wird zunächst auf die Ausführungen zu § 41 Abs. 1 S. 4 SächsPVDG verwiesen. Den herannahenden Polizeibeamten präsentiert sich eine unübersichtliche Situation. Das Einzige, was sie mit Sicherheit feststellen können ist, dass die Ordner mit ihrer Neonbekleidung in dieser Auseinandersetzung unterliegen und bereits verletzt sind. Ihr polizeiliches Ziel muss es sein, die körperlichen Auseinandersetzungen zu unterbinden und damit eine weitere Verletzung der Rechtsgüter der Unbeteiligten aus Art. 2 Abs. 2 S. 1 GG zu verhindern. Mit dem Einsatz des Reizstoffes führt der Polizeivollzugsdienst auch bei den Ordnern eine negative Veränderung ihres Gesundheitszustandes herbei. Das Brennen im Bereich der Augen, der Nase und des Mundes sowie die Atemnot sind jedoch nur von vorübergehender Natur. Sie klingt schnell wieder ab. Durch die fortlaufenden Tritte der Fans werden die Ordner höchstwahrscheinlich in einem erheblicheren Maße verletzt. Der Heilungsprozess solcher Verletzungen (zB starke Prellungen, Stauchungen, Knochenbrüche, usw.) dauert wesentlich länger, als das Abklingen der Auswirkungen des Reizstoffes. Es könnten sogar Verletzungen hervorgerufen werden, die nicht mehr reparabel sind, etwa Verletzungen der Augen, Ohren, der Nase oder der Genitalien.

583 Ein Schlagstockeinsatz birgt hier das Risiko, dass die Polizeibeamten angesichts ihrer zahlenmäßigen Unterlegenheit zu einer effektiven und schnellen Gefahrenabwehr nicht in der Lage sind.

cc) Keine Gefahrenabwehr durch Polizei selbst oder beauftragte Dritte

584 Wie bereits dargelegt, reichen die eigenen Handlungsmöglichkeiten des PVD nicht aus, um die andauernde Störung der öffentlichen Sicherheit mittels ausschließlicher Inanspruchnahme der 80 Fans zu beseitigen. Zudem liegt keine vertretbare Handlung vor, so dass ein Tätigwerden von beauftragten Dritten ausscheidet.

dd) Inanspruchnahme ohne erhebliche eigene Gefährdung und ohne Verletzung höherwertiger Pflichten

585 Durch den Reizstoffeinsatz als Distanzhilfsmittel des unmittelbaren Zwangs werden aus den oben genannten Gründen die Rechtsgüter der Polizisten aus Art. 2 Abs. 2 S. 1 GG größtmöglich geschont. Gleiches gilt für die Rechtsgüter der Ordner, so dass eine Verletzung höherwertiger Pflichten nicht zu besorgen ist.

586 Mithin liegen die Voraussetzungen des § 9 Abs. 1 SächsPVDG bei der Anwendung des Reizstoffes (auch) gegenüber den Ordnern vor.

4. Ermessen[511]

a) Entschließungsermessen

Im Rahmen ihres Entschließungsermessens kommt eine Ermessensreduzierung auf Null in Betracht.

Bei den Rechtsgütern aus Art. 2 Abs. 2 S. 1 GG der Ordner, die hier auch erheblich betroffen sind, handelt es sich um bedeutsame Rechtsgüter. Die Intensität der Rechtsgutsgefährdung ist sehr hoch, da bereits Körperverletzungen erfolgt sind, viele Ordner am Boden liegen und sich nicht mehr wehren können und die Fans sie weiter heftig treten. Die mit dem Eingreifen verbundenen Risiken sind angesichts der Vermischung von Störern und Unbeteiligten nicht unerheblich. Weiterhin ist zu berücksichtigen, dass die Beamten sich personell in Unterzahl befinden und somit eine nicht unerhebliche Verletzung ihrer Rechtsgüter durch eine körperliche Auseinandersetzung mit den Störern nicht ausgeschlossen ist. Für derartige Fälle steht dem Polizeivollzugsdienst jedoch gerade der Reizstoff zur Verfügung. Damit wird der Gegner in seiner körperlichen Durchsetzungsfähigkeit geschwächt und das ungünstige Kräfteverhältnis zugunsten des Polizeivollzugsdienstes ausgeglichen. Schließlich ist zu berücksichtigen, dass die Polizeibeamten ihre eigene körperliche Unversehrtheit in gewissen Grenzen zum Schutz von elementaren Rechtsgütern schutzloser Bürger einsetzen müssen. Ein Abwarten auf eine etwaige Verstärkung hätte eine erhebliche und unangemessene Intensivierung der Rechtsgutsverletzungen bei den Ordnern zur Folge gehabt. Damit liegt eine Ermessensreduzierung auf Null vor.

b) Auswahlermessen

Bezüglich des Auswahlermessens (§ 5 Abs. 2 SächsPVDG) war der Einsatz des Reizstoffes zumindest eine der Polizei zur Verfügung stehenden Handlungsalternativen.

Mithin wurde das Auswahlermessen ordnungsgemäß ausgeübt.

5. Verhältnismäßigkeit[512]

Ferner müsste die Reizstoffanwendung verhältnismäßig gewesen sein.

a) Geeignetheit, § 5 Abs. 1 SächsPVDG

Der Reizstoffeinsatz war geeignet, um die Fans von weiteren körperlichen Attacken gegen die Polizeibeamten abzuhalten und eine Trennung der Parteien durch einfache körperliche Gewalt oder Schlagstockeinsatz trotz Unterzahl zu ermöglichen.

b) Erforderlichkeit, §§ 5 Abs. 2, § 41 Abs. 1 SächsPVDG

Wie bereits dargelegt, greifen andere Zwangsmittel nicht, ein Schlagstockeinsatz allein gegen die Fans stellt kein ebenso effektives Mittel zur Abwehr der og Gefahr dar. Die einfache körperliche Gewalt als mildestes Mittel des unmittelbaren Zwangs kommt aufgrund des für den Polizeivollzugsdienst ungünstigen Kräfteverhältnisses ohnehin nicht in Betracht. Damit ist die Erforderlichkeit zu bejahen.

---

511 Definitionen und allgemeine Grundsätze vgl. Fall 1 IV. 3.
512 Definitionen und allgemeine Grundsätze vgl. Fall 1 IV. 4.

c) Angemessenheit, § 5 Abs. 3 SächsPVDG

594 Die Fans werden durch den Einsatz des Reizstoffes nicht unerheblich, aber auch nur vorübergehend in ihren Rechtsgütern aus Art. 2 Abs. 2 S. 1 GG betroffen. Der mit der Maßnahme bezweckte Erfolg wird manifestiert durch die wesentlich gravierenderen bestehenden Verletzungen bei den Ordnern, die vom Polizeivollzugsdienst beendet werden sollen und schließlich auch die noch erheblicheren Verletzungen (eventuell §§ 226, 227 StGB), die bei ungehindertem Fortgang der körperlichen Auseinandersetzung auftreten können. Letztere Rechtsgüter sind gegenüber den Rechtsgütern der Fans als höherwertig anzusehen. Dies gilt aus den og Gründen ebenfalls für die Gesundheitsschäden, die die Ordner durch den Reizstoff erleiden. In der Rechtsprechung ist anerkannt, dass das Versprühen von Reizstoff grundsätzlich dann zulässig ist, um etwa eine bürgerkriegsähnliche Situation, die durch (nicht nur vereinzelte) Störer hervorgerufen wird, zu beseitigen. Auch der Reizstoffeinsatz ist trotz der augenblicklichen schweren gesundheitlichen Folgen, die der Betroffene spürt, kein menschenwürdewidriges Zwangsmittel. Das gilt auch dann, wenn CN- und CS-Reizstoff sowohl mit Wasserwerfern als auch mit Wurfkörpern eingesetzt wird.[513] Die Angemessenheit ist daher zu bejahen.

V. Ergebnis

595 Die Zwangsanwendung durch den PVD gegenüber Fans und Ordnern ist rechtmäßig.

B. Abgabe des Warnschusses durch F.
I. Vorprüfung

596 Durch die Abgabe des Warnschusses wird weiterhin in das Grundrecht der Fans auf Freiheit der Person in Form einer Freiheitsbeschränkung gemäß Art. 2 Abs. 2 S. 2 i. V. m. 104 Abs. 1 GG, Art. 16 Abs. 1 S. 2 iVm 17 Abs. 2 SächsVerf eingegriffen (vgl. Definition Fall 1, Ziffer I.), da er nur der Durchsetzung der Anhalteaufforderung gegenüber den Fans dient.[514]

II. Ermächtigungsgrundlage

597 Die Ermächtigungsgrundlage könnte sich aus § 39 Abs. 2 SächsPVDG iVm § 2 SächsVwVG iVm §§ 39 ff., 41 Abs. 2 S. 3, Abs. 4 S. 2 SächsPVDG ergeben.

III. Formelle Rechtmäßigkeit
1. Polizeiliche Aufgabe und sachliche Zuständigkeit

598 Die polizeiliche Aufgabe besteht gemäß § 2 Abs. 1 S. 2 SächsPVDG in der Gewährleistung der Grundrechte der 14 Polizeibeamten aus Art. 2 Abs. 2 S. 1 GG (zumindest die körperliche Unversehrtheit, wenn nicht das Leben) bzw. gemäß § 2 Abs. 1 S. 3 SächsPVDG in der Verhinderung von entsprechenden Straftaten (§§ 212, 227, 223 ff. StGB). Die originäre sachliche Zuständigkeit des Polizeivollzugsdienstes ergibt sich aus § 39 Abs. 1 SächsPVDG.

---

513 Vgl. umfassend: BayVGH, NVwZ 1988, 1055 (1056 f.), bestätigt durch BVerwG, NVwZ 1989, 872.
514 Bei entsprechender Argumentation ist auch ein Eingriff in Art. 2 Abs. 1 GG vertretbar.

2. Verfahrens- und Formvorschriften

Mangels spezieller ermächtigungsbezogener Verfahrens- und Formvorschriften ist maßgebend, ob das VwVfG anwendbar ist. Der Warnschuss stellt gemäß § 41 Abs. 2 S. 3 SächsPVDG eine mögliche Form der Androhung des Schusswaffengebrauchs dar.[515] Fraglich ist, ob auch die Androhung in Form eines Warnschusses Regelungscharakter iSv § 1 S. 1 SächsVwVfZG iVm § 35 VwVfG hat. Gemäß § 37 Abs. 2 S. 1 VwVfG können VAe nicht nur in schriftlicher oder mündlicher Form, sondern auch „auf andere Weise" ergehen. Demnach können Verwaltungsakte wie etwa die Androhung grundsätzlich auch in einem konkludenten Verhalten zu sehen sein.[516] Das setzt voraus, dass ein entsprechendes Behördenverhalten nach seinem objektiven Erklärungsgehalt aus der Sicht des Adressaten bei verständiger Würdigung als hoheitliche Regelung eines Einzelfalles mit einem bestimmten Rechtsfolgewillen verstanden werden muss.[517] Der Rechtsfolgewille im Fall eines Warnschusses lässt sich mit den Worten „… oder ich schieße." Beschreiben. Dem Betroffenen wird bewusst, dass bei Nichtvornahme der durch den Grundverwaltungsakt vorgegebenen Handlung oder Unterlassung die Schusswaffe durch den Polizeibeamten gegen ihn eingesetzt wird. Aus diesem Grund hat der Gesetzgeber die Androhung mittels Warnschusses auch explizit in § 41 Abs. 2 S. 3 SächsPVDG geregelt und sie damit einer mündlichen Androhung iSv § 41 Abs. 2 S. 1 SächsPVDG gleichgestellt. Mithin enthält auch der Warnschuss eine Warn- und Beugefunktion, das das Merkmal „Regelung begründet.[518] Da der Warnschuss sich hier an mindestens 100 Personen richtet, handelt es sich um eine Allgemeinverfügung gemäß § 35 S. 2, 1. Alt. VwVfG.

Da die Androhung eine Maßnahme im Rahmen der Verwaltungsvollstreckung darstellt, ist eine Anhörung gemäß § 28 Abs. 2 Nr. 5 VwVfG[519] entbehrlich.

IV. Materielle Rechtmäßigkeit

1. Tatbestandsvoraussetzungen

Es müssten die Voraussetzungen des § 2 SächsVwVG und die Wirksamkeit des Grundverwaltungsakts gegeben sein.

a) Grundverwaltungsakt, § 2, 1.Hs. SächsVwVG

Die Aufforderung stehen zu bleiben nach § 12 Abs. 1 SächsPVDG stellt hier den Grundverwaltungsakt dar.

b) Vollstreckbarkeit

aa) Materielle Vollstreckbarkeit, § 2, 1. Hs. SächsVwVG

Mit der Aufforderung stehen zu bleiben wird ein „sonstiges Handeln" von den herannahenden Fans verlangt.

---

515 *Elzermann*, SächsVBl. 2023, 126 (132).
516 BVerwG Beschl. v. 7.6.2018 – Az.: 6 B 1/18, Rn. 19 – juris; VG Lüneburg Urt. v. 27.7.2004 – Az.: 3 A 124/02, Rn. 23 – juris; *Wagner*, GSZ 2021, 20 (22) zu verschiedenen Möglichkeiten der konkludenten Androhung des Schusswaffengebrauchs; *Robrecht*, SächsVBl. 2005, 241 (243).
517 BVerwG Beschl. v. 7.6.2018 – Az.: 6 B 1/18, Rn. 19 – juris; ferner VG Bremen, Urt. v. 12.7.2022 – 2 K 1849/20, Rn. 16-18 – juris mit weiteren Beispielen.
518 Differenziert: *Rulinski/Barthold*, Die Polizei 2023, 52 (53).
519 Denkbar wäre auch eine Entbehrlichkeit gemäß § 28 Abs. 2 Nr. 4 VwVfG.

bb) Formelle Vollstreckbarkeit, § 2, 2. Hs. SächsVwVG

604 Die Aufforderung an die Fans stellt eine unaufschiebbare Maßnahme des Polizeivollzugsdienstes gemäß § 80 Abs. 2 S. 1 Nr. 2 VwGO dar, so dass ein Widerspruch gegen sie kraft Gesetzes keine aufschiebende Wirkung hätte. § 2, 2. Hs. Nr. 2 SächsVwVG ist daher gegeben.

c) Wirksamkeit

605 Laut Sachverhalt brüllt F. die Aufforderung laut und vernehmlich, so dass von der Möglichkeit der Kenntnisnahme seitens der Fans ausgegangen werden kann. Damit ist die Aufforderung durch Bekanntgabe wirksam geworden (§§ 43 Abs. 1, 41 Abs. 1 VwVfG).

d) Rechtmäßigkeit des Grundverwaltungsakts

606 Die Aufforderung des F. ist laut Sachverhalt rechtmäßig.

2. Ordnungsgemäße Art und Weise der Vollstreckung

a) Androhung

607 Die Androhung des Schusswaffengebrauchs ist gegenüber einer Menschenmenge gemäß § 41 Abs. 4 S. 2 SächsPVDG zwingend erforderlich. Die herannahenden Fans stellen nach den oben (A. IV. 2. B.) genannten Kriterien eine Menschenmenge dar. Die Androhung erfolgte hier gemäß § 41 Abs. 2 S. 3 SächsPVDG in der zulässigen Form eines Warnschusses. Seine Warnfunktion liegt in dem Explosionsknall der Patrone, ist also akustischer Natur. Der Adressat muss zudem den Warnschuss als Androhung erkennen und auf sich beziehen können.[520] Da die Fans nach der ersten Androhung dem Grund-VA Folge leisteten, ist die Wiederholung der Androhung nicht notwendig.[521]

b) Anwendung

608 Der PVD darf nur ein Zwangsmittel androhen, das er auch rechtmäßigerweise anwenden kann.

aa) § 41 Abs. 1 SächsPVDG

609 Gemäß § 41 Abs. 1 S. 1 SächsPVDG darf unmittelbarer Zwang nur angewandt werden, wenn der polizeiliche Zweck auf andere Weise, das heißt durch Einsatz anderer Zwangsmittel nicht erreichbar erscheint. Ein Zwangsgeld gemäß § 22 SächsVwVG scheidet im vorliegenden Fall aus, da es gemäß § 22 Abs. 2 SächsVwVG *schriftlich* festgesetzt werden muss. Eine Ersatzvornahme gemäß § 24 Abs. 1 S. 1 SächsVwVG setzt eine sog. *Vertretbare Handlung* voraus, das heißt, eine Handlung, die auch durch Dritte wahrgenommen werden kann. Das Gebot stehen zu bleiben, kann nur durch die Fans erreicht werden. Damit liegt eine unvertretbare Handlung vor.

610 Die herannahenden Fans stellen nach den oben (A. IV. 2. B.) genannten Kriterien eine Menschenansammlung nach § 41 Abs. 1 S. 4 SächsPVDG dar. Die Möglichkeit einer Inanspruchnahme von Einzelpersonen an Stelle der gesamten Menschenansammlung lässt der Sachverhalt nicht erkennen. Ein oder mehrere potentielle Anführer sind für die Polizeibeamten nicht ersichtlich.

---

520 OLG Brandenburg, NZV 1997, 177 (178).
521 § 41 Abs. 4 S. 3. SächsPVDG fordert zwingend eine Wiederholung der Androhung vor dem Gebrauch der Schusswaffen gegenüber einer Menschenmenge, selbst wenn es in speziellen Einsatzsituationen taktisch nicht möglich sein sollte, diesen Grundsatz umzusetzen (vgl. *Brenneisen/Wilksen/Staack/Martins*, Die Polizei 2008, 40 (46)).

Fall 13: „Hooliganrandale in Sachsenstadt"   185

Im übrigen sind die Fans nur noch wenige Meter von den Polizeibeamten entfernt, kommen schnell näher und sind zahlenmäßig (100 Störer gegenüber 14 Polizeibeamten) überlegen. Damit dürfte auch aus Zeit- und Effektivitätsgründen eine Inanspruchnahme von Einzelpersonen ausscheiden.

bb) § 43 SächsPVDG

Nach § 43 Abs. 1 S. 1 SächsPVDG dürfte die Anwendung anderer Mittel des unmittelbaren Zwangs nicht erfolgversprechend sein. Die gewaltbereiten Hooligans sind zahlenmäßig den Beamten weit überlegen und die Beamten könnten andere Zwangsmittel (wie Reizstoff) nicht ebenso effektiv gegen alle Personen einsetzen, dass eine Gefahr der Verletzung ihrer Rechtsgüter aus Art. 2 Abs. 2 S. 1 GG nicht mehr besteht.[522] 611

Nach § 43 Abs. 2 S. 1 SächsPVDG wird der Beamte nur dazu legitimiert, den Betroffenen angriffs- oder fluchtunfähig zu schießen. Für eine Angriffsunfähigkeit sollte der Betroffene zumindest unfähig sein, Arme und Beine (ggf. auch Füße) zu gebrauchen. Gezielte Schüsse auf zentrale Bereiche des Menschen (zB Rumpf oder Kopf) sind wegen ihrer besonderen Gefährlichkeit nicht zulässig. Zielt der Polizeibeamte auf Beine oder Arme, trifft er jedoch elementare Körperteile, so dass der Schuss den Tod des Betroffenen unvermeidbar zur Folge hat, so ist ein solcher Schuss grundsätzlich von § 43 Abs. 2 S. 1 SächsPVDG gedeckt. Etwas anderes gilt nur dann, wenn der Beamte aufgrund der konkreten Tatsituation einen tödlichen Treffer für sehr wahrscheinlich hielt.[523] Im vorliegenden Fall ist nicht von vornherein davon auszugehen, dass F. im Fall der Anwendung seiner Schusswaffe gegen die Hooligans einen mit an Sicherheit grenzender Wahrscheinlichkeit tödlichen Schuss abgebe, also zielgerichtet töten will. Vielmehr geht es ihm mangels gegenteiliger Hinweise im Sachverhalt zunächst darum, die Angreifer „angriffs- und fluchtunfähig" zu machen.[524] 612

cc) § 44 SächsPVDG

Weiterhin ist das Vorliegen eines Grundes für den Schusswaffengebrauch gegen Personen nach § 44 Abs. 1 SächsPVDG zu prüfen. 613

Hier kommt zum einen § 44 Abs. 1 Nr. 1 SächsPVDG in Betracht. Dann müsste eine gegenwärtige Gefahr für Leib oder Leben (§ 4 Nr. 3 b) und d) SächsPVDG) vorliegen. Sollten die Hooligans die Polizeibeamten erreichen, so hätten die Beamten ohne den Gebrauch ihrer Schusswaffen ähnliche Rechtsgutsverletzungen zu befürchten wie die Ordner auf dem Hartplatz. Angesichts der zahlenmäßigen Überlegenheit der Hooligans (100 Störer gegenüber 14 Polizeibeamten) und ihrer bisherigen massiven Angriffe auf den Polizeivollzugsdienst im Bereich der Baum- und Buschgruppen der Hauptallee würden die Beamten in einer gewaltsamen Auseinandersetzung auch unter Anwendung von Hilfsmitteln und Waffen mit Ausnahme von Schusswaffen unterliegen. Es wären mit an Sicherheit grenzender Wahrscheinlichkeit erhebliche Beeinträchtigungen der körperlichen Unversehrtheit bei den Polizisten aufgrund von Schlägen und Tritten durch die Hooligans zu erwarten, die über nur leichte Körperverletzungen deutlich hinausgehen. 614

---

522 Der Vorrang des Schusswaffengebrauchs gegen Sachen nach § 43 Abs. 1 S. 2 SächsPVDG sollte nur dann geprüft werden, wenn der Sachverhalt Gegenstände präsentiert, gegen die ein Schusswaffengebrauch zumindest theoretisch möglich wäre. Ohne einen Hinweis im Sachverhalt auf Personen, die Minderjährige iSv § 43 Abs. 3 SächsPVDG oder Unbeteiligte nach §§ 43 Abs. 4, 45 Abs. 1 SächsPVDG sein könnten (vgl. auch § 45 Abs. 2 SächsPVDG!), sollten diese Normen nicht geprüft werden.
523 Vgl. BGH, NJW 1999, 2533 (2534); OLG Karlsruhe Beschl. v. 10.2.2011 – Az.: 2 Ws 181/10, Rn. 11 – juris.
524 Die Vorschrift des § 43 Abs. 2 S. 2 SächsPVDG ist nur bei einem *gezielten* Todesschuss anwendbar, ansonsten ist lediglich § 43 Abs. 2 S. 1 SächsPVDG zu prüfen (vgl. BGH NJW 1999, 2533 bzgl. § 54 Abs. 1 Nr. 2 PolG BW a.F.); ferner *Elzermann*, SächsVBl. 2023, 126 (134).

615 In Betracht kommt ebenso ein Grund für den Schusswaffengebrauch nach § 44 Abs. 1 Nr. 2 SächsPVDG. Die Folge eines gewaltsamen Zusammentreffens wären schwere Körperverletzungen gemäß § 226 Abs. 1 StGB oder Körperverletzungen mit Todesfolge gemäß § 227 Abs. 1 StGB als Verbrechenstatbestände ernsthaft zu befürchten. Die Ausführung derartiger Straftaten müsste auch unmittelbar bevorstehen, dh mit an Sicherheit grenzender Wahrscheinlichkeit in allernächster Zukunft zu erwarten sein. Die Fans haben F. und seine Kollegen in wenigen Sekunden erreicht, da sie sich in Sichtweite hinter ihnen befinden und den Beamten kein Ausweg bleibt. Im Zeitpunkt des Zusammentreffens würde es dann auch zu den Verletzungen der oben genannten Strafnormen kommen.

616 Mithin liegen die Voraussetzungen des § 44 Abs. 1 Nr. 1 und 2 SächsPVDG für einen Schusswaffengebrauch gegen Personen vor.

3. Adressat

617 Die herannahenden Hooligans sind gemäß § 6 Abs. 1 SächsPVDG Handlungsstörer, da sie aus den oben (B. IV. 2. B. cc.) genannten Gründen eine Gefahr (Definition s. o. Fall 1) für die Rechtsgüter der Beamten und die Rechtsordnung verursachen.

4. Ermessen[525]

618 Das Entschließungsermessen ist aufgrund der bedeutenden Rechtsgüter der Beamten aus Art. 2 Abs. 2 S. 1 GG, der aufgrund der unmittelbaren Nähe und Entschlossenheit der Hooligans (siehe die Attacke auf die Reiter und die anderen Polizeibeamten im sog. Großen Garten) gegebenen Intensität und aufgrund der mangels Unbeteiligter akzeptablen mit dem Einschreiten verbundenen Risiken auf Null reduziert.

619 Die Androhung des Schusswaffengebrauchs mittels Warnschuss war die einzig sinnvolle Handlungsmöglichkeit im Rahmen des Auswahlermessens.

5. Verhältnismäßigkeit, §§ 5 Abs. 1, 2, 3 und 41 Abs. 1 S. 3 SächsPVDG[526]

620 Der Warnschuss als besonders deutliche und eindringliche Form der Androhung eines Schusswaffengebrauchs gegen Personen ist ein taugliches Mittel, um die Hooligans zum Anhalten und weiterhin auch zur Unterlassung von Rechtsgutverletzungen in Bezug auf die Beamten zu bewegen. Die Geeignetheit ist daher gegeben.

621 Wie bereits im Rahmen der §§ 41 Abs. 1 S. 1, S. 4, 43 Abs. 1, Abs. 2 SächsPVDG erörtert, existiert kein milderes gleich geeignetes Mittel, um die bevorstehenden Rechtsgutverletzung effektiv zu verhindern.

622 Im Rahmen der Angemessenheitsprüfung erweisen sich die Grundrechte der Hooligans aus Art. 2 Abs. 2 S. 2, 104 Abs. 1 GG als weniger schützenswert gegenüber dem polizeilichen Ziel, die aus Art. 2 Abs. 2 S. 1 GG und §§ 226, 227 StGB stammenden Rechtsgüter der Beamten zu schützen und bedeutende Straftaten zu verhindern. Die Hooligans sind in der Lage, selbst über ihre Rechtsgüter zu disponieren. Die Beamten besitzen diese Freiheit aufgrund der massiven

---

[525] Definitionen und allgemeine Grundsätze vgl. Fall 1 IV. 3.
[526] Definitionen und allgemeine Grundsätze vgl. Fall 1 IV. 4.

Attacken der Hooligans nicht mehr. Mithin ist die Verhältnismäßigkeit im engeren Sinne ebenfalls zu bejahen.

V. Ergebnis

Der Warnschuss ist rechtmäßig.

C. Das Richten der Schusswaffen mit der Mündung auf die herannahenden Hooligans

Richtet ein Polizeibeamter eine Schusswaffe mit der Mündung auf eine andere Person, so handelt es sich dabei nicht um einen bloßen Realakt, sondern um eine Maßnahme mit Regelungscharakter, die also auf den Eintritt von Rechtsfolgen gerichtet ist. Die Haltung der Waffen durch die anderen Beamten bezieht sich auf die Anhalteaufforderung des F. und stellt eine Bestätigung des Warnschuss des F. und damit ebenfalls eine Androhung des Schusswaffengebrauchs dar. Der Warnschuss des F. als Androhung ist, wie bereits oben dargelegt (B. III. 2.) kein ausdrücklicher Verwaltungsakt, sondern ein Verwaltungsakt durch konkludentes Handeln. Den Hooligans wird signalisiert, dass, sollten sie nicht stehen bleiben, ein Gebrauch der Schusswaffen aller 14 Polizeibeamten gegen sie erfolgen wird. Das Zielen der anderen Beamten auf die Hooligans ist mithin lediglich eine Klarstellung der Androhung des F. Der Inhalt ist mit dem des Warnschusses identisch. Mithin handelt es sich auch hier um eine Maßnahme nach den §§ 39 Abs. 2 SächsPVDG, 2 SächsVwVG, 39 ff., 43 Abs. 4 S. 2 SächsPVDG, die aus den oben genannten Gründen rechtmäßig ist. (vgl. B. IV.).[527]

Fall 14: „Die Daten der Fußballfans"

Sachverhalte

Fall 14.1 Fortsetzung Fall 1: Da K. befürchtet, dass auch künftig polizeirechtliche Maßnahmen wie etwa Platzverweise, Meldeauflagen oder Aufenthaltsverbote gegen ihn erlassen und mit seinem strafrechtlich relevanten Lebenslauf begründet werden, beantragt er bei der PD Sachsenstadt die Löschung der im Bescheid vom 14.10.2022 bezeichneten und in polizeilichen Dateien des Freistaates Sachsen gespeicherten personenbezogenen Daten soweit sie Sachverhalte betreffen, die sich im Schutzbereich der PD Sachsenstadt ereigneten.

Aufgabe:
Muss die PD Sachsenstadt die bei ihr gespeicherten personenbezogenen Daten des K. löschen?

Fall 14.2 Fortsetzung Fall 1: Nach dem Spiel vom 15.10.2022 in Prag, das K. entgegen der Meldeauflage vom 14.10.2022 besucht hatte, bewegten sich mehrere männliche Personen, darunter auch K., alkoholisiert und lautstark randalierend durch Prag. Dabei traten sie gegen 22.43 Uhr gegen Türen von Wohnhäusern, wobei eine Tür aufgetreten wurde. Aus jenem Haus wurde ein Feuerlöscher entwendet, dessen Inhalt auf parkende Fahrzeuge versprüht wurde. Fünf Personen von Kommando Himmelblau – darunter der rädelsführende K. – wurden durch die tschechische Polizei daraufhin festgenommen und bis zum 20.10.2022 festgesetzt, bevor sie freigelassen wurden und nach Deutschland ausreisen durften. Vorstandsvorsitzender V. des FC Sachsenstadt eV hat über die Randale in Tschechien in der Sachsenstädter Presse

---

[527] Zu verschiedenen Formen der konkludenten Androhung, vgl. etwa: VG Lüneburg Urt. v. 27.7.2004 – Az.: 3 A 124/02; OLG Dresden Urt. v. 29.2.2003 – Az.: 6 U 1522/02, S. 14; speziell zur Androhung durch Einnehmen der entschlossenen Schießhaltung siehe *Klein*, Die Polizei 2022, 241, 243 f.; *Wagner* GSZ 2021, 20, 22.

gelesen und begehrt schriftlich die Personalien der daran beteiligten heimischen Fans, deren kriminelle Vita sowie Lichtbilder, um gegen sie Stadionverbote, die das gesamte zum Stadion gehörende Betriebsgelände umfassen sollen, erlassen und auch durch wirksame Einlasskontrollen durchsetzen zu können. Der szenekundige Beamte der PD Sachsenstadt übermittelt V. unter Angabe der Rechtsgrundlage die im Bescheid vom 16.10.2022 dargestellten strafrechtlich relevanten Aktivitäten des K. (soweit sie bei der Polizei des Freistaates Sachsen gespeichert sind und den Schutzbereich der PD Sachsenstadt betreffen) einschließlich seiner Beteiligung am Vorfall in Prag (Datum, Vorgangsnummer und Kurzsachverhalt) sowie das Lichtbild des K. und beschränkt den Verwendungszweck durch den FC Sachsenstadt eV auf die Prüfung bzw. ggf. den Erlass eines Stadionverbots.

K. hat überdies den an ihn gerichteten rechtmäßigen Leistungsbescheid der PD Sachsenstadt bestandskräftig werden lassen und die Forderung trotz entsprechender Mahnungen durch das Landesamt für Steuern und Finanzen nicht beglichen. Der mit der Vollstreckung im Wege der Beitreibung beauftragte Gerichtsvollzieher G. begehrt vor dem Hintergrund der oben bezeichneten Berichterstattung in der Sachsenstädter Presse von der PD Sachsenstadt Auskunft, ob personengebundene Hinweise über eine Gefährlichkeit oder Gewaltbereitschaft des Schuldners K. vorliegen. Die PD Sachsenstadt übermittelt G. die der Meldeauflage zugrundeliegenden polizeilichen Erkenntnisse mit der Bemerkung, dass sie K. als gefährlich einschätzen und ihm den Einsatz körperlicher Gewalt gegenüber G. durchaus zutrauen.

Aufgabe:

Prüfen Sie die Rechtmäßigkeit der Datenweitergabe an V. und an G. In Bezug auf das Ersuchen des V. ist von einer ordnungsgemäßen Vertretung des Vereins durch V. auszugehen.

Auszug aus der Stadionverbotsrichtlinie Sachsen:

Präambel

Die Sicherheit und Ordnung vor allem bei den Spielen der Landesligen, Regionalligen- /Klassen, Bezirksligen- und Klassen, Kreis- /Stadtligen – und Klassen in Sachsen zu gewährleisten und hierbei zukünftig Ausschreitungen unfriedlicher Personen zu verhindern bzw. zu reduzieren sowie den ordnungsgemäßen Spielbetrieb zu gewährleisten, ist Aufgabe aller im Zusammenhang mit dem Fußball tätigen Verantwortungsträger. Dazu gehört auch die Festsetzung von Stadionverboten gegen Personen, die im Zusammenhang mit Fußballspielen sicherheitsbeeinträchtigend aufgefallen sind. Die Vereine, der Sächsische Fußball-Verband und seine Mitgliedsverbände sind sich dessen bewusst und anerkennen daher die nachfolgend aufgeführten für alle verbindlich geltenden Richtlinien.

§ 1 Definition, Zweck und Wirksamkeit des Stadionverbots

(1) Ein Stadionverbot ist
    – die auf der Basis des Hausrechts
    – gegen eine natürliche Person
    – wegen sicherheitsbeeinträchtigenden Auftretens im Zusammenhang mit dem Fußballsport, insbesondere anlässlich einer Fußballveranstaltung,
    – innerhalb oder außerhalb einer Platz- oder Hallenanlage
    – vor, während oder nach der Fußballveranstaltung
    – festgesetzte Untersagung
    – bei vergleichbaren zukünftigen Veranstaltungen
    – eine Platz- oder Hallenanlage zu betreten bzw. sich dort aufzuhalten.
(2) Zweck des Stadionverbotes ist es, zukünftiges sicherheitsbeeinträchtigendes Verhalten zu vermeiden und den Betroffenen zu Friedfertigkeit anzuhalten, um die Sicherheit anlässlich von Fußballveranstaltungen zu gewährleisten. Das Stadionverbot ist keine staatliche

Sanktion auf ein strafrechtlich relevantes Verhalten, sondern eine Präventivmaßnahme auf zivilrechtlicher Grundlage.
(3) Das Stadionverbot gilt befristet (§ 5).
(4) Das Stadionverbot erstreckt sich grundsätzlich nur auf den befriedeten Bereich der Platz- oder Hallenanlage, in der das Hausrecht des das Stadionverbot Festsetzenden ausgeübt wird (örtliches Stadionverbot – § 4 Abs. 2).
(5) Das Stadionverbot kann auch für den Bereich anderer Platz-oder Hallenanlagen festgesetzt werden (überörtliches, sog. Sachsenweites Stadionverbot -§ 4 Abs. 3, 4 und 5). Die Vereine, der SFV und seine Mitgliedsverbände bevollmächtigen sich hierzu durch eine gesonderte Erklärung (Muster gemäß Anlage) gegenseitig. Die Erklärung ist jeweils vor Beginn einer Spielzeit neu auszufertigen und wird beim SFV (Geschäftsstelle /Zentralverwaltung) hinterlegt.
(6) Das Hausrecht schließt unter anderem die Befugnis ein, das Betreten der gesamten oder bestimmter Teile der Platz-oder Hallenanlage bzw. den dortigen Aufenthalt zu untersagen. Soweit erforderlich, ist der Bereich, für den das Verbot gilt, -ggf. durch einen Plan -genau zu beschreiben.
(7) Die Wirksamkeit des Stadionverbotes wird nicht durch den Erwerb einer Eintrittskarte oder den Besitz eines anderen Berechtigungsnachweises aufgehoben.

§ 4 Adressat, Fälle des Stadionverbotes

(1) Ein Stadionverbot ist gegen eine Person zu verhängen, die im Zusammenhang mit dem Fußballsport, insbesondere anlässlich einer Fußballveranstaltung der Landes-, Bezirks-, Stadt,- Regional- und Kreisligen oder -klassen im Bereich des SFV oder eines Spiels eines internationalen Wettbewerbs, das dem SFV, den Mitgliedsverbänden oder einem Verein zur Ausrichtung übertragen worden ist, in einem oder mehreren der nachfolgend aufgeführten Fälle innerhalb oder außerhalb einer Platz-bzw. Hallenanlage in einer die Menschenwürde verletzenden Art und Weise oder sicherheitsbeeinträchtigend aufgetreten ist.
(2) Ein örtliches Stadionverbot (§ 1 Abs. 4) soll bei Verstößen gegen die Stadionordnung ausgesprochen werden (minderschwerer Fall), soweit diese nicht mit Verstößen nach Absatz 3 in Verbindung stehen oder der Betroffene bisher nicht wiederholt sicherheitsbeeinträchtigend aufgefallen ist.
(3) Ein überörtliches Stadionverbot (§ 1 Abs. 5) soll ausgesprochen werden bei eingeleiteten Ermittlungs-oder sonstigen Verfahren, insbesondere in folgenden Fällen (schwerer Fall): ... *(Straftatbestände werden unter Ziffern 1--13 aufgelistet).*

Lösungsvorschlag zum Fall 14: „Die Daten der Fußballfans"
Variante 14.1
Rechtmäßigkeit des Löschungsbegehrens

I. Anspruchsgrundlage

Eine Löschung der durch den Polizeivollzugsdienst gespeicherten personenbezogenen Daten des K. kommt dann in Betracht, wenn K. einen darauf gerichteten Anspruch hat. Ein solcher könnte sich aus § 91 Abs. 1 SächsPVDG iVm §§ 14 und 31 des SächsDSUG ergeben.

II. Formelle Anspruchsvoraussetzungen

K. müsste einen Antrag auf Löschung an die zuständige Stelle gerichtet haben. Die sachliche Zuständigkeit der PD Sachsenstadt richtet sich nach der zu erfüllenden polizeilichen Aufgabe. Die polizeiliche Aufgabe, die mit der Speicherung der Daten des K. erfüllt wird, ergibt sich aus

§ 2 Abs. 1 S. 3 SächsPVDG, weil sie zur vorbeugenden Bekämpfung von Straftaten etwa durch den Erlass polizeilicher Standardmaßnahmen benötigt werden. Die sachliche Zuständigkeit zur Entscheidung über eine Aufrechterhaltung der Speicherung bzw. eine Löschung der Daten richtet sich mithin nach § 2 Abs. 3, 1. Halbsatz SächsPVDG. Hinzu kommt, dass es sich um Daten aus polizeivollzugsdienstlichen Auskunftssystemen handelt, für deren Verarbeitung eine Zuständigkeit der Polizeibehörden ohnehin nicht vorliegen kann.[528]

Der Antrag des K. ist an keine bestimmte Form gebunden.

III. Materielle Anspruchsvoraussetzungen

627 Personenbezogene Daten sind gemäß § 91 Abs. 1 SächsPVDG nach Maßgabe der §§ 14 und 31 des SächsDSUG zu berichtigen, zu löschen oder in der Verarbeitung einzuschränken, soweit durch Vorschriften des SächsPVDG keine abweichenden Regelungen getroffen werden.

1. Erforderlichkeit der Kenntnis der Daten zur polizeilichen Aufgabenerfüllung

628 K. hat gemäß § 14 Abs. 2 S. 1 SächsDSUG als betroffene Person iSv § 2 Nr. 2 SächsDSUG das Recht, von der PD Sachsenstadt als Verantwortliche unverzüglich die Löschung ihn betreffender Daten zu verlangen, wenn deren Verarbeitung unzulässig ist, deren Kenntnis für die Aufgabenerfüllung nicht mehr erforderlich ist oder diese zur Erfüllung einer rechtlichen Verpflichtung gelöscht werden müssen. In Ermangelung von Anhaltspunkten für eine unzulässige Datenverarbeitung ist hier zunächst maßgebend, ob die Kenntnis der personenbezogenen Daten des K. für die Aufgabenerfüllung immer noch erforderlich ist. Bei den polizeilichen Erkenntnissen, die etwa auch dem Erlass der Meldeauflage gegenüber K. zugrunde gelegt wurden, handelt es sich überwiegend um Daten, die im Zusammenhang mit Strafverfahren, die gegen K. geführt wurden, gespeichert worden sind. Die Polizei kann gemäß § 80 Abs. 2 SächsPVDG im Rahmen der Verfolgung von Straftaten gewonnene personenbezogenen Daten zum Zweck der Gefahrenabwehr weiterverarbeiten ua von

1. Verurteilten,

2. Beschuldigten und

3. Personen, die einer Straftat verdächtig sind, sofern die Weiterverarbeitung der Daten erforderlich ist, weil wegen der Art oder Ausführung der Tat, der Persönlichkeit der betroffenen Person oder sonstiger Erkenntnisse Grund zu der Annahme besteht, dass zukünftig Strafverfahren gegen sie zu führen sind.

629 K. ist derzeit noch Beschuldigter in einem Strafverfahren wegen der Ausschreitungen in der Dortmunder Innenstadt am 14.6.2021 anlässlich des WM-Gruppenspiels Deutschland gegen Polen. Zudem wurde er wegen Widerstandes gegen Vollstreckungsbeamte am 10.9.2020 in der Aue-ARENA vom AG Sachsenstadt am 18.12.2021 zu einer Geldstrafe von 90 Tagessätzen zu je 10,00 EUR verurteilt. Überdies wurden Strafverfahren im Zusammenhang mit Fußballspielen gegen ihn nach § 153a bzw. § 170 Abs. 2 StPO eingestellt. Allein die Tatsache, dass ein Ermittlungs-

---

[528] Gemäß Ziffer 4.2.2 der Richtlinie des Sächsischen Staatsministeriums des Innern für die Führung kriminalpolizeilicher personenbezogener Sammlungen in den Polizeidienststellen des Freistaates Sachsen (KpS-Richtlinie) vom 1.1.2007 entscheiden die Polizeidienststellen über Anträge, wenn personenbezogene Daten zum Betroffenen ausschließlich in ihrem Zuständigkeitsbereich vorliegen oder sich der Antrag ausschließlich auf von ihnen erhobene Daten bezieht. Das Landeskriminalamt entscheidet in Abstimmung mit den datenbesitzenden Polizeidienststellen über Anträge, wenn zum Betroffenen personenbezogene Daten im Zuständigkeitsbereich mehrerer Polizeidienststellen vorliegen. Für die Auskunft von Eintragungen in INPOL ist das Bundeskriminalamt zuständig.

verfahren gemäß § 170 Abs. 2 StPO eingestellt wurde, lässt noch nicht den eindeutigen Schluss auf einen Wegfall des Verdachts eines strafbaren Verhaltens zu. Die Verwertung von Strafverfahren, die zur Einstellung gelangt sind, ist bei präventiv-polizeilichen Prognoseentscheidungen nicht von vornherein ausgeschlossen. Indes darf die Behörde ihre Prognose nicht ohne weiteres an die Beschuldigteneigenschaft anknüpfen, wenn das Strafverfahren nach § 170 Abs. 2 StPO eingestellt worden ist. Dies gilt auch für die gerichtliche Überprüfung dieser Prognose, für welche die Sach- und Rechtslage der letzten mündlichen Verhandlung maßgeblich ist. Aufgrund des nicht unerheblichen Eingriffs in das Grundrecht auf informationelle Selbstbestimmung ist vielmehr erforderlich, dass der konkrete Ausgang des Strafverfahrens berücksichtigt wird.[529]

Ob das eingestellte Strafverfahren dennoch prognoserelevant ist, richtet sich danach, ob weiterhin Verdachtsmomente gegen den Betroffenen bestehen oder ob diese derart ausgeräumt worden sind, dass eine Wiederholungsgefahr ausgeschlossen ist.[530] Gleiches gilt für Einstellungen nach §§ 153, 153a und 154 StPO.[531] Die Einstellung nach § 170 Abs. 2 StPO wegen Körperverletzung und Beleidigung anlässlich eines Bundesligaspiels des 1. FC Nürnberg gegen FC Sachsenstadt am 10.12.2020 erfolgte, weil sich K. zwar in einer Gruppe befand, deren Mitglieder auf Nürnberger Fans einschlugen, kein Zeuge indes konkrete Gewalttaten und ein billigendes Verhalten von K. gesehen hatte. Ein Restverdacht bleibt hier dennoch bestehen. Dass es in dem Verfahren wegen Landfriedensbruchs im Rahmen eines Stadtfest durch Anhänger des FC Sachsenstadt am 5.5.2020 zu einer Einstellung nach § 153a StPO kam, die eine Zustimmung des K. voraussetzte, zeigt, dass K. sich zumindest zum Zeitpunkt der Begehung des Landesfriedensbruchs am Tatort befand und eine hinreichende Wahrscheinlichkeit dafür spricht, dass er Täter oder Teilnehmer der Straftat war. Auch hier kann, ohne dass der Sachverhalt im Detail ausgeführt wird, vom Bestehen eines Restverdachts ausgegangen werden.

Wird ein Beschuldigter rechtskräftig freigesprochen, die Eröffnung des Hauptverfahrens gegen ihn unanfechtbar abgelehnt oder das Verfahren nicht nur vorläufig eingestellt, ist gemäß § 80 Abs. 4 SächsPVDG die Weiterverarbeitung unzulässig, wenn sich aus den Gründen der Entscheidung ergibt, dass die betroffene Person die Tat nicht oder nicht rechtswidrig begangen hat.[532]

630

Bei K. besteht aufgrund seiner strafrechtlichen Auffälligkeiten im Zusammenhang mit Fußballspielen und sonstigen öffentlichen Veranstaltungen in den letzten zwei Jahren, seinem diesbezüglichen deliktischen Verhalten regelmäßig gemeinsam mit anderen gewaltbereiten Fußballanhängern des FC Sachsenstadt und seinem führenden Engagement bei Kommando Himmelblau eine hohe Wahrscheinlichkeit, dass er auch künftig insbesondere im Rahmen von Fußballbegegnungen seines Vereins entsprechend strafrechtlich in Erscheinung treten wird. Damit werden die personenbezogenen Daten des K. benötigt, um präventive Maßnahmen wie etwa Meldeauflagen, Aufenthaltsverbote oder Kontaktverbote gegenüber K. zu erlassen. Auch die Tatsache, dass der letzte registrierte Straftatverdacht sich auf ein Verhalten im Juni 2021 bezieht, steht einer weiteren Speicherung nicht entgegen. Zum einen ist der letztgenannte Vorfall Gegenstand eines laufenden Strafverfahrens. Ferner setzt die mögliche Beteiligung des K. an den Ausschreitungen in der Dortmunder Innenstadt am 14.6.2021 anlässlich des WM-Gruppenspiels Deutschland gegen Polen den vorläufigen Schlusspunkt einer kontinuierlichen Reihe von fußball- bzw. veranstaltungsspezifischen Straftaten, die K. entweder begangen hat oder derer er zumindest verdächtig war. Die Zeiträume zwischen den Tatzeitpunkten sind überschaubar und stellen keine signifikanten Unterbrechungen dar. Alle in dieser Reihe gespeicherten Daten sind

631

---

529   Zur Zulässigkeit der Speicherung von Daten aus einem nach § 170 Abs. 2 StPO eingestellten strafrechtlichen Ermittlungsverfahren: vgl. BVerfG Beschl. v. 1.6.2006 – Az.: 1 BvR 2293/03, Rn. 11 – juris.
530   SächsOVG Beschl. v. 10.5.2017 – Az.: 3 D 115/16, Rn. 14; Beschl. v. 18.10.2016 – Az.: 3 A 325/15, Rn. 9 – beide juris mwN.
531   Vgl. SächsOVG Urt. v. 19.4.2018 – Az.: 3 A 215/17, Rn. 22 – juris.
532   Vgl. auch SächsOVG Beschl. v. 29.12.2015 – Az.: 3 D 75/15, Rn. 4 – juris mwN.

2. Löschung zur Erfüllung einer rechtlichen Verpflichtung?

632 Weiterhin ist zu prüfen, ob die von K. gespeicherten Daten zur Erfüllung einer rechtlichen Verpflichtung gelöscht werden müssen. Nach § 91 Abs. 3 SächsPVDG ist die Dauer der Speicherung auf das erforderliche Maß zu beschränken. Es sind Fristen festzulegen, zu denen spätestens zu prüfen ist, ob die Speicherung personenbezogener Daten für die Erfüllung der Aufgaben noch erforderlich ist (Aussonderungsprüffristen). Die Aussonderungsprüffristen dürfen in den Fällen des § 80 Abs. 2 bei Erwachsenen zehn Jahre nicht überschreiten, wobei nach Zweck der Speicherung sowie Art und Schwere des Sachverhalts zu unterscheiden ist. Nach Ziffer 5.4.2. der KpS-Richtlinie sind personenbezogene Daten regelmäßig nach vorheriger Prüfung u. a. zu löschen: nach 2 Jahren etwa bei Fällen geringer Bedeutung sowie nach 5 Jahren bei Erwachsenen, in besonderen Fällen nach 10 Jahren. Die Fristen beginnen gemäß § 91 Abs. 3 S. 10 SächsPVDG an dem Tag, an dem das letzte Ereignis eingetreten ist, das zu der Speicherung der Daten geführt hat. Die den K. betreffenden Strafverfahren wegen Landesfriedensbruchs, Widerstandes gegen Vollstreckungsbeamte, gefährlicher Körperverletzung und Sachbeschädigung stellen keine Fälle von geringer Bedeutung dar, so dass die Speicherdauer schon nach der KpS-Richtlinie wenigstens fünf Jahre beträgt.

Die Voraussetzungen für einen Löschungsanspruch des K. liegen nicht vor.

IV. Ergebnis

633 Damit kommt eine Löschung der vom Freistaat Sachsen gespeicherten polizeilichen Daten nicht in Betracht.

Variante 14.2
Rechtmäßigkeit der Datenübermittlungen

A. Datenübermittlung an V.

I. Vorprüfung

634 Die Weitergabe der Daten zur strafrechtlichen Vita des K. sowie seines Lichtbildes stellt einen Eingriff in das Allgemeine Persönlichkeitsrecht, Art. 2 Abs. 1 iVm Art. 1 Abs. 1 GG, Art. 33 SächsVerf in Form des Rechts auf informationelle Selbstbestimmung dar (vgl. Definition Fall 4, Ziffer I.). Es handelt sich um eine Übermittlung personenbezogener Daten des K iSv § 2 Nr. 2 SächsDSUG, die gemäß § 2 Nr. 3 SächsDSUG eine Form der Datenverarbeitung darstellt, über die er grundsätzlich selbst zu bestimmen hat.

II. Ermächtigungsgrundlage

635 Die Ermächtigungsgrundlage könnte sich aus § 84 Abs. 4 Nr. 1 SächsPVDG ergeben. Diese Vorschrift ist gemäß § 53 Abs. 1 SächsPVDG nur dann einschlägig, wenn der PVD mit der Übermittlung der personenbezogenen Daten des K. an den Vorstand des FC Sachsenstadt eine polizeiliche Aufgabe erfüllt hat, die in den Anwendungsbereich des SächsDSUG fällt. Ansonsten wäre die Datenübermittlung gemäß § 53 Abs. 2 SächsPVDG an der DSGVO und dem SächsDSDG zu messen. Das SächsDSUG gilt nach seinem § 1 Abs. 1 S. 1 für die Verarbeitung personenbezogener Daten durch die für die Verhütung, Ermittlung, Aufdeckung, Verfolgung

Fall 14: „Die Daten der Fußballfans"

oder Ahndung von Straftaten oder Ordnungswidrigkeiten zuständigen öffentlichen Stellen des Freistaates Sachsen, soweit sie Daten zum Zweck der Erfüllung dieser Aufgaben verarbeiten.[533] Die Übermittlung der strafrechtlichen Daten des K. erfolgt, um dem Vorstand des FC Sachsenstadt zu ermöglichen, den Erlass eines Stadionverbots gegenüber K. zu prüfen. Ein derartiges Stadionverbot wäre grundsätzlich geeignet, um eine Anwesenheit des K. auf dem gesamten Betriebsgelände des Stadions zu verhindern und somit auch Straftaten des K. gegenüber gegnerischen Fans sowie an Sachen auf dem Gelände zu vermeiden.

III. Formelle Rechtmäßigkeit

1. Polizeiliche Aufgabe und sachliche Zuständigkeit

In den Fällen des § 84 Abs. 4 SächsPVDG liegt das Interesse an der Datenübermittlung regelmäßig auf der Seite der die Auskunft begehrenden nichtöffentlichen Stelle. Die Datenübermittlung dient mithin grundsätzlich der Aufgabe des Schutzes privater Interessen (§ 2 Abs. 2 SächsPVDG). Wie allerdings bereits unter Ziffer II. dargelegt, diente die Übermittlung der strafrechtlichen Daten des K. zumindest der Prüfung des Erlasses und der Durchsetzung eines Stadionverbots durch den Vorstand des FC Sachsenstadt, das zumindest geeignet wäre, eine Anwesenheit des K. auf dem gesamten Betriebsgelände des Stadions und somit auch die Begehung von Straftaten durch K. gegenüber gegnerischen Fans sowie an Sachen auf dem Gelände zu verhindern. Damit ergibt sich die polizeiliche Aufgabe aus § 2 Abs. 1 S. 3 SächsPVDG und die sachliche Zuständigkeit demgemäß aus § 2 Abs. 3, 1. Halbsatz SächsPVDG.[534] Ein mögliches Stadionverbot gegenüber K. würde sich aus dem privatrechtlichen Hausrecht ableiten, dass sich aus dem zivilrechtlichen Grundeigentum (Art. 14 Abs. 1 GG) ergibt und in den §§ 862, 1004 BGB in Form eines Anspruchs verbrieft ist[535]. Zwar handelt es sich um ein privates Recht iSv § 2 Abs. 2 SächsPVDG, indes ist bei der Ermittlung der polizeilichen Aufgabe maßgeblich auf die Intention des PVD bei Übermittlung der Daten an den Verein abzustellen, die hier auf die Verhinderung von Straftaten durch K. im Stadionbereich gerichtet ist. Dieselbe Zwecksetzung ergibt sich zudem aus § 1 Abs. 2 S. 1 der Stadionverbotsrichtlinie Sachsen, nach der durch Stadionverbote zukünftiges sicherheitsbeeinträchtigendes Verhalten vermieden und Betroffene zur Friedfertigkeit angehalten werden sollen, um die Sicherheit anlässlich von Fußballveranstaltungen zu gewährleisten. Adressat ist gemäß § 4 Abs. 1 der Stadionrichtlinie Sachsen, „eine Person (...), die im Zusammenhang mit dem Fußballsport, insbesondere anlässlich einer Fußballveranstaltung (...) oder eines Spiels (...) in einem oder mehreren der nachfolgend aufgeführten Fälle innerhalb oder außerhalb einer Platz- bzw. Hallenanlage in einer die Menschenwürde verletzenden Art und Weise oder sicherheitsbeeinträchtigend aufgetreten ist." Die Sicherheit auf dem Stadiongelände wird durch die Begehung von Straftaten durch K. gefährdet, so dass grundsätzlich auch eine Datenübermittlung von Amtswegen nach § 84 Abs. 3 Nr. 1 SächsPVDG möglich gewesen wäre.[536] Die Tatsache, dass im vorliegenden Fall V. ausnahmsweise von dem Anfangsverdacht der Begehung von Straftaten durch Fans des Sachsenstädter FC im Anschluss an das Fußballspiel in Prag bereits aus der Presse erfuhr und prompt einen Antrag auf Datenübermittlung stellte, rechtfertigt nicht die Annahme einer Datenübermittlung ausschließlich zum Schutz privater

---

533 Kritisch dazu *Arzt*, SächsVBl 2019, 310 (313).
534 So auch *Kirchhoff*, NJW 2017, 294 (294).
535 BVerfG, NVwZ 2018, 813 (815).
536 Vor dem Hintergrund, dass Eingriffe in das Recht auf informationelle Selbstbestimmung ein bereichsspezifisches Gesetzes erfordern und eine Datenübermittlung durch die Polizei an nichtöffentliche Stellen einen erheblichen Eingriff in das Grundrecht auf informationelle Selbstbestimmung darstellt, gebietet eine verfassungskonforme Auslegung der Norm die tatbestandliche Eingriffsschwelle zu erhöhen. Es müssen Tatsachen die Annahme rechtfertigen, dass eine konkrete Gefahr für Schutzgüter der öffentlichen Sicherheit besteht.

Rechte.[537] Damit bleibt es bei der polizeilichen Aufgabe nach § 2 Abs. 1 S. 3 SächsPVDG und der sachlichen Zuständigkeit nach § 2 Abs. 3, 1. Halbsatz SächsPVDG .

2. Verfahrens- und Formvorschriften
a) Anwendbarkeit des VwVfG

637 Die Anwendbarkeit des VwVfG setzt voraus, dass es sich bei der Datenweitergabe zwischen PVD und Verein um einen VA iSv § 1 S. 1 SächsVwVfZG iVm § 35 S. 1 VwVfG handelt. Maßgebend ist insoweit allein, ob die Maßnahme Regelungscharakter aufweist (vgl. Definition Fall 2, Ziffer III.). Der Auskunft durch den PVD mangelt es an einer auf eine unmittelbare Rechtsfolge gerichteten Regelung. Denn gegenüber dem Verein als Ersuchenden gemäß § 84 Abs. 4 Nr. 1 SächsPVDG wird keine konkludent ausgesprochene Entscheidung erlassen, ihm gegenüber den Anspruch auf Datenübermittlung erfüllen zu wollen. Die Prüfung der Voraussetzungen für eine Datenübermittlung nach § 84 Abs. 4 Nr. 1 SächsPVDG ist hier in die schlichte Datenübermittlung, nicht aber in eine gesonderte, als Verwaltungsakt zu charakterisierende Entscheidung gegenüber dem Ersuchenden gemündet.[538] Dass die Datenübermittlung hier in die Rechte des K. eingreift, nötigt nicht zu einer anderen Sichtweise. Denn auch Realakte können vielfältig in schutzwürdige Rechte der Betroffenen eingreifen, ohne dass sie dazu in der Handlungsform eines Verwaltungsakts ergehen müssten. Notwendig ist in einem solchen Fall aber eine Ermächtigungsgrundlage für das Eingriffshandeln der Polizei. Eine solche ist mit § 84 Abs. 4 Nr. 1 SächsPVDG hier gegeben.[539] Mithin sind die Verfahrensvorschriften des VwVfG nicht zu prüfen.

b) Hinweispflicht des PVD

638 Bei Übermittlungen an nichtöffentliche Stellen hat die Polizei gemäß § 84 Abs. 5 S. 2 SächsPVDG die empfangende Stelle darauf hinzuweisen, dass der Empfänger die übermittelten Daten nur zu dem Zweck verarbeiten darf, zu dessen Erfüllung sie ihm übermittelt worden sind. Dass der PVD die Pflicht, den Verein auf die Einhaltung der vorbezeichneten Verwendungsbeschränkungen hinzuweisen, mangels entsprechender Angaben im Sachverhalt nicht beachtet haben könnte, ist unschädlich, weil dies allenfalls die Verwendung, nicht aber die hier allein zu überprüfende Übermittlung der personenbezogenen Daten des K. betrifft.[540]

c) Dokumentationspflicht des PVD

639 Bei der Übermittlung personenbezogener Daten ist gemäß § 82 Abs. 1 S. 4 SächsPVDG ein Nachweis zu führen, aus dem die empfangende Stelle, der Tag und der wesentliche Inhalt der Übermittlung hervorgehen. Ein Verstoß gegen diese Vorschrift macht die Datenübermittlung als solche nicht rechtswidrig, kann aber zu nachträglichen Sanktionen und Schadensersatzansprüchen führen.

---

537 Regelmäßig haben die Vereine keine Kenntnis von fußballbezogenen Straftaten, die außerhalb des Stadionbereichs (An- und Abfahrtswegen, innerstädtische Bereiche) begangen, in deren Kontext strafrechtliche Ermittlungsverfahren eröffnet wurden und/oder polizeiliche Maßnahmen erfolgten. Der Verein hat auch bei Straftaten im Stadion keine Kenntnis vom genauen Sachverhalt, vom Adressaten des Verfahrens und der evtl. Relevanz für die Erteilung von Stadionverboten.
538 Bei einer Ablehnung eines entsprechenden Auskunftsersuchens ist die Rechtslage anders zu beurteilen, denn in diesem Fall wird dem Ersuchenden gegenüber verbindlich entschieden, dass ein Anspruch auf die begehrte Datenübermittlung nicht besteht (SächsOVG Urt. v. 10.11.2016 – Az.: 3 A 318/16, Rn. 20 – juris mwN).
539 So SächsOVG Urt. v. 10.11.2016 – Az.: 3 A 318/16, Rn. 20 – juris mwN.
540 SächsOVG, aaO, Rn. 43. Eine Absicht des Vereins, die übermittelten Daten zu anderen Zwecken zu verarbeiten, ist dem Sachverhalt nicht zu entnehmen, so dass § 84 Abs. 5 S. 3 SächsPVDG nicht zu prüfen ist.

d) Informations- und Benachrichtigungspflichten gegenüber dem Betroffenen K.

Nach § 92 Abs. 1 SächsPVDG gilt für die Pflicht der Polizei, betroffenen Personen allgemeine Informationen zu Datenverarbeitungen zur Verfügung zu stellen, § 11 SächsDSUG. Danach hat die Polizeidirektion Sachsenstadt als Verantwortliche iSv § 2 Nr. 8 SächsDSUG in allgemeiner Form und für jedermann zugänglich Informationen zur Verfügung zu stellen über: die Existenz eines Verarbeitungsvorgangs, die Zwecke der von ihm vorgenommenen Verarbeitungen, die im Hinblick auf die Verarbeitung ihrer personenbezogenen Daten bestehenden Rechte der betroffenen Person auf Auskunft, Berichtigung, Löschung und Einschränkung der Verarbeitung, den Namen und die Kontaktdaten des Verantwortlichen sowie des Datenschutzbeauftragten und das Recht, den Sächsischen Datenschutzbeauftragten anzurufen, und dessen Kontaktdaten.

Ob die PD Sachsenstadt solche allgemeinen Informationen zur Verfügung gestellt hat oder nicht, ist dem Sachverhalt nicht zu entnehmen. Ungeachtet dessen handelt es sich hier um eine Verfahrensvorschrift, die nicht die Rechtmäßigkeit der Datenübermittlung berührt, sondern allenfalls Schadensersatzpflichten nach sich ziehen kann.

§ 12 Abs. 1 SächsDSUG greift nicht, weil keine spezielle Benachrichtigungspflicht hinsichtlich der vorliegenden Datenübermittlung besteht.

Da K. auch keine Auskunft begehrt, scheidet eine Information des K. nach § 13 SächsDSUG ebenfalls aus.

IV. Materielle Rechtmäßigkeit

1. Tatbestandsvoraussetzungen

a) Allgemeine Voraussetzungen zur Datenübermittlung

Die übermittelnde Polizeidienststelle hat gemäß § 82 Abs. 1 SächsPVDG die Zulässigkeit der Datenübermittlung zu prüfen. Erfolgt die Datenübermittlung – wie hier – aufgrund eines Ersuchens der empfangenden Stelle, hat die übermittelnde Polizeidienststelle zu prüfen, ob das Übermittlungsersuchen im Rahmen der Aufgaben der empfangenden Stelle liegt. Gemäß der Präambel der Stadionverbotsrichtlinie Sachsen hat der Fußballverein als Verantwortungsträger die Verpflichtung, für die Sicherheit im Stadionbereich zu sorgen. Dies hat ua mittels Durchsetzung seines Hausrechtes durch Ausspruch eines Stadionverbotes zu erfolgen. Dafür dienen die dem V. übermittelten Daten des PVD.

Ein Datenübermittlungsverbot nach § 83 SächsPVDG ist nicht ersichtlich

b) Voraussetzungen des § 84 Abs. 4 Nr. 1 SächsPVDG

Auf Ersuchen einer nichtöffentlichen Stelle können gemäß § 84 Abs. 4 Nr. 1 SächsPVDG durch den PVD personenbezogene Daten übermittelt werden, soweit diese ein rechtliches Interesse an der Kenntnisnahme der zu übermittelnden Daten glaubhaft macht und kein Grund zu der Annahme besteht, dass schutzwürdige Interessen des Betroffenen überwiegen.

aa) Nichtöffentliche Stelle

Bei dem FC Sachsenstadt als eingetragenem Verein handelt es sich um eine juristische Person des Privatrechts, also um eine nichtöffentliche Stelle, die laut Sachverhalt – ordnungsgemäß vertreten durch V. – ein schriftliches Ersuchen an die PD Sachsenstadt gerichtet hat, indem eine Datenübermittlung hinsichtlich K. begehrt wird.

bb) Rechtliches Interesse

647 Ein rechtliches Interesse besteht, soweit Daten für die Feststellung, Durchsetzung oder Verteidigung von Rechten oder Ansprüchen benötigt werden; es braucht nicht nachgewiesen, sondern nur glaubhaft gemacht werden. Zur Glaubhaftmachung kann nicht verlangt werden, dass sich die Behörde an die Stelle des zuständigen Gerichts setzen und eine sozusagen bis ins Letzte gehende Vorprüfung der rechtlichen Belange vornehmen muss. Allerdings muss der Antragsteller eine gewisse Schlüssigkeit dafür dartun, dass die angeforderten Daten für die Rechtsverfolgung benötigt werden.[541]

648 Das rechtliche Interesse an der Kenntnis der verfahrensgegenständlichen Daten findet im gegebenen Fall seine Grundlage in der Erhebung und der Durchsetzung zivilrechtlicher Abwehransprüche. Der Fußballverein hat zum Erlass und zur Durchsetzung seines Hausrechtes durch Ausspruch eines Stadionverbotes einen zivilrechtlichen Unterlassungsanspruch. Gemäß § 1 Abs. 1 der Stadionverbotsrichtlinie Sachsen ist ein Stadionverbot die auf der Grundlage des Hausrechts gegen eine natürliche Person wegen sicherheitsbeeinträchtigenden Auftretens im Zusammenhang mit dem Fußballsport, insbesondere anlässlich einer Fußballveranstaltung, innerhalb oder außerhalb einer Platz oder Hallenanlage vor, während oder nach der Fußballveranstaltung festgesetzte Untersagung, bei vergleichbaren zukünftigen Veranstaltungen eine Platz- oder Hallenanlage zu betreten oder sich dort aufzuhalten. Zweck des Stadionverbotes ist es nach § 1 Abs. 2 der genannten Richtlinie, zukünftiges sicherheitsbeeinträchtigendes Verhalten zu vermeiden und den Betroffenen zur Friedfertigkeit anzuhalten, um die Sicherheit anlässlich von Fußballveranstaltungen zu gewährleisten. Inhaltlich entsprechen die Bestimmungen der Stadionverbotsrichtlinie Sachsen dabei weitgehend den DFB-Richtlinien zur einheitlichen Behandlung von Stadionverboten.

649 K. wurde im Zusammenhang mit den Sachbeschädigungen im Anschluss an die Begegnung des FC Sachsenstadt gegen Prag von der tschechischen Polizei festgenommen, so dass zumindest Tatsachen existieren dürften, die seine Tatbeteiligung nahelegen. Hinzu kommen die bisherigen Strafverfahren, die gegen K. geführt wurden und seine führende Stellung bei „Kommando Himmelblau" (vgl. die im Bescheid im Fall 1 sowie die dort unter Ziffer IV. 1. Dargestellten Erwägungen). Der Umstand, dass K. in Bezug auf das Anlassverfahren nicht während eines Fußballspiels des FC Sachsenstadt oder in der engsten Umgebung des Sachsenstädter Fußballstadions strafrechtlich relevant auffällig geworden war, ist für die Datenübermittlung auf Grundlage von § 84 Abs. 4 Nr. 1 SächsPVDG unschädlich. Ein sachlicher Zusammenhang zwischen dem Auswärtsspiel des FC Sachsenstadt gegen Prag ist aufgrund der zeitlichen und örtlichen Nähe zum Ende der Fußballbegegnung in Prag gegeben. Die Datenübermittlung an den Verein war zur Abwehr erheblicher Nachteile für das Gemeinwohl erforderlich und verfolgte das Ziel, den Verein in die Lage zu versetzen, eigenverantwortlich die Erteilung eines Stadionverbotes zu prüfen. Ausweislich der Präambel der o. g. Richtlinien zur einheitlichen Behandlung von Stadionverboten bezwecken derartige Verbote, die Sicherheit und Ordnung bei Fußballereignissen zu gewährleisten und hierbei Ausschreitungen unfriedlicher Personen zu verhindern bzw. zu reduzieren sowie den ordnungsgemäßen Spielbetrieb zu gewährleisten; dies ist Aufgabe aller im Zusammenhang mit dem Fußball tätigen Verantwortungsträger. Die Erfüllung der beschriebenen Aufgabe ist den Vereinen nur möglich, wenn die Sicherheitsbehörden ihnen Erkenntnisse, die über einzelne gewalttätige Fans vorliegen, mitteilen. Anderenfalls wären den Vereinen weitgehend die Hände gebunden; sie hätten mangels Kenntnis praktisch kaum die Möglichkeit, Einfluss auf unfriedliche Fußballfans zu nehmen, was zugleich zur Folge hätte, dass der Polizei die ohnehin schwierige Aufgabe der Gefahrenabwehr in diesem Bereich noch weiter

---

541 SächsOVG Urt. v. 10.11.2016 – Az.: 3 A 318/16, Rn. 30 – juris.

Fall 14: „Die Daten der Fußballfans"

erschwert würde. Die Entscheidung darüber, ob tatsächlich ein Stadionverbot erteilt wird, obliegt allein den Vereinen. Die Erteilung stellt keineswegs die zwangsläufige Folge der Datenübermittlung dar; letztere vermittelt den Vereinen lediglich die Informationsgrundlage, um in eigener Zuständigkeit prüfen zu können, ob die Voraussetzungen für eine solche Maßnahme vorliegen. Zu dem beabsichtigten Zweck, den Verein in die Lage zu versetzen, über ein Stadionverbot zu entscheiden, ist die Datenübermittlung durchaus geeignet. Es liegt auf der Hand, dass eine drohende Information des Vereins und – als mittelbare Folge – ein drohendes Stadionverbot eine verhaltenssteuernde Wirkung auch gegenüber solchen Gewalttätern zu entfalten vermag, die „nur" vor und nach dem eigentlichen Spiel Erregungsableitung suchen.[542] Die Übermittlung eines Lichtbilds des K. kann nur in Betracht kommen, wenn der Veranstalter glaubhaft macht, dass die Durchsetzung eines Stadionverbotes auf andere Weise ausgeschlossen wäre (zB hohe Besucherzahl, Hochrisikospiel, hohe Anzahl gewaltaffiner Personen, etc.). Zudem müsste der Verein darlegen, dass dem eingesetzten privaten Sicherheitsdienst bei der Einlasskontrolle eine bloße Inaugenscheinnahme der Lichtbilder nicht ausreicht, um die Entdeckung des K. und damit die Durchsetzung eines Stadionverbots zu gewährleisten. Mangels entsprechendem Vortrag des Vereins ist zweifelhaft, ob die Übermittlung des Lichtbildes des K. zwingend erforderlich ist, um K. vor dem Eintritt in den Stadionbereich zu erkennen und ihn am Betreten des Geländes zu hindern. Mithin hat der Verein die Erforderlichkeit der Datenübermittlung insoweit nicht glaubhaft gemacht.

cc) Kein schutzwürdiges Interesse des K.

Zu prüfen ist weiterhin, ob der Datenübermittlung ein schutzwürdiges Interesse des K. entgegensteht. Die Übermittlung von personenbezogenen Daten durch die Polizei an Private stellt einen besonders intensiven Eingriff in das Grundrecht auf informationelle Selbstbestimmung dar. Mit einer Datenübermittlung an Private wird die Herrschaft über die Daten zugunsten eines nicht grundrechtsgebundenen Privaten aufgegeben. Die Nutzung der Daten erfolgt losgelöst vom ursprünglichen Verwendungszusammenhang. Durch die Übermittlung an einen Privaten werden nicht kontrollierbare Risiken für den Betroffenen geschaffen. Ein überwiegendes Geheimhaltungsinteresse des K. ist desto eher anzunehmen, je gravierender die Übermittlung in dessen Privatsphäre eingreift. Auf Seiten des Vereins ist insbesondere zu berücksichtigen, ob dessen Ansprüche oder sonstigen rechtliche Interessen ohne die Datenübermittlung vereitelt würden. Für die Abwägung erheblich sind ferner die Art und Menge der erbetenen Daten sowie der Verwendungszweck.[543] Der Schutz der Rechtsordnung und der Individualrechtsgüter anderer ist jedoch im konkreten Fall als höherrangig zu bewerten. Auch das Interesse des FC Sachsenstadt eV, Sorge dafür zu tragen, dass es zu keinen wesentlichen Rechtsgutverletzungen bei Besuchern eines Fußballspiels oder sonstigen sicherheitsrelevanten Störungen kommt, überwiegt das schutzwürdige Interesse des K. Dieser war im Zusammenhang mit dem Auswärtsspiel in Prag am 15.10.2022, aber auch bereits in den Jahren 2020 und 2021 im Zusammenhang mit Fußballspielen des FC Sachsenstadt in strafrechtlich relevanter Weise in Erscheinung getreten. Überdies nimmt er eine führende Rolle im zumindest gewaltgeneigten Fanzusammenschluss „Kommando Himmelblau" ein. Dies sind objektive Feststellungen. Somit bestand die Gefahr künftiger Störungen durch K. Eine entsprechende Gefahr wird regelmäßig bei vorangegangenen rechtswidrigen Beeinträchtigungen vermutet, wobei an die Annahme der Gefahr von Störungen keine überhöhten, lebensfremden Anforderungen zu stellen sind.[544]

650

---

542 VG Leipzig Urt. v. 26.10.2015 – Az.: 3 K 1271/14, Rn. 27; VG Düsseldorf Urt. v. 10.1.2011 – Az.: 18 K 3229/10, Rn. 57 – beide juris.
543 VG Gelsenkirchen Urt. v. 23.3.2020 – 17 K 3482/16, Rn. 66 – juris.
544 VG Leipzig, aaO, Rn. 29 unter Hinweis auf BGH Urt. v. 30.10.2009 – Az.: V ZR 253/08 – juris.

Die Abwägung der betroffenen Rechtsgüter ergibt, dass das Interesse der Allgemeinheit sowie das Interesse an einem friedlichen Verlauf von Fußballveranstaltungen das Interesse des K. an seinem Grundrecht auf informationelle Selbstbestimmung überwiegt. Auch das Interesse des FC Sachsenstadt, im Rahmen seiner Schutzpflichten gegenüber Dritten und im Rahmen der ihm obliegenden allgemeinen Verkehrssicherungspflicht Gefährdungen für andere auszuschließen, überwiegt das Interesse des Klägers an der Nichtweitergabe von Daten zu seiner Person, wobei ohnehin nur diejenigen Daten übermittelt werden durften und auch übermittelt wurden, die der Verein im Rahmen seines rechtlichen Interesses benötigte.[545] Für die Verhängung eines Stadionverbots ist ein sachlicher Grund erforderlich. Ein solcher ist bereits in der begründeten Besorgnis zu sehen, dass von einer Person die Gefahr künftiger Störungen ausgeht. Angesichts des berechtigten Interesses der Stadionbetreiber an einem störungsfreien Verlauf der Fußballspiele und ihrer Verantwortung für die Sicherheit von Sportlern und Publikum bedarf es hierfür nicht der Erweislichkeit vorheriger Straftaten oder rechtswidrigen Handelns. Es reicht, dass sich die Besorgnis künftiger Störungen durch die Betroffenen auf konkrete und nachweisliche Tatsachen von hinreichendem Gewicht stützen lässt.[546] Ohne die übermittelten Kurzsachverhalte mit entsprechenden Aktenzeichen kann der FC Sachsenstadt einen fußballspezifischen Zusammenhang der gegen K. geführten Strafverfahren nicht feststellen und damit noch nicht einmal prüfen, ob ein Stadionverbot gegen K. in Betracht kommt. Mit den genau bezeichneten Strafverfahren und den aussagekräftigen Kurzsachverhalten kann der Verein ein etwaiges Stadionverbot gegen K. mit den vom BverfG geforderten Tatsachen untermauern. Fraglich bleibt schließlich, ob der Übermittlung des Lichtbildes des K. an den Verein ein schutzwürdiges Interesse des K. entgegenstand. Für die reine Erteilung eines Stadionverbotes ist die Kenntnis des Vereins über das „Aussehen der Person" nicht erforderlich. Das gilt insbesondere dann, wenn die Daten, die den kriminellen Lebenslauf des Betroffenen beinhalten, lediglich zur Prüfung des Erlasses eines Stadionverbotes dem Verein übermittelt werden. Eine Übermittlung von Lichtbildern des Betroffenen im Kontext einer Datenübermittlung zur Anregung eines Stadionverbotes durch die Polizei nach § 84 Abs. 3 SächsPVDG würde unangemessen die schutzwürdigen Interessen des K. betreffen. Im vorliegenden Fall erfolgte die Übermittlung des Lichtbildes zwar auf Antrag des Vereins und nicht von Amts wegen. Nachdem der Verein von den Ausschreitungen im Anschluss an das Fußballspiel in Prag erfuhr, war der Vorstandsvorsitzende fest entschlossen, ein Stadionverbot gegenüber K. zu erlassen. Dennoch wird der Verein nach der Übermittlung von Kurzsachverhalten, Datum, Vorgangsnummer (ggf. Justizaktenzeichen) und strafrechtlichem Tatvorwurf zunächst das Vorliegen der Voraussetzungen für den Erlass des Stadionverbotes prüfen, ggf. das Stadionverbot fertigen und es K. dann bekanntgeben müssen. Erst nach der Bekanntgabe wird das Stadionverbot gegenüber K. wirksam und erst zu diesem Zeitpunkt stehen der Übermittlung des Lichtbildes keine schutzwürdigen Interessen des K. entgegen. In Bezug auf die Übermittlung des Lichtbildes liegen mithin die Tatbestandsvoraussetzungen des § 84 Abs. 4 Nr. 1 SächsPVDG derzeit nicht vor.

2. Adressat

651 Adressat der Datenübermittlung ist K. als „Betroffener" iSv § 84 Abs. 4 Nr. 1 SächsPVDG, in dessen Grundrecht auf informationelle Selbstbestimmung eingegriffen wurde.

---

545 VG Leipzig, aaO, Rn. 29.
546 BVerfG, NVwZ 2018, 813 (815).

3. Ermessen[547]

a) Entschließungsermessen

Da die auf der Tatbestandsseite vorgenommene Abwägung der Interessen des FC Sachsenstadt und des K. in Bezug auf die kriminelle Vita zu einer Zulässigkeit der Übermittlung geführt hat und keine entgegenstehenden besonderen Umstände des Falls erkennbar sind, müssen in der Regel schon unter Beachtung des Gleichbehandlungsgrundsatzes keine weitergehenden Ermessenserwägungen angestellt werden. Die Übermittlung muss vorgenommen werden (intendiertes Ermessen).[548] Das Entschließungsermessen war damit diesbezüglich auf Null reduziert. 652

Überdies sind insoweit keine Ermessensfehler des PVD ersichtlich. Insbesondere ist nicht von einem Ermessensausfall auszugehen, weil der szenekundige Beamte der PD Sachsenstadt nicht erkannt haben könnte, dass bei seiner Entscheidung über den Antrag des FC Sachsenstadt gemäß § 84 Abs. 4 SächsPVDG nach Ermessen zu entscheiden war. Zwar kann dem Fehlen entsprechender Erwägungen bei der Begründung eines VA regelmäßig das Indiz für einen Ermessensausfall entnommen werden. Diese Grundsätze gelten hier aber nicht uneingeschränkt, denn vorliegend ist das Übermittlungsschreiben mangels Verwaltungsaktcharakter oder ähnlicher Wirkungen nicht an die Anforderungen des § 39 Abs. 1 S. 3 VwVfG gebunden, wonach die Begründung einer Ermessensentscheidung die Gesichtspunkte erkennen lassen muss, von denen die Behörde bei der Ausübung des Ermessens ausgegangen ist. Demgemäß kann bei polizeilichen Maßnahmen schon der Verweis auf die Ermächtigungsgrundlage und den damit verfolgten Zweck ausreichen, soweit keine besonderen Umstände des Einzelfalls auftreten.[549] Die Datenübermittlung war mangels gegenteiliger Hinweise im Sachverhalt auch inhaltlich zutreffend, so dass auch insoweit kein Ermessensfehler erkennbar ist.[550] 653

b) Auswahlermessen, § 5 Abs. 2 SächsPVDG

Eine andere Möglichkeit als die vorgenommene Datenübermittlung, dem FC Sachsenstadt zumindest die Prüfung des Erlasses eines Stadionverbots gegenüber K. zu ermöglichen, war nicht gegeben. 654

4. Verhältnismäßigkeit[551]

a) Geeignetheit, § 5 Abs. 1 SächsPVDG

Die Übermittlung der personenbezogenen Daten des K. ist prinzipiell tauglich, um eine Prüfung und damit den Erlass eines Stadionverbots gegenüber K. zu bewirken. Damit wird dem PVD die rechtliche Möglichkeit geboten, K. vom Stadionbereich fernzuhalten und auf diese Weise die Begehung Straftaten durch K., wie in der Vergangenheit im Zusammenhang mit Fußballspielen geschehen, zu verhindern. 655

---

547 Definitionen s. o. Fall 1 IV. 3.
548 SächsOVG, aaO, Rn. 42.
549 SächsOVG, aaO, Rn. 41 f.
550 Die Mitteilung der Einleitung eines Ermittlungsverfahrens gegen einen angeblich gewaltbereiten Fußballfan an den Fußballclub zur Ermöglichung der Verhängung eines Stadionverbots ist rechtswidrig, wenn zwar die Polizei von einem Anfangsverdacht hinsichtlich der Begehung von Straftaten ausgegangen war, die Staatsanwaltschaft die Einleitung von Ermittlungen jedoch aus tatsächlichen Gründen nach § 152 Abs. 2 StPO abgelehnt hat (vgl. VG Köln Urt. v. 28.4.2016 – Az.: 20 K 583/14, Rn. 37 – juris).
551 Definitionen s. o. Fall 1 IV. 4.

b) Erforderlichkeit, § 5 Abs. 2 SächsPVDG

656 Die strafrechtsrelevanten Verhaltensweisen in Prag am Abend des 15.10.2022 waren von erheblichem Gewicht, zeugten von hohem Zerstörungs- und Aggressionspotential und führten mit sehr hoher Wahrscheinlichkeit zu erheblichen Ängsten unbeteiligter Dritter. Die Übermittlung der Daten war zugleich auch das mildeste Mittel, um dem Verein die Möglichkeit eines entsprechenden Vorgehens zur Ergreifung von Maßnahmen überhaupt zu eröffnen. Angesichts des zugrunde liegenden Geschehens vom 15.10.2022, seinen strafrechtlich relevanten Auffälligkeiten in den Jahren 2020 und 2021 sowie seine rädelsführende Stellung bei der gewaltgeneigten Gruppierung „Kommando Himmelblau" war die Datenübermittlung an den FC Sachsenstadt zur Abwehr erheblicher Nachteile für das gemeine Wohl erforderlich. Der Verein war zur Prüfung geeigneter Schritte, um von seinen eigenen Fans ausgehende Gefahren für andere Güter zu minimieren bzw. zu verhindern, auch verantwortlich. Namentlich Stadionverbote bezwecken ausweislich der Präambel der Stadionverbotsrichtlinie Sachsen, die Sicherheit und Ordnung bei Fußballspielen zu gewährleisten und Ausschreitungen unfriedlicher Personen zu verhindern. Die Erfüllung der beschriebenen Aufgaben ist dem Verein denknotwendigerweise nur möglich, wenn die Sicherheitsbehörden ihnen Erkenntnisse über einzelne gewalttätige oder sonst auffällige Fans mitteilen können. Anderenfalls wären die Vereine von erforderlichen Informationen weitgehend abgeschnitten und die Kenntnis entsprechender Daten dem Zufall zu verdanken. Die Möglichkeit der Fußballvereine wie auch der Polizei, ihrer Verantwortung zur Bekämpfung von Gefahren durch gewaltbereite Fans nachzukommen, würde dadurch deutlich reduziert.[552] Der Erlass einer Aufenthaltsverbotsverfügung durch die Polizei anstelle der Datenübermittlung an den Verein, dürfte mangels Akzeptanz durch den Betroffenen aber auch wegen der schwierigen Möglichkeit deren Einhaltung zu überprüfen kein ebenso geeignetes Mittel sein.[553]

c) Angemessenheit, § 5 Abs. 3 SächsPVDG

657 Es bestehen auch sonst keine Bedenken an der Angemessenheit der Übermittlung der Daten. Insoweit ist auf die Abwägung des Rechts auf informationelle Selbstbestimmung des K. mit den schutzwürdigeren Interessen des PVD und des FC Sachsenstadt an der Übermittlung der Daten unter Ziffer IV. 1. Zu verweisen.

V. Ergebnis

658 Die Datenübermittlung war bezüglich der kriminellen Vita des K. rechtmäßig, im Hinblick auf das Lichtbild des K. indes rechtswidrig.

B. Datenübermittlung an G.
I. Vorprüfung
1. Grundrechtseingriff

659 Die Weitergabe der Daten zum polizeilich relevanten Lebenslauf des K. stellt erneut einen Eingriff in das Allgemeine Persönlichkeitsrecht, Art. 2 Abs. 1 iVm Art. 1 Abs. 1 GG, Art. 33 SächsVerf in Form des Rechts auf informationelle Selbstbestimmung dar.

---

552 VG Leipzig, aaO, Rn. 30.
553 *Kirchhoff*, NJW 2017, 294 (297).

II. Ermächtigungsgrundlage

Die Übermittlung der Erkenntnisse über das polizeilich relevante Verhalten des K., das in der Meldeauflage Niederschlag gefunden hat, durch die PD Sachsenstadt an G. könnte auf § 84 Abs. 2 Nr. 2 SächsPVDG beruhen.

III. Formelle Rechtmäßigkeit

1. Polizeiliche Aufgabe und sachliche Zuständigkeit

Die polizeiliche Aufgabe richtet sich erneut nach § 2 Abs. 1 S. 3 SächsPVDG und die sachliche Zuständigkeit nach § 2 Abs. 3, 1. Halbsatz SächsPVDG, weil die Datenübermittlung durch die PD Sachsenstadt zur Verhinderung von Straftaten gegenüber G. während seiner (derzeit noch geplanten) Vollstreckungshandlungen bei K. erfolgt.

2. Verfahrens- und Formvorschriften

Gemäß § 84 Abs. 5 S. 1 SächsPVDG darf der Empfänger darf die übermittelten Daten nur zu dem Zweck verarbeiten, zu dessen Erfüllung sie ihm übermittelt worden sind. Fraglich ist, ob es eines entsprechenden Hinweises auf diese datenschutzrechtliche Verpflichtung an G. durch die PD Sachsenstadt bedurfte. Dann müsste es sich bei G. um eine nichtöffentliche Stelle handeln. G. wurde vom Finanzamt als Vollstreckungsbehörde iSv § 4 Abs. 1 S. 1 Nr. 2 SächsVwVG beauftragt, die Vollstreckung der Forderung aus einem an K. gerichteten Leistungsbescheid, dh einem Verwaltungsakt, der auf eine Zahlung gerichtet ist, der von einer Behörde des Freistaates Sachsen, der PD Sachsenstadt, erlassen wurde, durchzuführen. Er wird mithin für eine öffentliche Stelle tätig. Damit besteht die Hinweispflicht nach § 84 Abs. 5 S. 2 SächsPVDG nicht.

Hinsichtlich der Dokumentationspflicht nach § 82 Abs. 1 S. 4 SächsPVDG, der Informations- und Benachrichtigungspflichten gegenüber dem Betroffenen K. nach § 92 SächsPVDG und der mangelnden Anwendbarkeit des VwVfG wird auf die Ausführungen unter A. III. 2. A, c, d verwiesen.

IV. Materielle Rechtmäßigkeit

1. Tatbestandsvoraussetzungen

a) Allgemeine Voraussetzungen zur Datenübermittlung

Die PD Sachsenstadt hat als übermittelnde Polizeidienststelle erneut zu prüfen, ob das Übermittlungsersuchen des G. im Rahmen der Aufgaben der empfangenden Stelle liegt. Das zuständige Finanzamt als Vollstreckungsbehörde iSv § 4 Abs. 1 S. 1 Nr. 2 SächsVwVG hat gemäß § 14 Abs. 1 S. 1 SächsVwVG den G. als Gerichtsvollzieher mit der Beitreibung in bewegliche Sachen ersucht. G. beabsichtigt, gemäß § 14 Abs. 1 S. 2 SächsVwVG als Vollstreckungsbediensteter tätig zu werden. In diesem Rahmen ist er gemäß § 6 Abs. 1 S. 1 SächsVwVG auch grundsätzlich befugt, die Wohnräume des Schuldners K. zu betreten, um Vollstreckungsmaßnahmen in Form von Pfändungen (vgl. § 14 Abs. 1 S. 2 SächsVwVG iVm § 286 Abs. 1 AO) durchzuführen. Gemäß § 42a Abs. 1 S. 1 SächsJG kann der Gerichtsvollzieher zur Abwehr von Gefahren für Leib und Leben bei Vollstreckungsmaßnahmen, die zu einem schwerwiegenden Eingriff bei dem Schuldner führen, vor deren Durchführung bei der für den Wohnort des Schuldners zuständigen Polizeidienststelle anfragen, ob personengebundene Hinweise über eine Gefährlichkeit oder Gewaltbereitschaft des Schuldners vorliegen. Mithin obliegt es G. vor einer Vollstreckungsmaßnahme eine Gefährlichkeit des Schuldners zu prüfen und für diesen Fall Vollzugshilfe durch die Polizei anzufordern.

Ein Datenübermittlungsverbot nach § 83 SächsPVDG ist nicht ersichtlich.

b) Voraussetzungen des § 84 Abs. 2 SächsPVDG

664 Auf Ersuchen einer anderen als die Behörden nach Absatz 1 und sonstigen öffentlichen Stellen können gemäß § 84 Abs. 2 SächsPVDG durch den PVD personenbezogene Daten, die der PVD in Erfüllung seiner Aufgaben erlangt hat, übermittelt werden, wenn einer der Gründe nach § 82 Abs. 2 Nr. 1 oder Nr. 2 a) bis d) SächsPVDG vorliegt.

Eine Datenübermittlung nach § 84 Abs. 2 Nr. 1 SächsPVDG scheidet aus, weil keine Rechtsvorschrift existiert, die es dem PVD explizit gestattet, Gerichtsvollziehern vor dem Hintergrund einer Gefährlichkeitsanfrage personenbezogene Daten über Schuldner im Vorfeld einer Vollstreckungsmaßnahme zu übermitteln.

Damit bleibt zu prüfen, ob eine Datenübermittlung unter Beachtung des § 79 Absatz 2 bis 4 zulässig und erforderlich ist:

- zur Erfüllung ihrer Aufgaben (a),
- zur Verfolgung von Straftaten oder Ordnungswidrigkeiten, zur Strafvollstreckung oder zum Strafvollzug (b),
- zum Zweck der Gefahrenabwehr an für die Gefahrenabwehr zuständige öffentliche Stellen (c) oder
- zur Abwehr einer schwerwiegenden Beeinträchtigung der Rechte Einzelner (d).

Die Polizei kann gemäß § 79 Abs. 2 S. 1 SächsPVDG nur *zur Erfüllung ihrer Aufgaben* personenbezogene Daten zu anderen Zwecken, als denjenigen, zu denen sie erhoben worden sind, weiterverarbeiten. Mit der Datenübermittlung soll G. allerdings erst in die Lage versetzt werden, die Gefährlichkeit des G. einzuschätzen, seine Vollstreckungsmaßnahmen an dem Gefahrenpotenzial, das einer Zwangsvollstreckung bei K. innewohnt, auszurichten und ggf einen Antrag auf Vollzugshilfe durch den PVD zu stellen. Eine Auskunftserteilung stellt mithin nur dann eine Aufgabe des PVD dar, wenn die Datenübermittlung für den Schutz des Vollstreckungsbediensteten G. vor Gefahren im Zusammenhang mit der anstehenden Vollstreckungsmaßnahme erforderlich ist. Dies ist dann der Fall, wenn der Vollstreckungsbedienstete G. mit dieser Kenntnis entsprechende Sicherungsmaßnahmen zum Selbstschutz vornehmen kann. Sollte der PVD die Gefährlichkeit des Vollstreckungsschuldners feststellen, ist er grundsätzlich verpflichtet, die polizeiliche Begleitung des Vollstreckungsbediensteten G. bei der Vollstreckungsmaßnahme als einzig geeignetes Mittel iSv § 5 Abs. 1 SächsPVDG zur Abwehr von Gefahren für die Rechtsgüter des G. aus Art. 2 Abs. 2 S. 1 GG vorzunehmen. Die separate Auskunftserteilung über die dem PVD vorliegenden Daten an die Vollstreckungsbehörde bzw. den Vollstreckungsbediensteten G., auf deren Grundlage von einer Gefährlichkeit der anstehenden Vollstreckungsmaßnahme bei K. ausgegangen wird, ist bereits deshalb rechtswidrig, weil allein mit der Weitergabe der Informationen über K. der PVD seiner Aufgabe des gefahrenabwehrrechtlichen Schutzes der Rechtsgüter des G. aus Art. 2 Abs. 2 S. 1 GG gerade nicht hinreichend genügt.

Überdies könnte es für eine Übermittlung von personenbezogenen Daten des K. an G. an einer ausreichenden gesetzlichen Ermächtigungsgrundlage fehlen. Nach der Rechtsprechung des Bundesverfassungsgerichts[554] muss beim Datenaustausch zwischen Behörden einer Erhebungsvorschrift bei der ersuchenden Stelle eine Übermittlungsbefugnis bei der übermittelnden Stelle korrespondieren. Dementsprechend ist eine gesetzliche Befugnis einer öffentlichen Stelle zur Erhebung personenbezogener Daten bei der Polizei nicht zugleich die Rechtsgrundlage für eine Übermittlung der erbetenen Informationen durch die Polizei. Eine Ermächtigung für die Übermittlung muss sich aus einer ausdrücklichen die Übermittlung durch die Polizei regelnden Rechtsvorschrift ergeben, die auch außerhalb des SächsPVDG (vgl. § 84 Abs. 2 Nr. 1

---

554 Beschl. v. 24.1.2012 – Az.: 1 BvR 1299/05, Rn. 123 – juris.

SächsPVDG) normiert sein kann. Gesetzliche Erhebungsbefugnisse, die Behörden berechtigen, personenbezogene Anfragen an die Polizei zu richten, aber keine (Rück)Übermittlungsbefugnis der angefragten Polizei enthalten, genügen den Vorgaben der bundesverfassungsgerichtlichen Rechtsprechung nicht. Wie bereits oben dargestellt, enthält § 42a SächsJG[555] keine (Rück)Übermittlungsbefugnis für den PVD, sodass keine Rechtsgrundlage für die Übermittlung der Informationen zum polizeilich relevanten Lebenslauf des K. an G. besteht.

c) Anforderungen des § 5 SächsDSUG

Die Datenübermittlung könnte überdies gegen § 5 SächsDSUG verstoßen. 665

Eine Verarbeitung personenbezogener Daten zu einem anderen Zweck als zu demjenigen, zu dem sie erhoben wurden, ist nach § 5 S. 1 SächsDSUG zulässig, wenn es sich bei dem anderen Zweck um einen der in § 1 Abs. 1 und 2 SächsDSUG genannten Zwecke handelt, der Verantwortliche befugt ist, Daten zu diesem Zweck zu verarbeiten, und die Verarbeitung zu diesem Zweck erforderlich und verhältnismäßig ist. Das SächsDSUG gilt u. A. für die Verarbeitung von personenbezogenen Daten zur Verhütung von Straftaten. Die Verarbeitung von Strafverfahrensdaten obliegt nicht dem Finanzamt als Vollstreckungsbehörde bzw. dem GVZ als Vollstreckungsbediensteter. Ihre Aufgaben ergeben sich aus den §§ 14 ff. SächsVwVG sowie den Vorschriften der AO und der ZPO bezüglich Zwangsvollstreckung. Die Verhütung von Straftaten obliegt der Staatsanwaltschaft bzw. den Ermittlungspersonen. Die Übermittlung von polizeirelevanten Daten über K. dient der Gewährleistung einer ordnungsgemäßen Durchführung der Zwangsvollstreckung durch G. bei K. und nicht zur Straftatenverhütung durch G. Mithin erfolgt die Übermittlung nicht zu einem in § 1 Abs. 1, 2 SächsDSUG genannten Zweck. G. kann mit den übermittelten Daten nicht unmittelbar Straftaten verhüten, sondern bedarf dann erneut der Unterstützung des PVD.

Das Finanzamt als Vollstreckungsbehörde, für das G. als Vollstreckungsbediensteter tätig werden soll, ist eine Behörde, die Daten im Anwendungsbereich der DSGVO Daten verarbeitet. Bei einer Übermittlung personenbezogener Daten durch den PVD an G. als Amtswalter einer Behörde aus dem Bereich der DSGVO ist § 5 Satz 2 SächsDSUG zu beachten. Danach ist die Verarbeitung personenbezogener Daten zu einem anderen, in § 1 Abs. 1 und 2 SächsDSUG nicht genannten Zweck (nur) zulässig, wenn sie in einer Rechtsvorschrift vorgesehen ist. Eine solche Rechtsvorschrift für den PVD existiert, wie bereits dargestellt, nicht.

2. Ergebnis

Die Übermittlung der polizeirelevanten Daten über K. an G. war rechtswidrig.

Fall 15: „Ohne Dich will ich nicht leben"

Sachverhalt

Im Führungs- und Lagezentrum der Polizeidirektion Sachsenstadt geht am Einsatztag, einem Samstag um 22:30 Uhr ein Anruf der 25-jährigen Susi Sorglos (S.) ein. Sie berichtet, dass sie sich in der letzten Woche von ihrem langjährigen Freund, dem 29-jährigen Torsten Traurig (T.), getrennt habe und aus der gemeinsamen Wohnung ausgezogen sei. Soeben habe T. sie angerufen und habe, wie er es seit Tagen mehrfach tue, erneut von ihr verlangt, dass sie zu ihm zurückkehre. Als sie dies vehement abgelehnt habe, habe er angekündigt „sich umzubringen". T. habe vor vier

---

[555] Gleiches gilt für § 757a ZPO.

Jahren bereits einmal versucht, sich das Leben zu nehmen. Er wollte sich in einem Waldstück an einem Baum aufhängen, war aber durch vorbeikommende Spaziergänger daran gehindert worden. Daraufhin begibt sich sofort ein Funkstreifenwagen zur Wohnung des T. Auf Klingeln und Klopfen der Beamten öffnet niemand die Tür. Die Nachbarin Nicole Neugierig (N.), die wegen der warmen Witterung noch vor dem Haus auf einer Bank sitzt und Likör trinkt berichtet auf Befragung, sie habe den T. vor ca. 20 Minuten aufgeregt aus der Wohnung stürmen sehen. Er sei mit dem Fahrrad stadtauswärts gefahren.

Auf weitere Nachfrage bei S. teilt diese mit, dass T. ein Handy habe, welches er immer bei sich trage und dass er die Dienstleistungen des Anbieters Aquaphone nutze. S. nennt der Polizei auch die Rufnummer des T. Ein Versuch der Polizei, den T. auf seinem Mobiltelefon zu erreichen, geht fehl, da er den Anruf nicht entgegennimmt. Auch S. berichtet, sie versuche in einem Abstand von 5 Minuten T. zu erreichen, aber auch auf ihre Anrufe würde er nicht reagieren.

Der Polizeiführer vom Dienst im FLZ wendet sich daher an den Diensteanbieter Aquaphone und verlangt per Fax unter Bezeichnung der Rechtsgrundlage sowie der Begründung, dass eine „gegenwärtige Gefahr für Leib oder Leben des Anschlussinhabers" gegeben sei, Auskunft über den Standort des Handys von T.

Aufgabe 1:
Prüfen Sie die Rechtmäßigkeit der Befragung von N. und des Auskunftsersuchens an Aquaphone. In der PD Sachsenstadt wurde durch den Leiter der Dienststelle die Anordnungskompetenz auf den jeweiligen Polizeiführer vom Dienst im FLZ übertragen.

Aufgabe 2:
Nehmen Sie an, Aquaphone meldet, dass sich das Handy des T. zuletzt im Abstrahlgebiet eines Funkmastes angemeldet habe, der ein weitläufiges Waldgebiet am Stadtrand von Sachsenstadt umfasst. Zur präziseren Ortung in dem großen Waldgebiet möchte die Polizei daher zur Bestimmung des Aufenthaltsortes des T einen IMSI-Catcher einsetzen. Wäre ein solches Vorgehen rechtlich zulässig?

Abwandlung des Ausgangsfalls: Der Anruf der S. geht an einem Mittwoch um 18.00 Uhr im FLZ ein. T. wird von der Polizei auf einer Brücke einer verkehrsreichen Autobahn, jenseits des Brückengeländers, über dem Abgrund gebeugt entdeckt. Nachdem die zuerst vor Ort eintreffende Funkstreifenbesatzung T. durch Zureden davon abhalten konnte, sich von der Brücke auf die Autobahn fallen zu lassen, trifft auf Anordnung des Polizeiführers vom Dienst im Führungs- und Lagezentrum der Polizeidirektion Sachsenstadt die sich ebenfalls im Dienst befindliche Polizistin V., die einer Verhandlungsgruppe angehört, auf der Brücke ein und übernimmt die Kommunikation. An ihrer Kleidung sind – für T. nicht erkennbar – ein sog. Personenschutzsender und sowie eine Videokamera montiert, die Ton- und Bildaufnahmen sowie -aufzeichnungen von dem Gespräch zwischen V. und T. in ein technisch dafür ausgerüstetes Einsatzfahrzeug der Polizei übertragen, in dem sich weitere Polizeibeamte befinden, die die Stimmungslage des T. analysieren, Recherchen im Hintergrund vornehmen, daraufhin den Gesprächsverlauf vordenken und Vorschläge bzw. Anweisungen für die weitere Gesprächsführung an V. richten. Diese Vorschläge empfängt V. wiederum via Funksignal in ihrem versteckten Ohrhörer. Hierbei geht es den vorschlagenden bzw. anweisenden Beamten einerseits darum, V. die Hilfestellung für eine beruhigende Gesprächsführung zu vermitteln und etwa Triggerworte zu vermeiden, die zu einer Eskalation führen könnten. Zum anderen soll, vor allem durch die Bildaufnahmen, dem mittlerweile bereitstehenden Spezialeinsatzkommando der Polizei eine Gelegenheit gegeben werden, die Möglichkeit eines möglichst schonenden Zugriffs auf T. zu erkennen und ggf. wahrzunehmen. Der verdeckte Einsatz derartiger technischer Mittel gehört in der PD Sachsenstadt seit Jahren zum Standardvorgehen in solchen Fällen. Nach einer Stunde ist die Autobahn in beide Richtungen voll gesperrt und wiederum zwei Stunden später gelingt es V. durch ein tiefgründiges Gespräch, in dem T. der V., neben zahlreichen anderen Facetten, bruchstückartig seine Beziehungsschwierigkeiten mit S. einschließlich sexueller Probleme schildert, ihn zum ordnungsgemäßen Verlassen der Brücke zu bewegen.

Fall 15: „Ohne Dich will ich nicht leben"

Aufgabe:
Prüfen Sie die Rechtmäßigkeit des Einsatzes von Mikrofon und Videokamera. In der PD Sachsenstadt wurde durch den Leiter der Dienststelle die Anordnungskompetenz auf den jeweiligen Polizeiführer vom Dienst im FLZ übertragen. Sollten Sie zur formellen Rechtswidrigkeit der Maßnahme gelangen, ist an dieser Stelle die Prüfung hilfsgutachterlich fortzusetzen.

Lösungsvorschlag zum Fall 15: „Ohne Dich will ich nicht leben"
Aufgabe 1
A. Befragung der N.

I. Vorprüfung

1. Grundrechtseingriff

Im Rahmen einer Befragung werden personenbezogene Daten erhoben. Somit liegt ein Eingriff in das Allgemeine Persönlichkeitsrecht in Form des Rechts auf informationelle Selbstbestimmung nach Art. 2 Abs. 1 iVm Art. 1 Abs. 1 GG, Art. 33 SächsVerf vor (vgl. Definition Fall 4, Ziffer I.). Da N. aber zu ihren Beobachtungen bezüglich T. befragt wird, ist nicht nur das Recht auf informationelle Selbstbestimmung der N., sondern und vor allem auch des T. verletzt

666

2. Abgrenzung präventives/repressives Handeln

Ziel der Befragung war die Ermittlung des Aufenthaltsortes von T., damit dessen Suizid verhindert werden konnte. Die Maßnahme war mithin präventiver Natur.

667

II. Ermächtigungsgrundlage

Die Befragung als zielgerichtete[556] „staatlich initiierte Informationsbeschaffung"[557] ist in § 13 Abs. 1 SächPVDG geregelt. Hingegen ist das passive Entgegennehmen von Informationen, die der Bürger von sich aus preisgibt, keine Befragung.[558] Hier wurde N. ausdrücklich befragt, so dass von einer aktiven Datenerhebung durch den PVD auszugehen ist. Fraglich ist, ob diese Maßnahme nur ein Fragerecht der Polizei oder auch eine Pflicht zur Beantwortung der Fragen umfasst. Gemäß § 13 Abs. 2 SächsPVDG müssen die Befragten auf Verlangen Namen, Vornamen, Tag und Ort der Geburt, Wohnanschrift und Staatsangehörigkeit angeben. Eine darüber hinausgehende Auskunftspflicht (also eine Pflicht die Fragen der Polizei auch zu beantworten), besteht hingegen nach Abs. 3 nur in Ausnahmefällen, wenn dies zur Abwehr einer erheblichen Gefahr erforderlich ist (näher dazu sogleich unter III.).

668

III. Formelle Rechtmäßigkeit

1. Polizeiliche Aufgabe und sachliche Zuständigkeit

Die Polizei erfüllt ihre Aufgabe aus § 2 Abs. 1 S. 2 SächsPVDG, da der drohende Suizid des T. eine Gefahr seines Individualrechtsguts auf Leben darstellt, dessen Schutz die Beamten zu gewährleisten beabsichtigen. Die sachliche Zuständigkeit könnte sich aus § 2 Abs. 3, 2. Halbsatz SächsPVDG ergeben (zur Definition des Eilfalls vgl. Fall 2, Ziffer III.). S. meldet sich an einem

669

---

556 Nicht etwa bei Aufforderung an einen unbestimmten Personenkreis, Informationen zu erteilen (*Ogorek* in: Möstl/Kugelmann, § 9 PolG NRW Rn. 12).
557 *Pewestorf/Söllner/Tölle*, Praxishandbuch, S. 128.
558 *Drewes/Malmberg/Wagner/Walter*, § 22 Rn. 8, *Pewestorf/Söllner/Tölle*, Praxishandbuch, S. 128; *Graulich* in Lisken/Denninger, E Rn. 310.

Samstag um 22:30 Uhr im Führungs- und Lagezentrum der Polizei. Es ist davon auszugehen, dass samstags um 22:30 Uhr die Polizeibehörde nicht erreichbar ist.

2. Verfahrens- und Formvorschriften

a) Ermächtigungsbezogene Verfahrens- und Formvorschriften

670 Die Befragung ist eine Form der Datenerhebung, deshalb gelten die Grundsätze der Datenerhebung aus § 55 SächsPVDG auch hier, soweit personenbezogene Daten erfragt werden.[559]

aa) Datenerhebung beim Betroffenen

671 Gemäß § 55 Abs. 2 S. 1 SächsPVDG gilt der Grundsatz der Direkterhebung. Danach sollen personenbezogene Daten nur bei der betroffenen Person selbst erhoben werden. Hier ist N. nach Beobachtungen bezüglich T. befragt worden. Der Direkterhebungsgrundsatz ist daher durchbrochen worden. Allerdings sieht § 55 Abs. 2 S. 2 SächsPVDG Ausnahmen vom Direkterhebungsgrundsatz vor. Hier kommt § 55 Abs. 2 S. 2 Nr. 7 SächsPVDG in Betracht. Danach ist die Erhebung personenbezogener Daten bei Dritten zulässig, wenn die Erhebung beim Betroffenen einen unverhältnismäßigen Aufwand erfordern würde und keine Anhaltspunkte dafür vorliegen, dass überwiegende schutzwürdige Interessen des Betroffenen entgegenstehen. T. kann hier nicht befragt werden, da sein Aufenthaltsort der Polizei unbekannt ist und die Befragung gerade das Auffinden des T. ermöglichen bzw. vereinfachen soll. Es geht aber nicht darum, das Verwaltungshandeln lediglich einfacher und bequemer zu gestalten.[560] Deshalb ist außerdem eine Abwägung mit den schutzwürdigen Interessen des Betroffenen vorzunehmen. Tatsächlich könnten hier schutzwürdige Interessen des T. das Informationsinteresse der Polizei überwiegen. Das BVerfG hat in seiner Entscheidung über ein gesetzliches Verbot der geschäftsmäßigen Förderung der Selbsttötung festgestellt, dass das allgemeine Persönlichkeitsrecht als Ausdruck persönlicher Autonomie auch ein Recht auf selbstbestimmtes Sterben umfasse, welches ein Recht auf Selbsttötung einschließe. Die Entscheidung des Einzelnen, dem eigenen Leben entsprechend seinem Verständnis von Lebensqualität und Sinnhaftigkeit der eigenen Existenz ein Ende zu setzen, sei als Akt autonomer Selbstbestimmung zu respektieren. Eine auf einen freien Willen zurückgehende Selbsttötung widerspreche nicht der in Art. 1 Abs. 1 GG garantierten Menschenwürde. Die selbstbestimmte Verfügung über das eigene Leben sei vielmehr unmittelbarer Ausdruck der der Menschenwürde innewohnenden Idee autonomer Persönlichkeitsentfaltung. Sie sei, wenngleich letzter Ausdruck von Würde. Der mit freiem Willen handelnde Suizident entscheide sich als Subjekt für den eigenen Tod.[561] Das aus Art. 2 Abs. 1 iVm Art. 1 Abs. 1 GG hergeleitete allgemeine Persönlichkeitsrecht verpflichte den Staat die Autonomie des Einzelnen bei der Entscheidung über die Beendigung seines Lebens und hierdurch das Leben als solches zu schützen. Der vom Grundgesetz geforderte Respekt vor der autonomen Selbstbestimmung setze jedoch eine frei gebildete autonome Entscheidung voraus. Angesichts der Unumkehrbarkeit des Vollzugs einer Suizidentscheidung gebiete es die Bedeutung des Lebens Selbsttötungen entgegenzuwirken, die nicht von freier Selbstbestimmun und Eigenverantwortung getragen sind.[562] Das bedeutet, dass die Polizei im Einzelfall alle Erkenntnismöglichkeiten ausschöpfen muss, um zu ermitteln, ob die Person, welche Suizid begehen will in diesem Sinne

---

[559] *Schwier/Lohse,* § 13 SächsPVDG Rn. 4.
[560] *Bäuerle* in: Möstl/Bäuerle, § 13 HSOG Rn. 156.1.
[561] BVerfG, Urt. v. 26.2.2020 – 2 BvR 2347/15, Rn. 208-211 – juris; vgl. auch zur freiverantwortlichen Selbstgefährdung VGH BW Urt. v. 11.7.1997 – Az.: 8 S 2683/96.
[562] BVerfG, Urt. v. 26.2.2020 – 2 BvR 2347/15, Rn. 23t – juris.

freiverantwortlich handelt.⁵⁶³ Im vorliegenden Fall sprechen die Umstände eher gegen einen Bilanzsuizid und für das Vorliegen einer psychischen Ausnahmesituation. Zum Zeitpunkt der Befragung der N schien die Suizidabsicht allein durch die Trennung von S motiviert zu sein. Überwiegende Schutzinteressen des T. als Betroffenen hindern also nicht die Befragung der N. Da die Selbsttötungsabsicht des T. aus den oben genannten Gründen eine Gefahr für die öffentliche Sicherheit darstellt, ist ebenfalls § 55 Abs. 2 S. 2 Nr. 8 SächsPVDG erfüllt.

bb) Offene Datenerhebung

Nach § 55 Abs. 3 S. 1 SächsPVDG gilt der Grundsatz des offenen Visiers. Das bedeutet, dass für den Befragten erkennbar sein muss, dass die Polizei personenbezogene Daten erhebt.⁵⁶⁴ Vorliegend haben sich die Beamten gegenüber N. als Polizeibeamte zu erkennen gegeben. Die Datenerhebung erfolgte daher offen.

672

cc) Hinweispflichten

Des Weiteren muss N. über die Rechtsgrundlage und über das Bestehen bzw. Nichtbestehen der Auskunftsverpflichtung informiert werden. Die Befolgung dieser Pflicht lässt sich dem Sachverhalt nicht entnehmen. Gemäß § 55 Abs. 3 S. 3 SächsPVDG kann der Hinweis im Einzelfall zunächst⁵⁶⁵ unterbleiben, wenn dies die Erfüllung polizeilicher Aufgaben oder schutzwürdige Interessen des Betroffenen beeinträchtigen würde. Das bedeutet nicht, dass jede Befürchtung der Polizei, der Befragte werde, wenn er weiß, dass er zu Auskünften nicht verpflichtet ist, auch nichts sagen, ausreicht. Dies würde dem klaren Ziel des S. 3 einen Ausnahmefall zur bestehenden Hinweispflicht zu bilden, zuwiderlaufen.⁵⁶⁶ Vielmehr muss es sich um Fälle handeln, bei denen die Erfüllung der Aufgabe so dringlich ist, dass selbst die Hinweiserteilung eine Vereitelung der Aufgabenerfüllung nach sich ziehen würde. Vorliegend musste T. schnellstmöglich gefunden werden, um seinen Suizid zu verhindern, so dass hier auf einen Hinweis verzichtet werden durfte.

b) VwVfG

Fraglich ist, ob die Befragung eine Regelung enthält und somit ein VA ist. Dann müsste die Maßnahme nach dem Willen der Behörde unmittelbar darauf gerichtet sein, eine einseitig verbindliche Rechtsfolge zu setzen. Dies ist zumindest dann zu bejahen, wenn der Betroffene die Pflicht hat, auf die Fragen hin Auskunft zu erteilen oder zumindest im Sinne von § 13 Abs. 2 SächsPVDG Angaben zu seinen Personalien machen muss.⁵⁶⁷ Ob N. ihre Personalien preisgeben musste, ist aus dem Sachverhalt nicht eindeutig zu entnehmen. Allerdings könnte gemäß § 13 Abs. 3 S. 1 SächsPVDG eine weitergehende Auskunftspflicht bestehen. Dazu müsste eine erhebliche Gefahr gegeben sein. Eine erhebliche Gefahr nach § 4 Nr. 3 c) SächsPVDG liegt vor, wenn die Verletzung besonders hochwertiger Rechtsgüter hinreichend wahrscheinlich ist. Dabei wird von § 4 Nr. 3 c) SächsPVDG ausdrücklich das Leben genannt. Eine Auskunftspflicht besteht also, weshalb die Befragung der N. mit dem Gebot verbunden ist, auf die gestellten Fragen zu antworten. Somit liegt ein VA iSv § 1 S. 1 SächsVwVfZG iVm § 35 S. 1 VwVfG vor.

673

---

563 *Ullrich/Staar/Reichelt*, Die Polizei 2021, 533, 537; *Kingreen/Poscher* § 7 Rn. 27f.; *Schenke* § 3 RN 60; vgl. auch Kirchhoff/Mischke, Die Polizei 2021, 141, 142f.
564 *Petri* in: Möstl/Schwabenbauer Art. 31 PAG Rn 24; *Waechter* in Möstl/Weiner § 30 NPOG Rn. 79.
565 Indes drängt der Wortlaut „zunächst" das Verständnis auf, dass der Hinweis später nachzuholen ist (so auch *Schenke/Lohse* § 55 Rn. 18). Dann stellt sich allerdings die Frage, welche Folgerung sich in Fällen wie dem hier geschilderten daraus ergeben sollte.
566 *Knape/Schönrock*, § 18 Rn. 138.
567 *Ogorek* in: Möstl/Kugelmann, § 9 PolGNRW Rn. 50; Weitergehend *Bialon/Springer*, S. 93; widersprüchlich Graulich in Lisken/Denninger E Rn. 63 wie hier und 312: „Pflicht, Befragung zu dulden".

Eine Anhörung nach § 28 Abs. 1 VwVfG, ist hier nach § 28 Abs. 2 Nr. 1 VwVfG wegen Gefahr im Verzug entbehrlich. T. musste schnellstmöglich gefunden werden. Eine Anhörung hätte auf mögliche Informationen aufbauende weitere polizeiliche Maßnahmen verzögert. Überdies kann davon ausgegangen werden, dass die Maßnahme hinreichend bestimmt (§ 37 Abs. 1 VwVfG) war und eine Bekanntgabe (§ 41 VwVfG) erfolgte. Begründung (§ 39 Abs. 1 VwVfG) und Rechtsbehelfsbelehrung (§ 37 Abs. 6 VwVfG) hingegen sind nur bei schriftlichen, schriftlich bestätigten oder elektronischen Verwaltungsakten notwendig.

IV. Materielle Rechtmäßigkeit

1. Tatbestandsvoraussetzungen

674 Die Befragung ist nach § 13 Abs. 1 SächsPVDG zulässig, wenn Tatsachen die Annahme rechtfertigen (Definition siehe Fall 1 IV. 1), dass der Befragte sachdienliche Angaben machen kann. Sachdienliche Angaben sind Informationen, bei denen ein Aufgabenbezug besteht[568] und die der Polizei helfen, die Lage sachgerecht einzuschätzen.[569]

Die Maßnahme muss zudem der Erfüllung einer polizeilichen Aufgabe dienen. Eine allgemeine Ausforschung des Betroffenen ist unzulässig.[570] Vorliegend handelt die Polizei zur Verhinderung des Suizids, mithin zur Gefahrenabwehr (siehe oben III. 1).

Schließlich muss die Befragung zur Aufgabenerfüllung *erforderlich*[571] sein. Ziel der Befragung war es, etwas über den Aufenthaltsort des T. zu erfahren, damit dieser schneller gefunden wird und der angekündigte Suizid verhindert werden kann. Da N. sich vor dem Haus aufhielt, konnte sie Auskunft darüber geben, ob und wann T. das Haus verlassen hatte. Zu diesem Zweck war die Befragung der N. auch geeignet. Ein milderes Mittel, um genauso schnell an diese Information zu gelangen, war hier nicht ersichtlich.

2. Adressat

675 Die Befragung darf sich gegen jede Person richten, die sachdienliche Angaben machen kann. Damit ergibt sich der Adressat direkt aus der Norm.[572] Die allgemeinen Störervorschriften finden hier keine Anwendung. Da N. wegen ihres Aufenthaltes vor dem Haus Angaben darüber machen konnte, ob T. das Haus unlängst betreten oder verlassen hatte, durfte sie befragt werden.

3. Ermessen[573]

676 Es galt hier das bedeutendste Rechtsgut, das Leben des T., zu schützen. Wegen der glaubhaften Ankündigung der Selbsttötung und dem durch N. berichteten Verschwinden des T. war die Gefahr des Schadenseintrittes hoch. Risiken für ein Einschreiten der Polizei waren nicht erkennbar. Eine Ermessensreduzierung auf Null war hier gegeben. Die Beamten haben von einer zulässigen Handlungsalternative Gebrauch gemacht. Ermessensfehler sind nicht ersichtlich.

---

568 *Ogorek* in: Möstl/Kugelmann, § 9 PolG NRW Rn. 15, 19.
569 *Bialon/Springer*, Eingriffsrecht S. 93.
570 *Drewes/Malmberg/Wagner/Walter*, BPolG, § 22 Rn. 10.
571 Soweit ein Tatbestand bereits Begrifflichkeiten des ohnehin bei jeder Maßnahme zu prüfenden Grundsatzes der Verhältnismäßigkeit enthält, sollte dies bereits im Tatbestand geprüft werden. Spricht die Norm also von Erforderlichkeit, ist an dieser Stelle zu prüfen, ob die Maßnahme geeignet und erforderlich ist. Im Prüfungspunkt „Verhältnismäßigkeit" kann dann nach oben in den Tatbestand verwiesen werden.
572 *Ogorek* in: Möstl/Kugelmann, § 9 PolG NRW Rn. 37. In § 13 Abs. 3 SächsPVDG spricht insoweit von „betroffene Person".
573 Definitionen vgl. Fall 1 IV. 3.

4. Verhältnismäßigkeit[574]

Geeignetheit und Erforderlichkeit sind bereits im Tatbestand festgestellt worden. Im Rahmen der Angemessenheit ist zu prüfen, dass die beim Grundrechtsträger eintretenden Nachteile in einem angemessenen Verhältnis zum mit der Anordnung bezweckten Vorteil stehen, § 5 Abs. 3 SächsPVDG. Vorliegend wurden das Recht auf informationelle Selbstbestimmung von N. und T. eingeschränkt. Allerdings bezweckte dies den Schutz des Lebens des T., also eines bedeutsameren Rechtsguts im Vergleich zum Recht auf informationelle Selbstbestimmung von N. und T. Damit lag eine angemessene Befragung vor.

V. Ergebnis

Die Befragung der N. war rechtmäßig.

B. Auskunftsersuchen an Aquaphone

I. Vorprüfung

1. Grundrechtseingriff

a) Art. 10 GG

Fraglich ist, ob durch das Ersuchen auf Auskunft über den Standort eines Mobiltelefons, in das Fernmeldegeheimnis aus Art. 10 Abs. 1 GG eingegriffen wird. Das Brief-, Post- und Fernmeldegeheimnis gewährleistet die freie Entfaltung der Persönlichkeit durch einen privaten vor der Öffentlichkeit verborgenen Austausch von Nachrichten. Geschützt ist die Vertraulichkeit individueller Kommunikation, die wegen einer räumlichen Distanz auf eine Übermittlung durch andere angewiesen ist.[575] Darunter fällt auch die unkörperliche Übermittlung von Informationen an individuelle Empfänger mithilfe des Telekommunikationsverkehrs, was sowohl den Kommunikationsinhalt vor unbefugter Kenntnisnahme durch Dritte, als auch die Umstände der Telekommunikation (ob, wann und wie oft zwischen welchen Personen oder Endeinrichtungen Telekommunikation stattgefunden hat) umfasst. Standortdaten, um deren Übermittlung vorliegend ersucht wird, fallen beim Diensteanbieter technisch bedingt an. Nach Ansicht des BVerfG ist bei der Erhebung von Standortdaten nicht das Grundrecht aus Art. 10 Abs. 1 GG betroffen, da weder der Inhalt von Telekommunikation noch die Umstände der Telekommunikation betroffen seien. Das Aussenden der Daten erfolgt unabhängig von einem konkreten Kommunikationsvorgang und ist ausschließlich zur Sicherung der Betriebsbereitschaft nötig. Die Daten fallen nicht anlässlich eines Kommunikationsvorgangs an, sondern im Bereitschaftszustand eines Mobiltelefons, der erst technische Voraussetzung eines Kommunikationsvorgangs ist. Standortdaten ermöglichen – anders als Kommunikationsumstände – keinen Rückschluss auf Kommunikationsbeziehungen.[576]

b) Recht auf informationelle Selbstbestimmung

Auch wenn ein Eingriff in Art. 10 Abs. 1 GG verneint wird, erhebt die Polizei, wenn sie sich die sog. Geodaten übermitteln lässt, personenbezogene Daten (ungefährer Aufenthaltsort desjenigen, der das betriebsbereite Mobiltelefon mit sich führt). Folglich liegt ein Eingriff in das Allgemeine Persönlichkeitsrecht hier in der Ausprägung des Rechts auf informationelle Selbstbestimmung (vgl. Definition Fall 4, Ziffer I.) aus Art. 2 Abs. 1 iVm Art. 1 Abs. 1 GG, Art. 33 SächsVerf vor.

---
574 Definitionen vgl. Fall 1 IV. 4.
575 Durner in Dürig/Herzog/Scholz Art. 10 GG Rn. 62.
576 BVerfG, NJW 2007, 251 (253); *Schenke*, Rn. 240.

c) Art. 2 Abs. 1 GG

681 Bezogen auf den Diensteanbieter Aquaphone stellt sich das Auskunftsersuchen der Polizei als ein Eingriff in das Grundrecht auf allgemeine Handlungsfreiheit aus Art. 2 Abs. 1 GG (vgl. Definition Fall 1, Ziffer I.) dar.

2. Abgrenzung präventives/repressives Handeln

682 Die Maßnahme dient der Verhinderung der Selbsttötung von T. und hat daher präventiven Charakter. Zudem ist kein Anfangsverdacht einer Straftat ersichtlich, so dass eine Maßnahme nach § 100g StPO ausscheidet.

II. Ermächtigungsgrundlage

683 Nach § 71 Abs. 2 SächsPVDG[577] kann die Polizei von jedem Diensteanbieter Auskunft über die für die Ermittlung des Standortes des Endgerätes erforderlichen Daten verlangen. Der Diensteanbieter unterliegt in Bezug auf den Umfang der zu übermittelnden Daten den in § 72 Abs. 2 SächsPVDG statuierten Verpflichtungen. Die Firma Aquaphone ist ein Diensteanbieter im Sinne von § 72 Abs. 1 SächsPVDG, da sie geschäftsmäßig Telekommunikationsdienste erbringt.[578] Standortdaten sind nach § 3 Nr. 56 TKG Daten, die den Standort eines Endgerätes angeben. Sie fallen beim Betrieb von Mobilfunkendgeräten an und gehören zu den Verkehrsdaten (§§ 3 Nr. 70 TKG). Anders als die meisten Verkehrsdaten setzt die Erhebung von Standortdaten aber keine Verbindung voraus. Es genügt, dass das Mobilfunkendgerät betriebsbereit mitgeführt wird.

III. Formelle Rechtmäßigkeit

1. Polizeiliche Aufgabe und sachliche Zuständigkeit

684 Die Standortermittlung zur Verhinderung eines Suizids dient der Gefahrenabwehr (§ 2 Abs. 1 S. 2 SächsPVDG). Gemäß § 2 Abs. 3, 2. Halbsatz SächsPVD ist die Polizei zur Wahrnehmung der polizeilichen Aufgabe nach § 2 Abs. 1 S. 2 SächsPVDG nur im Eilfall (näher dazu siehe Fall 2, III.1.) zuständig. Vorliegend hat S. der Polizei mitgeteilt, dass T. ihr gegenüber seinen Suizid angekündigt hat und die Nachbarin hat geschildert, wie T. kurz vorher aufgeregt aus seiner Wohnung gelaufen sei, so dass ein Eilfall – wie unter A. festgestellt – angenommen werden kann. Auf das Vorliegen eines solchen kommt es hier allerdings nicht an, denn die Standortermittlung von gefährdeten Personen ist nur dem PVD zugewiesen. Sie ist im SächsPBG nicht geregelt. In solchen Fällen findet § 2 Abs. 3 SächsPVDG keine Anwendung.

2. Verfahrens- und Formvorschriften

a) Ermächtigungsbezogene Verfahrens- und Formvorschriften

685 Anordnungsbefugt ist nach § 71 Abs. 4 S. 1 SächsPVDG nur der Leiter der PD Sachsenstadt, der hier allerdings die Maßnahme nicht angeordnet hat. Fraglich ist, ob der Dienststellenleiter wirksam einen Bediensteten damit beauftragt hat. Hier wurde der jeweilige Polizeiführer vom

---

577 Hingegen ist § 72 SächsPVDG nicht die Ermächtigungsgrundlage des Diensteanbieters für die Übermittlung der Daten an die Polizei; LT-Drs. 6/14791, S. 208.
578 Seit der Novellierung des TKG durch das Telekommunikationsmodernisierungsgesetzes (BGBl. 2021 I 1858) wird dieser Passus nicht mehr verwendet. Stattdessen wird von Anbietern von Telekommunikationsdiensten gesprochen. Auch das Merkmal der *geschäftsmäßigen* Erbringung von Telekommunikationsdienstleistungen findet sich dort nicht mehr.

Dienst als Führer der Dienstschicht im FLZ beauftragt. Dabei handelt es sich also um mehrere natürliche Personen. Indes ist der Begriff des Bediensteten funktionsbezogen zu verstehen. Nur diejenigen Beamten, denen dienstrechtlich diese Aufgabe personalaktenkundig zugewiesen wurde, dürfen als Polizeiführer vom Dienst agieren. Mangels gegenteiliger Anhaltspunkte ist von einer ordnungsgemäßen Aufgabenzuweisung und demgemäß von einer wirksamen Beauftragung durch den Leiter der PD Sachsenstadt auszugehen. Die Maßnahme wurde schriftlich per Fax angeordnet und begründet (§ 71 Abs. 4 S. 2 SächsPVDG). Zwar ist die Begründung mit der Angabe „gegenwärtige Gefahr für Leib oder Leben des Anschlussinhabers" und der Bezeichnung der Rechtsgrundlage sehr knapp ausgefallen. Indes ist der Polizeiführer vom Dienst nicht gehalten, die näheren Umstände – hier die Suizidabsicht des T – als besonders sensible und bei Veröffentlichung stigmatisierende Daten dem Dienstanbieter mitzuteilen.[579] Weitere ermächtigungsbezogene Verfahrens- und Formvorschriften, die für die Beurteilung der Rechtmäßigkeit der Anordnung zur Standortermittlung maßgebend sein könnten, existieren nicht.[580]

b) VwVfG

Gegenüber dem Diensteanbieter Aquaphone stellt sich das Auskunftsersuchen als Verwaltungsakt dar. Der Eingriff gegenüber T., der in der Erhebung der Standortdaten besteht, ist ein öffentlich-rechtlicher Realakt.

IV. Materielle Rechtmäßigkeit

1. Tatbestandsvoraussetzungen

Hinsichtlich der Tatbestandsvoraussetzungen verweist § 71 Abs. 2 SächsPVDG auf Abs. 1 der Norm.

a) Gegenwärtige Gefahr für Leib oder Leben

Voraussetzung ist das Vorliegen einer gegenwärtigen Gefahr für Leib oder Leben (vgl. § 4 Nr. 3 b) und f.) SächsPVDG). Aufgrund der Hinweise der S. (vor kurzen erfolgte Trennung und endgültige Weigerung der S. die Beziehung wieder aufnehmen zu wollen, Ankündigung des Suizids, Suizidversuch in der Vergangenheit, der nur durch Dritte verhindert wurde) sowie das von der Nachbarin beschriebene Herausstürmen aus der Wohnung ist ein bevorstehender Suizid und damit eine Gefahr für das Leben des T. höchstwahrscheinlich.

b) Andere Ermittlung des Aufenthaltsortes aussichtlos oder wesentlich erschwert

Die Ermittlung des Aufenthaltsortes muss auf andere Weise aussichtslos oder wesentlich erschwert sein. Vorliegend gibt es keine Anhaltspunkte, wo sich B. aufhalten könnte. Es war zunächst vergeblich versucht worden, ihn auf dem Handy und in seiner Wohnung zu erreichen. Die Befragung der Nachbarin N. hatte zunächst nur ergeben, dass T. vor einer halbe Stunde aus der Wohnung gestürmt war. Andere erfolgversprechende Ermittlungsansätze bezüglich

---

579 Nach Beendigung der Maßnahme sind die erhobenen Daten unverzüglich zu löschen (§ 71 Abs. 3 S. 3 SächsPVDG).
580 Die Benachrichtigungspflicht nach § 74 Abs. 1 S. 1 Nr. 14 SächsPVDG und die besondere Protokollierungspflicht nach § 75 Abs. 1, Abs. 2 Nr. 15 SächsPVDG beeinflussen nicht die Rechtmäßigkeit der Anordnung gegenüber dem Dienstanbieter nach § 71 Abs. 2 SächsPVDG, sondern sind im Anschluss an die Maßnahme einzuhalten (vgl. dazu *Thüshaus*, SächsVBl. 2019, 273 (278). Ein Verstoß kann aber den Verdacht einer Ordnungswidrigkeit nach § 22 Abs. 1 SächsDSDG begründen.

des Aufenthaltsortes des T. gab es nicht, so dass andere Maßnahmen keinen zeitnahen Erfolg versprochen hätten.

2. Adressat

690 Der Adressat der Maßnahme ergibt sich vorliegend aus der Norm. Die Maßnahme darf sich nur richten gegen eine vermisste, hilflose oder suizidgefährdete Person bzw. gefährdete Person, deren Aufenthaltsort unbekannt ist. Wie bereits unter IV. 1. festgestellt, war T. eine suizidgefährdete Person.

3. Ermessen

691 Das Ermessen war weiterhin auf Null reduziert, da eine gegenwärtige Gefahr für das Leben des T. bestand.

4. Verhältnismäßigkeit

692 Geeignetheit und Erforderlichkeit wurden schon bei der Prüfung der qualifizierten Subsidiaritätsklausel im Tatbestand festgestellt. Der Eingriff in die allgemeine Handlungsfreiheit des Diensteanbieters war ebenso wie der Eingriff in das Recht auf informationelle Selbstbestimmung mit Blick auf den Schutz des Lebens des T. angemessen und somit verhältnismäßig.

V. Ergebnis

693 Das Auskunftsersuchen an den Diensteanbieter Aquaphone war rechtmäßig.

Aufgabe 2
Einsatz des IMSI-Catchers

I. Vorprüfung

1. Grundrechtseingriff

694 Mit dem IMSI-Catcher kann zum einen die weltweit nur einmal vergebene Nummer der SIM-Karte (IMSI) oder die Gerätenummer (IMEI) zum anderen der Standort eines Mobilfunkendgerätes ermittelt werden. Der IMSI-Catcher simuliert eine Basisstation innerhalb einer Funkzelle. Alle betriebsbereiten Mobilfunkgeräte in der Nähe melden sich nun bei dieser Basisstation wegen ihrer verstärkten Sendeleistung an.[581] Wie bereits beim Auskunftsersuchen an den Diensteanbieter ausgeführt, handelt es sich auch beim Einsatz des IMSI-Catchers nicht um Telekommunikation. Es kommunizieren ausschließlich Geräte miteinander. Ein Eingriff in Art. 10 Abs. 1 GG ist daher nicht gegeben. Es bleibt auch hier bei einem Eingriff in das Recht auf informationelle Selbstbestimmung, welches aus Art. 2 Abs. 1 iVm 1 Abs. 1 GG (vgl. Definition Fall 1, Ziffer I.) hergeleitet wird.

2. Abgrenzung präventives/repressives Handeln

695 Ziel des Einsatzes des IMSI-Catchers war ebenfalls, die Ermittlung des Aufenthaltsortes von T., damit dessen Suizid verhindert werden konnte. Die Maßnahme war mithin präventiver Natur.

---

[581] BVerfG Urt. v. 22.8.2006 – Az.: 2 BvR 1345/03, Rn. 13 f.; *von der Grün* in: Möstl/Trurnit, § 55 PolGBW Rn. 9 ff.

II. Ermächtigungsgrundlage

Nach § 71 Abs. 1 SächsPVDG kann die Polizei technische Mittel einsetzen, um den Standort eines Telekommunikationsendgerätes festzustellen. Der wesentliche Unterschied zu Abs. 2 ist der, dass hier nicht auf von den Dienstleistern erhobene Daten zugegriffen wird, sondern dass die Polizei die gewünschten Daten mit eigenen technischen Mitteln selbst erhebt. 696

Dabei ist die Formulierung in § 71 Abs. 1 SächsPVDG: technische Mittel, bewusst offen gehalten, da der Gesetzgeber sich hier nicht auf bestimmte technische Mittel festlegen wollte, sondern Spielraum für technische Neuerungen offen lassen wollte. Lediglich die Zielrichtung des Einsatzes des technischen Mittels ist gesetzlich festgelegt. Es muss zur Standortermittlung eingesetzt werden. Beim IMSI-Catcher handelt es sich um ein technisches Mittel zur Standortermittlung. 697

Der Vorteil des Einsatzes eines IMSI-Catchers ist der, dass der Standort sehr viel genauer bestimmt werden kann, als durch die beim Betrieb eines Mobilfunkendgerätes bei den Diensteanbietern anfallenden Standortdaten.[582] Allerdings muss der Aufenthalt der gesuchten Person in etwa bekannt sein. Die Firma Aquaphone hatte der Polizei ein größeres Waldstück angegeben, in welchen sich das Handy des T. zuletzt „angemeldet" hatte. 698

Ein Mobilfunkgerät ist während des Zeitraums der Anmeldung beim IMSI-Catcher und nach Freigabe durch diesen bis es nach einer gewissen Zeit wieder zu seiner ursprünglichen Funkzelle zurückkehrt, nicht betriebsbereit. Diese Beeinträchtigung sei allerdings so geringfügig, dass sie nicht über die normalen Störungen im Mobilfunkbetrieb hinausgehe und werde daher von der Ermächtigungsgrundlage noch mit umfasst.[583] 699

III. Formelle und materielle Rechtmäßigkeit

Da sowohl die formellen als auch die materiellen Voraussetzungen von § 71 Abs. 1 und Abs. 2 SächsPVDG identisch sind, kann insoweit nach oben (Maßnahme B.) verwiesen werden. Zu beachten wäre, dass auch der Einsatz des IMSI-Catchers eine schriftlich begründete Anordnung des Polizeiführers vom Dienst voraussetzt (§ 71 Abs. 4 SächsPVDG). 700

IV. Ergebnis

Der Einsatz des IMSI-Catchers war rechtmäßig. 701

Abwandlung
Nutzung des Mikrofons und der Videokamera durch V.

I. Vorprüfung

1. Grundrechtseingriff

Im Rahmen der Ton- und Bildaufnahmen von T. mittels Mikrofon und Videokamera durch V. werden personenbezogene Daten erhoben. Somit liegt ein Eingriff in das Allgemeine Persönlichkeitsrecht in Form des Rechts auf informationelle Selbstbestimmung nach Art. 2 Abs. 1 iVm Art. 1 Abs. 1 GG, Art. 33 SächsVerf vor (vgl. Definition Fall 4, Ziffer I.). Überdies werden personenbezogene Daten der S. durch den verdeckten Einsatz technischer Mittel erhoben und aufgezeichnet, die T. gegenüber V. preisgibt, so dass auch in ihr Recht auf informationelle Selbstbestimmung 702

---

582 *Albrecht/Seidl* in: Möstl/Weiner, § 33b NdsSOG Rn. 1.
583 Die Voraussetzungen für die Unterbrechung des Mobilfunkverkehrs (§ 69 SächsPVDG) müssen daher nicht vorliegen.

eingegriffen wird. In Bezug auf die Erhebung und Aufzeichnung von Informationen des T. über das Sexualleben von T. und S. ist überdies die Intimsphäre sowie die engere persönliche Lebenssphäre der beiden als Ausprägungen des allgemeinen Persönlichkeitsrechts berührt.

2. Abgrenzung präventives/repressives Handeln

703   Ziel des Einsatzes von Mikrofon und Kamera ist die Übertragung der Ton- und Bildaufnahmen des Gespräches zwischen V. und T. in ein technisch dafür ausgerüstetes Einsatzfahrzeug der Polizei, in dem sich wiederum weitere Polizeibeamte befinden, die die Stimmungslage des V. analysieren, Recherchen im Hintergrund vornehmen, daraufhin den Gesprächsverlauf vordenken und Vorschläge bzw. Anweisungen via Ohrhörer für die weitere Gesprächsführung an V. richten. Diese Vorschläge dienen dazu, V. eine Hilfestellung für die Abwendung eines Suizids zu erteilen. Die Maßnahme war mithin präventiver Natur.

II. Ermächtigungsgrundlage

704   Der für T. nicht erkennbare Einsatz des Mikrofons und der Kamera zur Übertragung der Ton- und Bildaufnahmen von dem Gespräch zwischen V. und T. an Polizeibeamte in einem technisch dafür ausgerüsteten Einsatzfahrzeug könnte auf § 63 Abs. 1 Nr. 2 SächsPVDG gestützt werden.

III. Formelle Rechtmäßigke

1. Sachliche Zuständigkeit

705   Zu prüfen ist, ob der Polizeiführer vom Dienst im FLZ der Polizeidirektion Sachsenstadt zur Anordnung des verdeckten Einsatzes technischer Mittel befugt war. Nach § 63 Abs. 3 S. 1 SächsPVDG bedarf eine Maßnahme nach § 63 Abs. 1 Nr. 2 SächsPVDG grundsätzlich der richterlichen Anordnung. Auf die Frage der Dauer der Maßnahme kommt es – anders als im Falle des § 63 Abs. 1 Nr. 3 SächsPVDG – nicht an.[584] Eine richterliche Anordnung liegt dem Einsatz der technischen Mittel durch V. nicht zugrunde. Fraglich ist, ob die vorherige richterliche Anordnung gemäß § 73 Abs. 2 S. 1 SächsPVDG entbehrlich ist. Gefahr im Verzug liegt vor, wenn bei einer ex-ante Betrachtung ohne sofortiges Eingreifen ein Zeitverlust eingetreten wäre, der zur Folge gehabt hätte, dass der Zweck der Maßnahme beeinträchtigt oder gar vereitelt würde. Ob ein angemessener Zeitraum zur Verfügung steht, innerhalb dessen eine Entscheidung des zuständigen Richters erwartet werden kann, oder ob bereits eine zeitliche Verzögerung wegen des Versuchs der Herbeiführung einer richterlichen Entscheidung den Erfolg der Durchsuchung gefährden würde und daher eine nichtrichterliche Durchsuchungsanordnung ergehen darf, hat die Polizei zunächst selbst zu prüfen. Dabei hat sie die vom Gesetzgeber vorgesehene "Verteilung der Gewichte", nämlich die Regelzuständigkeit des Richters, zu beachten. Die daraus folgende Pflicht der Polizei, sich regelmäßig um eine Anordnung des zuständigen Richters zu bemühen, wird nicht durch den abstrakten Hinweis verzichtbar, eine richterliche Entscheidung sei zur maßgeblichen Zeit üblicherweise nicht mehr zu erreichen. Reine Spekulationen, hypothetische Erwägungen oder lediglich auf kriminalistische Alltagserfahrungen gestützte, fallunabhängige Vermutungen reichen ebenfalls nicht aus, um die Annahme von Gefahr im Verzug zu begründen. Stattdessen sind bei der Beurteilung der Frage, ob der Versuch, eine richterliche Entscheidung herbeizuführen, unterbleiben darf, weil bereits die damit verbundene zeitliche Verzögerung den Erfolg der Maßnahme gefährden würde, die konkreten Umstände des jeweiligen Einzelfalles in

---

584   Eine Ausnahme nach § 63 Abs. 5 S. 1 SächsPVDG liegt hier ersichtlich nicht vor, weil die Kamera und das Mikrofon nicht zum Schutze der V. verdeckt eingesetzt werden.

Rechnung zu stellen. Die Polizei hat insbesondere die Komplexität der im Rahmen der Anordnung des verdeckten Einsatzes technischer Mittel zu prüfenden tatsächlichen und rechtlichen Fragen und den insoweit erforderlichen Zeitaufwand zu berücksichtigen. Daneben haben sie aber auch in ihre Überlegungen einzubeziehen, dass die Vorlage schriftlicher Unterlagen zur Herbeiführung einer richterlichen Eilentscheidung zumindest nicht ausnahmslos erforderlich ist. Jedenfalls in einfach gelagerten Fällen, in denen allein aufgrund der mündlichen Darstellung der in § 63 Abs. 3 S. 2 SächsPVDG bezeichneten Antragsbestandteile eine sachangemessene Entscheidung möglich ist, würde ein solches Erfordernis weder der gesetzlichen Intention noch der Bedeutung des Richtervorbehalts für den Grundrechtsschutz des Einzelnen gerecht.[585] Allerdings ist es dem Richter – anders als bei Entscheidungen nach der StPO – aufgrund der klaren Vorgabe in § 73 Abs. 1 Nr. 2 SächsPVDG nicht möglich, mündlich zu entscheiden. Er muss schriftlich per Beschluss entscheiden.

Ab dem Zeitpunkt der Anforderung der Verhandlungsgruppe hätte ein den Vorgaben des § 63 Abs. 3 S. 2 SächsPVDG entsprechender Antrag auf richterliche Anordnung bereits vorbereitet werden können. Die Maßnahme richtet sich nur gegen eine Person, den T. Die Dauer der Maßnahme ist vom Verweilen des T. auf der Brücke abhängig. Art und Umfang der Maßnahme werden sich im Verlaufe des Einsatzes nicht ändern. Der Sachverhalt lässt sich in wenigen Sätzen darstellen. Der verdeckte Einsatz von Kamera und Mikrofon kann in Fällen der Suizidverhinderung durch Gesprächsführung mit dem potenziellen Suizidenten mit dem im Sachverhalt beschriebenen Standardprozedere zur Bewältigung solcher Lagen begründet werden. Anträge nach § 63 Abs. 3 SächsPVDG für Fälle der Verhandlung mit Selbstmordkandidaten hätten angesichts der jahrelangen verdeckten Anwendung von Kameras und Mikrofonen in solchen Fällen, formularmäßig vorbereitet werden können. Eine ergänzende Darstellung des vorliegenden Einzelfalls hätte innerhalb von 30 Minuten erfolgen und dem zuständigen Richter gefaxt werden können. Zu berücksichtigen ist andererseits, dass nur der verdeckte Einsatz der Kamera und des Mikrofons die Verhandlungsgruppe in die Lage versetzen soll, V. bei der Gesprächsführung zu unterstützen, die letztlich den Selbstmord des T. verhindern soll und vor allem – vor Sperrung der Autobahn – die hochwertigen Rechtsgüter Leben, körperliche Unversehrtheit und Gesundheit der Insassen der Fahrzeug auf der Autobahn schützen soll. Mithin hätte die Polizei – auch im Falle einer zeitnahen Antragstellung – mit dem verdeckten Einsatz der technischen Mittel nicht auf eine etwaige richterliche Anordnung warten können.[586]

Allerdings hätte zumindest die Antragstellung vor oder ggf. auch während der bereits laufenden Maßnahme nach § 63 Abs. 1 Nr. 2 SächsPVDG dem Richter übermittelt werden können. Die Antragstellung hätte auch fernmündlich versucht werden können. Gemäß § 73 Abs. 2 S. 2 SächsPVDG hat die Polizei die richterliche Bestätigung der zuvor polizeilich angeordneten Maßnahme unverzüglich nachzuholen. Rechtliche oder tatsächliche Gründe, die dem Versuch einer wenigstens mündlichen Antragstellung entgegenstehen, sind nicht ersichtlich. Im Hinblick auf die nicht absehbare Dauer der Maßnahme, war es nicht ausgeschlossen, dass eine richterliche Bestätigung vor Beendigung des Einsatzes hätte ergehen können. Wochentags ist um 18:00 Uhr ein richterlicher Bereitschaftsdienst grundsätzlich noch erreichbar. Gefahr im Verzug im Sinne von § 73 Abs. 2 S. 1 SächsPVDG lag mithin nicht vor. Demgemäß hätte der verdeckte Einsatz von Kamera und Mikrofon durch V. zumindest bestätigt werden können. Es liegt ein Verstoß gegen den Richtervorbehalt in § 63 Abs. 3 S. 1 SächsPVDG vor, der zur formellen Rechtswidrigkeit des verdeckten Einsatzes technischer Mittel durch V. führt.

---

585 Vgl. BVerfG, Beschluss vom 16. Juni 2015 – 2 BvR 2718/10 –, Rn. 70, 71 – juris bzgl Richtervorbehalt nach § 105 StPO.
586 Insoweit ist die Rechtsprechung des BVerfG zur Eilkompetenz bei § 105 StPO nicht in Gänze auf Richtervorbehalte nach § 73 SächsPVDG übertragbar (vgl. Schwier/Lohse, § 73 Rn. 21).

Hilfsgutachten

2. Verfahrens- und Formvorschriften

Die in den §§ 55, 56 SächsPVDG normierten Grundsätze sind nicht anzuwenden, soweit die polizeiliche Datenerhebung aufgrund von speziellen Befugnissen – wie hier § 63 Abs. 1 Nr. 2 SächsPVDG – erfolgt.[587] Sonstige ermächtigungsbezogene Verfahrensvorschriften hat der Gesetzgeber bezüglich § 63 Abs. 1 SächsPVDG nicht geregelt. Die verdeckte Erhebung und Übermittlung der persönlichen Sachverhalte, die T. während seines Gesprächs mit V. offenbart, ist ein öffentlich-rechtlicher Realakt. Damit ist das VwVfG nicht anwendbar.

III. Materielle Rechtmäßigkeit

1. Tatbestandsvoraussetzungen

706 Gemäß § 63 Abs. 2 S. 1 Nr. 1 SächsPVDG dürfen personenbezogene Daten durch Maßnahmen nach Absatz 1 nur erhoben werden über die für eine Gefahr Verantwortlichen nach § 6 oder § 7 oder unter den Voraussetzungen des § 9 über Personen, die für die Gefahr nicht verantwortlich sind, wenn dies zur Abwehr einer Gefahr für den Bestand oder die Sicherheit des Bundes oder eines Landes, für Leben, Gesundheit oder Freiheit einer Person oder für Sachen von bedeutendem Wert, deren Erhaltung im öffentlichen Interesse geboten ist, erforderlich ist.

Im vorliegenden Fall kommt die Abwehr einer Gefahr nach § 4 Nr. 3 a) SächsPVDG für das Leben i. S. v. § 4 Nr. 3 f) SächsPVDG oder die Gesundheit von Personen gemäß § 4 Nr. 3 e) SächsPVDG in Betracht. Dies erfordert eine Sachlage, bei der im Einzelfall die hinreichende Wahrscheinlichkeit besteht, dass in absehbarer Zeit der Tod einzutreten oder bei der die Herbeiführung beziehungsweise die Steigerung eines pathologischen Zustandes droht.

T. ist ausweislich seiner Äußerungen gegenüber S. und seinem derzeitigen Standort fest entschlossen, sich mit einem Sturz auf die stark befahrene Autobahn das Leben zu nehmen. Er befindet sich zudem bereits in unmittelbarer Absprungposition. In dem Zeitraum, in dem T. von seiner Position jenseits des Brückengeländers auf die von zahlreichen Fahrzeugen befahrene Autobahn zu stürzen drohte, wäre der schnell fallende oder zumindest der auf der Fahrbahn liegende gewichtige Körper des T. mit Fahrzeugen kollidiert, die sich mit hoher Geschwindigkeit auf der Autobahn vorwärts bewegen. Durch die Energie des Zusammenpralls und einem eventuellen Schleudern durch Luft wären aller Voraussicht nach an einem oder mehreren Fahrzeugen erhebliche Beschädigungen und damit auch Körperschäden bei Fahrzeuginsassen eingetreten. Selbiges könnte auch aufgrund von Vollbremsungen oder (versuchten) Ausweichmanövern, die eine Kollision mit dem Körper des T. verhindern sollen. Diese führen mit hoher Sicherheit zu weiteren Zusammenstößen von Fahrzeugen und Auftreffen auf die Leitplanken. Insbesondere bei einer im Sachverhalt beschriebenen stark befahrenen Autobahn ist es den Fahrzeugführern kaum möglich einen Unfall zu vermeiden, der bei einer hohen Geschwindigkeit die Gefahr von Körperschäden birgt, die ohne Weiteres zu Gesundheitsschäden oder auch zum Tod führen können. Aufgrund der überragenden Bedeutung des Rechtsguts Leben, das durch die vorbezeichneten Umstände gefährdet wäre, sind geringe Anforderungen an die Schadenseintrittswahrscheinlichkeit zu stellen.

Nach Sperrung der Autobahn sind die oben dargestellten Schäden an den Rechtsgütern Leben und Gesundheit der die Autobahn nutzenden Fahrzeuginsassen ausgeschlossen. Dann kommt lediglich eine Gefahr für die Rechtsgüter Leben und Gesundheit des T. in Betracht. Durch den Sprung von der Brücke auf die asphaltierte Fahrbahn würde T. mit an Sicherheit grenzender

---

587 *Schwier/Lohse*, § 55 Rn. 2.

Wahrscheinlichkeit tödliche zumindest aber dauernd seine Gesundheit beeinträchtigende Körperschäden erleiden. Wie bereits unter A. III. 2. a) aa) ausgeführt, handelt es sich insoweit nicht um einen Fall der freiverantwortlichen Selbstgefährdung, weil die Polizei im Zeitpunkt ihres Einschreitens nicht mit Sicherheit wird feststellen kann, ob es sich tatsächlich um einen freiverantwortlichen Willensentschluss oder vielmehr am das Vorliegen einer psychischen Ausnahmesituation handelt.

Mithin liegt eine Gefahr für Leben und Gesundheit der Fahrzeuginsassen und/oder des T. vor.

2. Adressat

Mit seinem beabsichtigten Verhalten des Stürzens auf die Autobahn überschreitet T. selbst die Gefahrengrenze und ist daher als Verhaltensstörer nach § 6 Abs. 1 SächsPVDG anzusehen. Die von S. ausgehende Trennung von T. bildet zwar den Hintergrund für seine Verzweiflung, die aus seiner Sicht bestehende Ausweglosigkeit seiner Situation und seinen Wunsch, sein Leben zu beenden. Daraus folgt jedoch keine Verhaltensverantwortlichkeit der S. im Sinne von § 6 SächsPVDG, da für T. eine hinreichende Anzahl weiterer Möglichkeiten existiert, mit der Trennung durch S. umzugehen. Daher kann sie nur als nicht verantwortliche Person unter den Voraussetzungen des § 9 Abs. 1 SächsPVDG in Anspruch genommen werden.

Dann müsste zunächst nach Ziffer 1 der Norm eine gegenwärtige Gefahr abzuwehren sein. Aus den unter III. 1. bezeichneten Gründen wird im Falle des Sturzes des T. von der Brücke auf die stark befahrene Autobahn mit an Sicherheit grenzender Wahrscheinlichkeit in allernächster Zukunft ein Schaden an den Rechtsgütern Leben und Gesundheit sowohl des T. selbst als auch der sich auf der Autobahn fortbewegenden Fahrzeuginsassen eintreten.

Der verdeckte Einsatz der Kamera und des Mikrofons ist vorrangig auf die Verarbeitung der personenbezogenen Daten des T. gerichtet. Der Hintergrund für seine Suizidabsicht ist indes eng mit seiner Beziehung zu S. verknüpft, so dass eine isolierte Verarbeitung von personenbezogenen Daten des T. als Verantwortlichen nach § 6 Abs. 1 SächsPVDG nicht möglich ist und überdies die Chancen auf eine Gesprächsführung, die T. von seinem Vorhaben abbringt, erheblich schmälern und damit den Erfolg der Maßnahme nach § 63 Abs. 1 Nr. 2 SächsPVDG gefährden würde.

Die Polizei kann die unter Ziffer III. 1. beschriebene Gefahr nicht oder nicht rechtzeitig selbst abwehren, ohne S. als Nichtverantwortliche in Anspruch zu nehmen.

Die Verarbeitung der personenbezogenen Daten der S. mittels verdecktem Einsatz von Kamera und Mikrofon verursacht keine erhebliche eigene Gefährdung von S. und geschieht nicht unter Verletzung höherwertiger, gegenüber S. bestehender Pflichten.

Die Trennung der S. von T. bildet, wenn auch durch S. unbeabsichtigt, den Anlass für die Suizidabsicht des T. Die S. und ihr bisheriges Leben mit T. stellen den emotionalen Hintergrund für die oben beschriebene Gefahrensituation dar. Damit werden die Angaben von T. über S. im Gespräch mit V. notwendigerweise Bestandteil der Datenverarbeitung durch die Verhandlungsgruppe. Mithin ist S. als Dritte unvermeidbar von der Maßnahme nach § 63 Abs. 1 Nr. 2 SächsPVDG betroffen (vgl. § 63 Abs. 2 S. 2 SächsPVDG).

3. Ermessen

In der Rechtsfolge gestattet § 63 Abs. 1 Nr. 2 SächsPVDG kann die Erhebung und Aufzeichnung personenbezogener Daten durch den Einsatz technischer Mittel zur Anfertigung von Bildaufnahmen oder -aufzeichnungen außerhalb von Wohnungen und zum Abhören oder Aufzeichnen des außerhalb von Wohnungen nichtöffentlich gesprochenen Wortes.

Bei den Äußerungen des T. im Gespräch mit V. handelt es sich um Informationen, die sich auf T. und S. als betroffene Personen beziehen und daher um personenbezogene Daten gemäß § 2 Nr. 2 SächsDSUG.

Es müsste sich zudem um nichtöffentlich gesprochene Worte des T. handeln. Das ist dann der Fall, wenn die Äußerungen des T. für niemand anders als seine Gesprächspartnerin V. bestimmt sind.[588] Die Worte des T. sind mangels Anwesenheit anderer Personen im akustischen Wahrnehmungsbereich oder entsprechender Hinweise im Sachverhalt ausschließlich an V. und nicht etwa an einen unbestimmten Personenkreis gerichtet.

Bei der Kamera handelt es sich um ein technisches Mittel zur Fertigung von Bildaufnahmen, dh die Gewinnung der Bildinformationen sowie deren Kenntnisnahme sowie von Bildaufzeichnungen, dh der Speicherung der Bildinformationen auf einem Datenträger. Im vorliegenden Fall werden die Bildinformationen bezüglich T. während des Gesprächs in das Polizeifahrzeug übertragen und aufgezeichnet. Ferner müsste das Gespräch zwischen T. und V. abgehört werden. Unter Abhören ist ein Mithören zu verstehen. Die Polizisten im Einsatzfahrzeug der Verhandlungsgruppe verfolgen akustisch sowohl die Äußerungen der V. als auch die des T. Schließlich werden diese Toninformationen auch gespeichert, sodass eine Tonaufzeichnung vorliegt.[589]

Ohne eine Analyse der Stimmungslage des T. durch emotional nicht direkt in das Geschehen auf der Brücke involvierte Polizeibeamte obläge es allein V. die Gesprächsführung zu gestalten, Triggerworte zu vermeiden und T. von seinem Vorhaben abzubringen. Zudem müsste V. dieses Ziel ohne wertvolle Hintergrundinformationen und ggf. die Herbeiholung nahestehender Personen, die T. zum Aufgeben seiner Absicht bewegen könnten, erreichen. Eine Beruhigung des T. im Gespräch wäre auf diese Weise unnötig erschwert. Ein Zugriff auf T. ohne speziell ausgebildete Beamte des SEK wäre für V. deutlich schwieriger umzusetzen. Die Auswertung der Angaben des T. und die Durchführung von Hintergrundrecherchen ist durch ein bloßes Mithören eines dynamisch verlaufenden Gesprächs nicht möglich, sondern bedarf der Aufzeichnung der Worte des T. Nur durch erneute Wiedergabe einer Aufzeichnung können etwa schwer verständliche Angaben des T. verifiziert werden. Gleiches gilt für Bildinformationen, die der Tonaufzeichnung eventuell ein über den bloßen Wortlaut hinausgehende Bedeutung beimessen und insbesondere Triggerworte leichter feststellen können.

Das Entschließungsermessen bezüglich des „Ob" des verdeckten Einsatzes technischer Mittel ist aus den unter III. 1. genannten Gründen auf Null reduziert. Die bedrohten Rechtsgüter Leben und Gesundheit ist als sehr bedeutsam einzustufen. Die Intensität der Gefährdung dieser Rechtsgüter ist aufgrund des jederzeit möglichen Schadenseintritts als hoch zu bewerten. Die mit dem Einschreiten in Form des Einsatzes von Mikrofon und Kamera verbundenen Risiken sind gering, da letztlich nur die Persönlichkeitsrechte von T. und S. beeinträchtigt werden.

Im Rahmen des Auswahlermessens haben sämtliche in der Rechtsfolge des § 63 Abs. 1 Nr. 2 SächsPVDG beschriebenen und keine darüber hinausgehenden Mittel eingesetzt. Fraglich ist jedoch, ob die im Fahrzeug befindliche Verhandlungsgruppe den Einsatz dieser vom Gesetzgeber grundsätzlich erlaubten Mittel hätte beschränken müssen. In Bezug auf die Bildaufnahmen und -aufzeichnungen ist kein Anlass für eine Beschränkung erkennbar. Im Hinblick auf die Tonaufnahmen und -aufzeichnungen ist indes zu berücksichtigen, dass T. der V. auch seine Beziehungsschwierigkeiten mit S. einschließlich sexueller Probleme schildert. Die näheren Details der Beziehung zu S. und insbesondere die Schilderungen vom Sexualleben zwischen T. und S. betreffen den Kernbereich privater Lebensgestaltung betreffen und daher einem Datenverarbeitungsverbot nach § 76 SächsPVDG unterliegen. Nach § 76 Abs. 1 S. 1 SächsPVDG

---

588 Vgl. *Schwier/Lohse*, § 63 Rn. 7.
589 Vgl. zu den Begriffsbestimmungen *Schwier/Lohse*, § 63 Rn. 7.

ist die Erhebung von personenbezogenen Daten, die allein dem Kernbereich der privaten Lebensgestaltung zuzurechnen sind, unzulässig. Die Schilderung der sexuellen Situation von T. und S. stellt laut Sachverhalt nur eine von zahlreichen anderen Gesprächsinhalten dar. Damit sind die von V. erhobenen Daten nicht *allein* dem Kernbereich der privaten Lebensgestaltung zuzuordnen. Liegen bei der Durchführung einer Maßnahme nach § 63 Abs. 1 Nr. 2 SächsPVDG tatsächliche Anhaltspunkte dafür vor, dass neben höchstpersönlichen Inhalten auch Inhalte mit einem unmittelbaren Bezug zur anlassgebenden Gefahr Gegenstand sind, darf gemäß § 76 Abs. 3, Alt. 2 SächsPVDG nur eine automatisierte Aufzeichnung fortgesetzt werden, bis die Gründe nicht mehr vorliegen. Hier berichtet T. bruchstückhaft über sein Sexualleben mit S. Spätestens ab der ersten Berührung dieses intimsten Lebensbereichs hätte die Verhandlungsgruppe die Erhebung dieser Daten durch Deaktivierung der Mithörfunktion unterbrechen müssen. Lediglich die automatisierte Aufzeichnung ohne Kenntnisnahme durch Polizeibeamte im Hintergrund war noch zulässig. Solange Anhaltspunkte für die Möglichkeit bestehen, dass ein gemischtes Ergebnis erzielt wird, darf das Ausfiltern und Löschen des kernbereichsrelevanten Beifangs auf die Auswertungsebene verschoben werden. In solchen Fällen obliegt es der Verhandlungsführerin V. das Gespräch mit T. auf eine nicht kernbereichsrelevante Ebene zu lenken, soweit die Abwehr der unter Ziffer III. 1. beschriebenen Gefahr es erlaubt. Sobald eine Kernbereichsberührung nicht mehr vorliegt und bei objektiver Betrachtung nicht mehr zu befürchten ist, kann V. der Verhandlungsgruppe signalisieren, dass die Erhebung der Toninformationen fortgesetzt werden kann. Da im vorliegenden Fall, trotz klarer Anhaltspunkte für eine Berührung des Kernbereichs, keine Unterbrechung der Tonaufnahme erfolgte, liegt in der Datenerhebung mittels verdecktem Einsatzes eines Mikrofons ab diesem Zeitpunkt eine Überschreitung des Auswahlermessens.

IV. Ergebnis

Die Bild- und Tonaufnahmen sowie -aufzeichnungen sind formell rechtswidrig. Die Tondatenerhebung mittels verdecktem Einsatz eines Mikrofons ist ab dem Zeitpunkt der Berührung des Kernbereichs der privaten Lebensgestaltung auch materiell rechtswidrig.

Stichwortverzeichnis

Die Angaben verweisen auf die Randnummern des Buches.

Abschleppmaßnahme
- Benachrichtigungszettel 434
- Ermittlung Halter/Fahrer 435
- Sicherstellung 473

Allgemeine Handlungsfreiheit 4

Allgemeines Persönlichkeitsrecht, informationelle Selbstbestimmung 100

Androhung
- Bestimmtheit 387, 526
- Grundrechtseingriff 542
- konkludent 599
- Rechtsnatur 385
- Schriftform 412
- Warnschuss 597

Angemessenheit 39

Anhörung 10
- Anforderungen 196
- Entbehrlichkeit 11, 45, 516
- Gefahr im Verzug 11, 197
- Heilung 11, 110
- Heilungsmöglichkeit 199
- Nachholung 199
- öffentliches Interesse 198
- Unbeachtlichkeit von Verfahrensfehlern 200

Annahme rechtfertigen 18

Anordnungskompetenz 705

Anscheinsgefahr 49

Anwesenheitsrecht 62

Auffanggrundrecht 4

Auskunftspflicht 660, 668

Bagatellstraftaten 503

Befragung 660, 668
- Rechtsnatur 673
- sachdienliche Angaben 674

Begründung, Umfang 12

Beschuldigter 102
- maßgebender Zeitpunkt 104
- Restverdacht 629
- Wegfall im Widerspruchsverfahren 104

Bestimmtheit, hinreichende 112
- Androhung 387

Betreten 42

Blutentnahme, Anordnung
- Grundrechtseingriff 173

Blutentnahme, Rechtsnatur 179

Datenabgleich
- Grundrechtseingriff 147
- polizeiliche Datei 149
- Rechtsnatur 152

Datenerhebung
- beim Betroffenen 671
- offene 672
- Standortermittlung 683
- Verkehrsdaten 683

Datenlöschung
- Anspruchsgrundlage 625
- Antrag 626
- betroffene Person 628
- sachliche Zuständigkeit 626

Datenschutzdurchführungsgesetz 635

Datenschutzgrundverordnung 321, 635
- Verhältnis KunstUrhG 306

Datenschutzumsetzungsgesetz 625
- Abgrenzung DSGVO und SächsDSDG 635

Datenspeicherung 632

Datenübermittlung
- allgemeine Voraussetzungen 644
- an nichtöffentliche Stelle 635
- Dokumentationspflicht 639
- Doppeltür-Prinzip 664
- Hinweispflicht 638
- Informationspflicht 640
- Lichtbild 650
- nichtöffentliche Stelle 646
- rechtliches Interesse 647
- Rechtsnatur 637
- schutzwürdiges Interesse 650
- Stadionverbot 635

Datenverarbeitung, Weiterverarbeitung 628

Durchsuchung 55
- Abgrenzung Betreten 44
- Anwendung VwVfG 69
- Anwesenheitsrecht 62
- Bekanntgabe Grund 65 f.
- Belehrung Rechtsbehelfe 65, 67
- Gefahr im Verzug 60
- Hinzuziehung Vertreter / Zeuge 63
- Inzidentprüfung Sicherstellung 72
- Niederschrift 68
- Richtervorbehalt 59
- zur Sicherstellung 70

Durchsuchung, Person
- Begleiteingriff 163
- Definition 163
- Grundrechtseingriff 162
- Rechtsnatur 165

Eigentumsgarantie 191, 340
Eine ihrer Art nach konkretisierte Straftat 18
Einsatz technischer Mittel
- Abhören, Tonaufzeichnungen 708
- Anordnungskompetenz 705
- Bildaufnahmen, Bildaufzeichnungen 708
- Gefahr für Leben und Gesundheit 706
- Kernbereich privater Lebensgestaltung 708
- Mikrofon 704
- nichtöffentlich gesprochene Worte 708
- Nichtverantwortlicher 707
- Rechtsfolge 708
- Videokamera 704

EMRK, Gewahrsam 236
Entschließungsermessen
- Determiniert 124
- Reduzierung auf Null 416

Entziehung Obhut Sorgeberechtigter 276
Erforderlichkeit 37
Erkennungsdienstliche Behandlung
- Abgrenzung StPO / SächsPVDG 102
- Erforderlichkeit 119
- Notwendigkeit 116
- Wiederholungsgefahr 116

Ermessen
- Auswahlermessen 32
- Entschließungsermessen 30
- Ermessensüberschreitung 32
- intendiertes Ermessen 652

Ermessensfehler 32
- Ermessensausfall 653

Ermessensreduzierung 30, 588
Ermessensüberschreitung 216
Ersatzvornahme 396
- Rechtsnatur 400
- sachliche Zuständigkeit 398
- vertretbare Handlung 414

Fernmeldegeheimnis 679, 694
Fesselung 514
- Voraussetzungen 532

Fiktiver Verwaltungsakt 438
Freie Willensbestimmung ausschließenden Zustand 256

Freiheit der Person
- Freiheitsbeschränkung 3
- Freiheitsentziehung 224

Freiheitsbeschränkung 3
- Abgrenzung Freiheitsentziehung 271
- Grundbenennung 87

Freiheitsentziehung 224
- Dauer 239

Freizügigkeit 1, 190

Geeignetheit 35
Gefahr
- Anscheinsgefahr 49
- Dauergefahr 72
- dringende 91
- erhebliche 673
- für Leben 181
- für Leib 181
- für Leib oder Leben 262
- Gefahrenverdacht 49
- gegenwärtige 47, 72
- gemeine 92
- Lebensgefahr 47
- Leibesgefahr 47
- Scheingefahr 52

Gefahrenverdacht 49
Gefahrerforschungseingriff 49
Gefahr im Verzug 60
Gesundheit 201
Gewahrsam
- Ausnüchterungsgewahrsam 247, 253
- Beiziehung Bevollmächtigter 231
- Dauer 239
- Entziehung Obhut Sorgeberechtigter 276
- Erforderlichkeit 241
- Freie Willensbestimmung ausschließenden Zustand 256
- Grundbenennung 228
- hilflose Lage 260
- Inobhutnahme durch Jugendamt 278
- Mitteilung des Grundes 229
- Prognoseentscheidung 234
- Rechtsbehelfsbelehrung 230
- Schutzgewahrsam 247
- Unerlässlichkeit 235
- Unterbindungsgewahrsam 225, 232, 234, 235
- Verbringung nach Hause 241
- Vereinbarkeit mit EMRK 236
- Voraussetzungen Unterbindungsgewahrsam 233 nötigung

Gewalttäter Sport 27

Stichwortverzeichnis

Grundverwaltungsakt
- formelle Vollstreckbarkeit 352
- materielle Vollstreckbarkeit 351
- Rechtmäßigkeitszusammenhang 354
- Wirksamkeit 353

Hilflose Lage 260

Identitätsfeststellung
- Abschreckungseffekt 144
- Grundrechtseingriff 133
- kriminalitätsbelasteter Ort 139

IMSI-Catcher
- Funktionsweise 694, 698
- Grundrechtseingriff 694

Infektion 175

Informationelle Selbstbestimmung 100

Je-desto-Formel 72, 93, 116, 129

Konkludenter Verwaltungsakt 599

Körperliche Unversehrtheit 512

Kostenschuldner 380

KpS-Richtlinie, Aussonderungsfristen 632

Kriminalvorbehalt 201, 211

Kunsturheberrechtsgesetz 300
- Bilder von Versammlungen 315
- Bildnis 311
- Einwilligung 312
- Interessenabwägung 319
- öffentlich zur Schau stellen 314
- Personen der Zeitgeschichte 315
- Schutzkonzept, abgestuft 318
- Verbreiten 314
- Verhältnis allgemeines Persönlichkeitsrecht 309
- Vermutung der Rechtstreue 316, 318

Leistungsbescheid
- Grundsatz richtiger Sachbehandlung 452
- Kostenschuldner 464
- Unmittelbare Ausführung 452

Meinungsfreiheit 293

Meldeauflage
- Grundrechtseingriff 1
- Prognoseentscheidung 18
- Vollziehbarkeit 386
- zwangsweise Durchsetzung 382

Menschenmenge 575, 607

Nicht verantwortliche Personen 580

Nichtverantwortlicher 707

Normadressat 29

Ort 83
- jugendgefährdender Ort 279
- kriminalitätsbelastet 139

PASS 149

Platzverweis
- Ort 83
- verfassungskonforme Auslegung 90
- vorübergehend 83

Polizeifestigkeit, Presserecht 294

Pressefreiheit 291
- Presseausweis 292

Pressegesetz, Anwendbarkeit 294

Realakt 45, 152, 165, 477, 637

Recht am eigenen Bild 308
- Portraitaufnahme 297

Rechtsbehelfsbelehrung
- Ausgangsbescheid 381
- Fehler 15
- Fristverlängerung 15
- Gewahrsam 230
- Widerspruchsbescheid 472

Regelung, Abgrenzung Realakt 45

Reizstoffeinsatz 566

Restverdacht 23, 629

Richtervorbehalt 59
- Gefahr im Verzug 705
- persönliche Anhörung 251
- Rechtsfolge bei Verstoß 238
- Richterlicher Bereitschaftsdienst 237
- Wegfall des Grundes 251

Rückkehrverbot 188

Scheingefahr 52

Schriftliche Bestätigung
- Beispiel 496
- berechtigtes Interesse 499
- unverzügliches Verlangen 499
- Verwaltungskosten 507

Schusswaffengebrauch
- allgemeine Bestimmungen 611
- angriffs- oder fluchtunfähig 612
- gegen Personen 612, 614

Schutz Ehe/Familie 192

Schutz privater Rechte 636

Selbstgefährdung 84, 211, 671

Selbstmord 671

Sicherstellung
- Abgrenzung Strafverfolgung 474
- Anhörung 332

- Eigentumssicherung 475
- Eingriff Eigentum 329
- Eingriff Handlungsfreiheit 329
- Eingriff Meinungsfreiheit 328
- Geringwertigkeit 482
- Herausgabe der Sache 509
- Mitteilung des Grundes 332
- Rechtsnatur 477
- Verfahrensvorschriften 332

Stadionverbot, Voraussetzungen 648

Standortermittlung
- Anordnungsbefugnis 685
- Grundrechtseingriff 679
- IMSI-Catcher 696
- Rechtsnatur 686
- technisches Mittel 696
- von gefährdeten Personen 683

Störung, unmittelbar bevorstehende 413

Strafverfolgungsvorsorge 153

Tatsachen, die Annahme rechtfertigen 18

Unanfechtbarkeit 406

Unaufschiebbare Anordnung 392, 407

Unbeteiligte 580

Unmittelbare Ausführung
- bei unmittelbarem Zwang 559, 579
- Gebühr 466
- Grundrechtseingriff 423
- Kostenerstattung 452
- Rechtsnatur 427

Unmittelbarer Zwang
- Androhung 526
- einfache körperliche Gewalt 514
- Fesselung 514
- gestrecktes Verfahren 514
- Menschenmenge 575, 607
- Rechtsnatur 516
- Reizstoffeinsatz 566
- sachliche Zuständigkeit 515
- Schusswaffengebrauch 611
- verkürztes Verfahren 551, 567

Unschuldsvermutung 22

Untersuchung, körperliche
- Definition 175
- Richtervorbehalt 177

Unverletzlichkeit der Wohnung 41

Unverzüglichkeit 65, 228

Verhaltensverantwortlicher, Überschreiten der Gefahrengrenze 707

Verhältnismäßigkeit
- Angemessenheit 39
- Erforderlichkeit 37
- Geeignetheit 35

Verhandlungsgruppe 703

Vertretbare Handlung 414

Verwaltungsakt
- konkludent 599
- Regelung 45

Verwaltungsaufwand
- VwV Kostenfestlegung 470

Verwaltungshelfer 414

Vollstreckbarkeit
- formelle 352
- materielle 351
- unaufschiebbare Anordnung 407

Vollstreckung
- Beitreibung 394
- Einstellung 394
- Einstellung bei Zweckerreichung 377

Vollstreckungshindernis 358

Vollstreckungsschuldner 359

Vorbeugende Straftatenbekämpfung 107, 153

Vorladung
- Anwendung VwVfG 110
- erkennungsdienstliche Behandlung 100
- Ermächtigungsgrundlage 105
- Grundbenennung 109
- Grundrechtseingriff 100

Vorübergehend 83

Warnschuss, Grundrechtseingriff 596

Widerspruchsbescheid
- Bescheidbeispiel 448
- Gebühr 466
- Kostenentscheidung 470
- Rechtsbehelfsbelehrung 472
- Widerspruchsbehörde 451

Widerspruchsfrist, Berechnung 370

Wirksamkeit 353

Wohnung 41
- Betreten 42
- Durchsuchung 44, 55
- Eingriff durch Platzverweis 81

Wohnungsverweisung
- Ermessensüberschreitung 216
- Grundrechtseingriff 188
- Prognose 204
- Rechtsfolge 216
- Zustimmung Opfer 210

Stichwortverzeichnis

- zwangsweise Durchsetzung 388

Zuständigkeit, örtliche 7

Zuständigkeit, sachliche 43, 515
- Datenlöschung 626
- Eilfall 43
- Straftatenverhinderung 7

Zustellung, Empfangsbekenntnis 14

Zwangsgeldfestsetzung
- Bescheidbeispiel 366
- Entbehrlichkeit Anhörung 346
- Erledigung 358
- Grundrechtseingriff 340
- Rechtsbehelfsbelehrung 381
- sachliche Zuständigkeit 344
- Verwaltungskosten 379
- Vollstreckungshindernis 358